민족주의
길들이기

장문석

서울대학교 서양사학과를 졸업하고 같은 대학 대학원에서 석사 학위와 박사 학위를 받았다. 이탈리아 토리노 대학교 사학과에서 수학하고 이탈리아를 중심으로 유럽 근현대사를 연구하고 있다. 덕성여대, 서울대, 연세대에서 강의하고 한양대 비교역사문화연구소 연구 교수로 있다. 논문으로 〈이탈리아 만들기, 이탈리아 인 만들기: 리소르지멘토와 미완의 국민 형성〉, 〈무솔리니: 두체 신화, 파시즘, 이탈리아의 정체성〉, 〈그람시의 헤게모니 이론을 민주주의적으로 재구성하기〉, 〈이탈리아의 대기업과 국가, 1918~1943: 피아트의 사례를 중심으로〉, 〈기독교 민주주의와 유럽 통합: 데 가스페리와 아데나우어를 중심으로, 1945~1950〉 등이 있고, 옮긴 책으로 《종말의 역사》(공역), 《이태리 건국 삼걸전》(공편역), 《만들어진 전통》(공역) 등이 있다.

로마 몰락에서 유럽 통합까지 다시 쓰는 민족주의의 역사

민족주의 길들이기

지은이 • 장문석 | 펴낸이 • 임영근 | 초판 1쇄 발행 • 2007년 6월 27일 | 3쇄 발행 • 2011년 3월 28일 | 펴낸곳 • 도서출판 지식의풍경 | 주소 • 서울 마포구 서교동 457-6 (121-841) | 전화 • 332-7629(편집), 332-7635(영업), 332-7634(팩스) | E-mail • vistabooks@hanmail.net | 등록 번호 • 제15-414호 (1999. 5. 27.)

값 20,000원   ISBN 978 - 89 - 89047 - 32 - 2 93920

민족주의 길들이기

로마 몰락에서 유럽 통합까지 다시 쓰는 민족주의의 역사

장문석 지음

지식의 풍경

아버님을 추모하며

서문

얼마 전 인터넷에서 일제 자동차의 내비게이션에 '독도'가 표기되어 있지 않다고 해서 일부 네티즌 사이에서 일본 상품 불매 운동을 벌이자는 주장이 제기된 것을 본 적이 있다. 이는 일회성의 해프닝으로 끝났지만, 식민지를 경험한 우리의 유전자 지도에 민족주의가 얼마나 깊이 각인되어 있는지를 잘 보여 주는 사건이다. 그러나 다른 한편으로 우리나라의 드높은 영어 교육열이 해외로까지 수출되어 현지 부동산 가격의 폭등을 주도하고 있다는 뉴스는 우리의 강한 민족주의를 의심하게 만들기도 한다. 하기야 영어 교육의 확산이 우리의 '국익'에 도움이 된다고 보면, 민족주의와 세계화는 전혀 대립되는 것이 아니라고 생각할 수 있다. 물론 세계화를 미국의 '민족주의적' 세계 전략으로 보는 견해도 있을 수 있지만 말이다.

그런가 하면 학계는 학계 나름대로 민족주의적 가치의 여전한 중요성을 부르짖는 논변과 낡은 민족주의적 가치로부터 이제는 벗어나야 할 때라고 맞받아치는 논변 사이의 설전이 한창이다. 이른바 민족주의와 탈민족주의 사이의 논전이 그것인데, 이 과정에서 통상 양 견해는 시민권에 입각한 개방적이고 건강한 '좋은' 민족주의를 추구하자는 견해로 수렴되는 경향이 있다. 물론 '좋은' 민족주의 따위는 없으며, 민족주의에는 언제나 천사와 악마가 공존한다는 반론도 있을 수 있다. 결국 이 모든 사실은 우리의 일상생활계에서건 학계에서건 공히 '민족주의' 가 뜨거운 감자로서 쟁점이 되고 있음을 말해 준다.

저자는 서양사 연구자로서 모교에서 꽤 오랫동안 '민족주의의 역사' 라는 과목을 강의하는 행운을 누렸다. 그러나 강의 준비를 하면서 민족주의가 우리 사회에서 뜨거운 쟁점이 되고 있음에도 '민족주의의 역사' 를 일목요연하게 이해하고 정리할 수 있는 입문서가 없음을 통감했다. 비록 민족주의 연구의 걸출한 성과들이 국내에 일부 소개되기는 했으나, '민족주의의 역사' 를 종합적으로 이해할 수 있는 입문서로는 마뜩치 않게 느껴졌다. 이렇게 최적의 입문서를 찾아 헤매다가 문득 마땅한 한국어 입문서가 없다면 주제넘지만 내가 직접 써 볼 수도 있지 않은가 하는 생각이 들었다. 마침 은사님들께서도 저자의 욕심을 나무라시기는커녕 외려 격려해 주셔서 '민족주의의 역사' 라는 방대하고도 난해한 주제에 대한 입문서 집필을 시작하게 되었다.

그러나 실제 글을 쓰면서 객관적이고 종합적인 입문서를 쓰겠다는 초기의 순진한 문제의식은 민족주의라는 주제를 관통하는 열띤 논쟁의 화禍를 입어 서로 상반되는 견해들 사이에서 우왕좌왕하다가 표류하고 말았다. 그렇게 집필을 미루고 다시 고전적 연구 성과들과 최근의 연구 성과들을 수집하고 공부하면서 차츰 민족주의에 대한 저자 나름의 좀 더 명료한 시각을 갖게 되었다. 그리고 다시 컴퓨터 앞에 앉았을 때, 애당초 입문서로 기획한 글은 실상 매우 주관적이고 논쟁적일 수 있는 글이 되고 말았다. 그래서 이 책은 한편으로는 입문서를 겨냥하고 있지만, 다른 한편으로는 연구서로서 부득불 민족주의를 둘러싼 논쟁에 개입하는 절충적인 성격을 지니게 되었다.

그런데 절충주의는 이것이 다가 아니다. 사실, 이 책에서 피력한 견해 역시 다소간 절충적이다. 저자는 민족주의에 대한 최근의 연구 성과들을 검토하는 과정에서 주된 쟁점이 '종족ethnicity'과 '민족nation'의 관계라는 문제를 중심으로 형성되고 있음을 깨달았다. 그리고 이 관계를 어떻게 보느냐, 그러니까 종족과 민족의 연속성을 강조하느냐, 아니면 불연속성을 강조하느냐에 따라 민족주의에 대한 해석이 판이하게 달라질 수 있음을 알게 되었다.

다소 거칠게 요약해서, 민족의 종족적 뿌리를 강조하는 입장에서 보면 민족주의는 오랜 역사를 지닌 자생적인 현상인 반면에 종족과 민족의 근원적인 차이를 지적하는 입장에서 보면 민족주의는 상대적으로 짧은 역사를 지닌 근대적인 현상인 것이다. 이런 두 가지 입장 사이에서 저자는 종족과 민족이 서로 동일하지 않지만 그렇다고 서로 무관하지도 않으며, 오히려 양자를 일종의 리모델링의 관계로 파악해야 한다는 결론에 도달했다. 즉 민족은 종족을 철거한 다음에 재건축되는 것이 아니라 종족의 기본 골조를 유지하면서 리모델링된다는 생각이 그것이다. 그러나 어쨌든 리모델링에서 중요한 점은 혁신이 기성 건물을 보수하는 방식으로 이루어진다는 것이다.

이렇게 다분히 절충적인 방식으로 종족이 리모델링되어 민족이 된다고 보면, 민족에는 전근대 시대의 종족에 담긴 문화적 논리와 근대 국가의 시민에 담긴 정치적 논리가 공히 존재하는 셈이다. 이를 이 책에서는 각각 그리스 어의 에트노스(종족)와 데모스(시민)로 표현해 보았다. 그리하여 민족은 '에트노스+데모스'가 되는 셈인데, 에트노스가 강한 혈연적·문화적 유대감으로 민족주의의 열정을 생산하고 데모스가 시민적·정치적 권리 의식으로 민족주의의 냉정을 생산한다는 점에서 민족주의는 '열정+냉정'이기도 한 것이다.

확실히, 이런 절충적 입장에서 우리는 민족주의를 다른 시각에서 볼 수 있게 된다. 즉 전통적으로 이해되기를, 서양 민족주의는 데모스에 입각한 '냉철한' 민족주의요, 동양 민족주의는 에트노스에 입각한 '뜨거운' 민족주의라는 이분법은 마땅히 설 자리가 없다는 것이다. 사태가 이럴진대, 서양에는 민족주의란 없으며 있다 해도 애국주의가 있을 뿐이라는 생각은 더욱더 설득력을 잃는다. 기실, 이런 입장에서 이 책의 의도 역시 서양, 즉 '그들의' 민족주의에 숨쉬는 종족성과 시민성, 나아가 열정과 냉정을 역사적으로 가감 없이 드러내려는 것이다.

이상의 문제의식은 민족주의의 번역 문제와도 겹쳐 있다. 과연 '네이션nation'을 '민족'으로 번역해야 할지 '국민'으로 번역해야 할지, 그리고 '내셔널리즘nationalism'을 '민족주의'로 번역해야 할지 '국민주의'로 번역해야 할지, 그것도 아니라면 숫제 번역하지 말고 그냥 '내셔널리즘'으로 불러야 할지 하는 문제가 그것이다. 이는 매우 까다로운 문제인데, 학계에서는 대체로 '국민'과 '국민주의' 혹은 '내셔널리즘'으로 써야 한다는 생각이 우세한 듯하다. 이 문제에서도 이 책은 조금 다른 제안을 내놓고 있다. 저자로서는 만일 '네이션'을 '국민'으로 번역하면 '네이션'에 함유되어 있는 종족의 문화적 측면(민족)은 소거되고 국가라는 정치 공동체의 성원(국민)이라는 측면만이 부각된다는 점에서 문제가 있다고 생각한다. 거듭 강조하거니와, 모든 '네이션'에는 종족의 문화적 논리와 시민의 정치적 논리가 공히 존재한다. '민족'이란 번역어도 '국민'에 깃들인 정치적·계약적 성격이 약하기는 하지만 혈연적·문화적 공동체를 함의하는 '종족'이란 말이 따로 있으므로 '민족'은 '종족'과 '국민'의 중간적인 의미를 갖는 것으로 사용할 수 있을 것이다.

물론 시민의 정치적 논리에 따라 민주주의적 권리가 신장된 영국과 프랑스의 경우를 '국민', 그리고 종족의 문화적 논리를 강조하면서 전체주의로 빠져 버린 이탈리아와 독일의 경우를 '민족'으로 부르는 전통적인 용법은 가능할 뿐더러 이해할 만하다. 그러나 이런 용례에는 약간의 문제가 있다. 왜냐하면 영국과 프랑스의 경우에 종족의 문화적 논리에 따라 '네이션'이 다분히 자생적으로 발전한 측면이 많이 발견되는 반면에 이탈리아와 독일의 경우에는 '네이션'이 국가에 의해 사뭇 인위적으로 만들어진 측면이 강하기 때문이다. 게다가 이탈리아와 독일 '민족'의 본보기로 생각돼 온 영국과 프랑스의 '국민'이 외려 이탈리아와 독일의 '국민'을 본보기로 여기기도 했음을 암시하는 연구들도 많다. 이렇게 보면, 전통적인 용법은 뒤집힐 수도 있는데, 차라리 영국과 프랑스는 '민족', 이탈리아와 독일은 '국민'인 셈이다. 이렇게 과감하고도 당돌하게 자리 바꿈을 시도할 수 있는 이유는 '국민'이라는 말 자체에 꼭 민주주의적 권리의 함의가 내포되어 있지는 않다고 생각하기 때문이다. 재차 정의하거니와, '국민'은 그 자체가 국가의 성원인 것이다. 그래서 '국민'은 민주주의와도 화합할 수 있고 국가주의와도 접착될 수 있다. 그리고 실제로 20세기 이탈리아와 독일에서 '국민'은 민주주의가 아니라 파시즘을 수용했고, 영국과 프랑스에서 '민족'은 파시즘이 아니라 민주주의와 친화력을 과시했다.

　이렇게 영국과 프랑스의 '민족'이 민주주의와 친화력을 가졌다고 보면, 민족주의 자체에 민주주의적 함의가 강하게 내장되어 있다고 평가할 수 있다. 실상, 민주주의는 '국민'이 자기의 헌신을 필요로 하는 국가와 협상하면서 자신의 정치적 권리를 확장하는 과정에서 발전하기도 했지만, 동시에 '민족'이 '우리는 하나'라는 정서적 동질감을 경험하거나 정말로 하나인지 어떤지를 확인하는 과정에서도 발전했다. 가령 고대 로마 시대 이래로 오랫동안 정치적 권리를 박탈당해 온 후밀리오레스(미천한 자)는 민족주의에 내포된, '우리는 하나'라는 강한 종족적·문화적 유대감을 호네스티오레스(고귀한 자)와 '닮으려는' 노력에 이용했다. 결국 이렇게 보면, 민족주의는 '에트노스+데모스' 외에도 '호네스티오레스+후밀리오레스'이며, 바로 이것이 민족주의의 민주주의적·평등주의적 측면을 잘 말해 준다고 생각한다.

　그런데 전통적인 견해에서 민족주의는 서양 세계에서는 낯선 것이며 주로 동양 세계에서 친근한 것으로 간주된다. 이런 견해로부터 동양에서 민주주의가 발전하지 못한 것은 민족주의가 우세한 것과 깊은 관련이 있으며, 따라서 바람직한 '민주주의적 서양'과 미덥지 않은 '민족주의적 동양'이 구별된다는 익숙한 이분법이 성립한다. 그러나 역사적으로 볼 때 이미 서양에서 민족주의가 난숙하여 민주주의를 진작시켰음을 고려하면, 그런 이분법은 설득력을 잃고 만다. 그리하여 서양에는 민족주의가 없고 민주주의가 있을 뿐이라는 생각은, 어느 경제학자의 재치 있는 표현 — "사다리 걸어차기" — 을 슬쩍 도용하자면, 서양이 민족주의라는 사다리를 타고 먼저 올라간 뒤에 동양이 뒤따라 올라오는 것을 막기 위해 그 사다리를 걸어차는 꼴이다. 사족을 달자면, 동양에서 일종의 '명예 백인'이랄 수 있는 일본인들이 자신들은 유치한 수준의 민족주의를 졸업했다고 여기는 것과 '민족주의' 대신에 (번역하지 않고) '내셔널리즘'이란 용어를 쓰는 것도 그저 우연으로만 보이지 않는다.

결국 민족주의를 '에트노스＋데모스', '호네스티오레스＋후밀리오레스'로 보는 해석은 민족주의에 대한 뿌리 깊은 서양 중심주의적인 시각을 교정하는 데 도움을 주리라 본다. 이미 서양 민족주의에 강한 혈연적·문화적 논리가 내장되어 있고, 그런 종족성의 논리가 고귀한 자와 미천한 자를 동등하게 만들면서 민주주의적 권리를 확장시킨 측면이 있기 때문이다. 마치 (막스 베버가 말했듯이) 냉정하고 계산적인 자본주의 정신이 신의 은총을 갈망하는 프로테스탄티즘의 뜨거운 종교적 열정에서 나왔듯이, 세련되고 냉철한 민주주의도 민족주의의 투박하고 뜨거운 열정의 은총을 입었다고나 할까?

　물론 종교가 광신을 낳듯이, 민족주의도 광신을 낳기 십상이다. 온갖 형태의 국수주의, 파시즘, 제국주의가 그런 광신일 터이다. 민족주의적 광신은 다른 민족을 '오랑캐'로 여기면서 자민족의 우월성을 배타적으로 내세우는 편향이다. 20세기 세계사의 페이지마다 그런 광신적인 자민족 중심주의가 낳은 폐해들이 빼곡히 기록되어 있다. 그러므로 서양 중심주의(사대주의)를 극복한다고 하면서 그와 같은 자민족 중심주의(국수주의)로 빠지는 위험을 경계할 일이다.

　그렇다면 민족주의가 민주주의의 발전에 기여할 수 있음을 인정하되, 민족주의가 광신으로 빠지지 않도록 주의하고 관리하는 일을 게을리해서는 안 될 성싶다. 곧 민족주의가 '열정＋냉정'인 한에서 열정이 냉정을 대체하도록 내버려 둬서는 안 된다는 말이다. 이 책의 결론부에서 '민족주의 길들이기'라는 논제를 제시한 이유도 여기에 있다. 그리고 제목이 암시하고 있듯이, 이 책의 목표 자체가 '민족주의 길들이기'의 전제로서 민족주의에 대한 역사적 이해를 도모하는 것이다.

　과연 민족주의라는 야생마가 희대의 명마로 길들여질 수 있을까? 이 문제는 맹목적이고 관념적인 민족주의가 구체적인 사회적 현실을 은폐하거나 호도하곤 하는 우리나라의 경우에 특히 중요한 것으로 보인다. 그리고 은폐와 호도의 매체인 민족주의의 폐단을 극복하는 유일한 길은 민족주의를 부정하는 것이 아니라 민족주의를 특정한 방식으로 긍정하는 것, 그러니까 민족주의의 민주주의적 속성을 최대한 발화시켜 종내 스스로 연소하게끔 하는 것이라는 게 이 책이 담고 있는 실천적인 문제의식이다.

물론 '민족주의 길들이기'라는 섣부른 제안도 누군가의 눈에는 이도 저도 아닌, 지극히 절충적인 것으로 비칠지 모른다. 그러나 이에 대해 옹색한 항변을 하자면, 절충주의도 제법 용기가 필요한 균형 감각이 아닐까 한다. 이 책의 절충주의가 민족주의라는 뜨거운 쟁점에 대해 서로 대립하는 양 편의 견해 모두에게서 '왕따'를 당할 수도 있는 위험을 안고 있기에 더욱 그렇다. 여하튼 민족주의를 둘러싼 우리의 논쟁에서 다소 막연하게 남아 있는 '민족주의 길들이기'라는 문제가 앞으로 더 깊이 천착되어야 할 줄로 믿는다.

이 책은 프롤로그와 에필로그를 빼면 총 6장으로 구성되었다. 민족주의의 개념과 이론을 소개한 1장은 조금 어려울 수도 있지만, 지금까지 제출된 다양한 견해를 망라하려고 했다는 점에서 민족주의 연구사를 일목요연하게 정리하려는 독자에게 도움이 되리라 생각한다. 특히,

민족주의의 이론을 원초론, 영속론, 근대론, 탈근대론, 상징론 등 총 5 가지의 패러다임으로 분류해 보았는데, 이는 저명한 민족주의 연구자 앤소니 D. 스미스Anthony D. Smith의 분류법을 약간 변형한 것이다. 나머지 장들은 모두 민족주의로 읽는 유럽의 역사에 해당하는데, 관습에 따라 19세기 초 독일과 이탈리아에서 완연하게 등장한 민족주의(4장)를 기준점으로 삼아 민족주의 이전의 종족과 민족을 다룬 앞의 두 장(2장과 3장)과 민족주의 이후의 종족과 민족을 다룬 뒤의 두 장(5장과 6장)으로 꾸며 보았다. 제일 좋은 독법은 장의 순서대로 읽는 것이지만, 관심 있는 장만 뽑아 읽어도 좋도록 각 장이 가급적 독립성을 갖게끔 배려했다.

　이 책에서는 민족주의를 새로운 시각에서 보고 싶었던 만큼이나 유럽 민족주의의 역사를 새로운 방식으로 쓰고 싶었다. 그래서 되도록이면 사실 위주의 연대기적 서술을 지양하고 사실과 해석이 균형을 맞출 수 있도록 쓰려고 노력했다. 구체적인 사실 확인을 위해서는 곁들인 연표를 참조하면 될 것이다. 또한 중요한 최근의 연구 성과를 소개하는 데 주력했지만, 그 외에도 그림, 음악, 특히 영화와 같은 문화 텍스트들을 일부 활용하고자 했다. 설명 주도 달아 독자의 편의를 최대한 배려하고자 했지만, 그럼에도 이해하기 난처한 부분이 있다면, 이는 전적으로 공부가 부족하거나 독자와 소통하는 법에 서툰 저자의 한계 때문이다. 아무쪼록 이 책이 민족주의라는 역사적 현상을 이해하는 데 조금이나마 도움이 된다면 저자로서는 더 바랄 게 없다.

이 책을 펴내는 데는 많은 분들의 은혜를 입었다. 무엇보다 저자의 지도 교수로서 원고에서 쉼표 하나 빠진 것까지 잡아낼 정도로 꼼꼼하게 읽어 주시고 아낌없이 조언해 주신 최갑수 선생님께 깊은 감사를 드린다. 선생님 덕분에 민족주의의 비밀이 근대 국가에 있다는 것과 '민족주의 길들이기'라는 소중한 문제의식을 배웠다. 또한 박지향 선생님의 학은도 잊을 수 없는데, 실상 저자가 민족주의라는 주제에 본격적으로 관심을 갖게 된 것도 대학원 석사 과정 시절에 선생님의 수업을 들으면서부터였다. 학부 시절에 그저 막연하게 민족주의에 반감을 가졌던 필자에게 이 수업은 민족주의가 그 자체로 설명이 아니라 설명되어야 할 대상이며 개인을 배제한 민족은 위험하다는 문제의식을 통해 민족주의에 대한 학문적 이해의 안내자가 되었다. 따지고 보면, 현재 저자가 민족주의에 대해 알고 있는 것은 모두 이 수업에서 배운 것이나 다름없다. 그런가 하면 저자에게 일국적인 한계에 갇히지 말고 유럽 전체를 아우르는 시각을 가져야 한다고 늘 타일러 주시는 이민호 선생님께도 머리 숙여 감사드린다. 과연 이 책이 그런 유럽적 시각을 감당할 수 있을지는 자신이 없지만, 이 책의 곳곳에 선생님의 통찰이 배어 있음을 부정할 수 없다. 물론 저자가 여러 은사님들의 가르침을 잘못 이해하고 잘못 표현한 곳이 많을 줄로 알지만, 제자가 자기 머리로 생각하려는 지적 노력의 과정에서 나온 실수라고 너그러이 여겨 주시리라 믿는다.

또한 서툰 원고를 멋진 책으로 만들어 주신 출판사 '지식의 풍경'에도 감사의 말씀을 빠뜨릴 수 없다. 먼저 저자의 성마른 구상을 듣고 흔쾌히 출판을 기획해 주시고 채찍과 당근으로 집필 과정을 지원해 주신 안효상 선배와 임영근 사장님께 감사드린다. 원고를 성의껏 논평하고 완벽히 편집해 주신 박선미 씨와 정미은 씨께도 따뜻한 마음을 전한다. 특히, 박선미 씨는 저자가 스스로의 문제점이 무엇인지를 깨달을 수 있을 정도로 날카롭게 논평해 주셨다. 논평을 모두 반영하지는 못했지만 이 책이 좀 더 많은 독자들과 가까워질 수 있다면, 모두 그 분 덕이라고 생각한다. 끝으로 민족주의로 따지면 '데모스'에 해당할 출판사 가족들 외에 '에트노스'에 해당할 가족들에게도 감사의 마음을 전할 수 있는 저자의 특권을 살리고 싶다. 아들의 어줍지 않는 학문 생활을 무조건적인 사랑과 믿음으로 묵묵히 감수하고 격려해 주시는 어머님과 항

상 오빠 편에서 살가운 응원을 보내 주는 여동생에게 이 작은 책을 바
친다.

2007년 5월

저자

차례

그림 차례

지도 차례

prologue 번역된 민족주의, 민족주의의 번역

민족주의는 개인이 최고의 충성을 마땅히 민족에 바쳐야 한다고 믿는 신조이다. 그리고 민족주의자는 그런 논변의 근거를 통상 고대적일뿐더러 원초적이고 자연적이기까지 한 민족의 성격에서 찾는다. 만일 그렇게 가정된 민족의 성격을 부정하는 사실이 나온다면, 민족주의자는 그런 사실을 외면하기 일쑤이다. 예를 들어 오스트리아의 한 고고학자가 우익 민족주의자 외르크 하이더Jörg Haider의 고향인 케른텐(카린티아)의 산악 요새가 6세기에 슬라브 족이 거주했다는 증거라는 가설을 지지했을 때, 그는 민족주의자들에게서 엄중한 경고를 받아야 했다. 오스트리아 민족주의자들에게 그의 학문적 가설은 슬라브 족이 케른텐에 대한 권리를 가지고 있다는 정치적 주장으로 이해되었기 때문이다.[1] 그러나 6세기에 슬라브 족이 거주했다는 사실과 슬라브 족이 그 지역에 대해 권리를 가지고 있다는 주장 사이에는 엄청난 논리의 비약이 있지 않은가?

일단 민족주의적 논리에 비약이 숨어 있음을 문제 삼지 않는다면,

위의 일화는 민족주의와 관련하여 우리에게 두 가지 점을 알려 준다. 하나는 민족주의가 민족의 고대성과 자연성을 유별나게 강조한다는 점이고, 다른 하나는 민족(과거)을 정치 공동체(현재)를 정당화하는 토대로 설정한다는 점이다. 그런데 민족주의가 제아무리 각 민족의 고유한 기원을 강조한다고 한들, 민족을 국가의 근거로 삼는 관념 자체는 근대적이며 동시에 서구적이다. 기실, 대부분의 학자들은 그와 같은 민족주의가 서구 근대의 특수한 역사적 · 정치적 맥락에 깊이 연루되어 있다는 점에 동의한다. 비록 민족주의의 정확한 기원을 17세기 군주정에 대항한 네덜란드 혁명과 영국 혁명(내전), 18세기 이베리아 식민주의에 맞선 아메리카 신대륙 엘리트들의 투쟁, 1789년 프랑스 혁명, 그리고 프랑스 혁명과 그에 잇따른 나폴레옹 정복에 대한 19세기 초 독일의 반응 가운데 어느 것으로 잡아야 할지에 대해 의견이 분분하기는 하지만 말이다. 그렇다면 그 정확한 기원이야 어쨌거나 민족주의는 우리에게 외래 사상이며, 번역된 것이다.

그런데 민족주의가 번역본이라는 사실을 납득하지 못하거나 부정하는 사람들이 많다. 이는 민족주의가 항상 민족의 고유함과 유구함을 강조하는 담론임을 고려하면 이해할 수 있는 일이다. 민족은 '오직 하나'이며 '항상 거기' 있다는 것이 민족주의의 전형적인 가정이다. 그런 점에서 민족주의자들의 국제적 연대는 정의상 불가능하며, 이것이 '파시스트 인터내셔널'을 창립하려던 이탈리아 파시스트들의 야심찬 시도가 수포로 돌아간 이유이다. 그럼에도 민족을 최고의 가치로 삼는 정치적 · 이데올로기적 설정 자체는 그 많은 민족과 민족주의에 보편적이며, 상대적으로 최근에 등장했다는 점에 변함은 없다. 그래서 우리의 민족의식이 원래부터 강력하게 존재하다가 고스란히 식민지기에 표출된 것이라는 생각은 상당히 의심쩍다. 그보다는 오히려 식민지기를 경험하면서 비로소 민족적 독립과 해방의 이념이 형성되었다고 생각하는 것이 더 합당하지 않을까 한다. 따지고 보면, '민족'이란 용어가 우리 나라에서 처음 사용된 것도 1904년 무렵이며,[2] 그 말도 애당초 일본인 들이 '네이션nation'이라는 외래어를 번역하는 과정에서 나온 조어造語 가 아니던가?

그러나 우리에게 민족주의가 번역본임을 확인한다고 해서 능사는 아니다. 진짜 문제는 '번역' 자체에 있다. 특정한 번역어는 우리에게 원래 있는 말이든, 아니면 없는 말을 만들어 낸 것이든 간에 우리 나름 의 고유한 의미 구조에 속하는 말이다. 이 점을 무시하는 사람은 우리 의 '민족'을 서양의 '네이션'에 기계적으로 대입하여 이해할 것이다. 그리하여 시민권에 기초한 '네이션'과 혈연으로 묶인 '민족'을 구분하 고, 닫힌 '민족'에서 열린 '네이션'으로 나아가야 한다고 주장할지 모 른다. 필경 이런 주장은 폐쇄적인 우리의 민족주의를 고려하면 뼈아픈 지적이다. 하지만 그와 같은 주장은 '민족'이 '네이션'의 번역어이기 는 하지만 우리가 항상 '네이션'이 아니라 '민족'──그 외에도 민, 인민, 동포, 겨레 등 우리의 경험적·역사적 맥락에서 통하는 말들──을 통해 우 리 자신의 삶을 해석할 수밖에 없다는 점을 경시한다. 민족을 최고의 가치로 삼는 형태의 민족주의는 보편적이지만, 그 실제 내용은 항상 특 수한 것이다. 그러니 민족주의가 외래 사상이라고 해서 원본과 번역본 이 반드시 닮은꼴이 될 필요도, 또 그렇게 될 수도 없다. 이탈리아 속담 대로, 원래 번역은 반역인 것이다.

그럼에도 원본이 있다는 사실, 따라서 원본과 번역본이 엄연히 다르 며 원본의 힘이 남다르다는 사실은 여전히 남는다. 그래서 《상상의 공 동체》의 저자로 유명한 베네딕트 앤더슨Benedict Anderson은 민족 국가 의 모형이 "표절"된다며 원본의 힘을 지적했던 것이다.[3] 즉 앤더슨의 통찰에 따르면, 아메리카의 독립 민족 국가 모형은 유럽으로, 유럽의 민족 국가는 다시 아시아와 아프리카로 전파되어 "표절"되었다는 것이다. "표절"의 이유는 명확하다. 민족 국가 모형이 현실에서 자신의 힘을 입증했기 때문이다. 실상, 18세기까지만 하더라도 서구는 중국을 중심으로 하는 동아시아권의 상대가 되지 못했다. 그러나 세력 관계는 급격히 변하게 되었으니, 1840~1842년의 아편 전쟁에서 거대한 중화 제국은 한 줌밖에 안 되는 민족 국가 영국의 일격으로 쓰러지고 반식민지로 전락한 것이다.[4] 그리하여 영국(잉글랜드)을 "최초의 민족"으로 보는 리아 그린펠드Liah Greenfeld는 18세기 이래 영국의 유럽 지배와 서구의 세계 지배로 인하여 민족이 일종의 "정전正典"이 되었다고 본다.[5]

그러나 각 민족은 민족 국가의 강령을 실천하면서 각자가 처한 특수한 조건들과 내부적 압력들에 직면하게 되고, 그런 가운데 민족적 변형——해적판?——이 발생한다. 그런데 중요한 것은 서로 다른 민족들이 같은 민족주의의 언어를 말한다는 점이다. 즉 민족은 서로 다른데 민족주의의 언어는 함께 쓰고 있다는 말이다. 그리고 다른 민족들이 같은 민족주의의 언어 안에 흡수되면서 민족주의의 내용은 확장되고 풍부해진다. 이렇게 보면, 민족주의의 원본이 행사하는 힘이 남다르기는 하지만 이 원본만 가지고는 민족주의 자체를 온전히 이해할 수 없는 것이다. 말이 나왔으니 말이지만, 영국 민족주의가 원본이라는 것도 시간 순서로 보아 무대에 처음 등장했다는 말이지, 그 이상의 어떤 것도 의미하지 않는다. 무대에 처음 등장한 사람이 항상 주인공은 아닌 것이다. 때로 주인공은 맨 나중에 등장한다. 요컨대 민족주의의 원본은 민족주의의 본질이 아니라 하나의 표현이다. 민족주의의 원본에 '모든 것'이 들어 있다고 보는 것은 원전을 물신화하는 훈고학적 태도로서,

그 원본이 유럽에 있다고 보는 경우에 그런 태도는 **유럽 중심주의***로 이어지기 십상이다.[6] 오직 원본과 번역본을 함께 포개 놓고 볼 때에만 민족주의는 우리 앞에 전모를 드러낼 것이다.

물론 원본에는 원본으로서의 고유한 가치가 있다. 다시 앤더슨의 표현을 빌리자면, 원본은 "표절"이 원래의 모형으로부터 너무 표나게 벗어나지 않도록 하는 "표준"으로 기능하니 말이다. 그래서 원본을 절대화해서는 안 되지만 번역본(우리의 민족주의)을 제대로 이해하기 위해서는 '표준'으로 기능하는 원본을 반복해서 읽고 충실히 이해해야만 하는 것이다.

다만, 우리가 부딪치는 문제는 원본을 어떻게 번역할 것인가, 즉 원본을 어떻게 받아들이고 이해할 것인가 하는 점이다. 어디선가 발터 벤야민Walter Benjamin은 원본과 번역본을 고대 그리스 암포라 항아리의 부서진 파편들에 비유한 적이 있다. 파편은 암포라의 전부가 아니라 일부이다. 파편들이 서로 짜 맞추어질 때에만 암포라의 자태는 드러난다. 이런 암포라의 비유를 통해 벤야민은 "번역가의 작업"이 어떠한 것인지를 우리에게 일러준다.

---

* **유럽 중심주의** 유럽 중심주의는 보통 두 가지 부분으로 이루어져 있다고 한다. 하나는 유럽 예외주의이고, 다른 하나는 오리엔탈리즘이다. 유럽 예외주의는 유럽 문명의 특수성과 독창성을 부각시키는 관념이고, 오리엔탈리즘은 오리엔트(동양)에 대한 옥시덴트(서양)의 편향된 우월 의식과 이를 떠받치는 표상 체계이다. 유럽 예외주의가 유럽 자신에 대한 규정이라면, 오리엔탈리즘은 상대방에 대한 규정인 셈이다. 결국 유럽 중심주의는 유럽 인들의 특정한 정체성이라고 생각되는데, 정체성은 자기 스스로 규정하는 부분(내부적 정체성)과 상대방이 규정해 주는 부분(외부적 정체성)을 동시에 가지고 있다. 이렇게 보면, 유럽 예외주의는 자기 스스로 규정하는 부분이고, 오리엔탈리즘은 상대방이 규정해 주는 부분에 해당한다고 하겠다.

어떤 그릇의 파편들이 하나로 접합되기 위해서는, 그 파편들이 서로 같을 필요는 없을지라도, 가장 미세한 부분에서 서로서로 달라붙어야 한다. 그와 마찬가지로 번역은, 그 자체를 원본의 의미에 같게 하기보다는, 원본의 의미의 방식에 스스로 조화되도록 밀접하고 미세하게 구성되어야 한다. 그래서 파편들이 한 그릇의 부서진 부분들인 것처럼, 원본과 번역은 둘 다 보다 큰 언어적 단위의 부서진 파편들로 인식되어야 한다.

벤야민의 말을 민족주의에 적용해 보면, 민족주의의 원본과 번역본은 민족주의라는 암포라 항아리의 부서진 두 파편에 해당할 것이다. 따라서 원본과 번역본은 그 자체로서는 불완전한 의미만을 지닐 테고, 마땅히 접합되어야 한다. 그런데 접합되기 위해서는 두 파편이 반드시 서로 같을 필요는 없고 "미세한 부분", 그러니까 적어도 깨진 단면에서 같으면 족할 것이다. 그러므로 민족주의를 번역하는 일은 전체로서 민족주의라는 암포라 항아리를 완성하기 위해 파편들의 깨진 단면을 맞추는 섬세한 손길이 필요한 작업이며, 그렇게 파편들을 결합시킴으로써 결과적으로 번역본은 물론이요, 원본의 의미까지도 확장하고 심화하는 과정인 것이다. 그렇다면 사실인즉 번역은 반역이 될 수도 있지만, 동시에 원본이 쓰일 당시에는 미처 깨닫지 못한 모호한 표현과 희박한 의미를 명료하고 충만하게 만들어 줄 수도 있는 것이다.[7]

확실히, 이 글의 목표는 모든 파편을 결합시켜 암포라를 완성하는 것이 아니다. 즉 n개의 민족주의를 n개만큼 번역하는 일이 아니다. 그보다는 번역본이 만들어지는 데 준거가 된 원본의 파편, 즉 유럽 민족주의[8]만을 연구하려 한다. 완성된 암포라의 매혹적인 자태를 상상하면서 말이다. 물론 유럽의 경우에도 원본이 되는 하나의 파편과 번역본이 되는 다른 파편들이 있을 터이다. 그러니 n개보다는 적지만 m개만큼은 되는 민족주의의 번역본들이 있는 셈이고, 그 파편들이 결합하여 하나의 암포라로서 유럽 민족주의를 구성할 것이다. 그러나 유럽 민족주의가 여하튼 유럽 바깥 세계의 민족주의에 대해 하나의 원본이 된다면, 일단 그 원본에 충실함으로써 ──이 역시 한 사람의 작업으로는 턱없이 힘에 부치는 일이지만── 번역본이 "원본의 의미의 방식에 스스로 조화되도록 밀접하고 미세하게 구성"되리라 기대할 수 있을 것이다. 그리고 원본 작성자들과 그 후예들이 시공간적 한계로 말미암아 미처 깨닫지 못한 것들을 이미 알고 있는 번역가의 이점을 십분 살린다면, 유럽 민족주의의 새로운 면을 발견하고, 그럼으로써 민족주의 자체를 좀 더 올바르게 이해하는 데 기여할 수 있지 않을까 한다.

민족주의의 원본을 찾아 유럽으로 떠나기 전에 마지막 여행 준비로 용어의 번역 문제를 짚고 넘어갈 필요가 있다. 앞에서 우리는 '내셔널리즘nationalism'을 '민족주의'로, 내셔널리즘이 중심에 놓는 '네이션'을 '민족'으로 옮겼다. 이는 일상적인 용법이기는 하지만 민족주의의 원본을 고려하면, 의미상 완전히 적절한 것은 아니다. 우리말에서 '민족'은 혈통, 언어, 관습, 종교 등 문화적 공통성에 기초한 공동체를 뜻하니, 원래 이질적인 문화를 갖고 있는 주민들을 동일한 법적·정치적 의무와 권리를 나누어 갖는 시민으로 통합하는 '네이션'──이 경우에는 우리말의 '국민'에 가까운──과는 그 의미상의 거리가 현저하니 말이다. 거꾸로 '네이션'을 '국민'으로 옮기는 경우에도 '네이션'이 갖는 다른 의미, 즉 혈연적·문화적 공동체의 의미가 삭제되기는 매한가지이다.

이런 딜레마에 대한 하나의 타협적인 해결책으로 제시된 주장이 있는데, 시민권에 기초한 국가 구성원이라는 의미의 '네이션'은 '국민'

으로, 혈연적·문화적 공동체로서의 '네이션'은 '민족'으로 번역해야 한다는 주장이 그것이다. 맥락에 따라 달리 옮겨야 한다는 것이다.[9] 이는 명확하면서도 일리 있는 주장이다. 이 주장은 모든 말에 정확한 의미를 부여해야 한다는 명제에 호응한다. 그러나 문제는 남는다. 하나의 단어를 두 갈래로 번역함으로써 생길 수 있는 불필요한 혼란은 차치하고라도, 특정한 개념은 확대된 영역에 적용될 수 있도록 좀 더 일반적이어야 한다는 명제에서 볼 때 그런 타협안은 썩 만족스럽지 못하다. 가령 '노예slave'가 근대의 흑인 노예를 떠올리게 하므로 고대 그리스와 로마 세계의 노예를 뜻하는 'doulos'나 'servus'는 그렇게 번역해서는 안 된다는 지적은 모든 말에 정확한 의미를 부여해야 한다는 명제에는 충실하지만, 일반적 개념을 구성해야 한다는 명제에는 충실하지 못하다. 그런 맥락에서 이 까다로운 번역의 문제와 관련하여 국내의 한 서양사학자는 다음과 같이 매듭짓고 있다.

> 고대의 노예와 근대의 노예가 다른 것은 사실이다. 그런데 차이는 비교를 해야 알 수 있으며, 비교는 공통점이 있어야만 할 수 있다. 그러니 그들을 같은 개념으로 묶지 않고 각각 다른 명칭을 고집한다면, 비교조차 할 수 없으니 그 차이를 논할 수가 없는 것이다. 그와는 달리 마르크스Karl Marx는 알다시피 프롤레타리아트의 개념을 근대에 확대하여 적용하고 있다. 그리고 그는 비교를 통해 토지를 잃고 도시로 가서 룸펜이 된 로마의 프롤레타리아와 임금 노동자가 된 근대의 그것을 대조적으로 파악함으로써 그 특성을 드러내고 있는 것이다.[10]

이 책에서는 위의 조언을 받아들여 '네이션'을 '민족'으로 번역하고자 한다. 서양의 '네이션'과 동양의 '네이션'이 다른 것은 사실이다. 그런데 차이는 비교를 해야 알 수 있고, 비교는 공통점이 있어야 할 수 있다. 그러니 그 둘을 같은 개념, 즉 '민족'으로 묶지 않고 서로 다른 두 가지 명칭, 즉 '국민'과 '민족'을 고집한다면, 비교조차 할 수 없으니 그 차이를 논할 수가 없다. 그러므로 우리는 '국민'과 '민족'의 차이를 새기면서 그 둘을 '민족'이라는 같은 개념으로 옮김으로써 결국 양자의 공통점과 상이점을 포괄하려 한다. 이 책의 결론부에서 명확해지겠지만, 실제 역사를 잘 관찰해 보면, '국민'에도 '민족'의 요소가, '민족'에도 '국민'의 요소가 있으며, 그러면서도 양자는 서로 다름을 알 수 있다.

다만 여기서 '네이션'을 '국민'이 아니라 '민족'으로 통일한 이유는 민족이 우리의 입에 붙고 귀에 통하는 익숙한 용어이기 때문이다. 물론 '민족'으로 옮기면 어색하기 짝이 없는 경우가 있으니, 부득이할 때에는 (따옴표를 쳐서) '국민'으로 옮기거나 (괄호를 쳐서) '민족'을 병기한다. 그리고 '국민 주권'이나 '국민의회'처럼 관용화돼서 달리 사용하면 혼란을 야기하는 경우에는 그대로 사용하기로 한다. 그럼에도 이 '국민' 역시 '민족'이라는 사실을 보여 주자는 것이 이 책의 중요한 논지들 가운데 하나이다. 끝으로 강한 혈연적·문화적 공동성에 기초한 '민족'은 그 의미상 '에스니/에스니서티ethnie/ethnicity'와도 가깝다. '네이션'과 '에스니/에스니서티'의 차이에 대해서는 나중에 논하기로 하고, 일단 여기서는 '에스니/에스니서티'를 '종족'으로 옮길 것임을 밝혀 두고자 한다.

1
민족주의의 미궁

벌써 네 이름을 세 번이나 불렀다. 자, 일어나거
라, 네가 들어갈 수 있는 문을 찾아가자.
— 단테, 《신곡》.

민족주의란 무엇인가?

모름지기 역사가들은 한 시대가 여러 상이한 힘들이 교차하는 복잡한
현실로 이루어져 있음을 잘 알고 있다. 그럼에도 역사가들은 종종 한
시대를 하나의 특징적인 사건이나 경향으로 요약하려는 유혹에 빠진
다. 마치 16세기를 종교 개혁의 시대로, 17세기를 과학 혁명의 시대로,
18세기를 계몽사상의 시대로 규정하듯이 말이다. 그렇다면 지난 두 세
기를 한마디로 압축하면 무엇이 될까? 가장 유력한 후보는 아마도 '민
족주의의 시대'가 아닐까 한다. 과연 지난 두 세기의 역사를 통해 형성
된 오늘날의 세계는 마치 칼날과도 같은 민족의 국경선들로 예리하게
구획되어 있으며, 그 속에서 사람들은 좋든 싫든, 강한 의미에서든 약
한 의미에서든 모두 '민족주의자'로 키워지고 있다. 그리고 민족을 상
징하는 불변의 전통들, 그러니까 각종 민족적 기념물들과 의례들은
'민족주의의 시대'를 화려하게 장식하는 값비싼 골동품처럼 보인다.

35

그렇다면 대관절 민족주의란 무엇인가? 한마디로 민족주의는 민족이야말로 개인이 최고의 충성을 바쳐야 하는 대상이라고 믿는 신조이다. 민족주의가 본격적으로 등장하기 이전에도 사람들은 오랫동안 자신이 속한 씨족, 촌락, 도시, 직업, 신분, 지방, 왕조, 제국, 종교 등에 일체감을 느끼면서 자신들의 충성심을 과시해 왔다. 하지만 서로 교차하는 다양한 일체감과 충성심은 때로 충돌하면서도 기본적으로는 평화롭게 공존했다. 에릭 J. 홉스봄Eric J. Hobsbawm에 따르면,

> 신발은 한 번에 한 켤레만 신을 수 있음을 알기에 인간은 신발을 고르듯이 그들의 집단적 정체성을 선택하지 않았다. 그들은 민족성을 포함하여 여러 가지의 소속감과 충성을 동시에 가졌고 지금도 그렇다.[1]

이와 관련하여 사도 바울의 이력이 이채롭다. 그는 길리기아(현 터키 남부)의 다소(타르소스) 출신의 로마 시민이자 정통 유대 교육을 받은 히브리 인으로서 기독교로 회심한 인물이다. 그리하여 다소 인, 로마 시민, 히브리 인, 기독교도와 같은 다양한 정치적, 지역적, 혈통적, 종교적 정체성이 바울이라는 한 인격 안에 모자이크처럼 아로새겨져 있었던 것이다. 그런가 하면 3세기 로마 군대에 복무한 프랑크 전사를 위해 세워진 한 비문에는 이렇게 적혀 있다. "나는 프랑크의 시민이지만, 로마의 군인이다Francus ego cives, miles romanus in armis."[2] 여기서 프랑크 인으로서의 정체성, 로마 인으로서의 정체성, 그리고 군인으로서의 정체성은 아무런 모순 없이 공존하고 있다. 그런데 이와 같은 정체성들의 '데탕트'는 민족주의적 입장에서는 결코 용인될 수 없다. 이를 용인한다면, 민족주의는 민족주의가 아니다. 민족주의에서 특별한 것은 바로 개인이 "신발을 고르듯이" 자신의 최고의 충성 대상을 민족으로 골라

야 한다는, 즉 민족이 일체의 충성심을 독점해야 한다는 도저한 '냉전'의 논리에 있는 것이다.

그런데 민족주의가 개인이 민족에 최고의 충성을 바쳐야 한다고 믿는 교리라면, 이 충성의 표적으로서의 민족도 마땅히 최고로 가치 있는 대상이 되어야 함은 두말할 나위가 없을 것이다. 민족의 가치 하락은 민족의 분열과 해이와 종속으로 드러난다. 그러므로 루소, 헤르더, 피히테, 마찌니 이래로 민족주의는 민족의 자율성과 정체성과 통일성을 형성하고 유지하려는 이데올로기이자 운동으로 존재했다. 바로 이것이 넓은 의미에서 민족주의의 정의라 하겠다.[3]

이와 같은 민족주의적 주장을 다시 그 구성 부분들로 분해하면, 그 주장은 대체로 다음과 같은 세 가지 가정에 기초해 있는 것으로 보인다. 첫째, 세계는 구별되는 특수한 개성을 지닌 민족들로 이루어져 있다. 둘째, 민족의 이해관계와 가치는 (민족이 아닌) 다른 것들의 이해관계나 가치에 우선한다. 셋째, 민족은 가능한 한 독립적이어야만 하며, 이를 위해 정치적 주권을 획득할 필요가 있다.[4] 여기서 첫 번째 가정은 세계를 보는 특정한 시각, 즉 세계관Weltanschauung으로서의 민족주의에 내장된 철학적 성격을, 두 번째 가정은 민족주의 특유의 배타적 성격을, 세 번째 가정은 민족주의가 드러내는 본질적으로 정치적인 성격을 잘 보여 주고 있다.

이상의 가정들에 입각하여 민족주의의 이데올로기와 운동은 구체적으로 하나의 민족이 하나의 국가를 가져야 한다는 정치적 신조를 표방하고 이를 실천에 옮기고자 노력한다. 따라서 민족주의란, 에른스트 겔너Ernst Gellner의 표현을 빌리자면, "일차적으로 정치적 단위와 민족적 단위가 일치해야 한다고 주장하는 정치 원리"인 것이다.[5] 이와 마찬가지로 마이클 헤치터Michael Hechter 역시 민족주의는 "무엇보다 정치적"

이라면서 민족주의를 "민족의 경계들을 통치 구조 단위의 경계들과 일 치시키도록 고안된 집단 행위"로 규정한다.[6] 바로 이것이 좁은 의미에서 민족주의의 정의라 하겠다. 이처럼 민족을 국가의 근거로 설정하는 그 러한 정치 원리에는 민족이라는 소중하지만 연약한 속살을 국가라는 견고한 껍데기로 보호해야 한다는 요청이 깔려 있다. 민족 국가nation-state란 일종의 연체 동물이라는 은유가 쉬이 통하는 이유가 여기에 있 다.

결국 민족주의의 성격에 대해서는 민족주의에 대한 본격적인 학문 연구의 아버지라고 할 수 있는 한스 콘Hans Kohn의 고전적인 정의가 여전히 유효한 것으로 보인다. 그에 따르면, 민족주의란

개인의 최고의 충성은 마땅히 민족 국가에 바쳐져야 한다고 느끼는 하나 의 심리 상태이다. 향토나 지방적 전통 또는 지역적인 기성 권위에 대한 간절한 애착은 정도는 다를지언정 어느 시대에나 있어 왔다. 그렇지만 근 대적 의미의 민족주의가 온갖 공사 생활의 성격을 점점 더 규정하면서 공 인된 하나의 감정으로 된 것은 18세기도 마지막 무렵에 들어서서의 일이 다. 각 민족nationality은 제각기 자기의 국가를 형성해야 하며 또 그 국가 는 자민족을 전부 포함해야 한다고 주장하게 된 것은 극히 최근의 일에 불 과하다.[7]

이 정의에는 실상 쟁점들이 숨어 있다. 가령 민족주의가 확립된 것이 18세기 말이라는 견해 따위가 그렇다.[8] 그럼에도 그의 정의에는 민족 주의가 드러내는 충성의 독점욕, 민족주의와 근대성modernity의 연계, 국가 구성state-formation으로서의 민족주의적 강령 등 민족주의의 본질 적인 성격들이 잘 열거되어 있다. 그러니 결국 민족주의란 민족을 최고

의 충성 대상으로 내세우면서 민족을 국가의 정당성의 근거로 설정하는 정치적 기획이라고 정의 내릴 수 있겠다.

이렇게 보면, 민족주의는 분명 하나의 이데올로기이다. 기실, 역사적으로 민족주의는 몇 단계를 거치면서 발전했다. 첫 번째는 주로 지식인들의 운동으로 전개된 단계이다. 이 초창기에 민족주의의 이데올로기적 성격이 집중적으로 부각된다. 그리고 이데올로기로서의 민족주의는 점차 사회의 중간 계급 및 중간 부류로 확산되어 상인, 제조업자, 수공업자, 전문직 종사자 등 다양한 계층의 이념이 된다. 이것이 두 번째 단계이다. 그리고 마지막 단계에서 민족주의는 농민 공동체와 노동자까지 포함하는 진정으로 민중적인 운동으로 발전해 간다.

그런데 이렇게 민족주의가 외연을 넓히면서 이데올로기적 성격은 점차 탈색되고, 담론적 성격이 부각되기 시작한다. 이제 민족주의적 담론의 많은 범주들과 가정들이 일상 언어와 이론에 침윤되어 벗어던지기 어려운 것이 된다. 다시 말해, 민족주의는 이데올로기로서 수용할수도 있고 거부할 수도 있지만, 민족의 담론은 언어 생활 전반을 지배하면서 사람들의 인식, 태도, 가치에 깊숙이 침투하게 된다. 그리하여 이 세계가 다양한 '사회들'로 나뉘어져 있듯이, 다양한 '민족들'로 이루어져 있다는 생각이 사람들에게 자연스럽게 받아들여진다. 특히, 사람들은 민족을 곧잘 집단적 인격, 즉 "법인corporate person"으로 생각하는 경향이 있는데, 바로 이것이 민족의 이념이 민족으로 명명되는 공동체에 쉬이 통합성과 단일성을 부여한다.[9] 이렇듯 민족주의는 하나의 이데올로기이자 운동이며, 나아가 담론이 될 수도 있는 것이다.

물론 민족주의를 민족적 정체성이나 민족의식으로 보는 시각도 있으며, 우리가 민족주의의 넓은 의미를 더 넓혀 보면 그런 시각도 가능하다. 확실히, 민족적 정체성과 민족의식이 민족주의의 토대로 기능하고 있음은 사실이다. 민족주의가 완제품이라면, 민족적 정체성과 민족의식은 재료나 반제품인 꼴이다. 그리하여 미로슬라프 그로흐Miroslav Hroch처럼 민족주의라는 현상을 "그 전사前史를 중세에 두고 있는 오랜 민족 형성 과정의 결과로서 출현한, 현실에서 존재하는 대규모 사회 집단인 '민족'"을 고려하지 않고 해석할 수 없다고 하면서 "민족 형성 과정을 분석하는 데 핵심적인 요소는 민족주의가 아니라 민족적 정체성"이라고 보는 견해는 상당히 일리가 있다.[10)]

하지만 그로흐처럼 민족적 정체성 및 민족의식을 민족주의의 토대로 보는 시각을 극단적으로 밀고 나가 아예 양자를 동일시해 버린다면 큰 문제가 된다. 왜냐하면 민족적 정체성 및 민족의식과 같은 다소 막연한 감정과 정서와 인식을, 매우 분명한 교리와 강령과 범주에 기초한 민족주의와 혼동하는 것이기 때문이다. 하기야 이런 용서할 수 없는 과격한 경우까지는 아니더라도 민족주의와 민족적 정체성 및 민족의식을 완제품과 반제품의 관계로 보는, 다소간 이해할 수 있는 온건한 입장에도 문제가 있기는 마찬가지이다. 이런 입장에서 필경 그로흐라면 민족이 발전하여 그로부터 민족주의가 나왔다는 주장에 공감할 것이다. 그러나 오늘날 더 많은 연구자들은 그로흐와는 달리 역사적으로 볼 때 민족주의가 오히려 민족의 발전을 자극했음을 지적하고 있다. 요컨대 이런 입장에서 민족은 민족주의의 산물이지, 그 반대는 아닌 것이다. 가령 "민족들을 낳은 것은 민족주의"라는 명제나 "민족이 국가와 민족주의를 만드는 것이 아니라 그 반대"라는 명제 등이 이런 입장을 대표한다.[11)]

민족이란 무엇인가?

민족주의가 무엇이냐는 질문에 대답하기는 상대적으로 편하다. 정작 불편한 것은 민족주의가 내세우는 민족이 무엇이냐는 질문이다. 바로 이것이 민족주의의 악명 높은 모호함의 근원이다. 그렇다면 민족주의가 그렇게도 찬양하고 숭배하는 민족이란 대관절 무엇인가? 민족 개념의 역설은 누구나 민족이 무엇인지 잘 알고 있다고 생각하지만 막상 정의하려 들면 모호해지는 데 있다. 민족의 정의는 시대와 나라마다, 심지어 개개의 사전마다 다르게 나타난다. 그렇기는 해도 다양한 정의들은 민족의 객관적인 특징을 강조하는가, 아니면 주관적인 특징을 강조하는가에 따라 크게 두 가지로 분류할 수 있다.

우선, 민족에 대한 객관적 정의는 대개 일반인들의 상식과 통념에 부합하는 정의로서 민족을 구성하는 혈통, 언어, 관습, 종교, 영토 등의 단일하거나 복합적인 (문화적) 기준들을 제시한다. 그 대표적인 사례로 민족을 "언어, 영토, 경제생활 및 문화 공동체 안에 구현된 심리 구조 등을 지닌 역사적으로 진화한 안정된 공동체"로 보는 스탈린Stalin의 정의를 들 수 있다.[12) 그 반면에 민족에 대한 주관적 정의는 민족 성원들의 집단적이거나 개인적인 소속감과 소속 의지를 가장 중요한 기준으로 제시한다. 이런 맥락에서 가령 에르네스트 르낭Ernest Renan은 민족을 가리켜 "매일매일의 인민 투표an everyday plebiscite"라고 말한다. 그에 따르면, 민족이란 한번 구성됨으로써 안정적으로 영속하는 것이라기보다는 그 구성원들에 의해 끊임없이 만들어지고 확인받아야 하는 생성체—주어지고 고정된 존재가 아니라—라는 것이다.[13)

그러나 위의 두 가지 정의 중 어느 것도 완전히 만족스럽지는 않다. 객관적 정의는 제시된 기준들에 부합하는 많은 인간 집단들 중 오직 일부만이 민족으로 분류될 수 있고, 그와 동시에 명백히 민족으로 분류되는 집단은 그와 같은 기준들에 잘 들어맞지 않는다는 점에서 현실적으로 어려움을 겪는다. 가령 언어를 기준으로 봐도, 어려움은 분명하다. 어떤 추산에 따르면, 지구상에 존재하는 언어의 가짓수는 8,000여 개인 반면에 존재하는 민족 국가의 수, 즉 언어적 정체성이 민족으로 전환된 경우는 200여 개에 불과하다.[14] 거꾸로 스위스는 공식적으로 하나의 민족이지만, 거기에는 3가지 이상의 언어가 통용되고 있다. 게다가 혈통, 언어, 종교 등의 객관적 기준들 자체가 대단히 모호하고 유동적이라는 점도 고려해야 한다. 홉스봄에 따르면, 그런 기준들은 "구름 모양이 여행객이 길을 가는 데 소용없는 것과 같이, 쓸모가 없다."[15] 요컨대 그런 객관적 기준들은 민족을 규정하는 토대일 수는 있어도 민족 자체는 아니다. 정말로 중요한 것은 실제 문화적 공통성을 나누어 갖는 (다고 가정된) 주민들이 민족에 소속되는 조건과 과정 자체인 것이다.

이로부터 민족에 대한 소속감과 소속 의지를 강조하는 주관적 정의가 필요해진다. 그러나 민족을 주관적 요인을 통해 판별해 내려는 시도는 설명해야 할 것을 단순히 전제하고 있다는 점에서 동어 반복을 면치 못한다. 즉 인식의 자연스런 수순에 따라 그런 민족에의 소속감과 소속 의지가 어디서 나오는 것인가를 질문하게 되는데, 그 대답을 찾다 보면 결국 소속감과 소속 의지의 원천으로서 혈통과 언어 등의 객관적 요인들로 회귀하게 되는 것이다. 게다가 주관적 정의는 특정한 민족에의 소속을 둘러싼 주민들의 결단을 단순한 국적의 선택쯤으로 오도함으로써 민족의식이 형성되는 복잡다단한 역사적 과정을 무시한다는 비판에 처할 수 있다.

그러니 민족은 '뫼비우스의 띠'와 같다. 민족의 객관적 요인을 강조하다 보면 곧 주관적 요인으로 빠지게 되고, 그와 마찬가지로 민족의 주관적 요인을 부각시키다 보면 어김없이 객관적 요인으로 회귀하게 되는, 즉 선을 긋다 보면 앞면에서 뒷면으로 가고 다시 뒷면에서 앞면으로 오는 그런 모순의 띠 말이다. 이런 모순을 해결하는 하나의 방식으로는 일반적인 수준에서 민족에 대한 객관적 정의와 주관적 정의 가운데 하나를 선택하지 말고 구체적인 사례에 따라 두 가지 정의 중 하나를 탄력적으로 적용하는 것이 있다. 예를 들어 프랑스와 미국은 주관주의에, 독일과 한국은 객관주의에 부합하는 사례로 분류하듯이 말이다. 그러나 이는 어떤 의미에서 복합적인 역사적 현실에 폭력을 휘두르는 것일 수 있다. 모든 민족에 그런 두 가지 요소가 정도의 차이는 있을망정 공존한다고 보면, 그런 해결책은 만족스럽지 않을뿐더러 위험하기까지 하다.

결국 민족 개념에 내포되어 있는 어쩔 도리 없는 모호함과 모순성을 고려하면, 민족과 관련된 주제들을 연구할 때 위와 같이 민족에 대한 실체적 정의로부터 연역적으로 출발하는 것은 그로 인한 난점에 계속 봉착하는 결과를 낳는다. 따라서 그보다는 차라리 다양한 상황에서 민족주의자들에 의해 표상되거나 일반인들에 의해 이해된 민족 개념의 역사적 변형 과정 자체에 초점을 맞추는 편이 민족주의를 더 구체적이고 풍부하게 이해하게 해 준다. 사실, 민족의 실체라는 것도 대개 '두터운' 역사적 과정을 거친 뒤에야 비로소 사후적으로만 식별되는 법이다. 그렇다면 민족과 민족주의를 이해하기 위해서 먼저 그 역사를 알 필요가 있다. 이탈리아의 반파시스트 역사가인 안젤로 타스카Angelo Tasca는 어디에선가 "파시즘을 규정하는 우리의 방식은 파시즘의 역사를 쓰는 것이다"라고 말한 적이 있다.[16) 이와 마찬가지로 민족주의를 규정하는 우리의 방식도 민족주의의 역사를 쓰는 것이라고 말할 수 있다. 하지만 무작정 민족주의의 역사라는 깊은 숲 속에 들어가 길을 잃

그림 1 벤자민 웨스트의 〈울프 장군의 죽음〉.

고 헤매기 전에 길잡이가 될 만한 굵직한 역사 사회학적 이론의 나무들을 미리 확인해 두는 것이 필요할 것이다.

민족주의의 이론들

미국 출신 화가 벤자민 웨스트Benjamin West는 1770년 작 〈울프 장군의 죽음〉에서 1759년 9월 13일 북아메리카 대륙의 퀘벡 전투에서 전사한 어느 장교의 죽음을 민족주의적 순교로 형상화했다. 웨스트는 이 그림을 그리면서 당대의 신고전주의적 취향대로 고대 그리스-로마 의상을 채택하라는 주위의 권고를 뿌리치고 그림의 주인공들에게 근대 의상을 입히고 근대 무기를 배경에 두면서 회화상의 일대 혁명을 예고했다. 그러나 웨스트의 이 역사화는 근대적인 것만큼이나 전통적인 것으로 보이는데, 왜냐하면 근대적 소품들에도 불구하고 그림은 전통적인 기독교 성화의 단골 메뉴인 '피에타pietà' —— 팔을 축 늘어뜨린 채 죽어 있는 예수를 품에 안고 슬픔에 잠긴 성모 마리아의 모습 —— 를 그대로 복제했기 때문이다. 말이 나왔으니 말이지만, '피에타'의 주제와 구도는 기독교 전통이 없는 동양에서도 민족주의적 영웅들의 순교를 형상화하는 데 자주 동원되었다(우리의 경우에 당장 이순신 장군의 영웅적 최후를 묘사한 그림을 떠올려 봐도 충분하다!). 이를 보면, 민족주의의 내용은 각기 다르지만, 민족주의의 형식 자체는 서로 엇비슷하다는 점이 재차 확인되는 것 같다.

여하튼 민족주의 연구자 앤소니 D. 스미스Anthony D. Smith는 웨스트의 〈울프 장군의 죽음〉이 민족주의 연구자들에게 의미심장한 메시지를 전해 준다고 본다. 그에 따르면, 이 그림은 프랑스의 혁명적 민족주의 화가인 자크-루이 다비드Jacques-Louis David가 '피에타'를 복제해 프랑스 혁명기에 암살당한 혁명가 장 폴 마라Jean Paul Marat의 (목욕탕에서 팔을 축 늘어뜨린 채 죽어 있는) 모습을 순교자로 묘사한 1793년 작 〈마라의 죽음〉과 마찬가지로 근대 민족주의 시대를 내다보면서도 동시에 고대 기독교 시대를 돌아보고 있다. 이로부터 스미스는 민족주의에 본성상 과거와 전통으로 회귀하는 성질이 있다고 추론하며, 따라서 지난 수십 년간의 민족주의 연구에서 민족이 고대적 현상이냐, 아니면 근대적 현상이냐 하는 쟁점이 항상 중심으로 부각될 수밖에 없었던 것도 이 때문이라고 판단한다. 그리고 바로 이 쟁점을 둘러싸고 다양한 스펙트럼을 갖는 민족주의에 대한 숱한 이론들이 제시되었다.[17]

우선, 민족주의에 대한 전통적인 이론은 민족주의자들의 것이다. 그

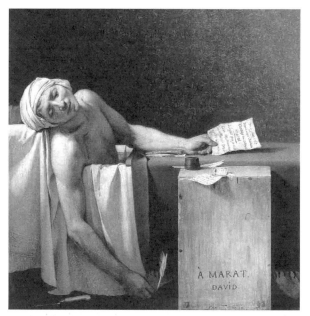

그림 2 자크-루이 다비드
의 〈마라의 죽음〉 부분.

그림 3 부오나로티 미켈
란젤로의 〈피에타〉.

들은 민족이 까마득한 과거부터 '거기' 존재하는 실체이며, 따라서 민족주의는 그런 민족에 토대를 두고 발생한 인류의 자연스런 감정과 충동이라고 믿는다. 요컨대 1789년 프랑스 혁명기에 아베 시에예스Abbé Sieyès가 삼부회의 평민부가 진정한 프랑스 민족을 구성한다고 주장했을 때의 논거에 따라 민족은 자연의 일부라는 것이다. 확실히, 이와 같은 원초론primordialism은 오늘날 민족주의자들의 제한된 서클을 뛰어넘어 대중적인 상식과 통념에 부합하는 이론이 되었다. 이 이론의 특징은 그 옹호자들이 민족의 자연성을 구태여 논증할 필요를 느끼지 못한다는 데 있다. 그들은 민족과 민족주의의 발전을 시간과 역사를 초월하는 과정으로, 그러니까 자연사의 과정으로 파악한다.

그런데 이 이론은 다시 생물학적 원초론과 문화적 원초론으로 나누어 볼 수 있다. 생물학적 원초론을 대표하는 피에르 반 덴 베르그Pierre van den Berghe는 민족이 토대를 두고 있는 혈연적 공동성과 단일 조상의 존재를 강조한다. 그러나 이런 식의 주장은 자신의 전제를 스스로 배반하는 형국인데, 왜냐하면 단일 조상은 항상 '신화'로만 존재하며, 이 '신화'가 '역사'로 입증되지 않는 한 '신화' 자체는 생물학적 요인이 아니기 때문이다. 그런가 하면 문화적 원초론을 대표하는 클리퍼드 기어츠Clifford Geertz는 인종, 언어, 종교, 관습 등 "문화적으로 미리 주어진 것들"을 민족 형성의 토대로 간주하는데, 그럼에도 그는 혈연적 유대와 씨족 관계가 "가정된assumed" 것이라고 말함으로써 다시 원초론에서 한 발짝 물러나고 있다.

원초론을 학문적 관점에서 비판하기란 쉬운 일이다. 원초론은 항상 설명해야 할 것을 전제하는 경향이 있으니 말이다. 설명하고 입증해야 할 책임은 원초론의 옹호자들에게 있다. 그럼에도 원초론은 인간에 영감을 주고 인간을 행동으로 이끄는 신념, 인식, 감정에 주의를 기울임으로써 왜 사람들이 자신의 가족과 씨족과 민족을 위해 과감히 목숨을 내놓기도 하는가 하는 문제를 설명한다는 장점이 있다. 이렇게 보면, 역사가들의 원초론을 비판하는 것이 중요한 문제라기보다는 오히려 역사행위자들의 대중적인 원초론을 이해하는 것이 관건이 된다.[18]

우리가 입증할 수 없는, 혹은 입증하기 매우 어려운 민족의 자연성이라는 전제를 포기하면, 드디어 역사적 과정이 시야에 들어온다. 역사적 과정 속에서 민족을 이해하려는 입장으로서 영속론perennialism은 민족주의가 근대적 현상임을 인정하면서도 민족 자체는 과거의 종족 공동체들에서 이어져 내려온 것으로 본다. 즉 영속론자들은 민족을 '자연적' 현상이 아니라 '역사적' 현상으로 본다는 점에서 원초론자들과 구분된다. 그와 동시에 영속론자들은 민족의 이념이 이미 전근대 시대에 널리 알려져 있었다고 가정하고 '전근대 민족'과 '근대 민족'을 나누기도 하면서 민족이 오랜 역사적 뿌리를 갖고 있음을 강조한다는 점에서 민족이 근대적 현상임을 주장하는 이들과 구분된다.

영속론은 민족을 '이성을 초월하는' 감정적·대중적 현상으로 파악한다. 어디선가 샤토브리앙Chateaubriand은 이렇게 말한 적이 있다. "인간은 기꺼이 자신의 이해관계를 위해 죽지 않는다. 그는 기꺼이 자신의 열정을 위해 죽는다." 이 말을 패러디하여 워커 코너Walker Connor는 다음과 같이 말하고 있다. "사람들이 합리적인 것을 위해 자발적으로 죽는 법은 없다."[19] 요컨대 영속론자들은 오랜 역사적 과정을 통해 형성된 감정적이고 대중적인 종족적 일체감이 민족의 토대가 되었음을 입증하고자 한다. 종족과 민족 사이의 그런 연속성은 까마득한 과거로까지 소급될 수 있는데, 가령 스티븐 그로스비Steven Grosby는 다윗과 솔로몬 치하의 통일 왕국에 대한 기억이나 야훼와의 성약을 통해 선택된 민족이라는 확신 등을 통해 고대 이스라엘에서 민족성의 요소들을 분간해 내기도 한다. 일부 영속론자들에게 그와 같은 '고대 민족주의'는 비단 이스라엘에만 국한된 것은 아니고 도시 국가나 제국으로 발전한 그리스와 메소포타미아를 제외하면 이집트를 비롯하여 고대 근동 지방에서 흔하게 발견되는 현상이다.[20]

그런가 하면 영국 역사가 에이드리언 헤이스팅스Adrian Hastings는 민족주의에 대한 지금까지의 연구를 중세론자medievalist와 근대론자 modernist 사이의 논쟁으로 파악하고, 중세론자의 입장에서 종족과 민족의 연속성을 강조한다. 그에게 종족은 "공유하는 문화적 정체성과 구어口語를 가진 주민 집단"이며, 민족은 문어文語를 통해 통합된, "종족보다 훨씬 더 자기의식적인 공동체"이다. 그의 논의에서 흥미로운 부분은 중세 말 이래로 지방어로의 성경 번역을 통해 라틴 어의 보편주의가 위협받고 민족적 자각이 촉진되었다는 지적이다. 특히, 그는 14세기 이래 영어로 번역된 성경들과 기도서들에 '민족'이라는 용어가 놀라울 정도로 지속적으로 등장하며, 이 용어가 반복적으로 쓰이고 읽히고 암송되면서 잉글랜드 인들에게 민족을 의식하는 강한 공동체 감정을 불어넣었으리라는 데 주목한다. 민족주의는 이미 14세기 영국에서 탄생했다는 말이다. 물론 당시의 '민족'은 20세기 대중 매체 사회에서 이해되는 민족과는 다를 것이라는 점을 인정한다. 그럼에도 가령 미국 혁명의 전환점인 1776년에 흑인들이 민족의식이 없었다고 해서 미국에서 '민족'의 출현에 대해 말할 수 없는 것은 아니라면서 민족이 긴 역사 속에서 구성되고 쇠퇴하며 재구성되는 복합적인 과정을 보자고 제안한다.

확실히, 헤이스팅스는 14세기 영국에서 독보적으로 민족과 민족주의가 등장했다고 주장한다는 점에서 다소간 영국 예외론에 경도되어 있으며, 민족주의도 다소간 정치적 의미가 탈색된, 민족적 자기의식 정

지도 1 유럽 민족들의 모태가 되는 언어권들. 물론 하나의 언어권이 반드시 하나의 민족 국가를 형성하는 것은 아니다.

인도유럽 어들
- 로망 어집단
- 게르만 어집단
- 슬라브 어집단
- 켈트 어집단
- 발트 어집단
- 일리리아 어집단
- 그리스 어집단
- 비인도유럽 어집단

라플란드 어
아이슬란드 어
페로스 어
스코틀랜드 어
게일 어
웨일스 어
영어
플랑드르 어
브르타뉴 어
바스크 어
포르투갈 어
에스파냐 어
프랑스 어
이탈리아 어
게르만 어
네덜란드 어
덴마크 어
노르웨이 어
스웨덴 어
핀란드 어
에스토니아 어
라트비아 어
리투아니아 어
러시아 어
폴란드 어
벨로루시 어
체코 어
슬로바키아 어
우크라이나 어
슬로베니아 어
헝가리 어
루마니아 어
세르비아-크로아티아 어
알바니아 어
그리스 어
마케도니아 어
터키 어

북해
대서양
지중해
흑해

0   500 km

도로 이해하는 편향을 드러낸다. 그럼에도 유럽사에서 종교가 수행한 막대한 역할을 고려할 때, 그리고 르네상스 시대에 지방어로 된, 성경을 비롯한 다양한 문학 텍스트들의 생산이 민족 언어의 발전에 지대한 영향을 주었으리라는 점을 고려할 때, 종교와 언어를 민족 형성의 핵심 요소로 상정하는 그의 논변은 설득력이 크다. 특히, 헤이스팅스는 중세 종족들을 민족성의 견고한 토대로 간주하는데, 이 또한 민족주의 연구에서 그냥 흘려 버릴 주장이 아니다. 물론 그도 모든 종족이 민족으로 발전하는 것은 아니라고 생각하지만, 종족을 이해하지 않고서 민족과 민족주의를 이해할 수 없다는 입장을 굽히지 않는다.

> 결론을 내리자면, 모든 종족은 그 내부에 잠재적으로 민족 국가를 가지고 있다. 하지만 숱한 경우에 그런 잠재성은 결코 실현되지 않을 터이니, 그 자원이 너무 적고 대안적인 문화와 정치 체제 안으로 편입되고픈 유혹이 너무 강렬한 까닭이다. 그러나 종족, 민족, 민족주의 사이의 내재적인 연관은 부정될 수 없다. 그것은 민족주의 이론에 유일하게 알기 쉬운 출발점을 제공한다.[21]

전체적으로 볼 때, 영속론은 죽음도 불사하는 민족적 열정을 자연적 본성이 아니라 역사적 과정을 통해 해명하려 한다는 점에서 원초론에서 한 발짝 나아간 것으로 평가할 수 있다. 고대와 중세의 종족적 정체성이 민족적 정체성을 향하여 연속적으로 발전했다는 것도 상당히 그럴 듯한 가설이다. 그런가 하면 잠재해 있던 종족적 정체성이 근대화 과정 속에서 재탄생하여 근대 민족으로 발전해 가는 많은 현상들도 관찰할 수 있다. 그럼에도 중세사가 패트릭 J. 기어리Patrick J. Geary가 지적하듯이, 유럽의 역사에서 예외라기보다는 법칙이었던 무수한 대규모

이동 속에서 수많은 종족적 정체성들이 유동하고 변화하며 명멸했음을 잊어서는 안 된다.[22] 그렇게 보면, 중요한 것은 종족과 민족의 연속성을 확인하는 일이라기보다는 종족이 민족이 되는 가능성의 조건들을 분석하는 일이다. 다시 말해, 종족적 정체성이 일종의 '운반체'의 역할을 하면서 민족적 정체성을 발전시키는 역사적 조건들이 무엇인가 하는 것이 바로 우리가 던져야 할 질문이다. 종족은 민족의 토대가 될 수는 있어도 민족 자체는 아니기 때문이다.

이렇게 종족은 민족이 아니라는 형식 논리로만 보더라도 민족은 본질적으로 근대적인 현상인 듯이 보인다. 기실, 콘 이후 민족과 민족주의에 대한 본격적인 연구가 개시된 이래로 근대론modernism은 서양 학계에서 주류 담론의 위치를 고수해 왔다.[23] 근대론에 입각한 민족주의 연구의 두드러진 업적들이 나온 것은 주로 1970년대 후반 이후이다. 특히, 기능주의 사회학의 시각에서 민족과 민족주의의 발생론적 조건을 밝히려고 한 겔너의 입론이 주목할 만하다. 그는 민족과 민족주의가 농업 사회에서 등장할 아무런 동기도, 기회도 없다고 보면서 민족과 민족주의를 기본적으로 산업 사회의 산물로 간주했다. 그에 따르면, 산업 사회는 농업 사회와는 달리 직업적·사회적 유동성이 매우 크고, 그 속에서의 노동도 몸소 '사물'을 다루는 것이 아니라 레버를 당기고 버튼을 누르는 식의 '의미'를 다루는 것이 된다. 따라서 유동성을 보장하고 매뉴얼을 통일시키기 위해서는 문화적 표준화가 필요했는데, 이를테면 국가에 의한 표준어의 확립과 교육이 이루어지는 과정에서 예전의 고급 문화high culture가 민족 문화로 변형되었다는 것이다. 그렇다면 겔너에게 민족과 민족주의는 산업 사회의 분업에 바탕을 둔 문화적 표준화에서 발생한, 전형적으로 근대적인 현상이었다. 요컨대 고급 문화는 사회 전체에 보급되고 사회 전체를 규정하며 정치체에 의해 유지되어야 한다. 그것이 민족주의의 비밀이다.[24]

그러나 파스칼리스 M. 키트로밀리데스Paschalis M. Kitromilides는 산업 사회의 사회적 소통의 필요로부터 민족주의를 해명하는 겔너의 논의는 적절치 않다고 평가한다. 그에 따르면, 민족주의는 통상 산업화와는 별개로 진행된 근대 국가의 발전과 연관된 정치 세력으로 등장했다. 근대 그리스의 민족 형성이 그 점을 잘 보여 준다. 10년간의 해방 전쟁 끝에 1830년에 탄생한 새로운 그리스 독립 국가는 국내 정책과 대외 정책의 통합적 일부로서 민족적 정체성을 배양하는 데 총력을 기울였다. 그리스 독립 왕국의 민족 정책은 국내적으로 그리스 국가의 성원, 즉 '국민'을 만들어 내려는 차원과 대외적으로 헬레니즘의 역사적 유산의 일부로 간주된 오스만 제국의 그리스 인 거주 지역에 대해 '국민화'를 추진하려는 차원을 동시에 가지고 있었다. 요컨대 키트로밀리데스에 따르면, 권력을 공고화하고 정당화하면서 수행한 "근대 국가의 정치적 역할"이야말로 민족주의라는 미궁에서 빠져나오기 위해 꼭 필요한 "아리아드네의 실"*이다.[25]

그런 문제의식은 이미 민족과 민족주의의 발전에서 정치적 요인들, 특히 국가 구성의 측면을 강조하면서 이른바 '정치적 근대론'을 제시한

---

* **아리아드네의 실** 그리스 신화에 따르면, 장차 아테네의 왕이 될 젊은 용사 테세우스는 청춘 남녀를 먹어 치우는 크레타 미노스 왕의 저주받은 아들인 괴물 미노타우로스를 처치하려 했다. 미노스 왕은 당시 아테네 최고의 건축가인 다이달로스를 시켜 한번 들어가면 결코 빠져 나올 수 없는 미궁을 지어 미노타우로스를 가두어 놓고 있었다. 테세우스는 미노스 왕의 딸 아리아드네가 건네 준 실타래를 몸에 묶고 미궁 안에 들어가 괴물을 처치하고 무사히 미궁을 빠져 나오는 데 성공했다. 이렇듯 '아리아드네의 실'이란 난제를 풀 수 있는 해법을 가리키는 서양의 고사 성어이다.

존 브로이John Breuilly와 찰스 틸리Charles Tilly 등의 논의에서 알뜰하게 정식화된 바가 있다. 예컨대 틸리에 따르면, 국가 구성은 국가 제조자 state-maker, 지방 엘리트, 민중 사이에서 벌어지는 복잡다단한 동맹 게임이다. 국왕으로 대표되는 국가 제조자들은 민중 반란을 가차 없이 진압하면서도 지방 엘리트의 수탈과 전횡에 맞서 민중의 보호자로 자처하며, 지방 엘리트들은 새로운 국가 행정이 제공한 기회와 공간을 점유하기 위해 국왕에 협력하면서도 지방의 자유를 위해 국왕에 대한 투쟁에서 민중을 동원하려고 했다. 특히, 17~18세기에 만연한 전쟁에 직면하여 국가 제조자들은 승전을 위해 사회의 물적 · 인적 자원을 추출하는 데 몰두했는데, 그 과정에서 (민중이 요청하지도 않은) "보호"를 대가로 납세와 징병을 강요하는 국가 제조자들은 민중의 눈에 일종의 "조폭들racketeers"로, 납세와 징병을 거부하는 민중은 국가 제조자들의 눈에 "파괴 분자들subversives"로 비치기도 했다. 이 사실은 국가 구성의 초기 역사에서 '합법적인 것'과 '불법적인 것'을 가르는 선이 유동적이고 불확실했음을 말해 준다. 여하튼 국가 제조자들은 민중의 협력을 얻는 대가로 그들에게 정치적 권리와 대의 구조를 제공하기에 이르렀으니, 그로써 민중은 국가의 정치 구조에 편입되고 '민족'의 이념이 그런 통합을 정당화하게 되었다. 결국 이와 같은 국가의 장대한 서사 narrative에서 보면, 민족 형성의 과정이란 곧 국가 구성의 과정 외에 다른 것이 아니다.[26)]

　이상의 '정치적 근대론'은 민족과 민족주의의 발생론적 조건이라기보다는 발전 과정 자체를 조명하고 있다는 점에서 의미가 크다. 그것은 유럽 근대사를 국가 구성의 견지에서 통합적으로 파악할 수 있게 해 준다는 점에서도 쓸모가 있다. 그럼에도 '정치적 근대론'은 민족 형성이 국가에 의해 '위로부터' 추진되었다는 일방적인 인상을 준다. 비록 민중이 주요한 변수로 설정되어 있기는 하지만, 실제로 국가 구성 및 민족 형성 과정에서 주도권을 쥔 측은 국가와 엘리트인 것 같다.

그런 점에서 홉스봄은 '정치적 근대론'을 받아들이면서도 민족주의 연구에 '아래의 시각'을 도입하려 한다. 이를 통해 그는 민족적 정체성과 사회적 정체성의 복잡한 관계를 해명하려 했고, 그 속에서 민족적 정체성의 위세에도 불구하고 건재한 계급적 정체성이 민족주의 연구는 물론이요, 현실의 민족주의에 대해 갖는 의미를 묻고 있다. 그에 따르면, 평민들의 민족 감정은 자신들이 처한 사회적 상황에 대한 인식과 복잡하게 뒤얽혀 있었고, 따라서 평민들의 느낌과 생각과 정체성은 민족주의의 토대가 되기도 하지만 민족주의의 발전에 제약을 가하는 조건으로 작용하기도 했다는 것이다. 기실, 홉스봄의 저작인 《1780년 이후의 민족과 민족주의》는 근대론의 입장에서 민족과 민족주의가 무엇인가 하는 문제에 대해 요령 있게 종합된 역사적 답변이며, 나아가 종래의 많은 연구들이 민족주의의 힘과 영향을 기정사실화한 것과는 달리 민족주의의 한계와 결함에 천착했다는 점에서 (결론의 타당성 여부와는 별개로) 독특한 의의를 가진다.

그러나 홉스봄의 논의는 여전히 근대론의 공통된 한계, 즉 민족을 국가나 민족주의자들에 의해 이데올로기적으로, 정치적으로 구성된(조작된) 대상으로 보는 한계를 안고 있다. 비록 홉스봄이 민족과 민족주의를 가벼이 취급하는 것은 아니지만, 그에게 진실한 것, 삶에 밀착되어 있는 것은 민족주의보다는 민족주의의 '토대'가 되는 사회적 상황과 그에 대한 민중적 의식 속에 있다. 이런 시각에서 보면, 사회적 '토대' 위에 구축된 '상부 구조'로서의 민족은 상대적 중요성이 떨어지는 것, 나아가 쉬이 조립될 수 있는 만큼 쉬이 분해될 수도 있는 대상처럼 보인다. 실제로, 홉스봄은 위의 책을 쓰면서 민족주의의 영향력이 쇠퇴하고 있다고 생각한 듯하다. 이런 심증은 다음과 같은 말에서 굳어진다. "헤겔이 말하듯, 지혜를 가져오는 미네르바의 올빼미는 해가 져야 날았다. 그것이 현재 민족과 민족주의 주위를 나는 것은 좋은 징후이다."[27] 그러나 오늘날 민족주의의 태양이 진정 기울었다고 말할 수 있는가? 홉스봄의 책이 출간된 직후에 동유럽에서 분출한 격렬한 민족분규는 그의 예언을 무색하게 만들고도 남음이 있다. 그와 같은 사실은 민족이 조립되고 분해될 수 있는 고체 덩어리 같은 것이라기보다는 오히려 천천히, 그리고 끈끈하게 흡수되고 탈색되는 점액질 같은 것임을 말해 준다.

이와 비슷한 맥락에서 근대론을 대표하는 또 한 명의 이론가인 겔너도 민족이 뚜렷한 선과 면을 지닌 실체라고 파악한다. 그에 따르면, 민족주의가 지배하는 "근대 세계의 특정 영역의 민족지학적·정치적 지도"는 "코코슈카가 아니라, 말하자면 모딜리아니를 닮아 있다. 거기에는 어떤 암영도 없다. 산뜻하고 뚜렷한 평면들로 서로가 말끔히 구별되어 있어서 하나의 평면이 어디에서 시작되고 어디에서 끝나는지가 대개 분명하여 어떤 모호함도, 어떤 중복도 없다."[28] 그러나 이렇게 보이는 것은 민족을 밖에서만 관찰했기 때문이다. 민족을 안에서 관찰하면, 민족의 지도는 선이 뚜렷한 모딜리아니의 그림이 아니라 차라리 코코슈카의 점묘화를 닮아 있다. 무슨 말인가 하면, 현실에서 민족은 국민윤리 교과서의 문장들이나 사회과 부도의 지도들 ── 한 치의 "암영"도 허용하지 않는 교리들로 이루어진 이데올로기의 교재들 ── 을 통해 명료하게 규정될 수 있는 어떤 것이 아니라 그 시작과 끝이 불분명한 삶의 경험 속에서 사람들의 마음과 의식 속에 흐릿하게, 다른 정체성들과 포개진 채 형성되는 것이 아니냐는 말이다.

기실, 이런 문제의식은 이른바 민족주의에 대한 '탈식민주의적' 접근, 그냥 거칠게 **탈근대론**postmodernism이라고 부를 수 있는 호미 바바 Homi Bhabha의 논의와도 접목될 수 있다. 그는 민족주의의 "교육적 pedagogical" 서사와 일상의 "수행적performative" 실천 사이의 긴장 속에서 '타자'의 거울을 통해 민족적·인종적 정체성이 형성되는 과정을 추적한다. 그에 따르면, 이 민족주의적 교육과 일상적 실천에 각기 상응하는, 민족의 이상과 목표를 생산하고 천명하는 민족주의적 담론 discourse과 그 담론이 사람들에 의해 일상에서 소비되고 발화되는 민족의 언표enunciation, 그러니까 잘라 말해서 민족의 현존presence과 현재 present의 경계에는 항상 "암영"과 "모호함"과 "중복"이 존재하며, 양자는 끊임없이 어긋나고 미끄러진다. 이는 곧 민족주의적 이데올로기의 교재들에서 이상적으로 동질화된 '민족'과 실제로 일상을 살아가는 이질적인 '민중' 사이의 착잡한 관계를 암시하는 것이다.[29]

바바가 말하는 이론과 실천, 담론과 언표, 현존과 현재, 곧 민족과 민중 사이의 그런 어긋남과 미끄러짐은, 가령 19세기 이탈리아 통일 과정에서 나온 한 일화를 통해 (다소 극단적이기는 하지만) 역사적으로도 확인된다. 그러니까 "이탈리아 만세!"를 외치고 나서 옆 사람에게 "그런데 이탈리아가 뭐죠?"라고 묻고 "국왕과 헌법 만세!"를 외치면서 이를 "국왕과 그의 (멋진) 제복"으로 이해하는 통일기 시칠리아 농민의 일화는 '이탈리아', '국왕', '헌법'이라는 민족주의적 담론이 그 담론이 원래 겨냥하는 의미와는 완전히 다르게 언표되고 있었음을, 요컨대 시칠리아 농민의 현재가 이탈리아 민족의 현존과 사뭇 달랐음을 웅변하고 있다. 탈근대론의 어휘를 빌려 말하자면, 민족의 기표(시니피앙)와 기의(시니피에)가 미끄러지고 있었던 것이다. 그렇다면 '민족'을 호명하는 측만이 아니라 그렇게 호명되는 측에서 무슨 일이 일어나고 있는가를 알아야만 한다.

앤더슨의 논의가 파고드는 지점이 바로 여기다. 민족주의 연구사에서 기념비적 업적으로 남을《상상의 공동체》라는 책에서 그는 민족이 주관적으로, 집단 심리적으로 구성되는 과정을 보여 준다. 그는 16세기이래 인쇄 자본주의의 발전 속에서 동일한 신문, 잡지, 소설 등의 인쇄물을 읽는 주민들의 마음과 의식 속에 형성된 동질감을 통해 "상상의 공동체imagined community"로서 민족이 지니는 특수한 측면을 뛰어나게 분석했다.[30] 그는 통상 근대론의 대표자로 알려져 있지만, 실상 그의 논의는 평균적인 근대론을 뛰어넘는다. 그에 따르면, 민족이란 상상을 매개로 한 문화적 실천을 통해 구성된 것으로서 눈으로 보고 손으로만질 수 있는 어떤 사물이나 물건이 아니다. 오히려 민족은 사람들의 마음속에 '우리는 하나' 라는 느낌이나 감정이 생겨나고 그런 느낌이나 감정이 특정한 의식이나 정체성으로 형성되는 것이다. 요컨대 앤더슨의 논의가 갖는 독창성은, 그가 보통 사람들의 마음속에서 일어나는 민족의 상상적 구성이 이데올로기적 · 정치적 구성에 앞선다고 보며, 그럼으로써 민족을 대상화하여 이데올로기적 · 정치적 구성물로 보기에 앞서 그런 구성의 주체를 거론한다는 점에 있다.[31]

확실히, 이상의 근대론과 탈근대론은 민족을 설명하지 않고 단순히 전제하는 원초론이나 영속론과는 달리 민족을 근대의 역사적 조건 속에서 설명하려 한다는 점에서 민족주의 연구에 크게 기여했다. 설명 explanans이 설명되어야 할 것explanandum으로 바뀐 셈이다. 그런데 근대론의 학문적 성공에도 불구하고 그에 대한 의문이 잇따랐다. 가령 홉스봄은 그 자신이 근대론을 대표하면서도 민족과 민족주의가 완전히 '무' 에서 발생한 것은 아니라고 지적함으로써 (비록 근대 민족과는 구별되어야 하지만) 원형적인 형태의 민족과 민족의식이 존재할 수 있음을 인정했다. 그리고 국가의 민족주의적 조작도 그런 정체성에서 발원한 대중의 원형적인 민족 감정에 기초할 때 가장 성공적이라고 보았다. 적어도 민족주의의 세계에서 사막에 라스베이거스를 건설하는 일은 애당초 불가능하다는 것이다.

그런가 하면 1990년대에 들어서면서 동유럽과 구소련 지역에서 "종족 청소ethnic cleansing"라는 살벌한 말을 낳을 정도로 갑자기 폭발한 '뜨거운' 종족적 민족주의는 학계에 다시금 민족주의에 대한 연구를 촉구했고, 그런 가운데 특히 종족과 민족의 관계가 특별한 관심사로 떠올랐다.

오늘날 민족주의에 대해 가장 왕성한 연구 활동을 보여 주는 스미스와 존 허친슨John Hutchinson 등의 **상징론**symbolism ── 정확히 "종족-역사적 상징론ethno-historical symbolism"으로 불리는 ──이 등장한 것은 정확히 그와 같은 배경에서였다. 그들은 민족이 중세 이래로 내려오는 종족의 기억, 신화, 상징, 전통으로부터 주조되었음을 주장한다. 물론 상징론자들은 민족주의가 근대 이데올로기이며 대부분의 민족이 연대상으로 근대에 탄생했음을 인정한다는 점에서 근대론과 같은 입장에 서 있다. 그러나 근대론이 민족 형성의 원인들을 완전히 (경제적, 정치적, 문화적 차원의) 근대적인 조건 속에서 찾는 반면에, 상징론은 기왕에 존재하는 종족적 · 문화적 정체성을 명시적으로 강조하고, 근대적인 조건을 민족 형성의 촉매제 정도로 보면서 진정 중요한 것은 민족 형성의 과정에서 확인되는 주체의 경험과 실천, 의미 부여라고 본다는 점에 양자 사이의 근본적인 차이가 있다.[32]

물론 스미스는 모든 종족적 · 문화적 정체성이 근대 민족으로 진화하는 것은 아니라는 점을 인정한다. 스미스가 지적한 대로, 그렇게 단선적이고 연속적인 발전을 상정하는 것은 현재의 민족을 기정사실화하면서 역사를 거꾸로 읽는 것에 불과하다. 때로는 그런 독법도 필요하지만, 더 필요한 것은 과거에서 현재의 방향으로 역사를 제대로 읽는 것이다. 이렇게 읽으면, 많은 원초론자들과 영속론자들이 민족의 물리적 토대로 간주하는 종족마저도 부단한 역사적 과정 속에서 상상되고 구성되며 발명된, 일종의 문화적 상부 구조로 보일 수 있다. 요컨대 스미스에 따르면, 종족은

> 물리적인 혈통이 아니라 세대에서 세대로 이어진다는 느낌, 공유된 기억과 집단적 운명, 즉 주민들을 경계 짓는 문화적 단위에 의해 유지되는 신화, 기억, 상징과 가치 속에서 구체화한 문화적 친근함에 의해 구성된다.[33]

그렇다면 상징론은 원초론이나 영속론으로 회귀하지 않는 한 근대론에 대한 내재적 비판이자 비판적 확장으로 간주될 수 있다. 그리고 주체의 의미 활동을 부각시키는 상징론의 문화적 구성주의는 (앤더슨의 논의와 더불어) 민족주의의 정치적·사회적 조건을 강조하는 근대론의 한계를 돌파하는 데 도움이 된다. 나아가 상징론은 우리가 민족 형성을 추적하기 위해서 근대의 탄생 시점인 1789년 프랑스 혁명 이후가 아니라 중세 천년, 심지어 그 이전 시기까지 거슬러 올라가야 함을 시사한다. 이런 시간적 순서는 민족을 논하기 위해 먼저 종족에 대한 토론이 필요하다는 점에서 논리적 순서와도 잘 들어맞는다. 하지만 근대 이전 시기 유럽으로 발길을 돌리기 전에 준비 운동 격으로 민족주의의 몇 가지 유형들에 대해 간단히 알아보도록 하자.

민족주의의 유형들

민족주의의 유형을 구분하는 전통은 멀리 콘으로 거슬러 올라가는데, 공민적이고 합리적인 서구형 민족주의와 종족적이고 유기적인 동구형 민족주의의 구분이 바로 그것이다. 콘에 따르면, 서구형 민족주의가 민족을 합리적인 개인들의 자유로운 연합체로 보는 반면에 동구형 민족주의는 민족을 태생적으로 결정되어 결코 말소할 수 없는 특징을 지닌 유기체로 본다. 그리고 그런 두 가지 유형은 지리적·역사적으로 배열되는데, 서구형 민족주의는 부르주아가 발전한 앵글로-색슨 세계의 특징으로, 동구형 민족주의는 부르주아의 발전이 지체된 라인 강 동쪽 지역의 특징으로 판정된다.[34] 이런 이분법이 앞에서 설명한, 민족의 두 가지 정의, 즉 개인의 소속감과 소속 의지에 기초한 민족의 주관적 정의와 혈통, 언어, 관습, 종교 등의 요인에 기초한 민족의 객관적 정의에 상응하고 있음은 두말할 나위가 없다.

　콘의 분류는 후대의 역사가들과 이론가들에게 확고한 준거점이 되었다. 홉스봄도 그런 이분법을 염두에 두면서 민족주의를 프랑스로 대표되는 서구형의 공민적·정치적 민족주의, 즉 민족에 대한 혁명적-민주적 개념과 독일로 대표되는 동구형의 종족적·언어적 민족주의, 즉 민족에 대한 민족주의적 개념을 구분한다. 그런 뒤에 그는 동구형의 민족주의에 대해 어떤 적극적인 강령이나 전망도, 역사적인 기획도 없다고 평가하면서 한마디로 비현실적이라고 진단한다. 요컨대 마르크스주의자인 홉스봄에게 동구형 민족주의는 진보의 견인차가 아니라 "취약함과 분노에서 오는 반동이며, 근대 세계의 힘을 거부하는 바리케이드를 놓으려는 시도"에 불과하다.[35]

　이처럼 콘에서 홉스봄에 이르는 전형적인 역사 인식은 다시 위르겐

하버마스Jürgen Habermas에 의해 명료하게 이론화되었다. 하버마스는 기본적으로 근대론의 입장에서 각각 데모스demos의 원리와 에트노스ethnos의 원리에 의해 지배되는 시민권citizenship과 민족성nationality을 구분한 뒤 시민권에 입각한 국가의 정치적 원리(데모스)와 민족성에 입각한 종족의 문화적 원리(에트노스)가 민족의 개념 속에서 서로를 전제한다기보다는 모순되고 있음을 강조한다. 그런 점에서 민족 국가는 오직 일시적으로만 데모스와 에트노스의 결합에 바탕을 두고 있다는 것이다. 이와는 달리, 하버마스의 정치적 전망으로서 공화주의는 민족주의가 아니라 시민권, 즉 국가 시민Staatsbürger의 고유한 논리에 따라 민족적 차이를 폐지하면서 세계 시민주의Weltbürgerschaft로 상승한다. 기실, 이런 시각에는 서구 민주주의의 발전이 궁극적으로 민족의 소멸로 이어지리라는 낙관적인 전망이 깔려 있다. 그에 따르면,

…… 민주주의적 시민권은 민중의 민족적 정체성에 뿌리를 두고 있을 필요가 없다. 민주주의적 시민권은 삶의 다양한 문화적 형태들이 지니는 다중성에 개의치 않고, 공동의 정치 문화 속에서 모든 시민의 사회화를 요청한다.[36]

이상으로 분명해지는 것은 콘이건 홉스봄이건 하버마스건 대부분의 근대론자들이 서구형과 동구형, 민주주의와 민족주의, 데모스와 에트노스의 이분법, 그러니까 법적·시민적 자유를 보장하는 민족주의와 혈연적·감정적 유대를 중시하는 민족주의의 이분법을 고수하고 있다는 점이다. 그러나 앵글로-색슨 민족주의에 에트노스의 원리가 없다고 볼 것이며, 동유럽의 민족주의에 데모스의 원리가 삭제되어 있다고 볼 수 있을까? 기실, 데모스와 에트노스가 모든 민족주의에 공히 관철되고

있는 원리가 아닌가 하는 생각을 못내 지울 수 없다.

　나아가 데모스와 에트노스의 지리적 · 역사적 구분은 서구형의 민족주의는 합리적이고 열려 있는 '진보적' 민족주의요, 동구형의 민족주의는 비합리적이고 닫혀 있는 '반동적' 민족주의라는 선악의 이분법으로 이어질 수 있다. 나아가 서구에는 (유치한) 민족주의 따위는 없으며, 있다고 해도 민족주의가 아니라 (고상한) 애국주의일 뿐이라는 생각도 그런 이분법에서 유래하는 것이다. 서구형과 동구형의 구분이 유럽 밖의 세계를 배제한 채 설정되었다는 사실은 차치하고라도, 그런 구분은 무엇보다 비서구에 대한 서구의 도덕적 · 정치적 우위를 정당화하는 논리를 뒷받침하는 경향이 있다. 그리하여 데모스의 원리가 지배하는 서구에는 민주주의가, 에트노스의 원리가 지배하는 비서구, 곧 동양에는 파시즘이 호응하며, 나아가 아예 민족주의 자체가 전체주의의 맹아라는 유럽 중심주의 혹은 오리엔탈리즘의 논리가 은연중에 성립하는 것이다.[37]

　확실히, 데모스와 에트노스의 개념적 구분은 현실을 심층적으로 분석하기 위한 추상으로서 필요하고 유익하다. 그러나 이를 지리적 · 역사적 구분으로, 나아가 도덕적 · 정치적 구분으로 확대하는 것은 현실을 왜곡할뿐더러 유럽 중심주의나 오리엔탈리즘을 재생산할 우려가 있다. 불행히도 이 책의 기본적인 구성 방식, 즉 '민족주의 이전의 민족들' 과 '민족주의 이후의 민족들' 로 나누는 방식도 예의 서구형과 동구형의 이분법을 반영하고 있다. 정말이지 유서 깊은 이분법을 피해 가기란 쉽지 않은 것이다. 그럼에도 데모스와 에트노스의 구분을 상대화하고 그런 구분에 의해 은폐된 사회적 현실을 드러내자는 것이 민족주의의 역사를 다룰 다음 장들의 목적이다.

민족을 기다리는 종족들, 중세 유럽

> 소수 인원인 우리들, 다행히도 소수 인원인 우리
> 들은 죄다 형제의 일단─▩인 것이오. 왜냐하면 오
> 늘 나와 같아서 피를 흘리는 사람은 앞으로는 나
> 의 형제가 되는 것이니 말이오.
> ― 셰익스피어,《헨리 5세》.

종족과 민족

미국의 제3대 대통령 토머스 제퍼슨Thomas Jefferson은 원래 국새에 최
초로 영국(브리튼)에 도착한 색슨 부족장 헹기스트와 호르사를 넣고 싶
어했다. 그는 "우리의 자랑스러운 조상이며, 우리가 취한 정치적 원리
와 정부 형태의 원조"가 헹기스트와 호르사라고 생각했던 것이다.[1] 이
일화는 두 가지 점에서 우리를 놀라게 한다. 하나는 미국인들이 미국의
원조를 굳이 대서양 건너편에서 찾는다는 점이고, 다른 하나는 미국의
정통성을 굳이 아득한 과거에서 구한다는 점이다. 제퍼슨이 미국의 원
조를 가까운 시공간에서 찾으려 하지 않은 이유는 결국 미국의 법통을
규정하는 것이 앵글로-색슨의 종족적 정체성이라고 생각했기 때문이
다. 이는 비단 미국에만 국한되는 일은 아니고, 유럽의 경우에도 종족

이 민족의 기원이라는 생각이 널리 확산되어 있다. 그렇기에 각 민족들은 너나 할 것 없이 '종족 창세기ethnogenesis'를 찾아 과거로 떠나는 것이다.

유럽의 종족과 종족적 정체성이 본격적으로 생성되기 시작한 때는 로마 제국 말기 게르만 족의 대이동기로 보인다. 이 시기에 앵글로-색슨, 프랑크, 고트, 롬바르드, 수에비, 반달 등 다양한 게르만 종족들이 옛 로마 제국의 판도 안으로 대거 이동하여 여러 만족蠻族 —— 물론 게르만 족은 로마 인의 시각에서만 '야만적'이라는 점에서 '만족bavarian'이란 표현이 썩 만족스럽지는 않다 —— 의 왕국들을 건설했다. 그리고 이 초보적인 형태의 새로운 정치적·지역적 정체성은 근본적으로 어느 종족의 정치체인가, 어느 종족이 사는 땅인가와 같은, 종족의 명칭과 어휘에 의해 규정되었다. 이를테면 프랑크 족이 사는 땅은 프랑키아가, 고트 족이 건설한 국가는 고트 왕국이 되는 식이다. 그리고 각 종족의 지도자들은 정치적 권위를 확립하기 위해 어김없이 자신들이 고귀한 혈통임을 자랑했다. 동고트의 왕 테오도리크는 아말이라는 고대 왕실 가문의 후예임을, 서고트의 알라리크는 발트 왕조, 롬바르드의 알보인은 가우티 가문, 프랑크의 클로비스는 메로베우스(메로빙거)라는 왕실 가문 출신임을 내세웠다. 많은 역사가들은 이처럼 게르만 종족들이 고귀한 혈통을 타고난 지도자들을 따라 무너져 가던 로마 제국의 고토古土에 입성한 것이 바로 유럽 민족들의 역사가 시작된, 이른바 "최초 획득"의 시기로 간주한다.[2]

그런데 혈통과 전통을 공유하는 (혹은 공유한다고 가정된) 종족적 정체성이 국가의 근간이 된다는 사고방식은 로마 세계에서는 낯선 것이었다. 로마 인들은 로마적 정체성의 근간이 출생의 유사성이나 공동의 문화 따위에 있다고는 생각하지 않았다. 그들에게 '로마'는 다양한 부

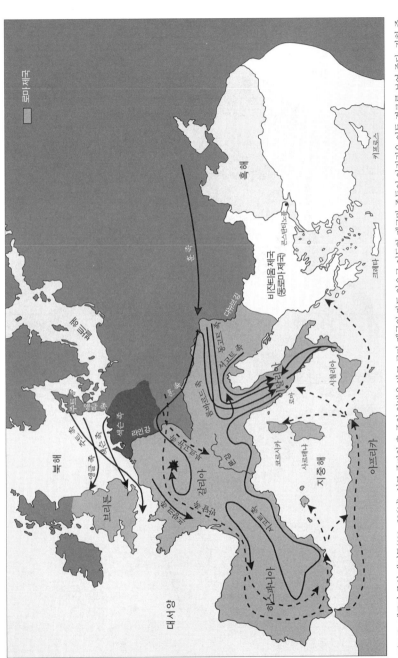

지도 2 게르만 족의 대이동(400~526년). 인구 증가와 훈 족의 압박을 받고 로마 로마 제국의 판도 안으로 이동한 게르만 족들이 어지러운 이동 경로를 보여 준다. 가쪽 중세 유럽 종족들의 창세기라고 할 만하다.

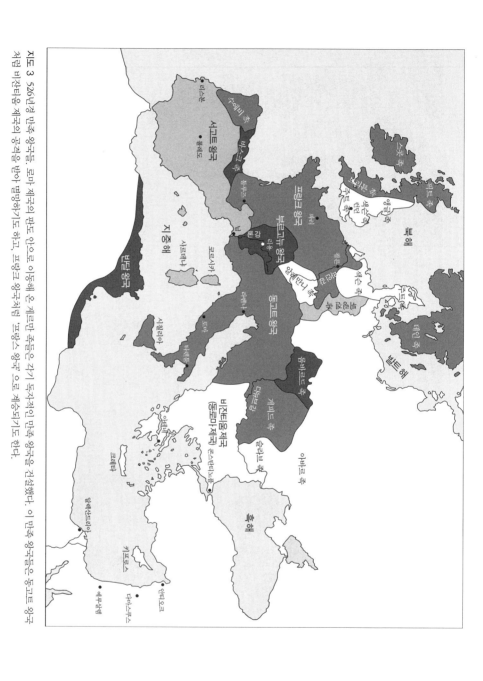

지도 3 526년경 민족 왕국들. 로마 제국의 판도 안으로 이동해 온 게르만 족들은 각기 독자적인 민족 왕국을 건설했다. 이 민족 왕국들은 동고트 왕국처럼 비잔티움 제국의 승격을 받아 팽창하기도 하고, 프랑크 왕국처럼 '프랑스 왕국'으로 계승되기도 한다.

족들과 종족들을 하나의 **법률** 아래에 통합시켜 단일한 로마 시민(포풀루스 로마누스)을 창조함으로써 탄생한 것이었다.

물론 로마 인들에게 '민족(나티오)'은 익히 알려져 있는 범주였다. '민족'은 원래 출생의 유사성으로 묶인 인간 집합, 즉 같은 곳에서 태어난 사람들을 가리키는 말로서, 가족보다는 크고 시민(포풀루스)보다는 작은 개념이었다. 로마 인들은 스스로를 로마 시민(포풀루스 로마누스)으로 생각했지, 로마 민족(나티오 로마노룸)으로 생각하지는 않았다. 로마 세계에서 '민족'의 최초 용례들 가운데 하나는 키케로Cicero가 쓴 것인데, 그는 유대인들과 시리아 인들을 "노예로 태어난 민족들 nationes natae servituti"로 지칭했으니, 이때 민족이란 곧 외국인을 가리켰던 셈이다. 그리고 '민족'이 외국인을 뜻했으니만큼, '민족'은 이국적이면서 코믹한 이미지로 비쳐졌다. 그들의 외모나 언어, 음식 등이 모두 어색하고 기이하게 보였으니 말이다. 그리하여 고대 세계에서 '민족'은 웃음을 자아내는 조롱의 대상, 즉 부정적인 대상으로 간주된 편이었다.[3]

그렇다면 로마 인들에게 민족은 진지한 정치적 원리가 아니었거나, 적어도 다른 정치적 원리의 하위에 있는 것이었다. 다시 키케로로 돌아가면, 그는《법률론》에서 자신에게는 두 개의 조국이 있다고 하면서 다음과 같이 말하고 있다.

하나는 태어난 장소에 따라 [부여되는] 조국이고 다른 하나는 [국가가 부여한] 시민권의 획득으로 속하게 된 조국이네. 예를 들어 저 카토는 비록 투스쿨룸 출신이지만 로마 인민의 시민권을 받았네. 그래서 태생상 투스쿨룸 사람이지만 시민으로는 로마 인이어서 장소상의 조국과 법률상의 조국이 다른 것이네. …… 그러나 우리는 법률상의 조국을 더 우선시해야만

하네. 법률상의 조국에 기초해 국가 전체에, [누구에게나 공통적으로 해당하도록] '공동의 일rei publicae' 이라는 이름이 성립하는 것이네.[4]

여기서 키케로는 "태생상의 조국patria naturae"과 "법률상의 조국patria iuris"을 구분하고, 후자를 상위에 놓고 있다. 결국 로마 인이 되는 것은 자연법상의 문제가 아니라 실정법상의 문제이며, 로마 시민은 긴 역사 속에서 이루어진 부단한 정치 통합의 결과인 것이다. 그리고 이와 같은 통합의 매개는 시민권이었고, 시민권은 원칙적으로 모든 이에게 열려 있었다.

그런 사고방식을 지닌 로마 인들에게 혈통이나 전통에 근거한 종족 집단은 열등한 것으로 보였을 것이다. 특히, 그들의 눈에 '야만인'으로 비친 게르만 종족들이 자신들과 같은 고도로 복잡한 정치적 원리와 구성을 지니고 있으리라고는 꿈에도 생각하지 못했다. 이로부터 로마 인들 사이에서 게르만 종족들이 생물학적으로 결정된 단순한 사회 집단으로 치부되면서 로마와 만족, 법률과 혈통, 시민과 종족, 우리와 타자, 요컨대 문명과 야만이라는 이분법적 사고가 지배하게 되었다.

그런데 고대 세계에서 로마 인들만이 그런 이분법을 독점한 것은 아니었다. 유대인들도 그런 이분법을 갖고 있었는데, 하느님의 민족인 암am과 기타 민족인 고임goyim의 분류가 그것이다. 암은 하느님과의 성약을 통해 선택된 민족이라는 점에서 이스라엘 민족이 기본적으로 로마 인과 같은 법률적ㆍ계약적 성격을 지니는 반면에 고임은 그리스 어 성서에서 에트노스로 번역되는 것으로 미루어 볼 때 생물학적 공통성을 지닌 이방인 집단이었음을 알 수 있다. 하지만 법률적 민족과 종족적 민족의 구분이 항상 말끔한 것은 아니었다. 헤브루 성서의 〈에스드라스 서〉와 〈느헤미야 서〉를 보면, 이방인 여자와 결혼한 이스라엘 인의 자손이 바빌론 유수에서 돌아온 사람들과 구별되었다는 점에서 법률적 성격의 이스라엘 민족이 역설적으로 보여 주는, 민족에 대한 배타적인 생물학적·종족적 정의가 엿보이니 말이다.[5]

이상의 사실은 법률상의 민족과 태생상의 민족, 포풀루스와 나티오, 요컨대 데모스와 에트노스라는 로마적 이분법이 절대적인 것이 아님을 시사한다. 중세사가 기어리는 로마 인들이 법률적 성격을 결여한 생물학적 집단으로 간주한 만족들이 실제로는 매우 복잡하게 구성된 집단이었음을 보여 준다. 가령 알레만니 족은 다양한 민족(나티오)으로 이루어진 복합적 동맹체였고, 훈 족은 훈 어, 고트 어, 라틴 어를 쓰는 복합 민족이었다. 만족들은 제국 역내에 진격하면서 수많은 이질적인 사람들 ——타종족 출신 전사들, 로마 군대의 탈주병들, 피정복 주민들 ——을 군대에 받아들였다. 이런 상황에서라면, 고트 왕 곁에서 싸우는 사람은 누구나 고트 족으로 불렸을 것이다.

특히, 게르만 종족들이 특정 지역에 정착하고 왕국을 수립하면서 만족과 토착 로마 인의 민족 융합이 급거 진척되었다. 그러면서 법률적 정체성과 종족적 정체성이 어지럽게 뒤얽혔다. 이를테면 '군데라다'라는 멋진 롬바르드 풍의 이름을 가진 어느 "로마 여성Romana mulier"은 롬바르드의 법률 전통에 따라 재산을 처리했는데, 기어리에 따르면, 이는 8세기쯤이 되면 이탈리아에서 이 법 혹은 저 법을 따른다는 것이 종족적 정체성에 대해 말해 주는 바가 거의 아무 것도 없음을 시사하는 것이다.[6]

결국 이로부터 우리는 중세 유럽의 종족적 정체성에 대해 다음 두 가지 점을 알게 된다. 첫째, 민족 대이동기에 종족적 정체성은 상당히 가변적이고 유동적이며 복합적이었다. '앵글로-색슨', '프랑크', '알레만니', '게르마니' 등 종족에서 유래한 이름은 오래 남았지만, 그 실제의 문화적 내용은 극히 잡다하고 변화무쌍했다. 그러니 종족이 민족의 기원이라는 생각을 덥석 받아들일 수는 없다. 둘째, 적어도 이 시기에 개인은 여러 정체성을 지니고 있었고, 종족은 그중 하나였을 뿐이다. 오히려 일반적으로 말하면, 개인은 민족이나 종족보다는 도시, 직업, 계급에 더 큰 소속감을 느꼈다. "나는 보르도를 사랑하고, 로마를 숭배한다"는 어느 귀족의 말은 히브리 인이면서 로마 시민인 사도 바울이나 프랑크 시민이면서 로마 군인이라는 익명의 프랑크 전사와 마찬가지로 중세에 다양한 정체성이 평화롭게 공존했음을 암시한다. 그러니 개인의 사랑과 숭배를 독점하겠다는 민족주의적 요구는 이 시대의 것이 아니었다.

고귀한 자와 미천한 자

중세 유럽에서 정체성들의 '데탕트'와 관련하여 종족적 정체성과 경합했을 뿐더러 종족적 정체성을 능가하기까지 한 다른 유력한 정체성은 바로 사회적 정체성이었다. 이런 사정은 이미 고대 말기부터 확인된다. 1세기경만 하더라도 로마에서 중요한 사회적 구분선은 시민과 비시민 사이에 그어져 있었다. 그러나 시민권이 제국 내 모든 자유민으로 확대된 3세기 무렵부터는 경제적 부와 정치적 영향력의 측면에서 호네스티오레스honestiores와 후밀리오레스humiliores라는 구분이 중요한 사회적 정체성의 토대로 대두했다. 여기서 호네스티오레스(고귀한 자)란 사형에 처해질 만한 중한 범죄로 기소되었을 때 자동으로 황제를 면담할 특권을 지닌 엘리트 집단이고, 후밀리오레스(미천한 자)는 아무런 항소권도 갖지 못한 채 속주 총독의 권위에 일방적으로 종속된 대중이었다.[7]

이와 같은 사회적 구분과 그에 따른 사회적 정체성의 대두는, 로마가 그리스와는 달리 사회적 계층 분화가 성큼 진전된 사회였음을 말해 준다. 잘 알려져 있다시피, 그리스의 폴리스에서는 대의제가 아니라 시민들의 직접 참여를 통해 민주정이 발전했다. 특히, 아테네에서 민주정이 황금기를 구가한 때는 기원전 5세기 페리클레스Perikles의 시대였는데, 이때 관리 선출을 위한 추첨제와 가난한 시민층(테테스)의 민회 참여를 유도하기 위한 수당제가 채택되었다. 그와 동시에 페리클레스의 시대에 아테네는 델로스 동맹의 맹주(헤게몬)로서 이웃 도시들을 동맹시로 삼아 제국주의적으로 팽창하기 시작했다. 한 역사가에 따르면, "제국주의적 수탈의 소득이 이 새로운 민주 정치를 움직이는 기름이 된다는 기묘한 메카니즘이 이로써 완성된 것이라 하겠다."[8] 그런데 아테네의 제국주의적 수탈은 그 도저한 전제적 착취로 인하여 동맹 시들을 식민지 예속 상태로 몰아넣고 결국 그들의 반발을 불러와 아테네 제국은 단명하고 말았다. 요컨대 아테네 제국은 '로마의 평화'를 구가한 로마 제국과는 사뭇 다른 운명을 보여 주는 것이다.

그렇다면 아테네는 왜 로마 제국처럼 동맹 시들을 제도적으로 통합하여 단일한 제국을 이룩하지 못했는가? 이유는 아테네의 시민권 대상자가 국내에서 대단히 넓었으므로 시민권을 해외의 비아테네 인들에게까지 확대하는 것은 불가능했다는 사실에 있다. 기실, 아테네 민주정의 진수는 시민들이 번갈아 다스리고 다스림을 받는 체제, 즉 시민들의 직접 참여제에 있다. 이를 위해 고도의 전문성을 요하는 관직——장군(스트라테고스)——을 제외하고는 대부분의 관직이 추첨제로 운용되었다. 그리고 더욱 중요하게 시민들의 참여를 가능하게 하기 위해서는 시민들 사이의 실질적 평등이 필요했고, 이를 위해 시민단 내부의 사회 경제적 불평등이 정치적 공동체성을 훼손할 만큼 커질 경우 솔론Solon의 개혁* 같은 정치적 조치를 통해 그런 불평등을 해소하곤 했다.[9] 아테네 민주정의 그런 특색을 고려하면, 좁은 지리적 조건에서 가능한 한 균질하고 평등한 공동체의 원리를 방대한 제국에까지 적용하는 것이 무리였을 것임은 능히 짐작할 수 있다. 게다가 사회적 계층 분화가 저지된 상황에서 시민단 내부의 실질적 평등은 국가와 사회의 분화를 가로막았고, 그렇기에 제국을 다스릴 행정적 관료 기구가 창출될 리 만무했다.

그 반면에 로마의 제국주의가 성공한 비결은 유연하고 개방적인 시민권 정책에 있었던 것으로 보인다. 즉 아테네에서는 비아테네 인들에게 시민권을 분배하는 데 시민들의 직접 참여에 입각한 민주주의를 이식하고 확대하는 부담이 따랐던 반면에, 귀족 엘리트 중심의 과두정 형태를 취한 로마 공화정에서는 애당초 그런 부담이 없었다. 로마 귀족들은 자신들과 동류인 이탈리아 동맹 시들의 비로마 인 엘리트층에게 시민권을 부여하고 그들을 로마의 지배 체제에 편입시킴으로써 동맹 시주민들에 대한 효율적인 간접 지배를 확립했다. 이와 같은 사실은 그리스와 달리 로마에서는 사회적 분화가 진척되었고, 그에 따라 국가와 사회의 분화가 이루어져 있었음을 말해 준다. 요컨대 아테네 제국이 직면한 하나의 딜레마, 즉 사회가 국가를 흡수하여(민주정) 본래의 도시 국가 수준의 발전을 추구하든지, 아니면 민주정을 희생시켜 국가가 사회적 분화를 재생산하여(과두정) 제국으로 번성하든지의 양자택일의 불행한 —— 그러나 아테네 민주정의 불행함은 위대함의 이면일 수 있는데 ——

---

* **솔론의 개혁** 고대 아테네의 집정관Archon이었던 솔론Solon은 기원전 594년에 과도한 채무로 아테네 농민들이 예속 상태로 전락하던 상황에서 '부채 탕감Seisachtheia'이라는 전격적인 사회 경제적 개혁을 단행했다. 이 솔론의 개혁은 빈부의 격차가 극심해져 전체 폴리스의 존립 자체가 위태로워진다고 판단되면 언제라도 정치권력이 개입하여 사회 경제적 불평등을 시정했던 고대 민주주의의 한 단면을 잘 보여 준다.

그리스적 딜레마를 로마는 회피할 수 있었던 것이다.[10]

그러나 로마는 사회적 계층 분화를 토대로 하여 해외에서 제국적 팽창을 성공적으로 추구했지만, 국내적으로는 항상 사회적 위기와 소요에 휩싸이곤 했다. 특히, 그런 위기와 소요는 제국 말기에 극심해졌다. 비록 이론상으로는 노예에서 황제로의 승격이 가능했고, 달마티아 해방 노예의 아들인 디오클레티아누스 황제가 보여 주듯이 그런 사회적 유동성 이론을 입증하는 실례도 더러 있기는 했지만, 제국 말기의 로마 사회는 점점 더 경직되고 양극화하고 있었다.

그리하여 지주-귀족에 반대하여 수많은 무장 반란이 일어났는데, 5세기의 산적들이란 뜻의 '바가우다이bagaudae'의 반란이 가장 유명하다. 바가우다이란 로마 제국에 의해 박해받거나 버림받은 자들로서 전형적인 후밀리오레스인데, 도망 노예, 로마 및 만족 탈주병, 피폐한 농촌 빈민 등 다양한 사회 구성을 보여 준다. 바가우다이는 이미 3세기에 출몰했지만, 407~417년, 435~437년, 442~443년에 극성을 부렸다. 특히, 현재 서부 프랑스의 브르타뉴 지역에 해당하는 아르모리카가 반란의 중심지였는데, 여기서 독립 국가가 선포되어 관리가 추방되고 지주 토지가 몰수되며 노예 소유주가 노예화하고 독자적인 재판소와 군대가 창설되기도 했다.[11] 브르타뉴가 근대 이후에도 오랫동안 프랑스에 반항적이었던 이유를 아르모리카의 고대 반란에서 찾는 것은 현대 한국에서 호남 지역이 소외된 원인을 삼국 시대의 백제로까지 거슬러 올라가 찾는 것만큼이나 황당한 것이겠지만, 민족적 정체성 —— 5세기의 로마적 혹은 게르만적 정체성이든 18세기의 프랑스적 정체성이든 간에 —— 이 사회적 정체성을 완전히 흡수하지 못한다는 것은 예나 지금이나 다름이 없다.

바가우다이 반란은 결국 진압되었지만, 이 반란의 중요성은 호네스티오레스와 후밀리오레스의 계층 분화가 발전하여, 아르모리카의 독립 국가 건설 시도가 보여 주듯이, '로마 인'이라는 법률적 정체성 및 만족의 종족적 정체성과 경합하는 미천한 자들의 사회적 정체성이 형성될 수 있게끔 했다는 데 있다. 후밀리오레스의 사회적 고난과 차별은 끊이지 않아 5세기 중반의 한 관찰자는 로마의 후밀리오레스가 로마 인들이 자행한 비인간적인 야만성을 견딜 수 없어 자신들을 보호해 줄 수 있다면 고트 족이건 바가우다이건 혹은 다른 만족이건 가리지 않고 몸을 의탁하려 한다고 보았다. 그런가 하면 서로마 제국이 붕괴하고 동로마 제국이 이탈리아의 일부를 되찾은 뒤인 6세기에도 대大교황 그레고리우스는 고단한 삶을 살았던 로마 인들이 "롬바르드 족에게서가 아니라 오히려 롬바르드 족에게로 도망치려는" 경향을 보인다고 투덜댔다.[12] 그렇다면 중세 여명기에 이미 데모스와 에트노스라는 서로 구분되는 정치적 원리들뿐만 아니라 호네스티오레스와 후밀리오레스라는 서로 구분되는 사회적 원리들까지 중첩되어 종족들 혹은 민족들의 원초적인 형성 과정에 개재되어 있었던 것이다.

만들어진 전통

많은 민족주의 역사가들이 믿기로, 유럽에서 고대 말기와 중세 초기는 민족의 "최초 획득", 그러니까 일종의 원시 축적이 이루어진 시기이다. 그렇다면 마르크스가 《자본》에서 현실 자본주의를 이해하기 위해 상품을 추상화하여 자본의 순환을 분석하고, 그 역사적 토대로서 영국 자본주의의 원시 축적을 고찰한 것이 논리적이듯이, 민족주의를 이해하기 위해서도 민족의 순환을 분석하고 이를 위해 중세 민족들의 원시 축적

그림 4 카롤루스 대제(샤를마뉴)가 발행한 주화. 당시 카롤루스 제국의 번영을 짐작할 수 있게 한다. 800년에 카롤루스는 제국 안에서 공통 주화의 사용을 명령하는 칙령을 반포했는데, 이 카롤루스 주화는 고대 로마에서 통용된 데나리우스와 더불어 오늘날의 유럽 공통 화폐인 '유로'의 먼 기원으로 간주될 수 있다.

을 고찰하는 것이 논리적으로 보인다. 민족주의의 역사에서 유럽 중세가 차지하는 의의도 여기에 있을 터이다. 위대한 중세 제국을 건설한 카롤루스 대제(샤를마뉴)가 죽은 뒤, 프랑크 제국이 843년의 베르됭 조약과 870년의 메르센 조약으로 서프랑크, 동프랑크, 로타링기아로 삼분된 것을 두고 현대의 프랑스, 독일, 이탈리아 3국의 어렴풋한 윤곽이 드러났다고 보는 것은 짐짓 그런 역사적 통념을 반영하고 있다.[13]

물론 자본주의와 민족주의를 유비하는 것은 어색하다. 마르크스는 자본의 순환을 자연 과학의 엄밀성을 가지고 법칙적으로 파악할 수 있다고 믿으면서 자본주의에서 자본을 추상화할 수 있었다. 그러나 민족의 운동을 법칙적인 엄밀성으로 파악할 수 있을까? 구성원들의 열정과 의지로 충만한 민족이라는 역사적 현상을 과학적 법칙으로 설명하기는 아무래도 어려울 것이다.

그러나 이런 난점에도 불구하고 자본주의와의 유비는 민족주의 연구를 진작시키는 데 힌트를 준다. 마르크스주의 역사가인 에드워드 P. 톰슨Edward P. Thompson은 역사 유물론의 과제가 "자본의 순환에서 자

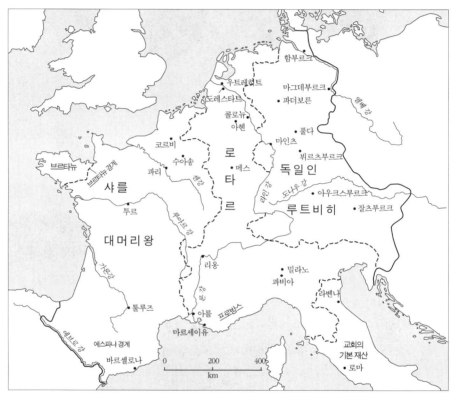

지도 4 843년 베르됭 조약으로 분열된 프랑크 왕국. 서프랑크(샤를 대머리왕), 동프랑크(독일인 루트비히), 로타링기아(로타르)로 삼분되었는데, 각기 오늘날의 프랑스, 독일, 이탈리아의 먼 기원으로 간주되기도 한다.

본주의로 옮겨 가는 것, 즉 결정론이 절대적인 것으로 보이는 고도로 개념화하고 추상화한 생산 양식에서 압력의 행사로서의, 그러니까 더 폭넓은 (때때로 대항적이기도 한) 과정 속의 과정의 논리로서의 역사적 결정으로 옮겨 가는 것"이라고 말한 적이 있다.[14] 이 말은 개념화하고 추상화한 자본의 운동 법칙에 갇히지 말고 실제 자본주의의 역사적 발전 과정을 분석하자는 것이다. 물론 톰슨은 마르크스주의자답게 생산 양식이 자본주의를 근본적으로 결정한다고 본다. 하지만 그는 이때의 '결정'을 느슨한 의미에서 압력의 행사 정도로 이해해야지, 필연적 법칙으로 이해해서는 안 된다고 주장한다. 말이 나왔으니 말이지만, 자본의 순환이 자본주의를 결정하는 것인지, 아니면 생산 양식에 더하여 사적 소유권과 시장 경제에 대한 믿음, 그리고 이를 보장하는 국가와 시민 사회의 다양한 제도들과 이데올로기들까지 포함하는 사회적 총체로서의 자본주의가 자본의 순환 자체를 가능하게 하는 조건인지는 확실치 않다.

톰슨의 조언은 민족주의 연구에도 유용해 보인다. 즉 민족주의 연구에서도 과제는 민족의 순환에서 민족주의로 옮겨 가는 것이라는 말이다. 확실히, 민족의 존재가 민족의 의식, 나아가 민족주의를 낳는다는 것은 민족주의자들의 고전적인 논법이다. 하지만 민족이 민족주의를 결정하는 것인지, 아니면 민족주의가 민족을 구성하는 것인지 속단하기는 힘들다. 오히려 많은 연구들은 민족주의가 민족을 만든다는 편에 기울고 있다. 물론 종족 혹은 원형적 민족의 존재가 민족주의의 발전에 어떤 압력을 행사하는 것은 사실이다. 비록 종족은 민족이 아니고 원형적 민족은 (근대) 민족 자체와 다르지만, 종족과 원형적 민족을 간단히 무시할 수 없는 이유는, 그것들의 존재와 그것들이 행사하는 역사적 압력이 근대 민족과 민족주의가 '왜, 하필이면' 그런 모습으로 등장했는가의 문제를 설명해 주기 때문이다. 그럼에도 '앵글로-색슨'이나 '프랑크'와 같은, 물려받은 민족의 이름에 집착하여 잉글랜드와 프랑스의 면면한 민족의 순환을 덥석 가정하는 것은 실상 민족의 복잡하고 모호하며 변화하는 현실을 무시하는 비역사적인 태도일 것이다.

기어리가 중세 초기 게르만 종족들의 역사를 쓸 때 염두에 둔 것도 바로 이런 문제의식이다. 그는 게르만 종족들의 정체성이 부단히 변화했음을 힘주어 강조한다. "끊임없이 그 대상이 바뀌는 충성, 다른 종족 간의 결혼, 변모 그리고 차용으로 인해 변화하지 않고 남아 있는 것은 단지 이름뿐이었던 것으로 보인다. 그리고 이 이름이라는 것도 다른 시기에는 다른 내용물을 담을 수 있는 그릇과 같은 것이었다." 그렇기에 중세의 종족적 정체성을 근대 민족주의에 직접 연결시키는 행위를 "정치를 위해서 역사를 가지고 장난을 치는 것"이라고 잘라 말하는 것이다.[15]

그렇다면 종족과 민족은 결론적으로 어떤 관계를 맺고 있는가? 고전적인 민족주의의 관점에서는 종족이 민족의 기원이라는, 이른바 '민족 맹아론'이 유력한 것 같다. 그러나 기어리 식의 관점에서 볼 때, 종족은 민족의 맹아萌芽가 아니다. 원래 맹아란 새로 튼 싹을 의미하니, 그것은 온전히 자라서 풀이나 나무가 된다. 하지만 기어리의 역사에서 종족이 온전히 자라서 민족이 된다고는 도저히 말할 수 없다. 종족은 온전히 자랄 수도 있겠지만, 그렇지 못한 경우가 훨씬 많으니 말이다. 역사 속에서 명멸한 종족들이 얼마나 많은가? 그러므로 종족은 민족의 맹아라기보다는 맹아의 맹아, 즉 배아胚芽일 뿐이다. "떡갈나무는 도토리에서 태어난다고 한다. 그러나 도토리는 떡갈나무의 배아를 간직하고 있을 뿐이므로, 땅에 떨어져서 싹트지 않으면 나무로 자랄 수 없다."[16] 이런 맥락에서 중요한 것은 종족을 민족의 기원으로 설정하는 일이 아니라 종족이 민족으로 발아發芽하는 사회적 · 역사적 조건을 찾는 일이다.

그러나 종족이 민족의 기원이 아니라는 주장으로 만족하기에는 어딘지 부족함이 있다. 그토록 많은 민족주의 문헌들이 종족과 민족의 관련을 이야기하는 것은 왜일까? 종족을 민족과 민족주의의 직접적인 기원으로 볼 수는 없지만 여전히 그 토대 —— 맹아, 배아, 발아라는 은유의 리듬에서 온상溫床에 해당하는 —— 로 볼 여지는 없을까? 만일 종족이 토대라면, 어떤 의미에서 그러한가? 이렇듯 말끔히 씻기지 않는 의문들과 관련하여, 예의 기어리는 이름으로 매개된 종족과 민족의 역사적 연관에 대해 중요한 통찰을 잊지 않고 덧붙인다.

이름은 다시 새롭게 쓸 수 있는 자원이었다. 비록 급진적인 불연속성이 실제 생활에서는 현실일지라도 이름은 사람들에게 계속성을 확신시켜 줄 수 있는 잠재력을 가지고 있었다. 옛 이름은 …… 다시 재생되고 새로운 환경에 적용되고 새로운 세력을 위한 슬로건으로 사용될 수 있었다. …… 3세기에 프랑크 족은 로마의 적들 중에서 가장 보잘것없는 존재였으나 6세기가 되면 서유럽 대부분의 지역에서 "프랑크"라는 이름은 "고트", "반달", "수에비" 뿐만 아니라 심지어 "로마"라는 이름까지 가리게 되었다.[17)]

여기서 기어리의 결론은 이런 것이다. 이름은 이름일 뿐이다. 이름이 중요한 것은 민족적 감정과 기억과 가치와 의식과 정체성이 구성되고 재구성되는 역사적 과정을 파악하는 데 실마리가 되기 때문이다. 그리고 이름이 역사적 과정에 영향을 미치는 것은 이름이 사람들에게 어떤 기억을 불러일으키고 행위를 정당화하며 열정을 일깨우는 "슬로건"이 될 수 있기 때문이다. 이 점을 좀 더 확실히 이해하기 위해서는 프란시스 베이컨Francis Bacon의 말을 들어 보는 것으로 족하다. 1603년에 '처녀왕' 엘리자베스 1세가 후사 없이 사망한 뒤에 당시 스코틀랜드 왕인 제임스 6세가 제임스 1세로서 잉글랜드의 왕으로 추대되었을 때,* 그는 잉글랜드와 스코틀랜드 통합 왕국을 위해 '그레이트 브리튼 Great Britain'이라는 이름을 제안하면서 이름의 중요성에 대해 이렇게 말했다. "이름으로 말하자면, 단지 피상적이고 표면적인 문제로 보이지만, 엄청난 인상과 매혹을 가져온다."18)

이 대목에서 미국의 원조를 멀리 색슨 족 부족장인 헹기스트와 호르사에서 찾은 제퍼슨의 행위로 되돌아가 보자. 그가 대서양 건너편 천년 전 역사를 새삼 끄집어낸 것은 전통의 발견이라기보다는 차라리 발명에 가깝다. 그의 발명 행위는, 기어리의 표현을 빌리자면, 신생 국가의 특정한 정치적 목적을 위해 역사를 가지고 장난을 치는 것에 불과하다. 그것은 역사적 사실의 견지에서 아무런 가치도 없다. 그러나 제퍼

---

* 후사를 남기지 않은 '처녀왕' 엘리자베스 1세는 왕위를 스코틀랜드의 스튜어트 왕가에 넘겼다. 당시 스코틀랜드 왕 제임스 6세는 잉글랜드에서 튜더 왕조를 개창했던 헨리 7세의 외손자인 스코틀랜드 왕 제임스 5세의 외손자로서 튜더 왕조의 핏줄을 이어 받은 마지막 생존자였다. 제임스 6세는 1603년 잉글랜드에서 제임스 1세로 왕위에 올랐는데, 이로써 잉글랜드와 스코틀랜드는 한 왕의 통치 아래에 있게 되었다. 제임스 1세는 두 왕국의 왕으로서 각기 개별적으로 외국과 조약을 체결할 수 있는 권한을 갖고 있었지만, 이 권한을 거의 사용하지 않아서 두 왕국은 대외 관계에서 자연스레 단일한 정치 단위로 기능했다. '그레이트 브리튼Great Britain'이라는 명칭도 이때 채택되었다. 그러나 잉글랜드와 스코틀랜드가 하나의 왕, 하나의 의회를 갖는 하나의 나라로 공식적으로 통합된 것은 1707년 앤 여왕 치세 때였다. 이로써 두 왕국은 '그레이트 브리튼 통합 왕국The United Kingdom of Great Britain', 즉 '영국'이 되었다. 참고로 말하자면, 웨일스는 1485년에 웨일스 출신의 헨리 튜더Henry Tudor가 새 왕조를 개창했을 때 잉글랜드와 통합된 바 있다. 이런 역사적 맥락을 알면, 잉글랜드와 영국은 통상 혼용되지만, 양자는 엄연히 다르다. 이 책에서는 양자를 구분하여 사용하고 있지만, 혼용해도 무리가 없다고 판단될 경우에는 구분하지 않았다.

그림 5　초상화를 통해 군주와 국가의 위엄을 선전한 엘리자베스 1세. 그림에서 우측 하단의 담비
는 군주의 예리한 판단력과 더불어 몸을 더럽히느니 차라리 죽음을 택하겠다는 '처녀왕'의 순결을
상징한다.

그림 6 스코틀랜드의 민속 의상인 킬트. 그러나 킬트는 18세기 잉글랜드의 한 의류업자가 만들어 낸 의상이다.

슨의 시도는 중세사가에게는 아무런 의미도 없겠지만, 제퍼슨의 시대와 그 이후를 연구하는 역사가에게는 상당히 중요하게 다가온다. 과연 '색슨', '헹기스트', '호르사'라는 이름은 미국인들에게 "엄청난 인상과 매혹"을 가져오면서 인종주의적인 앵글로-색슨 우월주의를 정당화하고 증오의 정치에 불을 당길 수 있다. 바로 여기에 "전통의 발명"을 대하는 우리의 올바른 태도가 무엇인지에 관한 답이 숨어 있다.

홉스봄 등이 처음 사용하여 유행어가 되다시피 한 "전통의 발명"은 민족주의의 허구성을 간단히 폭로한다.[19] 위스키와 더불어 스코틀랜드를 대표하는 민족의상인 격자무늬 치마, 즉 킬트가 실은 18세기 잉글랜드 의류업자에 의해 만들어진 것이라는 주장은 자못 충격적이다. 그러나 "전통의 발명"에 관한 논의에는 맹점이 있다. 홉스봄 등의 그런 논의는 민족주의의 전통들이 발명되었기 때문에 비현실적이며 무가치하다고 생각하게끔 우리를 유도한다. 이런 식의 생각에는 최근에 조작된 전통은 정당하지 않고, 거꾸로 유서 깊은 원초적 전통으로 입증된 것은 정당하다는 암묵적인 가정이 깔려 있다.

그러나 모든 전통은 창조된 것이다. 스코틀랜드의 킬트뿐만 아니라 훈 족의 활, 다키아 족의 창, 프랑크 족의 도끼도 모두 창조된 것이다.

정당한 전통과 부당한 전통이 따로 있는 것은 아니다. 그리고 전통은 종족 내부에서 서로 경합하고, 그런 과정에서 변화한다. 고정되어 있는 것이 아니다. 게르만의 종족 지도자들은 다양한 가문과 혈통을 내세우면서 자신들의 권위를 유지하고 행사하고자 했다. 그러므로 진정으로 중요한 것은 그런 전통의 역사적 사실(허구) 여부를 판단하는 일보다는 그런 전통을 내세우는 사람들과 그들의 행위가 가지는 역사적 효과를 분석하는 일이다. 크레이그 칼훈Craig Calhoun이 예리하게 지적하듯이,

> 종족 혹은 문화적 전통은 스스로 내세우는 역사적 기원이 정확할 때가 (혹은 정확하기 때문이) 아니라 역사적 기억을 효과적으로 구성하고 그 기억을 일종의 체질habitus이나 "선입견"으로 주입할 때에만 민족주의의 토대가 된다.[20]

그러니 만들어진 전통은 비현실적이며 무가치하지 않다. 그것은 그 자체로 역사적인 변수이자 세력이다. 그리고 이 사실은 전통이 발명되었다는 사실과 아무런 모순을 일으키지 않는다. 중세의 종족과 그 문화적 전통도 매한가지이다. 대부분의 경우에 전통은 민족주의적 주장을 위해 발명되었다. 그러나 전통은 민족의 역사적 기억을 효과적으로 구성하고 그 기억을 일종의 체질이나 선입견으로 주입하는 한에서 민족주의를 위한 현실적이며 가치 있는 토대가 되는 것이다.

기억과 망각

전통이 기억을 구성한다는 점은 음미할 만하다. 독일인들이 민족의 상

징으로 받드는 아르미니우스는 서기 9년 토이토부르크의 숲*에서 3개 로마 군단을 궤멸시킨 게르만의 영웅이다. 아르미니우스는 독일인들에게 특정한 역사적 기억을 불러일으킨다. 그 기억이란 독일이 로마 문명의 헤게모니에 영웅적으로 저항했다는 것이며, 그럼으로써 게르만의 문화적 특수성을 지키고 독립을 유지하며 로마 문명의 지배 아래에 있었던 갈리아와 같은 다른 유럽과는 다른, 이른바 '중유럽Mitteleuropa'의 본질을 간직하게 되었다는 역사적 인식으로 이어진다.

그러나 의문은, 과연 독일사가 로마 제국의 바깥에서 온전히 이해될 수 있겠느냐 하는 점이다. 오히려 그 당시 로마 제국의 개방적인 시민권 정책과 로마 문화의 보편적인 영향력을 고려하면, 독일사는 토이토부르크의 원시림만큼이나 로마의 도시 문명에서 발원한 것으로 보인다. 그런 점에서 아르미니우스를 독일 민족의 상징으로 보는 민족주의적 시각은 서기 9년의 전투는 기억하고 있지만, 게르만의 로마화 과정은 의도적으로 망각하고 있는 것이다.[21]

기실, 무엇인가를 기억한다는 것은 역설적으로 다른 무엇인가를 망각한다는 것이다. 우리가 모든 것을 기억할 수 없고, 또 기억하려 하지도 않는다는 점에서 그렇다. 원래 전통이 필요한 것도 민족을 통합하고

---

* **토이토부르크의 숲** 서기 9년 바루스 장군 휘하의 3개 로마 군단이 서부 독일의 토이토부르크의 숲에서 게르만 전사들의 매복 공격을 받고 궤멸했다. 이로써 아우구스투스 황제는 게르마니아 진출을 포기해야 했고, 로마의 국경선이 라인-도나우 강으로 획정되었다. 이 토이토부르크 원시림의 전투에서 게르만 전사들을 지휘한 인물이 아르미니우스(독일어로 헤르만)인데, 그는 로마 군에 복무하고 로마 시민권도 가진 인물이었다. 그래서 그는 로마 군의 신임을 받고 있었는데, 이 신임을 이용하여 로마 군을 함정에 빠뜨렸다. 이 토이토부르크 전투는 독일 민족주의 역사학에서 독일이 로마 문명에 흡수되지 않고 독자적인 문화를 간직하면서 발전하는 중요한 계기로 평가되고 있으며, 아르미니우스는 독일인의 영웅으로 추앙되기에 이르렀다.

동질화하기 위함이다. 그러니 프랑스 인이 같은 프랑스 인들끼리의 유혈 참극인 성 바르톨로뮤의 학살*을 의도적으로 망각하려 함은 어쩌면 당연한 일이라 하겠다. 그런 점에서 망각은 민족 형성의 본질적인 요인이며, 따라서 역사가들이 망각된 역사를 굳이 들추어내는 것은 민족 형성을 부르짖는 민족주의자들에게는 아주 껄끄러운 일이 아닐 수 없다. 르낭의 유명한 말을 들어 보자.

> 망각 ─ 심지어 역사적 오류라고까지 말할 수 있겠는데 ─ 은 민족 창출의 근본적인 요소이며, 바로 그러한 연유로 역사 연구의 발전은 종종 민족성에 대해 위험한 것으로 작용합니다. 사실 역사 분석에 의한 탐구는 모든 정치 조직의 기원에서 이루어졌던 폭력적인 사태들, 심지어 가장 유익한 결과들을 가져왔던 정치 조직의 기원에서조차 존재했던 폭력적인 사태들을 재조명해 버립니다.[22]

그런데 기억과 망각의 행위는 기억하고 망각하는 주체를 전제한다. 누구의 기억이고, 누구의 망각인가? 브로이가 지적하듯이, "나는 프랑스 인"이라는 진술을 아무리 반복한다 한들, 그 발화의 주체에게 프랑스 인임이 무엇을 뜻하는지가 분명치 않다면 아무런 의미가 없다. 그런 진술이 정치적으로 의미를 가지려면 효과적으로 조직된 다수 인민에 의해 공유되어야 하는 것이다. 요컨대 "공유하는 의미와 정치적 조직"만이 현실적으로 민족을 구성하는 것이다.[23] 그렇기에 르낭도 이 점을 의식하면서, 하나의 영혼이자 정신적인 원리로서 민족이 가지는 두 측

---

* **성 바르톨로뮤의 학살** 1572년 8월 24~25일에 프랑스 가톨릭 귀족과 시민들이 파리에서 위그노(프로테스탄트)들을 학살한 사건.

면을 강조하는 것이다. "한쪽은 과거에 있는 것이며, 다른 한쪽은 현재에 있는 것입니다. 한쪽은 풍요로운 추억을 가진 유산을 공동으로 소유하는 것이며, 다른 한쪽은 묵시적인 동의, 함께 살려는 욕구, 각자가 받은 유산을 계속해서 발전시키고자 하는 의지입니다."[24] 즉 민족이란 현재의 동의를 통해 규정된 과거에 대한 기억을 공유하는 집단이라는 것이다.

민족의 전통과 과거의 기억(망각)을 둘러싸고 때때로 논쟁이 벌어지는 것은 바로 민족 주체들 사이에서 현재의 정치적 동의가 문제시될 때이다. 가령 토착 갈리아 인들을 지배한 프랑크 족 자유 전사들의 전통을 강조한 귀족들과 프랑크 족을 프랑켄의 숲으로 돌려보내고 프랑스를 "우리의 선조 갈리아 족nos ancêstres les Gaulois"의 후예인 제3신분에게 돌려주어야 한다는 주장 사이에 있었던 대혁명기의 논쟁이나, 19세기 말 오스트리아와 이탈리아의 접경 지대인 남부 티롤 지방에서 벌어진 분쟁, 즉 중세 독일의 서정 시인인 포겔바이데의 동상을 건립하려한 독일계 주민들과 단테의 동상을 건립하려 한 이탈리아계 주민들 사이에 있었던 분쟁 등이 그 점을 여실히 보여 준다.[25]

결국 이런 사실들은 전통뿐 아니라 전통이 주문으로 불러오는 기억이 구성되는 것이며, 현재의 동의 수준에 따라 체질화된 선입견으로 굳어 버릴 수도 있고, 분쟁을 야기할 수도 있음을 시사한다. 그런 맥락에서 거듭 강조하거니와, 민족주의를 역사적 현상으로 고찰할 때 중요한 것은 전통 자체가 유구한 것이냐 최근의 것이냐, 사실적인 것이냐 허구적인 것이냐의 문제가 아니다. 정말이지 중요한 것은 전통과 전통이 구성하는 기억이 사람들에게 미치는 효과, 그러니까 "전통이 의문의 여지 없는 즉각적인 지식으로서, 그와 동시에 다른 주장들을 반박하거나 의문시하는 토대로서 특정한 신념과 이해를 구성하는 과정의 효율성"

인 것이다.[26]

중세 애국심

종족은 민족의 배아일 뿐이므로 그 자체는 민족과 구별되어야 하고, 정작 중요한 것은 발아의 조건이라면, 그 조건은 이미 유럽 중세에 마련되어 있었던 것으로 보인다. 여기서 발아의 조건이란 서로 경쟁하는 다양한 왕국들, 공국들, 도시들, 혹은 도시 국가들의 존재이다. 이런 정치체들의 분열과 난립은 결국 로마 제국을 부활시키려는 제국적 기획의 실패가 낳은 산물이다. 비록 프랑크 제국과 신성 로마 제국이 로마 제국의 후예임을 내세워 방대한 영토를 통치했지만, 프랑크 제국은 단명했고, 신성 로마 제국은 "신성하지도, 로마적이지도, 제국적이지도 않았다"는 평가가 암시하듯이 유명무실한 ─ 물론 프리드리히 바르바로사나 프리드리히 2세*와 같은 위대한 황제들의 재위기는 제외하고 ─ 제국의 허울만 유지했을 따름이다. 바로 그런 제국의 공백이 다양한 정치체들이 생존할 수 있는 온상이 되었다. 그리고 이 정치체들은 중세 후기로 접어들면서 점차 중앙 집권적인 영토 국가로 변모하면서 본격적인 근대 국가로의 발전을 준비하게 된다.[27]

바로 여기에 유럽사의 특색이 있다. 즉 제국을 구축하려는 시도가 좌절되면서 다양한 정치체들이 분열하고 난립하는 상황이 유럽 특유의 근대 국가의 발전을 자극한 조건이었다는 말이다. 훗날 1648년의 베스트팔렌 조약을 통해 공식적으로 추인된, 그러나 실은 14~15세기부터 형성된 국가 간 체제inter-state system라는 조건에서 점차 국가의 독립권과 정치적 주권의 이념이 진화했고, 이로부터 국가를 정당화하는 유력

지도 5 10세기 설립 당시의 신성 로마 제국의 판도.

한 수단으로서 민족을 발견하는 데까지는 단지 몇 보만 —— 확실히, 어떤 경우에는 너무나 먼 길이기도 했지만 —— 더 나아가면 되었다.

그러나 이와 같은 객관적인 조건 외에도 유럽 중세는 주관적인 면에서도 민족주의가 발전하는 데 필요한 조건을 제공했다. 민족주의적인 사고방식의 등장이 그것이다. 이미 언급했듯이, 민족주의는 민족을 위해서라면 기꺼이 목숨까지 바치는 절대적 충성을 구성원들에게 요구한다. 중세는 그 대상이 정확히 민족은 아니지만 "조국을 위한 죽음pro patria mori"이라는 초보적인 형태의 민족주의적인 사고방식과 감정이 발전한 때이다. 그리고 곧 설명하겠지만, 이런 사고방식과 감정의 진화는 영토 국가의 객관적인 발전과 여러 면에서 겹쳐 있었다.

조국을 위해 죽는다는 생각은 필경 고대에도 있었다. "조국을 위한 죽음"이라는 말 자체도 로마 시인 호라티우스Horatius가 로마의 윤리적 가치로 내세운 것이다. 그러나 이때의 조국patria이란 대개 도시를 가리키는 말이었다. 오늘날처럼 흙냄새 물씬 풍기는 조국은 아니었다는 말

---

* 프리드리히 바르바로사, 프리드리히 2세 프리드리히 바르바로사는 슈타우펜 왕조의 신성 로마 제국 황제였던 프리드리히 1세(재위 1152~1190년)를 가리킨다. 붉은 수염을 갖고 있다고 해서 '바르바로사'라는 별명이 붙었다. 그는 뛰어난 군사적 지휘 능력과 웅변술, 인재를 알아보는 혜안을 갖고 강력한 황제로 군림했다. 그는 총 6차례에 걸쳐 이탈리아 원정을 단행했으나, 1176년 레냐노 전투에서 롬바르디아 도시 동맹군에 패해 고배를 마셨다. 그는 이어 십자군 원정에 참여했다가 터키의 키드누스 강에서 익사하고 말았다. 프리드리히 2세(재위 1215~1250년)는 프리드리히 바르바로사의 손자로서 슈타우펜 왕조 최후의 신성 로마 제국 황제였다. 그는 어머니 콘스탄츠의 고국인 시칠리아의 팔레르모 궁정에서 자라난 '이국적인' 풍모의 왕으로서, 이슬람의 종교 및 학예에도 조예가 깊어 이교도 왕 혹은 '적그리스도antichrist'로 오해받기도 했다. 이로부터 미루어 짐작할 수 있듯이, 그는 뛰어난 군사적 재능 외에 학문적·예술적 재능까지 겸비한 걸출한 황제였다. 그는 십자군 전쟁에 참여하여 예루살렘 왕이 되기도 했다. 요컨대 프리드리히 1세와 프리드리히 2세는 신성 로마 제국의 역사상 가장 유능한 황제들로서 제국의 황금기를 일구었다.

이다. 로마 제국 혹은 '로마 세계orbis Romanus'도 조국으로 지칭되지 않았다. 만일 어느 로마 병사가 갈리아나 히스파니아나 시리아를 방어하다가 '조국을 위해' 영웅적으로 전사했다면, 그의 죽음은 본질적으로 '로마 공화국res publica Romana'을 위한 죽음이었다.* 즉 전사자는 그가 방어하던 영토 —— 갈리아, 히스파니아, 시리아 —— 를 지키다 죽은 것이 아니라 국가, 즉 로마의 신들과 '국부pater patriae', 로마의 교육과 생활 일반을 수호하다 죽은 것이었다.

중세 기독교 유럽에서는 사정이 달라졌다. 2세기 말 3세기 초 작자 미상의 기독교 변론서인 《디오그네투스에게 보낸 서한》에 나오는 한 구절처럼 기독교도들에게는 "모든 외국이 조국이요, 조국에서 그들은 이방인"이었으므로, 그들을 지상의 조국과 결합시키는 유대는 헐거워졌다. 기독교도들에게 조국은 천국에 있었으며, 이 영원의 조국, 천국의 예루살렘을 위한 죽음이 순교로 찬양되었다. 요컨대 영웅적 죽음이 지상(공민적 죽음)에서 영원(순교)으로 올라간 것이다. 그런가 하면 봉건제 아래에서 기사의 영웅적인 자기 희생은 영토나 국가의 이념을 위한 죽음이 아니라 그의 상급자, 즉 샹파뉴 공작이나 부르고뉴 백작을 위한 죽음이었다. "샹파뉴의 이념"이나 "영원한 부르고뉴"를 위한 죽음

---

* **로마 공화정, 로마 제국** 로마는 왕정으로 출발했으나, 곧 공화정으로 오랫동안 발전했다. 로마 공화정은 왕정(집정관), 귀족정(원로원), 민주정(민회) 등 3개의 기본 정체를 혼합하여 이상적인 정치 체제를 발전시켰다. 그러나 로마 공화정은 기원전 2세기 경 포에니 전쟁 이후에 큰 사회적 위기에 직면하게 되고 정치적 혼란에 휩싸이다가 옥타비아누스(훗날의 아우구스투스 황제)에 의해 안정을 되찾는다. 옥타비아누스는 자신이 공화정의 옛 제도들을 존중한다는 점을 항상 강조했으나, 실제로는 군대와 재정을 장악하여 황제로 군림했다. 그리하여 로마 공화정은 서기 1년을 전후로 한 시기에 로마 제정으로 실질적으로 변모하게 되었다. 그러나 그 이후 제국 시대에도 로마가 공화정이라는 수사와 인식은 오랫동안 사라지지 않았다.

은 아니었다는 말이다. 이렇게 보면, 중세 유럽에서 고결한 죽음은 모두 개인적인 죽음, 즉 그의 주군lord이나 주님Lord을 위한 것이었다.[28]

그러나 12~13세기에 중요한 변화가 일어났다. 영웅적 죽음이 영원에서 지상으로 내려오면서 고대 시대에서 확인되는 조국에 대한 감정적 가치가 회복되고, 그와 동시에 '애국심'이 도시적 한계를 초월하여 왕국과 왕좌와 관련되었다. 특히, 이런 변화에서 새로운 조세 부담이 중요한 역할을 수행했다. 원래 중세에 봉건적 부과조로서 중요한 것이 셋 있었는데, 왕의 몸값과 그의 장남의 기사 서임식 비용, 그의 장녀의 결혼 지참금이 그것이었다. 여기에 네 번째 부과조인 "왕국의 방위를 위한pro defensione regni" 세금이 덧붙여졌다. 이 자금의 기원은 1124년에 프랑스의 루이 6세가 라인 강 너머로부터 공격을 받았을 때라고 한다. 그는 곧 생 드니로 가 제단 앞에서 생 드니의 붉은 성기聖旗를 움켜쥐고 프랑스와 왕조의 수호성인인 성聖 드니에게 "왕국의 방위를 위해"라고 말하면서 거룩한 도움을 요청하며 교회에 기부했다. 그러나 13세기 말이 되면 상황이 바뀌어, 이제 왕은 주는 입장이 아니라 받는 입장이 되었다. 왕은 비상시에 "왕국의 필요를 위해pro necessitate regni" 교회에 세금을 부과했다. 그와 동시에 중세 왕국에 영토 국가라는 근대적 의미가 추가되었는데, 이제 '프랑스Francia'는 자유로운 '프랑크 인들franci'의 조국, 즉 선택된 자들의 땅이라는 의미를 가지게 되었다. 그리고 교회의 '신비한 몸corpus mysticum'이 왕국에 투사되면서 종래의 기독교적 순교의 개념이 왕국을 위한 죽음에 적용되었다.[29]

이미 필리프 4세 시대의 프랑스에서 왕과 왕국을 위한 죽음은 순교라는 생각이 등장했다. 필리프 4세가 1302년에 플랑드르의 장인들과 농민들에 대한 전쟁을 수행했을 때, 익명의 프랑스 사제는 이렇게 말했다고 전해진다. "그들은 극도의 오만과 무법성으로 우리를 향해 진군해

온다. …… 그러나 우리는 우리의 영혼과 법률을 위해 싸울 것이다. 주님께서 우리의 면전에서 그들을 분쇄하실 것이다." 그런 맥락에서 필리프 4세의 측근 피에르 뒤부아Pierre Dubois*에 따르면, 사악한 "그들" 플랑드르 인에 대한 선량한 "우리" 프랑스 인의 십자군 전쟁에서 "왕과 왕국의 정의를 위해 죽은 자들은 의심의 여지 없이 순교자로서 하느님이 왕관을 씌울 것이다."[30]

왕과 왕국을 위한 성스러운 죽음의 관념 외에도 중세에 특정 영토에 사는 주민들 사이에서 언어를 중심으로 하는 강한 문화적 동질감이 형성되고 있었다. 가령 10세기에 한 롬바르디아의 주교는 비잔티움 인들이 남부 이탈리아의 아풀리아에 대한 권리를 주장했을 때 분개하여 이렇게 말했다. "이 지방이 이탈리아 왕국에 속한다는 것은 그곳 주민들의 언어가 증명해 준다." 그런가 하면 920년에 샤를 단순왕*의 수행원들과 하인리히 1세*의 수행원들 사이에서 유혈 난투극이 벌어진 이유는 그들이 서로 상대방이 쓰는 언어를 조롱했기 때문이다. 이런 사실들에 주목하면서 프랑스 중세사가 마르크 블로크Marc Bloch는 언어와 민족을 혼동하는 것은 어리석지만 동시에 언어가 민족의식의 발전에 미치는 영향을 간과하는 것도 그에 못지않게 어리석은 일이라고 잘라 말

---

* **피에르 뒤부아** 피에르 뒤부아Pierre Dubois(1250?~1320?년)는 중세 후기 프랑스의 법률가이자 사상가로서 유명무실한 신성 로마 제국 황제를 대신하여 프랑스 왕이 유럽 정치를 지도할 것을 역설했다. 그는 당시 프랑스 왕 필리프 4세(재위 1285~1314년)의 책사로서, 특히 로마 교황이 지닌 프랑스 왕국 내의 경제 특권을 제한할 것을 주장했다. 그는 프랑스 왕이 중심이 되는 유럽의 '상설 군주 회의'를 제시하기도 하여 오늘날 유럽 통합의 사상적 아버지로 간주되기도 한다.
* **샤를 단순왕** 카롤링거 왕조의 프랑스 왕 샤를 3세(재위 893~922년)를 가리킨다.
* **하인리히 1세** 재위 919~936년. 작센 왕조를 개창한 독일 왕으로서 '도시 건설왕'이라는 별명도 갖고 있다.

한다.[31)]

물론 그런 사실들에는 문화적으로 동질적인 주민을 '민족'으로 활성화하여 정치 공동체를 정당화하는 근거로 삼는 근대 민족주의의 중요한 단면이 누락되어 있다. 중세의 전쟁 역시 대부분 민족의 기치 아래에서가 아니라 종교적 충성이나 기사의 명예를 위해 수행되었다. 가령 1066년 헤이스팅스 전투*에 출정하기 전에 노르만 공 윌리엄은 영토적·민족적 충성에 대해 일언반구의 언급도 없이 다만 "고귀한 피"를 흘린 것에 대해 복수를 다짐했을 뿐이다. 과연 그런

그림 7 1066년 헤이스팅스에서 해럴드 왕이 피살당하는 장면. 헤이스팅스 전투는 잉글랜드에서 노르만 왕조가 성립되는 계기였다.

명분은 현대인들에게는 틀림없이 '중세적'으로 보일 것이다. 윌리엄에게 민족들로 이루어진 세계 질서에 대한 시야는 없었다. 비록 자신의 적들이 "정복되는 것에 익숙한 족속"이니 정복될 만했다고 말할 때는

---

* 헤이스팅스 전투 헤이스팅스Hastings 전투는 1066년 10월 14일 노르만 족이 잉글랜드를 정복하는 과정에서 색슨 족과 벌인 역사적 전투이다. 노르만 공公 윌리엄은 해럴드 2세가 이끄는 색슨 군을 격파하고 잉글랜드를 정복하여 '정복왕'으로 일컬어진다. 이 전투에 얽힌 흥미로운 일화들도 많은데, 특히 해럴드 왕이 결정적인 순간에 코를 파다가 적군의 화살에 맞아 전사했다는 일화가 전해진다. 해럴드 왕은 영국에 코 파기 관행을 널리 퍼뜨린 장본인이었다고 한다.

그림 8 노르만 공 윌리엄과 기사들. 당시 노르만 기사들은 잉글랜드뿐만 아니라 시칠리아까지 정복하는 기염을 토했다.

예외였겠지만 말이다.[32] 따라서 "조국을 위한 죽음"이라는 중세적 감정을 민족주의와 동일시하는 것은 시대착오일 것이다. 그리고 시대착오는, 뤼시앵 페브르Lucien Febvre가 말했듯이, "죄악 중의 죄악, 그 무엇보다도 사면 받지 못할 죄악"일 터이다.[33]

그럼에도 중세 후기에 영토 국가의 발전과 언어를 매개로 한 문화적 동질화 과정은 유럽 중세가 민족주의의 발전에 중요한 터전이 될 수 있음을 암시한다. 블로크는 자신이 유럽 중세의 심층적인 역사를 더듬고 있음을 상기하면서 중세 조국에서 근대 민족으로 가는 길이 여전히 멀고 험난하기는 하지만 중세 후기가 "조국이 확인되고 혹은 세워진 시대"라고 믿는다.[34] 기실, 중세의 "조국을 위한 죽음"은 에스파냐 내전

에서 전사한 이탈리아의 파시스트 병사들을 추모하기 위해 1937년 성
탄절 밀라노 성당 앞에 새겨진 글귀 ─ "이탈리아를 위해 죽는 자는 죽지
않는다" ─ 를 떠올리게 한다. 그렇다면 "조국을 위한 죽음"은 그 자체
가 민족주의라고 할 수는 없지만, 특정한 조건에서 민족주의로 발전하
는 애국심patriotism의 중세적 형태로 생각할 수 있을 것이다.

3
민족주의 이전의 민족들, 영국과 프랑스

홉스Hobbes는 칼 없는 법이 종이쪼가리에 불과하
다고 말했다. …… 그러나 법 없는 칼은 쇠 쪼가리
에 불과하다.
— 콜러리지,《친구》.

근대 초기 민족주의 혹은 민족주의에 대한 탈근대론

대략 중세 후기인 14세기 이후 중앙 집권적 영토 국가의 발전과 그로
부터 발생한 애국심, 그리고 국가들 간의 경쟁의 격화 — 국가 간 체제
의 수립으로 귀결된 —는, 중세의 다양한 종족적 · 왕조적 정체성들이
국가 단위의 민족적 정체성으로 발아하는 중요한 조건이었다. 그런 바
탕 위에서 16세기 이후 유럽의 절대 왕정들이 점차 사회적 · 정치적 토
대를 넓히면서 마침내 민족 국가로 변모해 갔다는 것이 유럽 근대사에
대한 통상적인 설명이다. 그리고 영국을 가리키는 "영국 제도British
Isles"와 프랑스를 가리키는 "이상의 6각형ideal hexagon"이라는 말이 암
시하고 있듯이, 봉건 영주의 지배령보다는 크고 범유럽적인 교황의 지
배령보다는 작은, 자기 완결적인 최적의 크기를 가진 영국과 프랑스가
유럽에서 가장 일찍 하나의 왕, 하나의 신앙, 하나의 왕국을 이루어 근

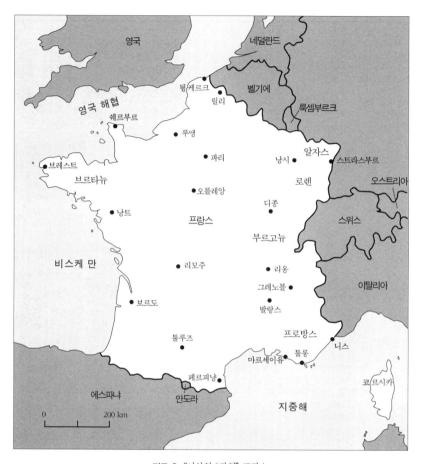

지도 6 "이상의 6각형" 프랑스.

대 민족 국가와 민족주의 발전의 선두 주자가 되었다고 본다.[1]

확실히, 근대 초기early modern인 16~18세기의 국가 구성이 민족주의가 발전한 특수한 정치적 맥락을 창출한 것은 사실이다. 그러나 염두에 두어야 할 점은 중세 후기와 근대 초기의 왕정들이 민족주의적인 견지에서 정당화되지 않았다는 것이다. 가령 16세기 튜더 시대의 영국이나 17세기 부르봉 시대의 프랑스에서 '민족'은 그 거주자들의 (종족적, 언어적, 종교적) 개성이 아니라 나라의 풍경과 자원의 견지에서 찬양되고 왕의 단일한 인신人身을 통해 표상되었다. 이 왕정들이 왕의 인신이 아니라 그 거주자들의 개성으로 표상되고, 나아가 그 거주자들이 나라의 주인이 되기 위해서는 상당한 진통을 겪어야 했다. 따라서 국가를 정당화하는 근거로서의 근대 민족 개념은 왕정에서 민족 국가에 이르는 단선적인 진화 과정에서라기보다는 왕정과 그 정치적 반대파 사이에서 벌어진 복잡한 갈등과 협상의 과정에서 출현했다고 보는 것이 합당할 것이다.[2]

그런데 근대 초기에 왕정에 대한 정치적 저항은 종교적 저항과 긴밀하게 맞물려 있었다. 종교적 당파와 연결되지 못한 1601년 영국의 에식스 백작의 반란과 17세기 중엽 프랑스의 프롱드의 반란은, 한때 왕정을 삼켜 버릴 정도의 위세를 보여 주기도 했으나, 결국 협소한 귀족적 이해관계에 갇힌 채 실패로 돌아갔다. 거꾸로 여러 소수 종파들의 경우가 보여 주듯이, 종교적 저항은 특정한 정치적 당파의 리더십을 결여했을 때는 현실 정치에 의미 있는 영향을 미칠 수 없었다. 정치적 저항과 종교적 저항은 서로를 필요로 했던 것이다.[3]

민족의 이념은 바로 그런 근대 초기 유럽의 특수한 상황, 즉 강력하게 발전하던 왕정과 그에 대한 저항에서 형성되었다. 이 투쟁에서 양편은 아직 명시적으로 '민족'을 호명하지는 않았지만 서로 정당성을 확보하기 위해 치열하게 경쟁했다. 특히, 프로테스탄트 종교 개혁과 맞물려 왕정의 반대파는 하느님에 의해 선택되었다는 강한 선민의식을 통해 자신들의 정치적 정당성을 확보하려 했다. 그리고 이를 위해 고대 이스라엘의 역사와 성서적 전거가 빈번하게, 열정적으로 인용되었다. 그렇기에 선택된 민족의 개념은 초기적 형태의 민족주의 혹은 애국심이 프로테스탄트 종교와 긴밀하게 결합되어 있었음을 시사한다.[4]

물론 많은 연구자들이 경계하듯이, 종교와 민족주의를 혼동해서는 안 된다. 기본적으로 민족주의는 종교와는 달리 신념이 아니라 권리의 이름으로 말하기 때문이다. 그럼에도 '선택된 민족'의 개념은 그 도저한 배타성으로 신념을 공유하는 '우리'를 다른 신념의 소유자들인 '그들'에 대항하여 효과적으로 결집하고 동원한다는 점에서 민족주의 특유의 전조를 보여 주었다. 특히, 당시가 모든 사람이 한결같이 종교의 창을 통해 세상을 보는 신앙의 시대였다는 점을 고려하면, 종교와 종교적 언어의 정치적 영향력은 오늘날 우리가 상상하는 것 이상으로 거대했다. 실례로 영국에서 1530년대에 단행된 헨리 8세의 위로부터의 종교 개혁과 그에 잇따른 엘리자베스 1세의 국교회 확립 과정에서 가톨릭적인 대륙과 구별되는 프로테스탄트적인 영국이라는 초보적인 민족의식과 민족적 정체성이 싹텄다. 이렇게 보면, 루이스 네이미어 경Sir Lewis Namier이 예리하게 통찰했듯이, "16세기에 종교는 민족주의의 대체물"이었던 것이다.

그렇다면 근대 초기에 민족주의가 등장했다고 말할 수 있는가? 근대 초기 민족주의early modern nationalism를 말하기는 확실히 불편하다. 대부분의 연구자들은 민족주의가 18세기 후반, 특히 프랑스 혁명을 기점으로 출현했다는 데 동의하니 말이다. 그러나 근대 초기 민족주의가 근대 민족주의와 똑같지는 않지만, 민족주의에 대한 **탈근대론**postmodernism을 거론하는 필립 S. 고스키Philip S. Gorski가 제안하듯이, 민족주의를 담론으로 보면 근대 초기에 변형된 형태로 존재한 민족주의들에 대해 말할 수도 있지 않을까 한다. 고스키는 옷감 짜기의 비유를 들어 민족주의적 담론이 구성되고 발전하는 과정을 묘사한다. "민족적 범주를 수확하고 이 범주적 원료를 단일한 이야기로 펴며 이야기를 더 긴 실로 잣고 (때때로) 이 실을 더 큰 옷감으로 짜는 연속적인 과정"이 그 것이다. 물론 원료나 실은 옷감(민족주의)이 아니다. 그러나 원료나 실이 없이는 옷감을 짤 수 없다. 그런 점에서 민족주의를 "깊게" 정의하기보다는 "얕게" 정의하고, 기의(의미)에 치중하기보다는 기표(범주)에 주목할 필요가 있다. 이렇듯 느슨하게 이해된 민족주의는, 국가의 근거를 민족에 두면서 주권적 인민을 상정하는 긴박한 의미의 정치적 민족주의가 아니라 그런 정치적 민족주의가 등장하기 전 단계로서 '민족'이나 그에 상당하는 '민족적' 범주들을 주문처럼, 입버릇처럼 불러내는 느슨한 범위의 담론들과 실천들이 된다.[5]

이렇게 보면, 근대 초기의 종교적 범주들은 명백히 민족주의적 담론의 일부이다. 이 종교적·민족적 언어는 16세기 종교 개혁 시대의 잉글랜드나, 아니면 더 일찍이 네덜란드 반란기에 확인될 수 있다. 가령 네덜란드를 거인 골리앗(에스파냐)을 쓰러뜨린 젊은 다윗에 비유하고, 네덜란드의 오라녀 공公 빌렘을 모세와 다윗에, 에스파냐 왕을 파라오와 사울에 비유하며, "거만함"과 "잔인함"으로 가득한 "외국 민족"인 에스파냐 인들에 대해 네덜란드 인들을 "하나님의 선민"이나 "어린 양들"로 묘사하는 언어는 네덜란드의 근대 초기 민족주의를 보여 주는 좋은 사례들이다.[6]

확실히, 민족주의를 종교적으로, 담론적으로 접근하는 데는 이점이 많다. 먼저 역사적으로 볼 때, 근대 초기 민족주의는 중세 애국심과 더

그림 9 네덜란드 혁명기 판화. 네덜란드를 상징하는 다윗이 왼손에는 에스파냐를 상징하는 골리앗의 머리를, 오른손에는 '하나님의 권능'이라고 불린 검을 쥐고 늠름하게 서 있다.

불어 그토록 뜨거운 열정을 뿜어내는 민족주의의 힘이 어디에서 유래하는가를 부분적으로 설명해 준다. 그리고 이론적으로 근대 초기의 종교적·담론적 민족주의는 홉스봄의 판단과는 달리 1780년 이전의 민족주의는 물론이요, 국가의 근거를 민족에 두지 않는 비유럽적 기원의 다양한 민족주의의 유형들을 식별하는 데 도움이 된다.

그럼에도 민족주의에 대한 종교적·담론적 접근에는 한계가 있다. 무엇보다 종교는 정의상 국제적이요, 보편적이다. 이 사실은 잉글랜드의 칼뱅주의자들과 네덜란드의 칼뱅주의자들이 형제라는 점을 떠올리면 금방 알 수 있다. 비록 종교 개혁의 시대에 프로테스탄티즘이 로마 교황과 대립하면서 민족적 성격을 띠고 발전했지만, 원래 국적을 초월하는 종교적 담론은 현실 세계의 민족적 구분이라는 세계관에 바탕을 두고 있는 민족주의적 담론과는 애당초 그 종류가 다른 것이다. 그러니 어떤 의미에서 근대 초기의 (고스키의 표현대로) "헤브루 민족주의"는, 봉건적 지배 체제에서 영토 국가로 발전하면서 형성된 중세의 "조국을 위한 죽음"보다도 근대 민족주의를 설명하는 데 원리적으로 더 취약하다 할 것이다. 그런 점에서, 칼뱅주의의 보편주의적 주장에서 한 걸음 물러나고 나서야 비로소 잉글랜드 인들은 자신들만의 특수한 민족을 상상하고 민족 국가를 창출할 수 있었다는 스티븐 핀커스Steven Pincus의 지적은 음미할 만하다.[7]

게다가 민족주의적 담론 이론에는 누가 실을 잣고 옷감을 짜는가 하는 주체의 문제가 빠져 있다. 즉 '민족'을 호명하는 국가 구성과, 앤더슨이 말한 민족 공동체를 상상하는 사람들의 문화적 실천의 과정이 빠져 있다는 말이다. 이 문제와 관련하여 17세기 잉글랜드의 경우에 유럽 대륙에서 출현한 야심적인 "보편 왕정" —— 합스부르크 제국, 네덜란드 상업 제국, 프랑스 왕정 —— 의 위협과 그에 대항한 국익의 수호라는 문제를 둘러싸고 커피하우스, 사교장, 선술집, 국교도 교회, 비국교도 회합 등에서 벌어진 활기찬 대중적 논의 속에서 민족주의가 발전했다는 핀커스의 주장이 흥미롭다. 그에 따르면, (종교적 담론이 아니라) 바로 이 민족주의가 잉글랜드 국가의 합리화에서 핵심적인 요인이었다.[8) 게다가 공동체 내부에서 주체의 위치에 따라 '민족'의 의미도 다양하게 변주된다. 그런 점에서 영국에는 부자와 빈자라는 두 개의 민족이 있다고 했던 1845년의 벤자민 디즈레일리Benjamin Disraeli*의 유명한 말은 의미심장하다. 그러므로 근대 초기에 다양한 기표들이 '민족'이라는 하나의 기의로 모아지는 언어적 과정도 과정이려니와, '민족'이라는 하나의 기표가 다양한 기의들로 나누어지는 사회적 과정도 중요한 것이다.

　그럼에도 종교는 민족주의의 유기적 일부였다. 영국에서 '민족주의'라는 말이 거의 처음 사용된 것으로 보이는 1836년의 한 저서에서 민족주의는 "어떤 전체 국민을 가시적인 보편 교회의 경계 속에 선택하는 것"으로 규정되었으니, 애당초 영국에서 민족주의는 종교와 불가분의 관계를 맺고 있었던 셈이다.[9) 따라서 우리가 근대 초기 이후의 국가 구성과 그에 잇따른, 민족을 표상하고 구성하는 문화적 실천이라는 역사적 평면에 올바르게 종교를 위치 짓기만 한다면, 종교적 담론과 실천이 민족주의의 발전에 엄청난 영향력을 행사했음을 쉬이 인정할 수 있다. 아니, 인정하는 정도가 아니라 종교에 대한 설명 없이는 국가 구

---

* **벤자민 디즈레일리**　벤자민 디즈레일리(1804~1881년)는 영국의 정치가로서 제국주의적 대외 진출과 사회 정책 등에 힘을 쏟으며 빅토리아 시대 영국의 번영을 주도했다. 그는 토리당의 지도자로서 1850년대와 1860년대에 세 차례에 걸쳐 재무 장관을 역임했고, 1868년에 잠시 총리가 된 후 1874년에 휘그당을 물리치고 내각을 조직하여 1880년까지 정권을 장악했다. 그는 1877년에 빅토리아 여왕에게 제위를 바쳐 대영 제국을 성립시키기도 했다.

성 자체를 제대로 설명하기 힘들 것이다.

고스키가 하려는 작업도 이것으로 보인다. 그는 프로테스탄티즘의 윤리와 자본주의 정신의 선택적 친화성에 대한 막스 베버Max Weber의 유명한 테제에 근거하여 근대 초기에 네덜란드와 프로이센에서 칼뱅주의 신앙이 국가 구성을 밑에서 떠받치는, 일종의 "하부 구조적 권력"으로서 신민에게 사회적 규율을 부과하고 신민을 국가에 순응하는 어린 양으로 길들이는 과정을 추적한다. 칼뱅주의적인 네덜란드 공화국에서 사회적 규율화의 가장 유명한 사례는 암스테르담 교도소이다. 여기서 탈주자들에게는 쇠사슬과 쇠구슬을, 흉악범에게는 차꼬를 채웠고, 입이 험한 자들에게는 재갈을 물렸다. 게으름뱅이들에 대한 형벌이 가장 가혹했는데, 그들은 펌프를 들고 점점 차오르는 물탱크에 던져졌다. 가장 '자유로운' 국가의 가장 '악랄한' 형벌이었던 셈이다. 칼뱅주의는 "제2의 종교 개혁"이라는 명분으로 브란덴부르크-프로이센에도 위로부터 도입되었는데, 이 개혁의 대중적인 영향력은 미미했지만, 충성스런 시민의 일사불란한 봉사를 이끌어 내는 데 효과적이었다. 종종 "왕의 예복을 입은 청교도"로 묘사되는 프리드리히 빌헬름 1세는 관료제에 수도원에 버금가는 규율을 강제했고, 군대에 끝없는 신체적 구타와 욕설 섞인 훈계를 도입했으며(왕 자신이 때리고 욕을 해 댔다), 루터 파교회와 함께 도덕적 감시와 신체적 단련을 결합한 대대적인 교육 개혁을 실시했다. 확실히, 이 "북유럽의 스파르타"는 종교와 국가의 결합을 통한 사회적 규율화의 완벽한 사례를 제공한다. 그렇다면 이 경우에 "종교와 정치를 완전히 별개로 취급하는 것은", 토마스 만Thomas Mann이 《요셉과 그 형제들》에서 말했듯이, "세계의 통일성을 간과하는 처사이다."[10]

영국의 국가 구성

국가 구성이란 무엇인가? 그것은 한마디로 국가가 '국가답게' 만들어지는 과정이다. 인간에 대한 인간의 정치적 지배는 오랜 뿌리를 가지고 있지만, 동시에 오랫동안 그 지배의 성격은 사적이거나 개인적이었다. 참다운 국가, '국가다운' 국가란 사적이거나 개인적인 지배를 대체하여 공공성과 정당성의 토대 위에서 신민들에 대해 효과적으로 권위를 행사하는 제도이다. 기실, 정부의 관념이 발전한 것도 중세 후기 이래 신민을 효과적으로 지배하는 문제가 부상하면서부터였다. 미국 건국의 아버지 가운데 한 사람인 제임스 매디슨James Madison은 《연방주의론》의 논설 51번에서 정부의 본질에 대해 다음과 같이 통찰하고 있다.

그러나 인간 본성에 대한 가장 큰 불신이 바로 정부 그 자체가 아닌가? 만약 인간이 천사라면 어떤 정부도 필요 없을 것이다. 또한 천사가 인간을 다스린다면 정부에 대한 외적, 내적 통제도 필요 없을 것이다. 인간을 통치하는 인간의 정부를 구성하는 데 큰 어려움은 바로 여기에 있다. 우선 정부가 피치자들을 통제할 수 있도록 해야 하고, 그 다음으로 정부가 그 자신을 통제할 수 있도록 해야 한다.[11]

그렇다면 국가 구성을 단순히 통치 기구들이 제도적으로 갖추어지는 과정으로 볼 것이 아니라 정부가 '천사가 아닌' 피치자들을 지배하고 통제하는 능력이 실질적으로 증대되는 과정으로 보아야 한다. 이는 곧 사회적 규율화 외에 다른 것이 아니다. 존 밀턴John Milton은 일찍이 "인간의 전체 삶을 통하여 규율보다 더 심각하고 시급하게 중요한 것은 이 세상에 달리 없다. 모든 시민 사회들의 번영과 부패, 모든 인간사

지도 7 영국 제도.

의 운동과 변환은 규율이라는 굴대를 중심으로 이리저리 움직이는 법"
이라고 갈파했다. 그런 점에서 국가 구성은 사람들의 인식, 태도, 가치
등을 근본적으로 뒤바꾸는 도덕적 규제를 통하여 사람들을 국가에 충
성하는 절도 있는 시민들로 만들어 나가는 과정이라 하겠다. 국가 구성
을 일종의 **문화혁명**으로 보는 이유가 거기에 있다.[12]

영국은 이와 같은 문화 혁명으로서의 국가 구성이 유럽의 다른 어느
나라보다도 더 일찍, 더 철저하게 성공적으로 진행된 사례이다. 잉글랜
드 국가 구성의 특수성은 무엇보다 섬나라라는 지리적인 조건에 기초
하여 국가적 통일성과 연속성이 오랫동안 유지되었다는 데 있다. 가령
11세기 전반에 크누트Cnut*의 영장은 요크셔에서 서식스까지, 노포크
에서 체셔에까지 효력을 발휘했다. 잉글랜드 국가는 곧이어 웨일스, 스
코틀랜드, 아일랜드, 인도로 확장되어 1933년에 이르면 '대영 제국'으
로서 지표면의 23%를 차지하고 세계 인구의 1/4을 지배하기에 이르렀
다.

특수성은 지리적 · 역사적 조건에 그치지 않는다. 잉글랜드 국가 구
성의 특수성은 지방 엘리트의 참여에 기초한 대의 제도와 사법 제도가
유연하고 효과적으로 운용되었다는 정치적인 조건에도 있다. 게다가
이런 효율적인 통치 기구들을 바탕으로 잉글랜드 국가는 매우 정연하
고 철저하며 정확한 측량과 조사의 전통을 발전시켰고, '사실들'을 보
존하고 검색하는 공식적인 기록 체제를 확립했다. 헌드레드 명부 기록

---

* **크누트** 크누트 1세는 덴마크 왕 스웨인Sweyn의 아들로서 잉글랜드를 정복하여 잉글랜
드 왕(재위 1016~1035년)이 되었고, 덴마크 왕(재위 1018~1035년)도 겸했다. 노르웨
이와 스웨덴 일부를 정복하여 거대한 해양 제국을 건설했다. 크누트의 잉글랜드 지배는
앵글로-색슨 인들에게는 굴욕이었으나 재위 기간인 20년 남짓 동안 잉글랜드에 평화와
번영을 가져왔다.

이 시작된 1274년의 조사와 1279년의 권리 근거 조사, 무엇보다 그 모든 기록의 원형이 될 만한 정복왕 윌리엄에 의해 1086년에 실행된, 놀랍도록 상세한 조사의 결과인 《둠즈데이 북》이 잉글랜드의 공식적인 기록 체제의 존재를 웅변으로 말해 주고 있다.[13] 확실히, 그런 측량과 조사의 전통, 그리고 기록 체제는 개인들에 대한 상세한 지식을 국가에 제공하여 "개인들, 심지어 가장 단순한 신민들의 태도와 행위를 주조하고 지도하며 관할"[14]하게 하는 밑받침이었을 것이다.

그러나 잉글랜드 국가 구성의 중요한 전제들은 역시 튜더 왕조의 지배기에 마련되었다. 장미 전쟁(1455~1485년)을 겪으면서 종래의 귀족층이 와해된 상황에서 튜더 왕조를 개창한 헨리 7세는 사병제私兵制를 혁파하고 외국 상인을 억제하는 동시에 국내 상인을 지원함으로써 왕권을 '민족적' 반석에 올려놓았다. 잉글랜드 국가 구성의 전환점은, 그러나, 헨리 8세의 치세였다. 이 시기에 국가가 앞장서 '위로부터' 프로테스탄트 종교 개혁을 단행했는데, 이는 비인격화된 '국가'가 등장하는 결정적 계기였다. 다시 말해, 교회의 수장은 로마 교황이 아니라 잉글랜드 왕이라는 1534년의 수장법과 그에 잇따른 영국 국교회의 등장은 왕권에 대한 새로운 관념을 빚어내는 용광로였다. 로마와의 단절로 잉글랜드 왕이 종교를 포함하는 일상생활의 최고 관리자

그림 10 잉글랜드 종교 개혁을 단행한 헨리 8세. 헨리 8세는 1534년 수장법으로 잉글랜드 교회의 수장은 로마 교황이 아니라 잉글랜드 왕임을 선포함으로써 잉글랜드 절대 왕정의 기틀을 확립했다.

이며, 나아가 잉글랜드가 자기 완결적인 '제국'이라는 생각이 널리 확산되었다.

비록 메리 치세에 일시 가톨릭으로 복귀하면서 프로테스탄트에 대한 탄압이 벌어지기는 했으나, 이는 "선택된 민족"이라는 잉글랜드 프로테스탄티즘의 이데올로기를 오히려 강화했을 뿐이다. 마침내 영국 국교주의는 엘리자베스 1세 치세에 모든 잉글랜드 인들을 도덕적으로 규제하는 확고한 원리로 자리 잡았다. 정말이지 엘리자베스 시대는 국가의 규제적 역할이 체계적으로 팽창한 시기였다. 특히, 프로테스탄티즘의 검약과 노동의 가치에 입각한 '게으름'에 대한 투쟁은 인상적이다. 유랑 걸인에 대해 귀를 자르고 낙인을 찍으며 교수하는 가혹한 형벌, 구빈법의 제정과 공공 근로 사업의 실시, 교정원의 설치, 루머와 반란 모의의 소굴로 여긴 선술집에 대한 단속, 곰 놀리기나 투계 등과 같은 '비문명적인' 민중 오락에 대한 제재 등은 이 시기가 강력한 도덕적 규제를 통해 신민들의 몸과 마음을 통제하려는 국가의 노력이 집중된 시절이었음을 잘 보여 준다. 그와 동시에 여왕의 초상화와 국가 문장이 일반 가정을 비롯하여 곳곳에 게시되고 선전되었다. 이 시절의 문학도 국가의 권위와 질서를 입 모아 칭송했다. 당시 영국의 문호 윌리엄 셰익스피어William Shakespeare는《헨리 5세》에서 이렇게 노래했다.

왜냐하면 통치government라는 것은 음악이나 마찬가지로, 고·저·최저 등 각 부·각 음정의 질서 체계가 있는 즉, 이것들 하나하나가 죄다 일치 조화되어 완전히 그리고 자연적으로 종결로 유도되고, 그리하여 하나의 커다란 조화 화음consent이 유지되기 마련이니까요.[15]

결국 튜더 시대의 국가 구성, 한마디로 "튜더 혁명"으로 불릴 만한 이 획기적인 변화는 영국이 근대 국가로 발전하는 데 분수령이었다. 특히, 튜더 시대 국가의 강력한 문화 통제는 프로테스탄트 국교주의와 원초적인 형태의 민족의식을 결합시켜 신민들의 의식, 태도, 가치를 근본적으로 변형시키는 데 기여했다. 그리고 덧붙여 왕권이 강화되면서도 "의회가 법을 만든다"라는 전통이 존중되고 의회의 존재와 절차가 무시되지 않았다는 사실은, 훗날 영국사의 발전에서 커다란 의미를 지닌다. 결국 이 시기에 강력한 도덕적 규제를 수반한 잉글랜드의 국가 구성은 영국 자본주의의 발전을 위해서도 매우 중요한 역사적 전제를 마련한 것으로 보인다. 일찍이 마르크스는 《정치 경제학 비판 요강》에서 그 점을 꿰뚫어 보았다.

> …… 이중적인 의미에서 자유로운, 즉 낡은 후견 관계나 예속 관계 및 복무 관계로부터 자유롭고, 둘째로는 모든 재산과 어떤 객체적·물질적 현존 형태를 가지지 않은 노동력, 어떤 소유물도 가지지 않고 유일한 생계 원천으로서 그들 노동력의 판매나 또는 구걸, 떠돌이, 약탈에 의존하는 대량의 노동력이 노동 시장에 내던져진 것이다. 그들이 처음에는 후자를 시도하다가 교수대, 효수대, 채찍에 의해 이 길에서 노동 시장에 이르는 좁은 길로 몰렸다는 것은 ─ 예를 들어 헨리 7세, 8세 등의 정권들이 역사적 해체 과정의 조건들이자 자본의 실존 조건들의 창출자로 등장하는 때에 ─ 역사적으로 확인되었다.[16]

그러나 이미 언급했듯이, 절대 왕정에서 근대 민족 국가로 이어지는 단선적인 과정을 상정해서는 안 된다. 오히려 영국 국가 구성의 특성은 왕정과 그에 대한 정치적·종교적 반대 운동의 구심이 되는 정치적 제도로서의 의회 사이에서 벌어진 권력 게임에 있다. 영국 혁명 혹은 내

그림 11 영국 혁명기 왕당파인 기사당Cavaliers과 의회파인 원두당Roundheads의 대립을 표현한 판화. 왕당파는 가발을 쓰고 으스대는 의미에서 '기사당'으로, 의회파는 가발을 쓰지 않은 맨머리의 평민이라는 의미에서 '원두당'으로 불렸다.

전이 그 점을 잘 보여 준다. 17세기 스튜어트 왕정에 대한 저항 과정에서 의회는 "자유인으로 태어난 잉글랜드 인들"의 대변자임을 유감없이 과시했다. 그러나 의회가 민족의 정치적 권리를 표현하는 기관으로 간주됨으로써 결과적으로 민족의 범위는 크게 축소되었다. 민족은 나라의 모든 거주민들이 아니라 의회에서 대표되는 일부만을 포괄하게 된 것이다.

그러므로 17세기 영국에서 '네이션'의 이념은 통상의 민족주의, 그러니까 혈통과 언어 등의 문화적 요소를 강조하는 민족주의로는 설명될 수 없어 보인다. 왜냐하면 그때의 민족이란 문화적 견지에서가 아니라 정치적 견지에서 이해되었으니 말이다. 그런 점에서 이 정치적 민족 political nation —— 이 경우에는 차라리 정치적 '국민'이라고 해야 맞을 ——

은 비록 나중에 민족-민중nation-people으로 확장되기는 하지만, 원래는 한 국가의 거주자들 가운데 일부, 그러니까 특권적 엘리트층으로서의 대귀족과 젠트리 정도를 지칭하는 극히 제한적인 범주였다.[17]

그러나 이 한 줌의 정치적 민족은 역사상 유례를 찾아볼 수 없는 강력한 헤게모니를 행사했다. 혁명의 의의도 거기에 있다. 혁명은 프로테스탄트적인 "선택된 민족"과 "자유인으로 태어난 잉글랜드 인", 그리고 낭비와 무절제를 일삼는 궁정court에 맞서는 검소와 절제의 미덕을 간직한 지방country의 이념[18]을 한데 빚어낸 정치 문화를 만들어 냈다. 그리고 이 정치 문화는 지배층에 국한된 것이 아니라 다양한 정치적 반대파들까지 공유하는 보편적인 매트릭스가 되었다. 혁명기의 급진적 분파인 수평파Levellers도 칼뱅주의 신앙, 앵글로-색슨의 자유와 자치의 전통, 법 앞의 개인의 자유 등 잉글랜드 특유의 정치 문화의 짙은 흔적을 보여 준다. 바로 이 장기 지속적인 '민족적' 정치 문화의 존재가 훗날 다양한 영국 급진주의가 혁명적이기보다는 개혁적인 이유를 설명해 준다.[19] 요컨대 영국의 정치적 민족은, 비록 소수였지만, 이 정치 문화를 통해 자신들의 이해관계와 '민족적' 이해관계가 하나임을 보여 주는 데 성공했다.

그리고 거듭 강조하거니와, 이 정치 문화의 핵심에는 프로테스탄트 잉글랜드에 대한 의식이 있었다. 가령 1641년 아일랜드 가톨릭교도들의 얼스터 프로테스탄트 학살과 그 보복으로서 가톨릭 아일랜드에 대한 올리버 크롬웰Oliver Cromwell의 잔인한 정복, 칼뱅주의 규율에 입각한 브라이드웰Bridewell 교도소의 설립과 신형군New Model Army의 창설, 타이터스 오우츠Titus Oates의 음모*가 부채질한 가톨릭교도와 로마 교황에 대한 히스테리에 가까운 혐오감, 열렬한 가톨릭교도인 제임스 2세가 가톨릭교도들을 비롯한 비국교도들에게 공직 진출의 기회를 열어 주려 한 심사법 폐지가 불러일으킨 반감, 가톨릭 프랑스와의 잇따른 충돌 등은 잉글랜드 정체성의 핵심에 버젓이 종교가 있었음을 말해 준다.

그럼에도 종교 자체는 민족주의라고 보기 힘들다. 종교가 민족의 구성 요소로서 아무리 중요하다고 한들, 결국 종교는 민족적 정체성의 전부가 아니라 일부이니 말이다. 종교 문제가 영국의 '민족적' 정치 발전에서 중요한 역할을 한 것은 사실이지만, 그렇게만 설명하면 영국의 정치적 민족이 왜 1660년에 같은 프로테스탄트 국가인 네덜란드에 대한 전쟁을 요구했는지 설명할 길이 없다. 오히려 그 이유는 거대한 무역 제국으로 팽창해 가는 네덜란드의 "상업적 공화주의"가 영국 왕정과 국익을 잠식할 암적 존재로 여겨졌다는 사실에서 찾아야 한다. 이는 그 이전에 거대 제국을 추구한 합스부르크 가문의 에스파냐*에 대한 공포는 물론이거니와 그 이후에 패권적 야심을 숨기지 않는 "태양왕" 루이 14세의 프랑스 절대 왕정에 대한 두려움과도 일맥상통한다.

그러므로 만일 근대 초기의 영국에서 민족주의가 있었다면, 영국 민

---

* **타이터스 오우츠의 음모** 타이터스 오우츠는 1678년 잉글랜드의 가톨릭교도들이 국왕 찰스 2세를 시해하고 개신교도들을 학살한 뒤 가톨릭교도인 요크 공을 왕위에 올리려는 음모를 획책하고 있다는 거짓 소문을 퍼뜨렸다. 이른바 "교황의 음모Popish Plot"가 그것이다. 이 유언비어는 황당무계한 것이었으나, 런던은 삽시간에 흥분에 휩싸였다. 그리하여 가톨릭교도들에 대한 공격이 잇따랐고, 많은 무고한 이들이 목숨을 잃었다.

* **합스부르크 가문의 에스파냐** 합스부르크Habsburg 가문은 오스트리아의 황실 가문으로서, 이 이름은 11세기 스위스에 합스부르크 성(매의 성)을 쌓으면서 비롯되었다. 1273년 합스부르크의 루돌프 1세가 신성 로마 제국 황제에 오른 뒤, 1438년 알프레흐트 2세 이후로는 제위를 독점했다. 15세기 말 합스부르크의 막시밀리안 1세는 당시 에스파냐 왕실과의 통혼으로 가문의 영지를 넓혔고, 그의 손자인 카를 5세는 신성 로마 제국의 황제와 에스파냐 왕을 겸하여 당시 유럽 최강의 군주로 군림했다. 카를 5세 이후에 합스부르크 가문은 신성 로마 제국의 제위를 보유한 오스트리아 계와 펠리페 2세의 에스파냐 계로 분열되었는데, 후자는 1700년에 소멸했다.

족주의는 에스파냐, 네덜란드, 프랑스 등의 "보편 왕정"과의 국제적 대립과 갈등 속에서 형성되었다고 할 수 있다. 당시 《로빈슨 크루소》의 저자 대니얼 디포Daniel Defoe는 이렇게 말했다. "보편적인 지배란 있을 수 없다. 왜냐하면 민족들마다 가지고 있는 저마다의 통치 구조에 따라 법이 달라지기 때문이다."[20] 영국인들은 커피하우스와 선술집과 교회 등의 사회성의 네트워크 속에서 프랑스와의 전쟁이 어떤 의미를 갖는지, 그 속에서 지켜 내야 할 '민족적 이해관계'란 무엇인지를 토론하고 상상하며 이해하고자 했다. 이렇게 보면, 영국 민족주의는 국내의 종교적·정치적 맥락 외에도 국가들 간의 치열한 경쟁과 각축이 벌어지던 근대 초기의 국제 관계라는 평면 위에서 주조된 것이다.[21]

계급과 민족

영국의 경우가 보여 주는 이상의 사실들로부터 1789년 프랑스 혁명 이전에 근대 초기 민족주의가 존재했다는 생각은 상당한 설득력을 가진다. 그린펠드는 근대 민족주의가 실은 근대 초기의 현상이며, 혁명기 프랑스가 아니라 종교 개혁 시대 잉글랜드에서 발원했다고 본다. 그녀는 민족주의를 민주주의의 모태로 보면서 16세기 영국의 지배 엘리트인 귀족들이 민중을 단순한 피치자가 아니라 자신들과 동등한 한 민족으로 이해했다고 주장한다. 특히, 종교 개혁이 영국인 모두를 "선택된 민족"으로 보게 함으로써 그런 유연하고 개방적인 태도가 가능했다는 것이다.[22]

　물론 영국의 근대 초기 민족주의의 핵심이 종교적 담론과 정체성에 있는지(고스키), 아니면 종교와는 구분되는 민족주의가 17세기의 독특한 국제 관계 속에서 국익을 자각함으로써 발전했는지(핀커스)에 대해서는 논란의 여지가 있다.[23] 이렇듯 영국 민족주의의 발전에서 종교적 정체성과 국가적 이해관계 가운데 어느 하나를 강조하는 경향은 19세기 영국 민족주의의 발전을 촉진한 것이 프로테스탄티즘인지, 제국주의인지를 둘러싼 논쟁으로 재현되기도 했다. 가령 19세기에 내부의 가톨릭 '타자'인 아일랜드에 대한 혐오와 구별 의식이 종교적인 반감에서 유래한 것인지, 아니면 제국을 유지하고 제국주의를 실행하기 위한 방편이었는지는 따져 봐야 할 문제인 것이다.[24]

그러나 영국의 근대 초기 민족주의에 대한 최근의 설득력 있는 주장들에도 불구하고 영국에는 다른 나라와는 달리 민족주의 자체가 없었다거나, 있어도 아주 미미했을 뿐이라는 생각이 뿌리 깊은 통념으로 남아 있다. 말이 나왔으니 말이지만, 16~17세기 영국의 민족주의를 운위할 때, 그것은 잉글랜드 민족주의에 불과한 것이지, 웨일스, 스코틀랜드, 나아가 아일랜드까지 포괄하는 명실상부한 영국 민족주의는 아닌 것이다. 그때까지만 하더라도 잉글랜드와 스코틀랜드는 통합되지 않았고, 웨일스 인들은 여전히 자신들의 언어를 사용하던 때였으니 말이다.[25]

그런데 이런 영국 특유의 지정학적 복잡함 외에도 민족주의에 대한 특정한 시각이 영국에는 민족주의가 없었다거나 미미했다는 생각을 부추겼다. 즉 민족주의는 지극히 감정적인 현상으로서 합리적으로는 설명하기 힘들다는 시각이 그것이다. 그리고 그와 같은 감정적 · 비합리적 특성을 지닌 민족주의는 당연히 뒤늦게 발전한 후발국의 전유물이라는 생각이 굳어졌다. 사실, 이런 전제에서 반 발짝만 더 나아가면, 민족주의가 파시즘의 전조라는 생각으로 이어질 성싶다. 그렇기 때문에 가장 일찍 자본주의와 합리주의가 꽃핀 영국에서는 민족주의가 발전할 아무런 동기도, 기회도 없었다는 것이다. 특히, 사회사가 크게 발전한 영국의 특수한 학문 내적 상황과 맞물려 근대 영국사, 그중에서도 18세기 중반부터 19세기 초반, 무엇보다 1832년 선거법 개혁에 이르는 시대를 분석할 때 '민족'보다는 '계급'이 더 적절한 분석 단위라는 생각이 일반화되었다. 바로 이런 통념을 반영하는(차라리 그런 통념을 만든) 것이 그 시기의 영국사를 계급 형성의 시각에서 파헤친 톰슨의 대작 《영국 노동 계급의 형성》이다.[26]

그러나 영국에 정말로 민족주의가 없었는가? 원래 가진 자는 말이 없는 법이다. 말이 많은 것은 못 가졌기 때문이다. 혹은 다른 식으로, 그러니까 게임 이론 식으로 말하자면, "그것을 주어 버림으로써 당신은 그것을 갖고 있음을 보여 준다. 그것을 얻으려고 애씀으로써 당신은 그것이 필요하고 따라서 부족하다는 점을 암시한다."[27] 전자는 아마도 영국의 경우일 테고, 후자는 독일의 경우일 것이다. 즉 영국은 이미 충분하므로 말없이 주어 버리는 경우이고, 독일은 여전히 부족하므로 말잔치 속에서 얻으려고 애쓰는 경우이다. 이렇게 영국이 말없이 주어 버림으로써 마치 영국에는 민족주의가 없어 보이는 일종의 착시 현상이 일어나는 것이다.

여기서 영국에 민족주의가 없었다는 시각을 일축하는 역사가 린다 콜리Linda Colley의 정곡을 찌르는 주장을 귀담아 들을 만하다. 그녀는 18세기 중반에서 19세기 초반에 이르는 시기에 영국이 치른 전쟁들, 즉 7년 전쟁(1756~1763년), 미국 독립 전쟁(1775~1783년), 혁명전쟁(1793~1802년), 나폴레옹 전쟁(1803~1815년) 등 '외세'와의 대립과 갈등 속에서 (잉글랜드가 아니라) 영국의 민족적 정체성이 형성되었다고 본다. 그리고 같은 시기에 커뮤니케이션 혁명 속에서 쏟아져 나온 무수한 신문과 잡지, 인명록, 영어 문법책과 사전을 소비하면서 영국인들은 스스로 하나의 민족임을 느끼고 배우며 상상했다고 본다. 좀 더 젊어진 연령 구조도 영국인들이 민족주의와 같은 새로운 이념과 사회 운동에 개방적인 태도를 취할 수 있게끔 하는 조건이었다.[*28)]

그런데 흥미로운 것은 영국 정부의 입장에서 전쟁 수행 노력이 절박했는데도 정부가 '민중적' 민족의식을 고취하기 위해 별로 노력하지 않았다는 점이다. 이렇듯 정부가 광범위한 대중 동원에 미온적인 태도를 취한 이유는, 민족주의적인 대중 동원에 내재한 강한 평등주의적 · 민주주의적 함의를 두려워했기 때문이다. 즉 '우리는 한 민족'이라는 인식은 민족 내부에서 평등한 시민권의 요구와 공민적 실천을 자극하는 경향이 있었다. 그것이 당시 폴란드에서 코르시카에 이르기까지 유럽을 일주한 민족주의적 열기에 내장된 경향이었다. 따라서 민족주의는 정부의 입장에서 볼 때 호네스티오레스(고귀한 자)에 맞서 후밀리오레스(미천한 자)를 정치화하고 세력화할 수 있는, 요컨대 '민중'을 활성화할 수 있는 위험천만한 요소였다. 민족주의는 일단 열면 무엇이 튀어 나올지 모르는 '판도라의 상자'였던 셈이다.

그 점은 1792년에 대중들 사이에서 근왕주의적 선전과 청원 활동을 펼치기 위한 단체를 결성하려던 존 리브스John Reeves의 시도에 대한 어느 성직자의 다음과 같은 부정적인 평가가 잘 보여 주고 있다.

나는 감정과 행동을 하나로 통일할 필요를 잘 알고는 있지만, 많은 사람들

---

* **영국의 커뮤니케이션 혁명, 젊어진 연령 구조** 대략 1750년 이후 영국에서는 신문, 잡지, 소설, 사전, 인명록 등 다양한 출판물들이 쏟아져 나오고 도로망이 크게 확장되어, 이른바 커뮤니케이션 혁명이 일어났다. 이로써 지역 간 인구 이동이 크게 증가하면서 사회적 · 문화적 교류가 활성화되었다. 그런가 하면 비슷한 시기에 인구가 비약적으로 증대하면서 연령 구조도 근본적으로 바뀌었는데, 어느 추산에 따르면 1826년 잉글랜드 주민의 약 60%가 24세 이하였다고 한다.

을 한데 모아 영속적인 단체를 만드는 일이 두렵습니다. 나는 모든 이를 정치가로 만들뿐더러 일하는 하층 신분의 사람들을 생각하게끔 만드는 그 결과에 반대합니다.[29]

정부의 망설임에도 불구하고 애국주의적 열정과 참여는 밑에서부터 자생적으로 폭발했다. 대상인, 제조업자, 전문 직업 종사자, 수공업자와 소상인 사이에서 애국적 모티프와 실천은 자신의 능력과 사회적 위치를 재확인하고 공고히 하는 유력한 수단이었다. 국가에 충성하고 봉사함으로써 자신의 존재 이유를 입증하려 했던 것이다. 나는 국가를 위해 이만큼의 일을 했다. 대단하지 않은가? 나는 국가를 위해 내가 할 도리를 했다. 그러면 국가는 나를 위해 무엇을 해 줄 것인가? 아마도 이것이 애국자들의 심정이었을 것이다. 그런가 하면 스코틀랜드와 웨일스 출신의 수많은 노동자 계급 가족들도 영어를 구직을 위한 티켓으로 보면서 영어를 익히고자 애썼다.

특히, 1794년 이후에는 은행가에서 재단사에 이르는 복합적인 구성을 보여 주는 민병대가 급거 팽창했는데, 여기에도 강한 민주주의적 함의가 있었음은 두말할 나위가 없다. 1780년에 급진파 서클에서 남성 보통 선거권의 주장이 등장한 것도 민중들이 민병대원으로서의 충성과 봉사에 대한 대가를 요구하면서부터였다. 1803년이 되면, 장인과 노동자가 의용병들의 절반을 훌쩍 뛰어넘는 비율을 보이며, 그 총수는 40만 명에 달했고, 그중 57%가 무장하기에 이르렀다. 이 무장한 노동자 의용병을 보면서, 당시 어느 관찰자가 말했듯이, "이제 권력은 무장한 채 그 무엇이든 요구할 수 있는 민중의 손에 있다"고 판단하는 것이 순전히 과장만은 아니다.[30]

이런 맥락에서 콜리는 민족주의가 계급적 정체성과 대립하며 길항 관계를 맺고 있다는 사회사의 통설은 맞지 않으며, 계급과 민족은 동일한 역사적 과정의 두 측면이라고 본다. 그녀에 따르면, 오히려 민족의식은 계급을 더욱 두드러지게 했다. 톰슨을 비롯한 많은 사회사가들이 믿듯이, 이 시기에 계급에 기초한 사회적 정체성이 발전한 것은 사실이다. 그러나 사회적 정체성의 발전이 민족적 정체성을 후퇴시킨 것은 아니다. 오히려 반대이다. 사회적 정체성의 발전은 민족적 정체성의 인식으로 이어졌고, 민족적 정체성은 계급을 민족적 수준에서 재인식하게 만들었다. 사실, 계급 자체가 정의상 전국적인 현상이다. 하나의 계급이 형성되었다고 말할 수 있으려면, 그것이 지방적 고립성과 편협함을 타파하여 전국적인 수준에서 연대감을 발전시켰는지를 확인해야 하니 말이다. 이런 사실은 사회적 정체성과 민족적 정체성이 말끔히 구분되고, 대립되는 것처럼 파악하는 홉스봄류의 시각이 가지는 문제점을 잘 보여 준다.

그런가 하면 이 시기 영국 민족주의의 발전은 민족 형성이 위에서 밑으로의 하향적 과정만이 아니라 밑에서 위로의 상향적 과정이기도 함을 입증한다. 톰슨이 역설하듯이, 노동자 계급이 "정해진 어느 시간에 태양이 떠오르듯이" 떠오른 것이 아니라 "노동[자—저자] 계급 자신이 만들어 내는 과정 속에[서—저자] 나타난 것"이라면,[31] 민족도 마찬가지로 민족 형성의 과정에 몸소 참여했다. 그리고 이처럼 위에서 일방적으로 부과된 민족적 틀만이 아니라 스스로 참여하여 만들어 낸 민족적 틀 속에서 계급의 언어가 활성화되었다면, 이 사실은 왜 영국에서 혁명이 아니라 보통 선거권을 중심으로 하는 개혁의 문제가 적어도 1840년대까지 노동자 계급의 정치적 영감을 사로잡았는지를 설명해 준다. 확실히, 그런 민족적 틀의 기원은, 앞에서도 설명했듯이, "튜더 혁명"으로까지 거슬러 올라가는 장기 지속적인 '민족적' 정치 문화에서 찾을 수 있을 것이다.

민족주의에 내포된 평등주의적 · 민주주의적 함의를 보여 주는 급진
적 · 개혁적 애국주의는 전시의 외부의 적만이 아니라 평상시의 내부의
적과의 대결을 통해서도 고양되었다. 그 내부의 적이란 바로 18세기 초
반 로버트 월폴Robert Walpole의 집권 이래로 굳어진 '부패Corruption'*
였으니, 이 부패한 정치 체제에 대한 급진적 개혁의 열망이 애국주의적
담론으로 표출되었다. 비판자들은 월폴 체제가 영국의 이상적인 '혼합
왕정mixed monarchy'의 헌정적 균형을 깨뜨린 부패 체제라고 공격했
다. 이와 같은 애국주의적 비판은 알프레드 대왕 시대 앵글로-색슨의
자유나 고대 그리스의 덕성, 기독교의 보편적 자애를 찬양하는 방식으
로 전개되었다. 결국 애국주의적 담론들은 영국의 중간 계급 및 노동자
계급에게 이상적인 공동체로서 하나의 영국을 상상하게 했고, 그로써
영국의 민족적 정체성이 발전하는 계기가 되었다.[32]

그러나 정부뿐만 아니라 개혁가들에게도 민족주의는 '판도라의 상
자'였다. 전시에 혁명 프랑스가 외부의 적, 곧 '타자'로 설정되었다는
사실은 영국 애국주의에 급진적 · 개혁적 성격 외에도 반혁명적 · 국수

---

* **부패** 로버트 월폴Robert Walpole(1676~1745년)은 영국의 휘그당 소속 정치가로서
대략 1720년부터 1742년까지 약 20년간 의원 내각제를 확립하는 등 안정된 정권을 유지
했다. 그러나 월폴의 지배 체제는 정치 계급과 금융 세력의 결탁에서 비롯된 각종 부정
부패에 휘말리게 되었는데, 바로 "부패corruption"라는 말이 이 시기 영국의 정치 행태
를 단적으로 묘사해 주고 있다. 특히, 월폴에 대한 저격수 역할을 자임한 윌리엄 피트
William Pitt와 같은 비판자들은 월폴 체제가 이상적인 혼합 왕정으로서의 영국의 헌정
적 균형을 파괴함으로써 영국인들의 자유와 독립을 파괴했다고 격렬히 비난했다. 그런
가 하면 1728년에 런던에서 초연된 《거지 오페라》는 겉으로는 런던 암흑가를 묘사하고
있었지만, 속으로는 월폴의 추잡한 여성 관계와 정계의 부패를 신랄하게 풍자했다. 그
속편은 월폴에 의해 상연이 금지되기까지 했다. 《거지 오페라》는 훗날 20세기 독일 극작
가 베르톨트 브레히트Bertold Brecht에 의해 《서푼짜리 오페라》로 개작되었다.

주의적 뉘앙스가 있었음을 보여 주니 말이다. 비록 나중의 일이기는 하지만, 가령 보어 전쟁 시기(1899~1902년)에 등장한 맹목적 애국주의(징고이즘jingoism)가 그런 뉘앙스를 집약해서 보여 준다. 아래의 노래는 19세기 후반 영국의 뮤직홀에서 불려진 '징고송By Jingo'인데, 여기서 단순히 놀라움을 표현한 "바이 징고by jingo"라는 감탄사는 곧 영국의 국력과 호전성을 뜻하는 말로 정착했다.

> 우리들은 싸우기를 원하지 않네/ 그렇지만 만일 확실히by jingo 우리가 싸워야 한다면/ 우리는 사람도 있고, 배도 있으며/ 돈도 또한 가지고 있네/ 우리는 전에도 곰과 싸운 적이 있다네/ 그리고 우리가 진정한 영국인이라면/ 러시아 인들은 결코 콘스탄티노플을 가질 수 없을 것이네.[33]

《제국주의론》이란 책으로 유명한 당대의 자유주의자 존 A. 홉슨John A. Hobson에 따르면, 이 시기에 대중들이 맹목적 애국주의에 쉬이 물든 이유가 대중들의 무지와 현혹되기 쉬운 심리적 성향에서 기인한다고 평하기도 했다. 하지만 홉슨의 변명 섞인 평가에도 불구하고 이 맹목적 애국주의의 존재는 민족주의가 후발국에나 어울리는 감정에 휩쓸리는 속 좁은 운동이며, 따라서 영국과 같은 나라에는 어울리지 않는다는 생각을 무색하게 만든다.

그런가 하면 영국 민족주의의 주변과 배후에서 여전히 잉글랜드, 웨일스, 스코틀랜드 등의 하위 민족주의들이 유지되고 때로 강화되었음에 주목해야 한다. 물론 상위 민족주의와 하위 민족주의들이 항상 충돌하기만 한 것은 아니다. 그 점을 잘 보여 주는 것이 "전원적 잉글랜드"라는 민족적 이미지이다. 푸른 초원과 목가적 농촌으로 표상되는 잉글랜드적인 것Englishness은 명백히 영국적인 것Britishness이 아니다. 그럼에도 잉글랜드의 풍경이 영국을 대표하는 것으로 제시된 사실은 필경 "잉글랜드 중심주의"를 보여 준다. "신께서 어려운 일을 행하고자 하실 때는 영국인이 아니라 잉글랜드 인을 부르신다"라는 어느 총리의 말이 그와 같은 "잉글랜드 중심주의"를 고스란히 드러낸다. 그러나 웨일스 인들과 스코틀랜드 인들에게도 시골과 자연은 있었고, 그들도 자기 고장의 풍경을 (비영국적인 것이 아니라) 영국적인 것으로 제시하고자 애썼다.[34] 그런 점에서 상위 민족주의와 하위 민족주의들의 관계는 상당히 복잡하고 미묘했다.

이 상위 민족주의와 하위 민족주의의 착잡한 관계를 유머러스하게 잘 보여 주는 것이 바로 《언덕에 올라갔다 산에서 내려온 잉글랜드 인》이란 자못 의미심장한 제목의 영화이다(국내에서는 《잉글리쉬맨》이라는 제목으로 소개되었다). 영화는 웨일스 인들이 '산'이라고 굳게 믿는 피농 가루Fynnon Garw가 해발 1,000피트가 채 안 된다고 하여 잉글랜드 측량 기사들에 의해 '언덕'으로 명명됨으로써 벌어지는 해프닝을 다루고 있다. 정확한 측량 결과가 나오기 전에 1,000피트가 되지 않을 것이라고 내기를 건 웨일스 인은 '반역자'로 몰린다. 그러나 '과학'에 의해 '산'이 '언덕'이 됨으로써 웨일스 인들은 민족적 자긍심에 상처를 받고, 그래서 기슭의 흙을 퍼서 꼭대기에 쌓음으로써 '노동'에 의해 '언덕'을 다시 '산'으로 높이고자 한다. 그들의 논리는 이렇다. 이집트에 피라미드가 있고 그리스에 신전이 있듯이, 웨일스에는 산이 있다. 산은 웨일스 인들을 만들었고, 산 없이는 웨일스 인들도 없다. 따라서 산이 없다면, 웨일스는 잉글랜드에 속하게 되는 것이고, 이는 하느님께서 용납하지 않으실 것이다. 이 이야기는 두 가지 점을 우리에게 일러 준다. 하나는 '산'의 언표와 상징이 민족적 정체성을 구성했다는 것이고, 다른 하나는 1917년에 웨일스 인들이 영국군으로 싸웠음에도 영국과는 구별되는 종족과 문화에 기초한 공동체 감정은 어려운 시절에 희망의 원리로 작용했다는 것이다.

　물론 영국의 국가 구성에서 영국적인 것이 강조되고, 그에 따라 영국 민족주의가 꾸준히 발전한 것은 확실하다. 그리고 이때의 '영국'이란 명백히 하위 계급들과 문화들과 지역들을 통합하여 단일한 시민으로 구성한 법률적이고 정치적인 '국민'일 것이다. 그러나 영국 민족주의의 수준에서 작동하는 그와 같은 데모스의 원리 외에 하위 민족주의들의 수준에서는 여전히 종족과 문화에 따른 에트노스의 원리가 작동하고 있었다. 영국 내부에서 헤게모니적인 위치에 있었던 잉글랜드에서도 앵글로-색슨의 종족적 · 문화적 정체성이 강조되었고, 영국 민족주의와 잉글랜드 민족주의의 여집합을 이루는 공간에서 웨일스, 스코틀랜드, 아일랜드의 문화적 민족주의가 번성했다.

　전체 집합으로서의 영국과 그 부분 집합들 사이의 긴장은, 예를 들어 스포츠에서 두드러지게 나타났다. 스코틀랜드 축구 팀이 잉글랜드 팀에 승리를 거두는 것은 양자의 평등, 나아가 전자의 우월성을 입증하는 증거로 여겨졌다. 때로 폭력 사태로까지 치달았던 그런 민족적 대립은, 그럼에도 스코틀랜드의 독립을 목표로 하는 정치 투쟁으로 비화되지는 않았다. 여전히 웨일스와 더불어 스코틀랜드는 '영 제국'의 통합적 일부로 남아 있었던 것이다. 물론 스스로를 영국 제국주의의 희생양으로 여긴 아일랜드의 경우는 완전히 달랐지만 말이다.[35]

국제 관계와 국가 구성

1688～1689년의 명예 혁명은 17세기 영국에서 왕정과 의회의 대립,

내전, 공화국 수립, 왕정 복고 등으로 이어진 오랜 정치적 논란에 종지부를 찍고 "의회 내 왕King-in-Parliament"의 원리에 입각한 안정된 입헌 왕정을 수립했다. 이는 영국에서 비인격화된 국가가 등장하는 분수령이었다. 그런데 전통적인 해석에 따르면, 영국 국가는 시민 사회에 비해 국가 권력이 약한 자유주의 국가이다. 그러나 존 브루어John Brewer와 같은 수정주의적 해석자들은 영국 국가가 약하기는커녕 강력하고 효율적인 "군사-재정 국가"로 발전했다고 본다. 즉 영국 국가는 재무부, 간접세무국, 해군이라는 세 가지의 핵심적인 통치 기구를 바탕으로 하여 국가를 개인이나 가문의 재산쯤으로 여기는 가산제적 국가에서 근대 관료제로 이행했다는 것이다.[36)]

그러나 명예 혁명의 의의는 대내적 국가 발전의 분수령이라는 데서 그치지 않는다. 명예 혁명은 동시에 영국의 대외 정책에도 혁명적인 변화를 몰고 온 중요한 계기였다. 명예 혁명 이후 영국의 대외 정책은 예전의 왕조적 논리가 아니라 철저히 '민족적 이해관계'의 논리에 입각하여 그 얼개가 짜여졌다. 좀 더 구체적으로 말하자면, 영국은 이제 왕실들 간의 정략 결혼과 왕위 계승 전쟁으로 점철된 유럽 대륙의 왕조 국가적인 영토 게임의 논리에서 벗어나 자본주의와 민족 국가의 논리에 따른 부국강병을 의식적으로 추구하기 시작했다는 것이다.[37)]

이때 영국 외교 전략의 두 가지 축은 다음과 같았다. 첫째, 영국은 유럽 대륙의 세력 균형을 위해 일종의 원격 통제 체제를 가동시켰다. 대륙에서 특정 국가가 강력히 부상할라치면, 영국은 그 외의 다른 라이벌 국가들과의 정치 동맹이나 상대적으로 약한 국가들에 대한 재정 지원을 통해 강한 국가를 견제하고 제압하면서 자국의 안보를 수호하려 했다. 둘째, 영국은 '민족적 이해관계'를 앞세워 해외에서 무제한적인 상업적·식민적 팽창을 추구했다. 전통적인 왕조적 영토 게임이 한정된 파이에서 내가 차지하는 몫을 크게 하려는 제로섬의 원리에 입각해 있었다면, 영국의 팽창은 파이 자체를 크게 하면서 무제한적인 자본 축적의 욕구를 해방시켰다. 이로부터 국가에 의해 창출된 정치적 공간으로서의 '민족 경제'에 대한 관념이 등장하고, 정치 경제학이 발전한 것은 당연한 일이었다.

이렇듯 스스로의 '민족적 이해관계'를 의식하는 강력한 영국 국가의 등장은 '후진적인' 유럽 대륙 국가들에 강한 충격파를 미쳤다. 가령 7년 전쟁과 미국 독립 전쟁에서의 프랑스의 '사실상의' 패배는 프랑스 왕정의 재정을 고갈시켰고, 이는 결국 프랑스 혁명의 직접적인 원인인 재정 위기를 불러왔다. 그리고 1789년에 파산의 위험에 처한 루이 16세가 사표를 던지는 심정으로 삼부회를 소집했을 때, 혁명은 시작되었다. 그렇다면 영국의 국가 구성이 프랑스 혁명으로 가는 길을 닦았다고 해도 지나친 말은 아닐 것이다.

이렇게 보면, 국가 구성과 민족주의의 발전을 오로지 국내 관계에 한정하여 파악하는 시각은 국제 관계의 중요성을 간과한다는 점에서 문제가 있다. 국제 관계 혹은 더 일반적으로 '국제적인 것the international'은 개별 국가들이 따로따로 발전하고, 그렇게 발전한 국가들이 어떤 관계를 맺음으로써 비로소 성립하는 것이 아니다. 오히려 개별 국가들의 발전은 '선험적으로' 국제 관계를 매개하여 이루어진다. 흔히 범하기 쉬운 오류처럼 디포의 소설 《로빈슨 크루소》에서 무인도에 표류한 로빈슨 크루소와 그가 식인종으로부터 구해 낸 하인으로 삼은 흑인 프라이데이는 별개의 독립적인 인격체로서 관계를 맺은 것이 아니다. 특정한 지배-종속 관계 속에서만 그들은 로빈슨 크루소와 프라이데이인 것이다. 요컨대 인간 관계가 인격 형성의 조건이듯이, 국제 관계는 국가 구성의 조건이다. 그러나 지금까지의 많은 연구들은 광범위한 세계사적 흐름으로부터 격리된 국내 사회적 관계의 역동성에만 주안점을 둔 것이 사실이다. 그렇기에 지금까지의 연구에서 사회학이 지정학을 압도했으며, 이제 그런 불평등을 바로잡아 근대 국가와 자본주의로 가는 복수의 경로들을 '국제적인 것'의 평면 위에서 서로 교차시켜 보아야 한다는 벤노 테츠케Benno Teschke의 지정학적 문제 설정은 설득력이 있다.[38]

과연 '국제적인 것'은 사람들의 심상에도 깊이 침투했다. 가령 18세기에 프랑스 지식인들과 정치가들은 영국 국가와 그 국가를 장악한 영국 귀족의 정치적 지배와 경제적 부를 시샘과 경탄의 눈으로 바라보면서 자신들의 상대적 후진성을 의식하고 추격의 의지를 다지고 있었다. 그런 맥락에서 절대 왕정을 타도한 프랑스 혁명의 본질은, 이매뉴얼 월러스틴Immanuel Wallerstein이 말하듯이, "국가의 역할을 줄이자는 것이 아니라 확대시키자는 것"이었고, 영국처럼 강력하고 효율적인 국가를 수립하자는 것이었다.[39] 그리고 나폴레옹 시대에 합리화된 프랑스 국가의 팽창과 정복에 대해 이웃 독일인들과 이탈리아 인들은 민족주의로 응수했다. 흡사 도미노 게임처럼 영국 국가의 충격은 프랑스 혁명으로, 다시 프랑스 혁명의 충격은 독일과 이탈리아의 민족주의로 이어진 것이다. 이렇게 보면, 프랑스의 밑으로부터의 혁명이건, 독일과 이탈리아의 위로부터의 혁명이건 간에 모두 "밖으로부터의 혁명"의 성격을 공유한다.[40] 일본에서 1853년의 페리 제독의 전함이 1868년의 메이지 유신을 야기했듯이 말이다.

1789년, 혁명적 국민의 탄생

1786년 5월 1일, 오스트리아 빈의 한 극장에서 모차르트의 오페라《피가로의 결혼》이 초연되었다. 원래 보마르셰Beaumarchais의 희곡이 원작인 이 오페라는 당시로서는 대단히 혁명적인 내용을 담고 있었다. 오페라의 주인공 피가로는 화학, 약학, 의학, 문필 등에 대단한 재능을 가진 인물이었지만, 미천한 신분 때문에 이발사 겸 외과 의사로 만족해야 했다. 시대를 잘못 만난 인재였던 셈이다. 게다가 백작 부인의 시녀와의 사랑도 백작의 방해 때문에 뜻대로 되지 않자, 피가로는 결국 이렇게 자신의 분노를 폭발시키고 말았다. "그런 많은 멋진 것들을 가지기에 합당할 만한 무엇을 당신은 했단 말입니까? 당신이 한 일이란 태어났다는 사실뿐입니다."[41] 피가로의 이 말만큼 혁명 이전 18세기 프랑스 사회, 즉 구체제(앙시앵 레짐)의 모순을 잘 표현한 말도 없을 것이다. 당시 오페라를 관람한 귀족들은 대개 즐거워했지만, 꺼림칙해하는 이들도 간혹 있었다. 정치적으로 민감했던 어느 귀족은 오페라를 보고 "화가 났다"고 불편한 소회를 밝혔으니 말이다. 그럼에도 귀족들이 대체로 즐거워할 수 있었던 이유는 그것이 순전히 무대 위에서 일어난 일이었기 때문이다. 그러나 그로부터 3년 후에 무대에서 내려온 피가로들이 똑같은 말을 했을 때 귀족들은 공포에 떨어야 했다.

그렇다면 피가로가 표출한 분노의 과녁이었던 구체제란 어떤 성격의 사회였는가? 구체제는 본질적으로 불평등한 사회였다. 실질적으로 불평등했을 뿐만 아니라 법적으로도 불평등했다.[42] 제1신분인 성직자와 제2신분인 귀족은 하나의 특권 계층으로서 정부, 군대, 교회에서 요직을 독점하고 칼을 차며 극장의 상석에 앉을 권리는 물론이거니와, 무엇보다 직접세인 타이유 세를 면제받는 가장 중요한 특권을 향유했다.

그 반면에 평민인 제3신분은 아무리 재능이 뛰어나고 부유해도 그런 특권으로부터 배제당했다. 요컨대 프랑스 구체제는 법과 관습에 의해 보호되는 '출생에 따른 경력'의 원리가 지배하는 불평등한 신분제 사회였고, 그렇기에 '재능에 따른 경력'이라는 근대 사회의 원리는 구체제에서 황야의 외침에 불과했다.

프랑스 혁명은 바로 그런 구체제의 불평등을 시정하여 신분제를 타도하고 자유로운 근대 시민 사회의 토대를 닦은 결정적 사건이었다. 혁명이 표명한 평등의 원리는, 역사적으로 가장 성공한 팸플릿이라 할 수 있는 시에예스의 〈제3신분이란 무엇인가〉에 다음과 같이 잘 요약되어 있다.

나는 무한하게 큰 공의 중심에 있는 법률을 상상해 본다. 예외 없이 모든 시민이 원주 위의 동일한 거리에 있으며, 동등한 자리만을 차지하고 있다. 모든 시민이 동등하게 법률에 좌우되며, 모든 시민이 보호받을 자유와 재산을 법률에 드러낸다. 나는 이를 시민의 공통적 권리라 부르는데, 이를 통해 그들은 모두 서로 닮아 있는 것이다.[43]

시에예스는 연령, 성별, 신장, 피부색처럼 재산과 직업의 불평등이 실질적으로 존재한다는 사실을 부인하지 않는다. 그러나 그런 불평등은 "공민 정신의 평등"과 "시민의 공통적 자격"을 조금도 훼손하지 않는다는 점을 강조한다. 실제로는 불평등하더라도 법 앞에서는 평등하다는 말이다. 그렇기에 시민들은 국가의 법률이라는 중심으로부터 모두 같은 거리에 위치한, 일종의 '원탁의 기사들'이라고 할 수 있다. 그리고 시민들이 모두 닮은꼴이라는 것은 그들이 종족적으로, 문화적으로 닮아 있다는 말이 아니라 공통의 정치적·법률적 권리와 의무를 나누어 가지고 있다는 점에서 닮아 있다는 말이다. 이와 같은 시에예스의 논리에서 본다면, 시민적 평등의 원칙에 위배되는 특권 계층이란 제거해야 할 "악성 고름"에 불과한 것이다.[44]

그런데 시민의 원리는 민족의 원리와 어긋나 있었다. 구체제에서 민족의 담론은 고등법원parlement에 똬리를 틀고 있었던 법복 귀족들에 의해 전유되었다. 프랑스의 고등법원은 영국의 의회parliament와는 달리, 입법 기관이 아니라 사법 기관이었다. 이는 영국과는 달리, 프랑스에서는 왕정에 대한 정치적 반대를 결집할 만한 중심적인 제도가 없었거나, 있다고 해도 매우 제한적인 역할만을 수행했다는 점을 말해 준다. 영국의 의회에 해당하는 프랑스의 삼부회는 1614년 이래 소집되지 않고 있었다. 그런 상황에서 고등법원의 법복 귀족들이 왕정에 반항하면서 민족에 호소했던 것이다. 그 과정에서 귀족들은 민족의 담론을 널리 확산시켰지만, 그들이 실제로 옹호하려고 한 것은 고등법원의 간주권과 등기권*으로 상징되는 귀족의 역사적 권리였다.

마침내 1789년에 삼부회가 소집되고 특권 계층과 제3신분의 차이가 돌이킬 수 없는 것으로 보였을 때, 사태는 극적으로 변했다. 시에예스는 갈리아를 정복한 프랑크 족까지 거슬러 올라가는 역사적 권리를 내세운 귀족들에 맞서 그들을 프랑켄의 숲으로 되돌려 보내자고 하면서 특권 계층을 민족에서 제외하고 민족과 제3신분을 동일시했다. 그리고

---

* **고등법원의 간주권과 등기권** 프랑스 구체제(앙시앵 레짐)에서 고등법원은 왕에게서 사법권을 위임받은 재판소였다. 이 고등법원은 법복 귀족oblesse de robe의 아성이었는데, 그들은 관직을 돈으로 샀으며 파면되지 않았고 그 직위가 자손으로 세습되었다. 고등법원은 절대 왕권에 대항하는 효과적인 무기 두 가지를 갖고 있었다. 하나는 등기권으로서, 왕의 칙령은 오직 고등법원에 등기되어야만 효력을 발할 수 있었다. 다른 하나는 간주권으로서, 고등법원은 이를 통해 등기를 거부할 때 그 이유를 제시했다. 이런 경우에 왕은 법정에 친림하여 칙령의 등록을 강요해야 했다.

이렇게 정화된 프랑스는 갈리아 족과 로마 인의 후손으로 구성된 민족으로 상상되었다.[45] 이런 논리의 연장선상에서 삼부회의 제3신분 회의, 즉 평민부는 (구체제에서 고등법원의 법복 귀족들이 프랑스를 법률적으로 대표하려 했다는 점에서) '법률상의' 민족과 (평민들로 구성된) '사실상의' 민족을 구분하고, 전자가 말한 특권(자유)이 역사적 권리에 근거한 것이라면, 후자의 자유(특권)는 자연적 권리에 기초한다고 주장했다. 곧이어 삼부회의 평민부가 국민의회로 장엄하게 선포됨과 더불어 '사실상의' 민족은 합법적인 정치권력의 원천으로 설정되었다.[46]

이렇게 정치권력의 원천이자 국가라는 정치 공동체의 동등한 성원으로 설정된 '사실상의' 민족 ─ 시에예스에 따르면, 갈리아 족과 로마 인의 후손으로 구성된 ─ 은 이제 '민족'이라기보다는 '국민'으로 보아야 한다. 1789년 8월 26일의 인권 선언 제3조는 이를 다음과 같이 천명했다. "모든 주권의 원리는 본질적으로 국민(민족)에게 있다. 명백하게 국민(민족)으로부터 유래하지 않은 권위는 어떠한 단체나 개인도 행사할 수 없다."[47]

여기서 흥미로운 것은 귀족의 역사주의와 제3신분의 구성주의가 드러내는 극적인 대조이다. 귀족들은 자신들의 권리를 역사, 그러니까 저 멀리 게르마니아의 숲으로 거슬러 올라가는 유구한 역사에서 찾았고, '역사가 없는' 부르주아와 민중은 그러고 싶어도 그럴 수 없는 즉, 루이 알튀세Louis Althusser의 표현을 빌리자면, "인간이 어떻게 사회의 제로 상태에서 조직된 사회적 관계로 이행할 수 있었는지"에 대해, 즉 사회가 어떻게 자연 상태에서 계약을 통해 인위적으로 구성되었는지에 대해 질문함으로써 자신들의 권리를 정당화하고자 했다. 가령 귀족의 역사주의를 대표하는 몽테스키외가 존재하는 것을 존재해야 할 것에 앞세웠다면, 제3신분의 구성주의를 대표하는 루소는 존재해야 할 것을 존재하는 것에 앞세웠다. 그리고 이는 한편으로 귀족의 권리가 역사적으로 자명하고 왕 또한 '동료들 중 으뜸primus inter pares'에 불과하다고 보는 게르만주의자들과, 다른 한편으로 봉건 귀족들의 시대착오적인 주장에 맞서 계몽된 절대 왕정의 미덕을 찬양하는 로마주의자들의 대립을 반영한다.[48]

확실히, 이와 같은 역사주의(게르만주의)와 구성주의(로마주의)의 대립은 민족주의에 대한 두 가지 상이한 관점에 정확히 대응하고 있다. 곧 팔티의 표현을 빌리자면, 민족의 역사적 뿌리를 강조하는 "계보학적" 관점과 민족이 근대에 구성되었음을 강조하는 "반계보학적" 관점의 대립이 그것이다. 강상중은 이를 다른 식으로 표현하는데, "자연"으로서의 민족과 "작위"로서의 민족이 바로 그것이다. 그에 따르면, 이 "작위"와 "자연"은 다시 구성원들의 법률적 · 정치적 평등과 공통의 시민 문화에 기초한 민족의 "서구 모델"과 계보적인 출생과 토착 문화를 강조하는 민족의 "비서구 모델"에 각기 상응한다.[49]

결국 이와 같은 역사주의와 구성주의, 게르만주의와 로마주의, 계보학과 반계보학, 자연과 작위, 비서구적 민족과 서구적 민족의 대립은, 이미 누차 강조한 에트노스와 데모스의 대립 외에 다른 것이 아니다. 전자는 민족의 종족적 · 문화적 공통성을 강조하는 민족주의적 논리이며, 후자는 민족의 법률적 · 정치적 구성을 강조하는 민족주의적 논리를 근거로 하고 있다. 그리고 시에예스가 말한 시민적 평등과 국민의회의 탄생은 프랑스 혁명을 통해 프랑스 '국민'이 데모스의 논리에 따라 혁명적으로 구성되었음을 예시하고 있다.

이 데모스의 논리에 입각한 시민권의 확립이 가지는 역사적 의의를 잘 보여 주는 것이 바로 '외국인 재산 몰수권droit d'aubaine'의 변화이다. '외국인 재산 몰수권'의 기원은 저 멀리 봉건 시대로까지 거슬러 올라가는데, 본래 몰수 권한은 영주에게 귀속되어 있었다. 그러나 봉건적인 영주권이 쇠퇴하고 중앙 집권적인 영토 국가가 발전하면서 몰수 권한은 점차 왕에게 귀속되었다. 그런 점에서 이때부터 초보적인 형태로나마 '프랑스 인'과 '외국인'의 민족적 구별이 발전했다고 말할 수 있겠다. 그러나 여전히 '외국인'의 규정은 모호하기 짝이 없었다. 이는 명확하게 규정된 국적에 따라 '시민'과 '외국인'의 경계가 칼날처럼 그어진 현대의 상황과 날카롭게 대비된다. 그럼에도 재산을 증여하거나 상속하는 외국인의 권리가 여하튼 중세 이래로 줄곧 제한되어 있었으므로 과연 '프랑스 인의 자격'은 무엇인지가 쟁점으로 남았다.

16세기에 재산을 상속받을 만한 자격을 갖춘 프랑스 인으로 인정되려면, 프랑스에서 태어나고 부모 중 적어도 한 명이 프랑스 인이며 프랑스에 거주해야 했다. 그러던 것이 18세기쯤 되면, 자격 요건이 완화되어 프랑스 거주는 필수였지만, 나머지 두 기준 중 한 기준만 충족하면 되었다. 이런 사실은 '프랑스 인의 자격'이 시민권의 견지에서가 아니라 상속권의 견지에서 규정되었음을 보여 준다. 그렇다면 1789년 프랑스 혁명이 가지는 진정한 혁명성은 바로 (상속권이 아니라) 시민권의 견지에서 '프랑스 인의 자격'을 규정했다는 데 있다. 즉 시민권*이 '프랑스 인'과 '외국인', 요컨대 '우리'와 '그들'을 민족적으로 나누는 기준이 된 것이다. 이른바 "민족적 시민권"이 "발명"된 것이다.[50)]

그런데 흥미로운 것은 혁명기에 '우애'의 이념이 발전하면서 점차

---

* **시민권** 여기서 '시민권citizenship'의 내용을 명확히 규정할 필요가 있다. T. H. 마샬T. H. Marshall에 따르면, 시민권은 크게 세 가지로 나누어 볼 수 있다. 첫째, 개인의 자유, 언론·사상·신앙의 자유, 소유권과 유효한 계약을 체결할 권리, 사법권과 같은 시민적 권리. 둘째, 선거권, 공직에 진출할 권리와 같은 정치적 권리. 셋째, 최소한의 경제적 복지와 안전에 대한 권리에서부터 사회적 유산을 완전히 공유하고 사회의 일반적인 표준에 따라 문명화된 삶을 살아갈 권리까지 포함하는 사회적 권리가 그것이다.

'외국인 재산 몰수권'을 폐지해야 한다는 비판 여론이 조성되었다는 사실이다. 그러니까 '우애'의 이념이 확대되어 여러 민중들을 차별 없이 결합시킨다는 시각이 세를 얻고, 그에 따라 외국인 재산 몰수권이 모든 사람들을 결합시키게 마련인 우애의 원칙에 위배된다는 비판이 제기된 것이다. 그리고 이런 비판적 시각은 곧 시민권의 보편성과 우애가 지향하는 "보편 공화정"의 이상을 전면에 부각시켰다.[51] 구체제의 본질적인 구성 요소였던 프랑스 절대 왕정이 "보편 왕정"을 지향했다면, 프랑스 혁명으로 탄생한 공화국도 절대 왕정과는 전혀 다른 원리에 서이기는 하지만 결과적으로는 비슷하게 "보편 공화정"을 지향했던 것이다.

그런데 이 프랑스식 보편주의가 여러 국가들로 이루어진 국제 질서를 극복할 수 있을지는 의문으로 남아 있었다. 그리고 1792년 이후 반혁명 국가들의 위협이 고조되는 상황에서 이른바 '위험에 처한 조국 patrie en danger'과 그에 잇따른 혁명전쟁은 보편주의가 민족주의에 의해 잠식되는 역사적 과정을 보여 줄 것이었다. 이 대목에서 이미 인용한 디포의 말을 재차 떠올려 볼 필요가 있다. "보편적인 지배란 있을 수 없다. 왜냐하면 민족들마다 가지고 있는 저마다의 통치 구조에 따라 법이 달라지기 때문이다." 혁명 공화국을 방어하기 위한 전쟁이 보편주의를 폭파하고 프랑스 민족 고유의 이해관계와 가치를 의식하는 계기가 된 것이다. 이제 공화국은 조국이 되었다.

그리하여 혁명이 진전되고 전쟁이 발발하면서 점차 '국민'이 공통의 문화적 정체성을 가진 인민을 가리키는 말, 즉 '민족'으로 이해되기 시작했다. 1789년에 탄생한 '국민'은 그 문화적 속성이 부각되면서 1792년에 '민족'으로 변형된 것이다. 그 점을 잘 보여 주는 것이 바로 공안위원회에서 베르트랑 바레르Bertrand Barère de Vieuzac가 행한 보고

그림 12 1790년 7월 14일 혁명 1주년을 기념하는 대연맹제. 혁명은 시민들을 한데 묶어 주는 '민족적' 이벤트를 필요로 했다. 이 연맹제에서 각 도département가 자발적으로 프랑스 '국민'에 속하겠다는 의지가 확인되었다.

이다. 여기서 그는 언어를 '프랑스'와 '외국', '혁명'과 '반혁명', '우리'와 '그들'을 가르는 핵심 기준으로 거론하고 있다.

오-랭과 바-랭 도道에서 누가 매국노들과 내통하여 프로이센 인과 오스트리아 인들을 우리의 국경 지방에 불러들였는가? 그 지방(알사스) 사람들이다. 이들은 우리의 적들과 같은 말을 사용하며, 따라서 그들은 다른 말과 관습을 가진 프랑스 인들 대신에 우리의 적을 자기들의 형제요, 이웃 시민으로 생각한다.[52]

결국 이런 맥락에서 1790년 연맹제에 '인류의 대표'로 참석하려 했고 열렬한 국민공회 의원으로 활동한, 덴마크 혈통의 프로이센 귀족으로서 프랑스 시민권을 취득한 아나카르시스 클로츠Anacharsis Cloots가 혁명전쟁이 한창이던 1794년 3월 24일에 외국(프로이센)의 첩자로 몰려 처형된 사건은 의미심장하다. 흥미로운 것은 클로츠를 고발한 문서에 '외국인'이라는 말이 거듭 사용되고 있었다는 점이다.[53] 당연한 말이지만, 민족주의적 고발은 비단 클로츠 개인에게 한정되지 않았다. 일부 의원과 관리를 외국 은행가와의 밀통과 부패 혐의로 비난하는 과정에서 "외국의 음모"라는 말이 급속히 유행했다. 그리하여 막시밀리앵 로베스피에르Maximilien Robespierre의 독재와 공포 정치를 비난하던 온건한 조르주 자크 당통Georges Jacques Danton과 그의 추종자들, 그리고 급진적인 자크 르네 에베르Jacques René Hebért와 에베르주의자들도 "외국 음모가들"이라는 혐의를 뒤집어 쓴 채 클로츠와 더불어 단두대에서 처형당했다.[54] 이를 혁명의 변질로 보건, 아니면 혁명의 논리적 귀결로 보건 간에 중요한 것은 이미 혁명기에 종족적 · 문화적 정체성을 민족의 토대로 보는 시각이 등장했다는 사실이다.[55]

그럼에도 바레르의 보고와 클로츠의 처형은 혁명기 전체에서 다소간 예외적인 일화에 속한다. 여전히 혁명기에 시민권의 논리는 국적의 논리에 대해, 민족에 대한 정치적 개념은 종족적 개념에 대해 우위에 있었다. 1795년 봄에 장-랑베르 탈리앵Jean-Lambert Tallien이 말했듯이, "프랑스에서 유일한 외국인은 나쁜 시민"이었으니 말이다.[56] 당시에도 이론상으로 어떤 사람을 프랑스 인으로 만드는 것은 그가 어떤 언어를 모국어로 사용하는가의 문제가 아니라 프랑스 시민이 되기 위해 프랑스어를 습득하려는 의지라고 생각되었다. 마치 오늘날 미국인은 미국인이 되길 바라며 영어를 배우려는 사람인 것처럼 말이다.[57] 요컨대 시민들에게 특정 언어를 말하게 하는 것과 특정 언어 사용자들을 특정 국가

의 시민들로 대우하는 것은 완전히 다른 일이다. 로저스 브루베이커
Rogers Brubaker의 말마따나,

> 유토피아 국의 모든 시민들에게 유토피아 어를 말하게 하려는 것과 유토
> 피아 어를 사용하는 모든 사람들을 유토피아 국의 시민들로 만들려 하는
> 것은 별개의 문제이다.[58]

그러니 프랑스 시민권은 모든 사람들의 선택에 대해 기본적으로 열
려 있는 것이지, 문화적 조건에 의해 미리 결정되어 있는 것은 아니었
다. 기실, 프랑스 혁명가들은 프랑스 인의 권리가 아니라 인류의 이름
으로 발언했다. 그리고 보편적 인간성에 대한 그런 믿음은 민족주의와
는 직접적으로 상반되는 것이다. 따라서 민족에 대한 혁명적·민주주
의적 개념과 민족주의적 개념을 구별할 필요가 있다. 그리고 영국의 경
우까지 고려하여 말한다면, 적어도 이 시기까지 민족은 **문화적·민족주
의적** 견지라기보다는 **정치적·시민적** 견지에서 이해되고 정당화되었다.
그러나 영국에서 탄생하고 프랑스에서 전면적으로 발전한 '국민'에도,
바레르의 보고나 클로츠의 처형이 징후로서 암시하듯이, 역시 '민족'
의 논리가 짙게 배어 있었고, 나아가 프랑스 '국민'의 팽창은 곧 이웃
나라들에서 '민족주의적' 반동을 낳을 것이었다.

혁명과 민족주의

앤더슨은 민족이 내부의 "실질적인 불평등과 수탈에도 불구하고" 늘
"심오한 수평적 동료의식으로 상상"된다고 말한다.[59] 이 말은 민족주

의에 내장된 평등주의적 요소를 정확하게 꼬집고 있다. 이 평등주의적인 동지애야말로 스스로 기꺼이 죽고, 남을 죽이기도 하는 민족주의적 열정이 대관절 어디에서 왔는지를 설명해 준다. 헤이스팅스는 앤더슨의 말을 받아 민족이 가지는 그런 동지애가 "수직적으로 국가 이성에 의해서라기보다는 수평적으로 공유된 특성에 의해 함께 묶인 영토적·정치적 공동체"로서의 민족의 독특한 성격에서 유래한다고 본다.[60] 정치적 구성에 문화적 구성이 앞선다는 것이다. 헤이스팅스의 생각은 물론 비판받을 소지가 있지만 평등주의적 동지애가 강한 문화적 결속감에 바탕을 두고 있음을 지적하고 있다는 점에서는 정확하다. 실상, 그런 문화적 결속감이 부족한 경우에는 의식적으로 만들어 내기도 하는 것이다. 바로 1789년의 혁명 이후 프랑스 '국민'의 역사가 그런 문화혁명의 과정을 잘 보여 준다.

확실히, 1789년의 혁명은 시에예스가 이론화한 시민적 평등의 원칙을 천명했지만, 그 실제는 불완전했다. 1791년에 제정된 자유주의 헌법은 재산을 기준으로 투표권을 지닌 능동 시민과 투표권이 없는 수동 시민이라는 구별을 태연하게 제도화했으니 말이다. 이와 같은 시민 내부의 구별은 민족 안에서는 모두가 평등하며 '하나'라는 민족주의 특유의 동지애에 정면으로 위배되는 것이었다. 그렇다면 1789년의 프랑스 '국민'에도 호네스티오레스(고귀한 자)와 후밀리오레스(미천한 자)라는 구별이 의연히 관철되고 있었던 셈이다. 그와 같은 사회적 구별을 제거하지 않는 한, '하나의 국민'이라는 민족주의적 이상은 공허한 구호가 되기 십상이었다.

사실로 말하자면, 그런 구별은 프랑스 '국민'의 역사에서 해소되기보다는 항상 쟁점으로 남아 있을 것이었다. 이를테면 1830년에 수립된 7월 왕정 아래에서도 전체 프랑스 인구 3천5백만 명 중에서 오직 20만

명만이 유권자였다. 그리고 가난한 민중들이 참정권을 요구했을 때 수상 프랑수아 기조François Guizot는 퉁명스럽게 "부자가 돼라. 그러면 투표할 수 있다"라고 대꾸했다. 그런가 하면 혁명가 루이 오귀스트 블랑키Louis Auguste Blanqui가 1836년의 법정에서 자기 직업을 "프롤레타리아"로 댔을 때 재판장이 프롤레타리아가 직업이 아님을 환기시키자 블랑키는 대뜸 "뭐라구요. 그것이 직업이 아니라구요? 그것은 스스로의 노동으로 살아가고 있고 정치적 권리를 박탈당한 3천만 프랑스 인의 직업입니다"라고 맞받아쳤다.[61] 이 모든 사실은 호네스티오레스와 후밀리오레스 사이의 사회적 불평등이 '국민'을 잠재적으로 분열시키는 요소로 남아 있었음을 웅변으로 말해 주고 있다.

그런 점에서 1793년의 자코뱅 헌법이 호네스티오레스(능동 시민)와 후밀리오레스(수동 시민)의 구별을 폐지하고 후밀리오레스의 생존권과 노동권 등 사회적 권리를 보장하려 한 것은 프랑스 '국민'과 민족주의의 발전에서 이정표가 될 만하다. 비록 이 헌법의 실효가 당장은 유예되고, '언약의 궤'에 고이 모셔지기는 했지만 말이다. 여하튼 자코뱅 헌법의 제정이 시사하듯이, 프랑스의 '국민화' 과정은 혁명이 한창이던 1793년에 현란하게 시작되고 있었다.

이 시기에 핵심 덕목으로 떠오른 것이 바로 평등 —— 남성과 여성의 관계는 제외하고 —— 이었다. 기실, 평등의 열정이 혁명 공화국에 차고 넘쳤다. 평등의 덕목이야말로 '하나의 국민', '하나의 불가분의 공화국'을 건설하는 데 지렛대의 역할을 했다. 가령 1793년 11월 1일부터 '너'를 가리키는 정중한 표현인 '당신vous'이 그냥 친숙한 표현인 '너tu'로 일괄 대체되었고, 중세 봉건제의 흔적을 잔뜩 묻히고 있는 '무슈Monsieur'나 '마담Madame'은 폐지되고 모든 개인이 평등하게 '시민citoyen'으로 불리게 되었다. 이런 호칭의 변화는 틀림없이 프랑스 인들에게 "심오한 수평적 동료의식"을 충전했을 것이다. 그런가 하면 자유의 제전이나 최고 존재의 숭배 제전과 같은 시민적인 혁명 제전들이 만들어지면서, 이른바 '비기독교화dechristianisation' 과정이 가속화했다.[62] 이미 루소가 말했듯이, "시민 종교"로서의 '국민'이 하느님의 자리에 들어선 것이다. 하나의 프랑스 '국민'은 이처럼 용어의 계서제가 철폐되고 심성이 세속화하면서 주민들의 인식, 태도, 가치가 근본적으로 바뀌는 문화 혁명의 과정에서 나타났다.[63]

그 점을 상징적으로 보여 주는 사례가 바로 1793년 10월 말에 국민 공회가 새로운 달력, 즉 혁명력을 채택한 사건이었다. 혁명력은 1792년 9월 22일의 제1공화국 탄생일을 원년(혁명력 1년)으로 삼아 한 달을 30일로, 10일을 한 주로 하고 연말에 남은 5일은 '상-퀼로트의 날sans-culottides'로 하여 공휴일로 지정하는 등 합리적으로 재편하고 월명도 '야누스January'나 '마르스March'와 같은 종래의 '신화학적' 명칭에서 브뤼메르(안개의 달)나 테르미도르(열의 달)와 같이 다분히 범신론적 혹은 이신론적 성격의 '기상학적' 명칭으로 바꾸었다. 이 혁명력*의 채택만큼 과거와의 단절과 새로운 시작을 다짐하는 상징적인 행위도 달리 없을 것이다.

그리고 이와 같은 문화 혁명과 뒤얽혀 발생한 혁명전쟁이 '국민'의 민족주의적 열정을 폭발시켰다. 1793년 2월에 이미 30만 모병령이 통과되고, 같은 해 8월 23일에 국민 총동원령이 실시되는 가운데 나중에

---

* **혁명력** 새로운 월명은 이렇다. 봄에 해당하는 종월種月(제르미날), 화월花月(플로레알), 목월牧月(프레리알), 여름에 해당하는 맥월麥月(메시도르), 열월熱月(테르미도르), 숙월熟月(프뤽티도르), 가을에 해당하는 포도월葡萄月(방데메르), 무월霧月(브뤼메르), 상월霜月(프리메르), 겨울에 해당하는 설월雪月(니보즈), 우월雨月(플뤼비오즈), 풍월風月(방토즈)이 그것이다.

142

그림 13 1794년 6월 8일 최고 존재 축제. 막시밀리앵 로베스피에르와 같은 혁명가들에게는 종래의 기독교를 대신하는 새로운 '민족적' 숭배가 필요했다. 이 최고 존재 축제는 민중의 뿌리 깊은 종교심을 '비기독교적인' 방식으로 달래 주기 위해 혁명기에 만들어진 새로운 숭배였다.

국가國歌가 될 '라 마르세예즈La Marseillaise' *가 만들어졌다. 그런 가운데 애국주의적 수사가 만발했다. 이는 필경 부르봉 왕실 치하의 프랑스에서는 찾아볼 수 없는 광경이었다. 국민적 영광을 드높이기 위한 북, 깃발, 의상 등의 각종 소품들이 넘쳐났다.

애국주의적 수사의 절정은 다음과 같은 연설이었다. "여러분의 조국을 사랑하십시오. 왜냐하면 그것은 결국 여러분의 것이기 때문입니다."[64] 이 말은 정말이지 돌을 금으로 만드는 민족주의의 연금술을 여실히 보여 주고 있다. 공화국의 연설가들은 일단 국가에 대한 최고의 소유권, 즉 주권이 인민에게 있다고 선포하고 난 뒤, 그렇게 먼저 이유를 설명한 다음, 인민에게 조국 수호의 의무를 부과한 것이다. 다만, 남는 문제는 주권이 인민에게 있다는 사실을 증명하는 것이었다. 그러나 그것은 쉽지 않은 일이었다. 그 반면에 의무는 즉각 부과되어야 하고, 또 부과될 수 있었다. 이는 곧 '주권'과 '통치'의 괴리를 의미한다. 요컨대 '주권'은 입증하기 힘들고, '통치'는 남용하기 쉽다는 것, 바로 그것이 프랑스 혁명이 근대 정치에 제시한 난제 중의 난제가 아닐까 한다.[65]

아니나 다를까 그런 권력 남용은 공포 정치에서 여실히 드러났다. 인민은 만장일치의 존재이거나 그렇지 않으면 아무 것도 아니라는 전제 위에서 인민의 단일한 주권 의지, 즉 인민의 통일성을 해치는 (혹은

---

* **라 마르세예즈** 가사는 이렇다. "나가자, 조국의 아들들이여/ 영광의 날은 왔도다!/ 우리에 대한 압박으로/ 피에 젖은 깃발이 솟았다./ 우리 강토에 울려 퍼지는/ 적군의 끔찍한 함성을 들어라./ 적이 우리 가까이 다가와서/ 우리 아이들과 동지들의 목을 조르고 있다!/ 무기를 잡아라, 시민들이여!/ 그대 부대의 앞장을 서라!/ 돌격하자, 돌격하자!/ 적들의 더러운 피가/ 우리 밭 고랑에 넘쳐흐를 때까지!" 여기서 '우리'와 '그들'의 구별이 순식간에 '동지'와 '적'의 관계로 바뀌어 있다. 기실, '우리'와 '그들'의 구별 자체는 민족주의적인 것이 아니다. 오직 민족주의의 연금술만이 단순한 차이를 화해할 수 없는 적대적 관계로 만들 수 있다.

해친다고 간주된) 모든 요소를 제거하려는 것으로부터 "인민의 이름으로 인민의 일부가 처벌받는 역설적인 상황"이 나타난 것이다.[66]

그럼에도 "조국"이 "여러분의 것"이라는 담론이 가지는 의미는 중요하다. 이 애국주의적 연설의 청중은 "조국"을 "우리의 것"으로 받아들였을 것이며, 그렇기에 "우리의 것"을 지키기 위해 기꺼이 조국에 헌신하고 희생해야 한다고 생각했을 것이다. 그리고 "조국"을 지키기 위해 그렇게 헌신하고 희생했다면, 당연히 "조국" 안에서 정당한 자신의 몫과 인정을 받아야 한다고 느꼈을 것이다. 그러므로 애국주의적 감정은, 앞에서 설명한 영국의 경우에서처럼 쉽사리 민주적인 권리 주장으로 이어질 수 있었다. 과연 앞에서 언급된 1793년 헌법이 민주주의의 발전을 잘 보여 준다. 성년 남자의 보통 선거제를 도입한 것이나 의회의 입법 행위를 법loi과 영décret으로 나누고 전자에 대해 국민 투표를 거치도록 한 것이나 국민의 위임을 불성실하게 행사한 의원들을 재판할 국민 배심원제를 창출하려고 한 것이 그런 예들이다.[67] 에트노스의 감정이 데모스의 이성을 훼손하기보다 오히려 증진할 수 있음을 보여 주는 대목이다. 혁명전쟁의 시기에 '혁명=조국'의 등식이 성립한 것이 사실이지만, 지금까지는 이 등식에서 혁명 수호가 조국 방위로 '변질된' 특정 측면만이 상대적으로 더 많이 부각된 반면에 조국이 혁명적·민주적 방식으로 이해된 또 다른 측면은 상대적으로 간과된 것 같다.

물론 그렇게 된 데는 이유가 있다. 혁명 프랑스를 애국주의적 수사로 뒤덮은 혁명전쟁이 곧 초기의 방어 전쟁의 성격을 훌쩍 뛰어넘어 정복 전쟁의 양상을 노골적으로 드러내기 시작한 까닭이다. 방어 전쟁에서 정복 전쟁으로의 그와 같은 변질은 이미 혁명전쟁의 개시와 더불어 시작되었다. 이를 잘 예시해 주는 것이 바로 1793년 2월 14일의 "승리의 조직자" 카르노Carnot의 보고이다.

주권이 모든 인민에게 속하기 때문에, 자유롭고 공식적인 협의에 의해서
만이 인민들 사이에 일치와 결합이 있을 수 있다. 어떤 인민도 다른 인민
을 명백한 동의 없이 공동의 법에 종속시킬 권리를 가지지 못한다. ……
이로부터 어떠한 영토의 합병도 이해 당사자의 명백한 결합의 동의가 없
이는 표명될 수 없다는 일반적인 명제가 따른다. 유일한 예외가 이러한 일반
규정을 수정한다. 그것은 계약 당사자 가운데 한편의 절박한 위험을 야기할
수 있는 경우이다. 왜냐하면 …… 모든 정치적 조치는 그것이 국가의 안녕
을 요구하는 것인 한 정당한 것이기 때문이다.[68]

이 보고에서 카르노는 국가의 안녕에 필요한 것인 한, 상대방의 동의
없이도 상대방의 영토를 합병할 수 있고, 또 합병해야 한다고 주문하고
있다. 비록 그런 주문이 예외 조항의 형태로 제시되고는 있지만, 그런
생각은 언제나 강자의 논리, 국가주의의 논리로 쉬이 미끄러질 수 있는
공산이 크다.

과연 나폴레옹 시대의 프랑스가 그 점을 여실히 보여 주었다. 나폴
레옹 군대는 20세기 독일 기갑 부대의 '전격전'을 방불케 하는 속도와
위력으로 짧은 시간에 전 유럽을 휩쓸었다. 그런 승리의 환호 속에서
프랑스 인들은 이른바 "위대한 국민"의 감격과 영광을 맛보게 되었다.
흥미로운 것은 이 시기에 지극히 배타적이고 편협한 민족주의, 곧 국수
주의(쇼비니즘)가 등장했다는 사실이다. '쇼비니즘'이란 말 자체는 나
폴레옹 황제를 신처럼 숭배하고 황제에게 과잉 충성하여 당시에 조롱
거리가 된 니콜라 쇼뱅Nicolas Chauvin이라는 병사에게서 유래한다. 요
컨대 쇼비니즘은 맹목적 애국주의를 가리키는 영국제 징고이즘의 프랑

그림 14 1813년 10월 16일부터 18일까지 나폴레옹의 프랑스 군과 프로이센, 오스트리아, 러시아 연합군 사이에서 벌어진 역사적 전투인 '라이프치히 전투'. '여러 민족들의 전쟁'이라고도 불린다. 이 전투에서 나폴레옹이 퇴각함으로써 나폴레옹 지배에 대한 해방 전쟁의 승리가 예고되었다.

스 판본이라 할 것이다.

이렇듯 시민적 평등주의에 입각해 있었던 프랑스의 혁명적 '국민'과 민족주의에는 대외 침략을 정당화하는 강한 국가주의적 · 제국주의적 성향이 배어 있었다. 이는 새삼스러운 것이 아닌데, 그런 성향은 멀리 시민권을 매개로 한 로마 제국의 팽창 과정에서도 엿보이니 말이다. 프랑스 제국주의는 특히 1880년대, 그러니까 제3공화정 시기에 "자유와 문명의 사명"이라는 명분 아래에서 본격적으로 발전하기에 이르렀다. 억압받는 야만 상태의 민족들이 프랑스의 '기름 부음'*을 받아 자

---

* **기름 부음** 기름 부음이란 전통적으로 프랑스 왕의 대관식에서 왕을 축성하기 위해 왕의 이마, 어깨, 손등에 기름으로 십자가를 긋는 도유塗油의 관행을 뜻한다.

유롭고 문명화한 '국민'이 된다는 논리가 프랑스의 강력한 동화주의적 외교 정책을 정당화했고, 이는 정의상 보편적인 시민권의 논리와도 잘 맞아떨어졌던 것이다.

대내적으로 프랑스의 동화주의는 강력한 국민화 정책으로 이어졌다. 비록 혁명이 프랑스의 국민화 과정을 강력하게 추진한 것은 사실이지만, 유진 웨버Eugen Weber에 따르면, 19세기 말에도 주민들의 대다수는 여전히 프랑스 어를 말하지 못했고, 프랑스 인이라고 느끼지도 않았다. 따라서 민족적 정체성보다는 지방적 정체성이 여전히 우세했다. 상황이 근본적으로 바뀐 것은 1880년대부터였다. 다시 웨버의 표현을 빌리자면, "농민들을 프랑스 인들로" 바꾼 것은 국가의 대대적인 교육 및 군대 개혁을 통해 시행된 초등 의무 교육과 징병이었다. 초등학교와 "민족의 학교"인 군대야말로 민족을 계도하는 강력한 대내적 동화주의의 수단이었던 것이다. 이렇게 보면, 민족이란 "주어진 현실이라기보다는 지속적으로 만들어지는 것"이다. 즉 민족은 만들어졌다가도 쇠퇴하거나 심지어 몰락할 수 있으며 그러다가 다시 만들어지는 과정 중에 있는 어떤 것이다. 다만, 혁명은 그 과정을 인상적으로 개시했을 뿐이다.[69]

그러나 프랑스의 동화주의에는 배제의 논리가 숨어 있었다. 그와 관련하여 드레퓌스 사건이 상징적이다. 이 사건은 1894년에 유대인 장교 드레퓌스가 독일을 위해 간첩 활동을 했다는 혐의로 기소되자 드레퓌스의 옹호파와 반대파 사이에서 벌어진 뜨거운 사법적·정치적 논쟁을 가리킨다. 이 사건은 1906년에 드레퓌스의 무죄가 확정될 때까지 10년 넘게 프랑스를 두 편으로 갈라놓았다. 과연 드레퓌스 사건은 혁명으로 탄생한 프랑스 '국민'에 국수주의적·제국주의적 요소 외에도 인종주의와 결부된 강한 종족적·문화적 요소가 배어 있었음을 웅변한다. 그와 같은 민족에 대한 종족적·문화적 이해는 그 이후에도 '악숑 프랑세즈Action Française'와 같은 극우 운동이나 대독 협력을 위한 비시 체제에서, 오늘날 장-마리 르 펜Jean-Marie Le Pen이 이끄는 '민족전선Front National'에 이르기까지 끊임없이 출몰할 것이었다. 결국 이 모든 사실은 프랑스 민족주의에 데모스(시민권)의 논리 외에도 에트노스(종족성)의 논리가 존재하며, 나아가 데모스의 논리 자체에도 제국주의로 빠질 수 있는 중대한 위험이 도사리고 있음을 말해 준다.

그럼에도 과장은 금물이다. 프랑스 민족주의에서 기본적으로 에트노스의 원리에 비해 데모스의 원리가 우세하고, 독재적 억압에 비해 민주주의적 동의의 요소가 훨씬 강한 것이 사실이었으니 말이다. 또한 프랑스 혁명에서 인민이 '활성화'되고 정치적 정당성의 근거가 됨으로써 민족주의의 대중적 기반이 확대된 것도 중요한 발전이었다. 물론 그 과정에서 등장한 자코뱅 독재와 공포 정치, 그리고 정복 전쟁은 혁명의 변질 혹은 민주주의적 전제정의 등장을 예시한다고 볼 수 있다. 그렇다면 자유, 평등, 우애라는 혁명의 이념은 수사에 불과한 것인가? 그렇지는 않다. 설령 혁명이 '말잔치'에 불과했다고 해도 혁명의 말, 아니 차라리 말의 혁명이 있었다는 사실은 중요하다. 왜냐하면 현실이 말과는 동떨어져 있었더라도 말의 존재는 적어도 사람들에게 올바르고 바람직한 것이 무엇인지를 제시함으로써 실제 행동이 말과 너무 달라 보이지 않도록 심리적 부담을 주었기 때문이다. 더 중요하게는, 프랑스 혁명을 "부르주아 혁명"으로 보건 "민주주의 혁명"으로 보건 "국민 혁명"으로 보건, 아니면 "국가를 강화한 관료제 혁명"으로 보건 간에 혁명이 여하튼 사람들을 분류하고 '통치'를 정당화하는 근대적 개념으로서의 "민족적 시민권"을 처음으로 제도화한 사실은 부정할 수 없다.[70]

대의에 관하여

프랑스 혁명은 국민 주권의 이념을 선포하고 이를 실행했다. 이로써 주권의 소재가 왕인가 '국민'인가 하는 문제에 분명한 근대적 해답이 주어졌음은 물론이다. 이것만으로도 프랑스 혁명이 왜 중요한가 하는 이유는 밝혀진 셈이다. 그러나 여전히 까다로운 문제가 하나 남아 있었는데, 주권의 행사와 실행에 대한 문제가 그것이었다. 주권이 '국민'에게 있음은 분명한데, 그것은 어떻게 행사되고 실행되어야 하는가? 이로부터 대의representation의 문제가 제기된다.

대의의 문제는 이미 영국의 에드먼드 버크Edmund Burke가 분명하게 정리한 적이 있다. 그에 따르면, 대의란 "상이하고 적대적인 이익집단이 파견한 대사들이 모여서 각자 대리인이자 변호인으로서 다른 대리인 겸 변호인들과 싸우면서 개별 집단의 이익을 옹호해야 하는 회합"이 아니라 "오히려 하나의 국민(민족)이 하나의 이익, 전체의 이익을 위해 심사숙고하는 회합으로서, 지역적 목적이나 지역적 편견에 좌우되지 않고 전체의 일반적인 이성에서 나오는 일반적인 선을 지향해야 하는 모임"이었다. 즉 버크에게 대의란 전체 국민(민족)의 이익을 대표하는 회합인데, 개별 집단의 이익을 옹호하는 회합은 대의가 아니라 대리deputation일 뿐이었다. 대리는 마치 변호사와 의뢰인의 관계와 같아서, 변호사는 의뢰인에게서 의뢰받지 않은 것은 대변할 수 없다. 이런 대리관을 의회 정치에 적용하면 의원은 자기를 뽑아 준 지역 구민들의 이익만을 배타적으로 옹호할 뿐이다. 이는 명백히 중세 신분제 의회의 대의관이라고 할 수 있다. 그러나 버크의 대의관에 따르면, 의원은 일단 선출되고 나면 출신 지역구와는 상관없이 전체 국민(민족)의 대표자가 된다. 이것이야말로 오늘날 우리가 이해하는 근대적 대의관이다.[71]

150

혁명을 전후한 시기에 프랑스에서도 다양한 대의관이 경합했다.[72) 대략 추려 보면, 다섯 가지쯤 된다. 첫째는 전통적 대의관으로서 대표자는 왕이고, 신분제 의회의 대표는 대리할 뿐이라는 것이었다. 이는 "위로부터의 대표, 밑으로부터의 대리"라는 말에서 압축적으로 표현되었다. 이런 논리에서 보자면, 신분제 의회의 대표들은 자신을 뽑아 준 지역 주민들과 "강제 위임mandat impératif"의 관계로 얽매어 있어 지역 주민들이 직접 위임하지 않은 것을 중앙에서 대표할 아무런 권한도 없었다. 그들은 단지 지역 주민들의 불만과 소청이 담긴 "진정서cahier de doléances"의 메신저였을 뿐이다. 둘째는 고등법원의 대의관으로서 고등법원의 법복 귀족들이 민족에 대해서는 왕을 대표하고 왕에 대해서는 민족을 대표한다는 주장으로 요약되었다. 확실히, 이 두 가지 대의관은 철저하게 구체제에 고유한 대의관이라고 하겠다.

셋째는 루소의 대의관인데, 루소는 주권의 양도 불가능성과 일반 의지의 단일성을 강조했다. "주권은 양도될 수 없는 것과 같은 이유로 대표될 수 없으며, 그것은 본질적으로 일반 의지에 있다. 그리고 의지는 결코 대신할 수 없는 것이다. 그것은 그 자체이든지 아니면 별개의 것으로서 그 중간이란 있을 수 없다." 이런 전제로부터 루소는 대의 자체를 부정하는 직접 민주주의의 옹호자가 된다. 인민은 스스로 대표해야지, 다른 무엇에 의해 대표될 수 없다는 것이다. 물론 루소는 폴란드와 같은 대국에서 대의제가 불가피하다는 점은 인정한다. 그러나 이 경우에도 그것은 엄밀히 말해 대표라기보다는 대리인 것이다. 이렇게 보면, 결국 루소의 대의관은 대의 자체의 부정이거나, 아니면 전통적인 대리관으로의 회귀라고 할 수 있다.

넷째는 이른바 사회적 대의론으로서 사회의 규모가 커지고 분업이 심화되어 사회 조직이 복잡하게 발전하고 있는 현실을 인정하면서 사회의 다양한 이해관계들을 합리적으로 대표하자는 주장이다. 이는 주로 개혁적인 성향의 중농주의자들이 가졌던 견해였는데, 사회의 가장 중요한 이해관계는 토지와 농업이라는 생각이 보태져 주로 지방 의회와 지방 정부에서 토지 소유자들의 이해관계를 대표하는 합리적인 대의를 추구했다. 물론 사회적 대의론은 아직 인민의 정치적 의지를 대변하는 것을 지향하지는 않고 있었지만, 고도로 분업화한 근대 사회의 특징에 따른 불가피한 대의 관행 ── 필경 루소가 거부한 ── 과 연관되어 있었다는 점에서 중요하다.

마지막 다섯째는 시에예스에 의해 명료하게 정식화된 **혁명적 대의론**인데, 이는 루소의 대의론과 사회적 대의론을 접목시킨 것으로서 혁명기의 대의제를 정당화했을 뿐만 아니라 현대 대의제의 직접적인 이론적 선구가 되었다. 시에예스의 기본적인 문제의식은 공공의 일을 처리하기 위해 인민이 계속 모여 있는 것은 불가능하다는 것과 인간이 자연적 불평등과 계몽의 다소로 능력과 재주가 불균등하고, 특히 인민은 생계를 위해 "노동 기계"가 될 수밖에 없는 현실에서 분업의 장점을 살릴 필요가 있다는 것이었다. 그러나 그는 사회적 불균등과 이해관계의 다양성에도 불구하고 제3신분으로 대표되는 국민 ── 시에예스에게 정치 권력의 원천이자 국가라는 정치 공동체의 동등한 성원으로 설정된 '사실상의 민족'은 명백히 '민족'이라기보다는 '국민'일 터이다 ── 의 일반 의지의 존재를 굳게 믿고 있었다. 이로부터 시에예스는 단일한 대의와 단일한 국민 의지를 결합시키고자 했고, 바로 이런 생각이 삼부회를 국민 주권의 표현체인 국민의회로 변형시킨 과정을 정당화했다.

그러나 루소의 일반 의지의 주권론과 사회적 대의 관행을 결합하는 것은 중요한 딜레마를 낳았다. 그것은 개별 의원의 딜레마였다. 즉 대표자 개인의 입장에서 자신이 직접 대변하는 사회적 이해관계 ── 여기서는 선거구민들의 이해관계 —— 와 국민의 일반 의지가 충돌할 때, 그는 무엇을 대표할 것인가? 시에예스의 답은 처음에는 선거구민들과 '아울러' 전체 국민도 대표한다는 것이었다가 나중에는 선거구민들 '이라기보다는' 국민을 대표한다는 것으로 은근슬쩍 바뀌었다. 한편 바레르는 여기서 좀 더 나아갔는데, 그에 따르면, 선거구민들의 의지는 항상 일반적이라기보다는 특수적이기 때문에 국민의 일반 의지는 오직 다양한 선거구들의 대표자들이 모이는 한 지점, 그러니까 우리 식으로 따지면 오직 여의도의 국회의사당에서만 출현할 수 있었다! 의회는 국민 의지의 해석자가 되었고, 국민 의지는 항상 사후적으로만 확인이 가능했다. 결국 이런 식으로 시에예스와 바레르는 국민의 일반 의지라는 루소적인 개념을 포기하지 않으면서도 그 개념을 루소주의와는 적대적인 근대적 대의 관행과 화해시킴으로써 대의로서의 국민 주권 이론을 제시했다고 말할 수 있다. 그리고 그들의 대의관은 버크의 대의관과 호응하면서 근대적 대의관, 나아가 대의제 민주주의의 이념을 정당화하는 것으로 이어졌다.

그럼에도 시에예스 자신은 대의제를 민주주의로 생각하지 않았다는 사실을 기억해야 한다. 대의제 민주주의를 거리낌 없이 운위하는 오늘날, 한때 대의제와 민주주의가 대립했다는 사실은 다소 낯설게 보인다. 그러나 당시만 하더라도 민주주의는 직접 민주주의를 뜻하는 것이었다. 그리고 직접 민주주의는 '제2의 프랑스 혁명'이라고 일컬어지는 1792년 8월 10일의 사건* 이후 혁명의 주역으로 등장한 민중의 민주주의관을 통해 제시되었다. 파리의 상퀼로트들에게 의원은 단지 위임자에 불과한 존재이므로 민중은 의회의 결정을 심의하고 통제하고 거부할 권한을 가지면서 필요한 경우에 의원을 소환하고 파면하며 처벌하는 권리를 보유했다. 그렇다면 대의제는 민중에 대한 경멸감과 두려움을 끝내 떨쳐 내지 못한 '1789년의 명사名士들'이 그와 같은 급진적인 직접 민주주의를 길들이는 방식으로 등장했다고 하겠다.[73]

이와 같은 대의의 역사는 민족주의에 대해서 중요한 논점을 제시해 준다. 국민 주권이 항상 대의의 형태로만 행사되는 한, 민족주의도 기본적으로 대의로서만 존재한다는 논점 말이다. 그렇다면 민족주의는 표상인 것이다! 여기서 민족의 대의(표상)를 비판적으로 성찰할 필요가 나온다. 왜냐하면 대의 혹은 표상에는 항상 대표(표상)하는 것과 대표(표상)되는 것 사이의 간극이 있을 수 있기 때문이다. 기실, '우리는 하나'라는 민족주의의 담론은 전체 민족의 의지와 이해관계를 온전히 대표하고 있는가? 질문을 바꾸면, 민족주의는 한 민족 내부의 다양한 목소리들을 효과적으로 대변하고 있는가? 요컨대 대의 혹은 표상으로서의 국민 주권은 실제 민족의 성원들에 의해 어떻게 체험되고 있는가? 이는 진지한 민족주의자를 자처하는 사람이라면 반드시 돌이켜 생각해 보아야 할 근본적인 문제일 것이다. 이로부터 더 많은 대표성을 요구함으로써 민족주의를 '더 민족적으로' 만들려는 전략이 나올 법도 하다. 이런 전략은 필경 대의제 민주주의를 '더 민주적으로' 만들려는 노력과 소통할 수 있다.

---

* **1792년 8월 10일의 사건**　프랑스 혁명기인 1792년 8월 10일에 발생한 파리의 민중 봉기를 가리킨다. 8월 9일과 10일 사이 밤에 48개 구의 대표자들이 '봉기 코뮌'을 구성했고, 민중은 궐기하여 연맹병들과 함께 튈르리 궁을 공격했다. 이 봉기로 의회는 새로운 공민공회를 소집할 것을 결의했고, 왕권을 정지시켰으며, 왕은 그 운명이 결정될 때까지 감금되었다. 이 사건은 왕정의 폐지에 결정적인 의미를 갖는 사건으로서 혁명이 과격해지는 계기였다는 점에서 "제2의 프랑스 혁명"으로도 불린다.

4
민족주의의 승리, 독일과 이탈리아

연극에서 다른 모든 것이 아무리 아름다울지라도
최후의 막은 피로 물든다.
— 파스칼, 《팡세》.

민족주의와 낭만주의

많은 역사 교과서들은 통상 민족주의가 19세기 초 독일에서 탄생했다고 쓰고 있다. 이 말이 옳다면, 앞에서 살펴본 영국과 프랑스의 사례는 민족주의 이전의 민족들인 셈이다. 그런데 여기서 약간의 혼란이 있을 수 있다. 왜냐하면 영국과 프랑스의 사례를 살피면서 우리는 약간의 유보를 두기는 했지만 이미 '민족주의'를 확인했기 때문이다. 그러므로 1장에서 논의한 바 있지만, 다시금 민족주의의 정의와 역사적 위상을 점검할 필요가 있다.

우리가 지금까지 사용한 민족주의는 최대한 얇고 넓은 의미에서 민족적 정체성—민족 감정과 의식까지 포함하는—을 가리킨다. 그러나 민족주의를 좀 더 깊고 좁게 정의하면, 그것은 국가를 정당화하는 근거로서의 주권적 인민, 즉 민족을 설정하는 이데올로기적 교리라고 할 수 있다. 그리고 이데올로기적 교리로서 민족주의가 탄생한 시기는 프랑스 혁명이며, 본격적으로 발전한 무대는 앞으로 살펴볼 19세기 독일과 이탈리아일 것이다. 그러나 여전히 민족주의를 정체성으로 보면, 민족주의는 프랑스 혁명 이전부터, 심지어 고대나 중세에도 존재했다고 볼 수 있으며, 고스키처럼 민족주의를 담론으로 보면, 민족주의는 중세 말 근대 초에 등장한 것으로 볼 수 있는 것이다.

만일 민족주의가 주권적 인민을 정치적 정당성의 원천으로 설정하는 교리라면, 이는 루소의 사상에서 처음 체계화했다고 할 수 있다. 잘 알려져 있다시피, 루소는 개별 의지를 지닌 사람들이 사회 계약을 통해 일반 의지를 가지는 하나의, 진정한 '인민'으로 등장한다고 보고 이를 주권의 담지자로 설정했다. 그의 견해는 시민들의 의지를 민족의 기원으로서 강조하는 르낭의 민족관——"매일매일의 인민 투표"로서의 민족——과 어울린다. 그런데 루소의 '인민'이 반드시 '민족'인 것 같지는 않으며, 따라서 '인민 주권'이라는 그의 시나리오에는 민족을 위한 마땅한 자리가 없어 보인다. 물론 루소는 민족이 기후, 그리고 무엇보다 언어, 관습, 도덕 등에 의해 결정된 존재론적 실체로서 국가에 선행한다고 보았다. 그러나 그는 오직 국가가 구성되고 나서야 민족 구성원들 사이에 민족에 대한 소속감과 애국심이 발전한다고 주장했다.[1]

바로 이것이 루소식의 민족주의적 함수 관계이다. 곧 변수 x와 y 사이에서 x의 값이 정해지면 y의 값도 따라 정해지는 관계가 있을 때 y는 x의 함수라고 불리는데, 이를 민족주의에 응용하면 민족은 국가의 함수function/mapping, 그러니까 원어의 의미를 새기면 민족은 국가의 기능 혹은 사상寫像이 되는 것이다. 그럼으로써 역사적 사실로서의 민족은 정치적 의지의 결집체로서의 '국민'이 되며, 바로 여기에 독일인들이 프랑스 민족을 국가민족Staatsnation으로 보는 까닭이 있다.

그런데 루소의 사상에서 모든 것을 뜻하는 '인민'은 순수하게 이론적인 구성물인 반면에 역사적인 구성물인 '민족'은 국가가 구성되기 전에는 아무 것도 아니다. 추상적인 '인민'이 구체적인 '민족Volk'으로 제시된 것은 명백히 18세기 독일 낭만주의의 전도사인 요한 고트프리트 헤르더Johann Gottfried Herder의 사상에서이다. 헤르더에 이르러서 인민은 특정한 문화적 속성을 지닌 민족으로 이해되었다. 그는 이 세계가 "숲과 산맥, 바다와 사막, 강과 기후는 물론이요, 특히 언어, 기질, 성격에 의해 …… 경이롭게 구별된" 무수한 민족들로 나뉘어져 있다고 보았다. 그리고 각 민족은 문화적 전통과 역사를 공유하면서 독특한 민족성과 자기의식을 가지게 되는데, 이 민족성과 자기의식을 집약적으로 표현하는 것이 언어라고 보았다. 그리하여 헤르더는 구어와 민요를 포함하는 중세 독일 문학과 세계 문학에 대한 낭만적인 학구적 열정으로 문헌학, 인류학, 역사학의 발전에 크게 기여했다.[2]

　헤르더의 낭만주의는 곧 민족주의에 이르렀다. 그는 독일인들이 마땅히 독일을 사랑해야 한다고 주문했다. "내 견해로는, 자신의 아내와 자식을 사랑하면서 소박한 기쁨을 느끼고 자기 자신의 삶에 대해서와 마찬가지로 자신의 부족을 자랑스러워하면서 자연스러운 열정을 품는 야만인이 전 인류에 황홀해하는 유식한 유령보다 훨씬 더 현실적인 존재이다. …… 야만인에게는 자신의 가난한 오두막에 낯선 손님을 맞이할 방이라도 있다. …… 〔그러나─저자〕 안이한 세계주의에 휩쓸린 마음에는 어느 누구를 위한 집도 없다."[3] 요컨대 헤르더는 민족을 그 민족의 정치적 대표자에 근거해서가 아니라 그 민족이 공유하는 언어적·문화적 공동성에 근거해서 파악하고 민족의 전통과 문화, 그리고 그 과거의 역사를 되돌아봄으로써 민족의식을 깨우치려고 한 독일 최초의 낭만주의적 민족주의자였다.[4] 바로 이 헤르더의 사상에서 우리는 독일 민족을 프랑스 민족과는 달리 **문화 민족**Kulturnation으로 보는 까닭을 찾을 수 있다.

그런데 18세기 헤르더의 사상은 종종 20세기 아돌프 히틀러Adolf Hitler의 "피와 흙" 이론의 전조로 여겨진다. 이는 아마도 개인주의적이고 공민적인 서구형의 민족주의와 유기체적이고 문화적인 동구형의 민족주의를 구분하는 뿌리 깊은 서구 관념에 의해 영향을 받은 듯하다. 이런 식의 서유럽 중심주의적 관념에서는 틀림없이 근대 정치사와 지성사가 계몽사상/낭만주의, 합리주의/비합리주의, 개인주의/유기체주의, 세계 시민주의/민족주의, 요컨대 칸트/헤르더의 이분법적 창을 통해 파악될 것이다. 물론 여기서 앞의 항이 좋은 것이고, 뒤의 항이 나쁜 것임은 두말할 나위가 없다.[5]

흥미로운 점은 이 서유럽 중심주의의 앞과 뒤에 오리엔탈리즘과 서유럽 중심주의의 즉자적 반동인 옥시덴탈리즘이 각기 포진하고 있다는 사실이다. 서유럽 중심주의의 앞에 오리엔탈리즘이 포진하고 있다는 말은 무엇인가? 18세기에 많은 신대륙 여행가들은 그곳 원시 민족들의 때 묻지 않은 순수함과 아름다움, 즉 "선량한 야만인들"에 대해 보고했는데, 이 야만인들의 이미지는 곧바로 구대륙 유럽에 투영되었다. 가령 루소와 헤르더가 스위스의 순수하고 아름다운 자연 풍광을 낭만적으로 찬미한 것이 그런 예에 속한다. 기실, 영국과 프랑스의 많은 관찰자들에게 온전히 개발되지 않은 게르만과 슬라브의 숲과 호수는 자연 상태의 순수함과 아름다움을 간직한 구대륙 안의 신대륙으로, 그곳에 사는 사람들은 낯설지만 묘하게 매혹을 불러일으키는 이국적인 "선량한 야만인들"로 여겨졌다.[6] 그러나 천연의 숲과 호수는 동유럽의 일부이지, 전부가 아니다. 오직 일부를 전부로 만드는 환유換喩에 의해서만 게르만 인들과 슬라브 인들은 "선량한 야만인들"이 된다.

바로 이것이야말로 에드워드 W. 사이드Edward W. Said가 말하는 오리엔탈리즘의 전형적인 수법이다. "사람은 자신이 속하는 공간의 외부에 있는 생경한 공간을, 있을 수 있는 모든 종류의 공상이나 연상 또는 꾸며낸 이야기로 가득 채우게 된다." 그럼으로써 "동양은 동양화된다." 이런 메커니즘을 통해 동양에 대한 서양의 굴절된 담론 및 표상 체계로서 오리엔탈리즘이 성립한다.[7]

　이렇듯 동유럽화된 동유럽의 이미지는 곧 서유럽은 문명적이고 능동적이며 우월하고, 동유럽은 야만적이고 수동적이며 열등하다는 가치 판단의 이분법으로 이어지게 된다. 즉 오리엔탈리즘에 기초하여 서유럽 중심주의가 구축되는 것이다. 그런데 이번에는 서유럽 중심주의 뒤에 옥시덴탈리즘이 따라오게 된다. 즉 "선량한 야만인들" 혹은 그 이면이랄 수 있는 사악한 야만인들로 간주된 자들의 분노와 적개심으로부터 용수철처럼 옥시덴탈리즘이 튀어 나오는 것이다. 가령 프랑스를 가리켜 물질을 숭상하는 영혼이 없는 문명Zivilisation이라고 폄훼하고, 독일을 민족 정신으로 충만한 "시인들과 철학자들의 민족"으로 격상시키면서 문화Kultur를 숭상하는 독일식 옥시덴탈리즘이 좋은 사례이다. 이런 독일식 옥시덴탈리즘의 원형이 된 것은 베르너 좀바르트Werner Sombart의 논변이다. 그는 제1차 세계 대전을 민족들 사이의 전쟁이 아니라 세계관들 사이의 전쟁으로 파악하면서 영국을 상업적 가치에만 매달리는 장사꾼들Händler의 나라로 매도하고, 독일을 민족의 고귀한 가치를 위해 기꺼이 자기 목숨을 바치는 영웅들Helden의 나라로 칭송했던 것이다.[8]

　사실, 문명과 문화의 충돌은 나폴레옹 시대로 거슬러 올라간다. 나폴레옹은 1798년 6월 22일에 이집트 원정을 떠나는 '동양 호L'orient'의 함상에서 이렇게 포고했다. "병사들이여, 제군들은 세계의 문명과 통상에 얼마나 큰 영향을 끼칠지 예측할 수 없는 원정을 시행하려 하고 있다." 이 말에는 문명 특유의 팽창주의적 성질이 잘 드러난다. 그리고 프로이센 군대가 나폴레옹의 프랑스 군대에 참패한 1806년 10월 17일의 예나 전투는 독일 문화의 생일이 되었다. 그 이후로 프랑스에 당한 굴욕을 되갚아 주기 위해 독일 '민족 정신'의 각성과 문화적 갱생을 부르짖는 외침이 독일 전역에 울려 퍼졌다. 이런 식으로 문명은 선진적인 서유럽 국가들의 이데올로기가 되었고, 문화는 후진적인 독일의 반동적 국가 이데올로기로 기능한 것이다.[9]

요컨대 오리엔탈리즘과 옥시덴탈리즘은 각각 서유럽 중심주의의 원인과 결과이다. 그런데 서유럽 중심주의의 위험은 민족주의 연구에서 서구형 민족주의와 동구형 민족주의를 유형화하는 데 있다. 그러므로 서구형과 동구형, 즉 계몽사상(칸트)과 낭만주의(헤르더)를 대립시키는 이분법은 논리적으로 민족주의 연구에서 오리엔탈리즘(사대주의)과 옥시덴탈리즘(국수주의)을 생산할 우려가 있다.

그러나 칸트와 헤르더의 이분법을 지지하기는 힘들다. 칸트가 말한 대로, 계몽이 미성숙 상태에서의 탈출이라면, 헤르더는 미숙한 민족 정신의 각성을 촉구했다. 여기서 '계몽'과 '각성'은 명백히 공명하고 있다. 비록 계몽의 얼굴이 미래로 향해 있고 민족적 각성의 얼굴이 과거로 향해 있지만, 둘 다 바람직한 어떤 것을 위해 현재를 극복한다는 정치적 함축이 담겨 있는 것이다. 그렇기에 계몽사상을 진보적인 것으로, 낭만주의를 반동적인 것으로 간주하는 도식은 너무도 일면적이다. 이런 맥락에서 이탈리아의 마르크스주의 이론가 안토니오 그람시Antonio Gramsci가 "이탈리아에 낭만주의가 있었던가?"라는 질문을 던지면서 낭만주의에 내재하는 민주주의의 함의를 추출하고 그럼으로써 낭만주의와 프랑스 혁명의 연관을 논하는 대목은 참으로 의미심장하다.

낭만주의는 다른 어떤 의미보다도 지식인들과 인민, 즉 민족 사이의 특정한 관계 혹은 연관이라는 의미를 가진다. 다시 말해, 낭만주의는 문자 그대로 (넓은 의미에서) '민주주의'의 특수한 반영이다. …… 이런 맥락에서 낭만주의는 프랑스 혁명의 이름을 빌린 그 모든 유럽 운동들에 선행했고 그 운동들을 뒤따랐으며 추인했고 발전시켰다. 다시 말해, 낭만주의는 그 유럽 운동들의 감정적-문학적 표현인 것이다.[10]

헤르더의 낭만주의 역시 결코 보수적인 것은 아니었다. 그의 낭만주의적 민족주의 사상에는 필경 자유주의적인 민족 자결권의 원리가 깃들어 있었고, 따라서 그가 제국주의를 혐오한 것은 자연스러워 보인다. "가장 자연스러운 국가는 하나의 민족성을 가지는 하나의 인민이다. …… 그러므로 국가가 부자연스럽게 확대되거나, 다양한 족속들과 민족들이 하나의 권력 아래 거칠게 융합되는 것만큼 정부의 목적에 정면으로 반대되는 것도 없다." 이런 전제에서 그는 제국을 "사자의 머리, 용의 꼬리, 독수리의 날개, 곰의 발톱이 비애국적인 하나의 국가 형태 속에 결합된" 괴수로 묘사하기까지 했다.[11]

나아가 헤르더는 민족들을 억압하고 착취하는 전제정에 맞선 혁명적 투쟁이 인류의 거대한 진보에 기여할 수 있음을 기꺼이 인정했다. "인류라는 종은 지속적으로 갱신되는 젊음 속에서만 번성하고 가족에서 가족으로, 세대에서 세대로, 민족에서 민족으로 이어짐에 따라 재생된다." 이와 같은 급진적인 입장에서 헤르더는 모든 민족이 자유로워져야 하며 그렇게 자유로워진 민족은 다른 자유로운 민족에 맞서 전쟁을 수행하지 않을 것이라고 확신했다. 그렇다면 헤르더도 자신의 방식대로 칸트의 세계 시민주의와 평화주의를 추구한 것이다. 과연 헤르더의 낭만주의적 민족주의는 독일의 프란시스 리버Francis Lieber, 이탈리

아의 주제페 마찌니Giuseppe Mazzini, 영국의 존 스튜어트 밀John Stuart Mill 등의 자유주의적 민족주의에서 반향을 얻을 것이었다.[12]

그러나 헤르더의 낭만주의적 민족주의에 잠복해 있는 급진적인 정치적 함의는 당장은 발현되지 않았다. 비록 그가 신성 로마 제국의 황제에게 제국 내부의 소수 민족들, 가령 헝가리 인들(마자르 인들)이나 루마니아 인들의 언어를 관용하고 존중해 줄 것을 탄원하기도 했고, 라틴 어의 보편주의

그림 15 이탈리아 '통일의 혼' 주제페 마찌니. 마찌니는 19세기 이탈리아 민족주의를 대표하는 인물이다. 그러나 왕정 주도의 이탈리아 통일은 마찌니의 공화주의적 신념과는 합치되지 않는 것이었다.

에 맞서 독일어에 기초한 초등 교육 개혁을 실제 바이마르에서 추진하기도 했지만 말이다. 확실히, 그의 교육 개혁은 훗날 빌헬름 훔볼트Wilhelm Humboldt의 프로이센 교육 개혁의 전조였다. 헤르더의 문화적 민족주의 사상의 정치적 함의가 완전히 발현되는 것은 19세기 초에 독일 전역이 나폴레옹의 프랑스 군대의 군홧발에 짓밟히는 역사적 상황에서였던 것이다.

이를 잘 보여 주는 사례가 바로 나폴레옹 점령기였던 1807~1808년에 요한 고틀리프 피히테Johann Gottlieb Fichte가 행한 일련의 베를린 강연, 즉《독일 민족에게 고함》이다. 그것은 독일 민족주의의 정치적 격문이었다. 여기서 피히테는 헤르더를 좇아 민족의 으뜸가는 기준으로 언어를 내세웠다. "우리는 …… 서로 간의 계속되는 의사소통을 통해 그들의 언어를 발전시키는 사람들에게 민족이라는 이름을 준다."[13] 나아가 피히테는 독일어야말로 가장 원초적이고 순수한 언어이므로 독일인들이 오염되고 인공적인 언어를 사용하는 영국인들이나 프랑스 인들보다 우월하다고 강조했다.

민족의 정의는 곧 민족주의적 호소로 이어졌다. 공통의 언어를 사용하는 사람들로서 민족은 자신의 언어를 보존해야 하고 이를 위해 자신의 국가를 가져야 한다는 것이었다. 왜냐하면 외국에 흡수된 언어 집단의 구성원들은 "바위에서 울리는 메아리요, 이미 잠잠해진 목소리의 메아리에 불과하며, 하나의 민족으로서는 원초적 민족 외부에 놓이게 되고 후자에게 이미 낯선 사람들이며 외국인들"이기 때문이다.[14] 이런 생각은 곧 인류를 독특한 문화적 개성을 가진 격리된 민족들로 나누고 이 민족들이 저마다 주권 국가를 형성해야 하며 각 민족의 성원들은 자신들이 소속된 민족의 주체성을 앙양하고 자신들의 개성을 민족이라는 더 큰 전체에 일치시킴으로써 궁극적인 자유에 이를 수 있다는 전형적인 민족주의적 주장으로 발전했다.

이와 같은 민족주의적 입장에서 피히테는 새로운 민족 교육의 강령을 통해 독일인들의 민족적 각성을 촉구하고 프랑스에 반대하는 민족주의 운동의 방아쇠를 당기고자 했다. 확실히, 이런 분위기에서 '우리'와 '그들'의 관계는 '동지'와 '적'의 관계로 쉬이 미끄러져 내려갔다. 예컨대 에른스트 모리츠 아른트Ernst Moritz Arndt는 그의 유명한 조국 찬가에서 이렇게 노래했다. "분노가 저 외국의 무가치한 것들을 쓸어버리는 곳, 모든 프랑스 인은 적을 의미하고 모든 독일인은 친구를 의미하는 곳, 그곳이 독일인의 조국이다." 결국 피히테와 그의 동료 민족주의자들의 경우는 19세기 초 독일에서 민족주의가 이데올로기적 교리

로서 분명하게 제시되고 있음을 잘 보여 준다.[15]

그러나 낭만주의의 영향을 받은 독일 민족주의에서 '독일'은 현실적인 세력이라기보다는 관념적인 표상에 불과했다. 기실, 하나의 교리로서 민족주의가 지극히 관념적인 속성을 갖고 있다는 점은 널리 알려져 있다. '민족' 자체가 어떤 의미에서 관념의 소산이다. "인간은 폴리스적 존재"라고 역설한 아리스토텔레스는 고대 그리스의 폴리스적 지평에서 국가를 일상생활의 구체적인 접촉을 통해 실감되는 실체로 이해했다. 그에 따르면, 유의미한 정치적 단위로서 국가는 열 명보다는 많고 만 명보다는 적은 주민들로 구성되어야 했다.[16] 그러나 '민족'은 어떠한가? 민족은 결코 '얼굴을 맞대는' 경험적인 관계가 아니다. 우리는 서로 한 번도 본 적이 없어도 '한 민족'으로 족히 느끼고 믿을 수 있다. 바로 여기서 민족주의 특유의 관념이 비롯되는 것이다.

결국 민족주의를 낭만주의에서 강한 영향을 받은 이데올로기적 교리로 보는 민족주의 연구자 엘리 케두리Elie Kedourie에 따르면, 민족주의란 단순히 자기 나라를 사랑하는 애국심이나 외부인을 배척하는 외국인 혐오증(제노포비아)의 감정과는 구별되는, 특정한 양식의 정치를 야기하는 포괄적인 이론이다. 민족주의는 특별한 형이상학과 인류학에 기초하여 특별한 정치 이론이나 개인과 국가의 관계에 대한 특별한 관점을 제시하며 언제라도 '민족의 적'에 대한 단호한 투쟁을 수행할 채비를 갖추고 있다. 그리고 이를 위해 민족주의자들은 민족을 민족답게 만드는 수단으로서 교육의 중요성을 역설한다. 교육의 목표는 필경 개인을 민족의 대의를 위해 비루한 현실을 뛰어넘어 초인적이고 영웅적인 행동으로 이끄는 것이다. 이는 흥미롭게도 '교육자로서의 국가'에 대한 파시스트적인 정의를 금방 연상시킨다. 오직 이런 점들을 이해할 때에만 이탈리아의 낭만적 민족주의 시인 자코모 레오파르디Giacomo

Leopardi의 정신 상태를 온전히 파악할 수 있다. 그는 1821년에 누이의 결혼 축시에서 이렇게 읊었다.

> 오, 나의 누이여, 이 황량한 시대, 이 비탄의 시대에 너는 또 하나의 불행한 가정을 불행한 이탈리아에 더하려 하는구나. 너의 아들들은 불행해지거나 아니면 비겁자가 되리라. 그들이 차라리 불행해지기를 기원하렴!

케두리는 이런 독특한 낭만주의적·민족주의적 에토스를 책을 너무 많이 읽어 문학과 삶, 꿈과 현실을 구분하지 못한 채 파국으로 치달은 보바리 부인에 빗대었다. 그에게 민족주의란 일종의 정치적 보바리주의인 것이다.[17]

물론 역사가들은 보바리 부인이 아니다. 역사가들은 낭만적 민족주의의 요란한 구호와 그 구호가 현실 정치에 미친 실질적인 영향력을 혼동하지 않는다. 적어도 1800~1815년에 민족주의는 독일에서 의미 있는 정치적 결과를 낳지 못했다. 오히려 '독일'의 대의는 프로이센의 개혁 정치가 H. F. K. 슈타인H. F. K. Stein에 의해 담지된 것으로 보인다. 그러나 슈타인의 '독일'은 피히테의 '독일'과는 근본적으로 달랐다. 제국 기사 출신의 슈타인에게 '독일'은 나폴레옹에 의해 1806년에 해체된 신성 로마 제국의 전통에 잇닿아 있는 개념이었다. 그런가 하면 그의 다른 동료들이 생각한 '독일'은 오직 프로이센에 불과했다. 그렇다면 이 시기에 '독일'은 과잉 아니면 과소를 면치 못했고, 나아가 민족주의적인 것은 현실적이지 않았고 현실적인 것은 민족주의적이지 않았다고 하겠다. 민족주의가 극히 제한된 지식인 서클을 벗어나 좀 더 넓은 기반을 확보하게 되는 것은 1815년 빈 체제가 성립된 이후였다. 1815년 이후에 민족주의는 빈 체제가 상징하는 반동과 억압에 대항하

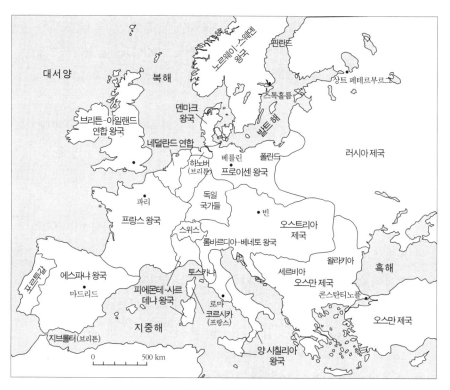

대서양

북해

노르웨이-스웨덴
왕국

핀란드

상트 페테르부르크

브리튼-아일랜드
연합 왕국

덴마크
왕국

스톡홀름

발트 해

러시아 제국

네덜란드 연합

하노버
(브리튼)

베를린

폴란드

프로이센 왕국

파리

독일
국가들

프랑스 왕국

스위스

롬바르디아-베네토 왕국

빈

오스트리아
제국

왈라키아

흑해

포르투갈

에스파냐 왕국

마드리드

토스카나

피에몬테-사르
데냐 왕국

세르비아

오스만 제국

콘스탄티노플

로마

코르시카
(프랑스)

지브롤터(브리튼)

지중해

0   500 km

양 시칠리아
왕국

오스만 제국

지도 8 1814년 유럽.

는 자유주의 운동의 일부로서 발전하게 되었다.[18]

그럼에도 독일에서 '1813년'이라는 해로 상징되는 반나폴레옹 해방 전쟁은 독일 민족주의 발전사에서 상당히 중요한 위치를 차지한다. 이 때 최초로 프로이센에서 총동원령이 선포되었고, 대학생들과 지식인들, 수공업자들과 소상인들이 의용병으로 쇄도했다. 훗날 독일에서 가장 큰 인기를 끌게 될 철십자 훈장도 이때 만들어졌다. 물론 이 시기의 애국주의에는 모호한 점이 많았다. 무엇보다 해방 전쟁에 참여한 독일군은 진정한 의미의 '독일의' 군대가 아니었다. 병사들은 대부분 옛 신성 로마 제국의 우산 아래에 있었던 각 영방 국가 단위로 싸웠으며, 그런 점에서 해방 전쟁은 영방 애국주의의 무대였지, 독일 민족주의의 무대는 아니었던 것으로 보인다. 따라서 1797년에 다음과 같이 표명된 괴테와 실러의 당혹감은 이 시기에도 여전했다. "독일? 그것은 어디에 존재하는가? 나는 그 나라를 어디에서 찾아야 할지 알지 못한다." 그렇기는 해도 이 시기에 '독일'을 둘러싼 담론이 폭발하면서 (어디에서 시작되어 어디에서 끝나는지 모호하지만) 그 '독일'이 사람들의 입에 노상 붙어 다니게 되었다는 사실은 의미심장하다. 그리고 무엇보다 반나폴레옹 해방 전쟁은 독일인들이 프랑스라는 공동의 적에 맞서 함께 싸우면서 민족 형성을 단지 관념이 아니라 운동의 차원에서 처음으로 경험하게 된 역사적 계기였다는 점에서 그 중요성을 과소평가할 수 없을 것이다.[19]

이탈리아의 사정도 독일과 엇비슷했다. 이탈리아에서 '민족'은 1796년, 그러니까 나폴레옹의 침공 이전까지는 정치적인 현실이 전혀 아니었다. 오직 나폴레옹의 지배 이후에야 민족 문제는 이탈리아의 무대에 진지한 의제로 등장했다. 그럼에도 이 시기 이탈리아에서 '민족'은 모호하고 난처한 개념이었다. 가령 1799년 나폴리 혁명에서 '민족'

이란 이탈리아가 아니라 나폴리였다는 사실이 이탈리아에서 '민족'이 놓인 처지를 잘 보여 준다. 게다가 나폴리 혁명이 프랑스의 지원을 등에 업고 있었다는 사실 자체가 혁명이 '비민족적'이었음을 에둘러 말해 준다. 오히려 혁명에 반대하여 전통의 이름으로 봉기한 산페디스타 농민 반란*이 프랑스와 그에 의탁한 이탈리아 지식인들에 반대했다는 점에서 '민족적'이었던 것으로 보인다.

1796~1799년의 이탈리아 자코뱅주의*의 실험들이 실패로 돌아간 뒤, 1800년 이후 이탈리아에는 나폴레옹의 위성 국가 체제가 수립되고 이탈리아는 프랑스의 '대륙 식민지'쯤으로 격하되었다. 이처럼 나폴레옹이 초기의 '해방자'에서 점차 '정복자'로 변질되어 가면서 나폴레옹

---

* **산페디스타 농민 반란**　산페디스타sanfedista란 1799년 프랑스의 지원을 받은 자코뱅 혁명가들의 나폴리 혁명에 반대하여 일어난 반혁명파, 즉 근왕파를 가리킨다. 루포 Ruffo 추기경이 남부 농민들을 동원하여 혁명에 맞섰다. 프랑스 혁명기에도 혁명에 반대하는 운동이 서부 지역의 방데에서 광범위하게 일어난 적이 있는데, 산페디스타는 그런 점에서 이탈리아 혁명의 '방데'라고 말할 수 있다.

* **이탈리아 자코뱅주의**　이탈리아 자코뱅주의는 프랑스 혁명기의 자코뱅 이념에 영감을 받아 18세기 말 이탈리아에서 발전한 특정한 정치 이념 및 실천을 가리킨다. 주로 젊은 대학생과 군인으로 구성된 이탈리아 자코뱅들은 이탈리아 전역에서 (실패로 돌아간) 숱한 봉기 음모를 꾸몄다. 가령 23세의 법학도였던 루이지 참보니Luigi Zamboni는 볼로냐에서 봉기를 조직했다가 1795년에 처형되었고, 에마누엘레 데 데오Emanuele De Deo는 22세의 나이로 1794년에 음모 혐의로 교수형 당했다. 이탈리아 자코뱅들 가운데 가장 유명한 필리포 부오나로티Filippo Buonarroti는 르네상스의 거장 미켈란젤로의 후예로서, 코르시카로 건너가 《코르시카 애국 신문》을 발간하여 훗날 이탈리아 민족 부흥 운동의 중심적인 언론 역할을 한 《리소르지멘토》의 원조가 되기도 했다. 이탈리아 자코뱅주의는 대체로 루소의 사상을 신봉한 민주파였는데, 이탈리아의 개혁을 위해 프랑스의 원조를 받아들였다는 점에서 '매국적'이라는 비난도 받는다. 그러나 실제로 많은 이탈리아 자코뱅들이 애국파였는데, 이탈리아 애국파는 프랑스의 점령에 대해 찬반양론으로 갈려 있었다. 결국 처음에는 '해방자'로서 이탈리아를 제패한 나폴레옹이 점차 '정복자'로 변질되는 것을 지켜보면서 이탈리아 자코뱅들의 열정은 급속히 냉각되었다.

의 지배 체제는 이탈리아에서 급속히 민족적 정체감의 성장을 자극하고 조장했다. 그런 가운데 고대 그리스의 노예 작가인 이솝Aisopos이 동물의 우화를 통해 현실을 풍자했듯이, 이탈리아 인들은 프랑스 지배에 대한 정치적 반대를 교묘히 문화적 논쟁으로 포장하여 제기하는, 일종의 '이솝주의'를 통해 프랑스의 문화적 제국주의에 맞서 이탈리아 어를 방어하려는 문화적 전투를 벌였다.

가령 이탈리아의 피히테라고 할 수 있는 비토리오 알피에리Vittorio Alfieri에게 언어는 민족성의 으뜸가는 기준으로 간주되었다. 그는 이탈리아 어의 아름다움에 감격한 나머지 다른 언어들은 짐승의 울음소리나 다름없다는 극언을 서슴지 않았다. 또한 알피에리는 그 자신이 북서부 이탈리아에 위치한 피에몬테의 귀족 출신이면서도 자신의 문화적 민족주의를 피에몬테 전제정에 대한 정치적 비판으로 확장시켰다. 나폴리 혁명에서 민족주의가 전통주의와 결합했다면, 알피에리에게서 민족주의는 전통적인 군주정에 대한 저항의 수단으로 제시된 셈이다. 이렇게 알피에리가 민족주의와 공화주의를 결합할 수 있었던 데는 피에몬테를 지배한 사보이아 왕조의 독특한 문화적 맥락이 있었다. 즉 사보이아의 고급 문화에서 확인되는 프랑스-이탈리아 이중 언어 사용은 알피에리에게 사보이아가 프랑스 인들에 적대하는 때조차도 프랑스 인들에 속한다는 점을 보여 주는 증거였다. "그들(사보이아 왕조와 프랑스인들 — 저자)이 모두 '위oui'라고 말할 때, 그들은 같은 민족이고 그렇게 간주될 만하다."[20]

그렇다면 언어를 핵심적 기준으로 삼는 문화적 민족주의가 정치적인 성격을 띠면서 본격적으로 발전한 것은 독일의 경우와 마찬가지로 나폴레옹 점령기였다고 하겠다. 이탈리아의 민족주의는 역시 독일에서와 같이 강한 낭만적 감수성을 드러내 보였다. 그리고 낭만주의는 당연히 과거의 재발견으로 이어졌다. 나폴레옹의 지배가 로마 제국의 지배와 동일시되면서 이탈리아의 애국자들은 로마의 유산을 거부하고 이탈리아의 민족적 전통을 로마 이전의 에트루리아 인들*이나 로마 이후의 이탈리아 도시 공화국들의 전통에서 구하고자 했다.

이와 같은 낭만주의적 민족주의는 애국 시인 우고 포스콜로Ugo Fos-colo에 이르러 절정에 달했다. 그에게 '민족'은 계산적인 이성에 반대하는 열정과 숭배의 대상이었다. 가령 프랑스 정부가 공공 위생이라는 공리적인 이유로 교회 매장을 금지하고 분묘 양식을 통일하려 했을 때, 그는 걸작《무덤들》에서 그에 반대하여 자신의 애국적 열정을 터뜨렸다. 포스콜로에게 프랑스 당국의 조치는 이탈리아 인들의 집단 기억의 연속성을 파괴하는 시도였다. 특히, 그에게 피렌체의 산타 크로체 교회에 안치되어 있는 위대한 이탈리아 인들의 무덤은 민족이라는 새로운 종교의 상징이었다. 그런 점에서 포스콜로는 민족적 기념을 제도화하려 한 최초의 인물들 가운데 한 명이었다. 그런가 하면 생애 마지막 12년을 영국에서 빚과 절망에 찌든 망명객으로 살아야 했던 포스콜로는 외세의 지배에 순응하거나 타협하지 않음으로써 강요된 **망명**이 민족주의의 역사에서 본질적인 구성 요소임을 온몸으로 보여 주었다. "모든 이탈리아 인은 이탈리아에서 망명객이다."[21] 어느 독일 역사가도 청년독일파의 대표자인 게오르크 뷔히너Georg Büchner의 운명을 예로 들면서

---

* **에트루리아 인들** 에트루리아Etruria란 고대 이탈리아의 지명을 가리킨다. 고대 로마 인들은 거기에 살던 주민들을 '투스키Tusci'로 불렸는데, 이로부터 오늘날의 중부 이탈리아의 지역 명인 '토스카나Toscana'가 유래했다. 에트루리아 인들의 흔적은 멀리 기원전 10세기경으로 거슬러 올라가는데, 한때 북부 이탈리아 전체를 포함할 정도로 강성했다가 기원전 5세기 경부터 쇠잔해져 아펜니노 산맥 부근으로 그 판도가 축소되어 마침내 기원전 1세기에 로마에 복속되었다. 에트루리아 인들은 뛰어난 공예술과 건축술을 가졌는데, 그들의 이런 예술적 재능이 로마 인들에게로 전수되었다.

"망명이 이제 상당 기간 동안 민족적 역사에 있어서 특별한 한 가지 구성 요소가 되었다"라고 썼다.[22]

　바야흐로 나폴레옹의 지배와 더불어 로마 제국의 붕괴 이후 내부 분열과 외국 지배에 시달린 이탈리아의 독립, 통일, 자유를 위한 문화적 민족주의와 정치적 행동주의를 가리키는 '민족 부흥 운동', 곧 이탈리아 어로 '리소르지멘토Risorgimento'가 시작되려 하고 있었다. 특히, 나폴레옹이 몰락하고 1815년 빈 체제가 성립된 이후에 이탈리아에 오스트리아를 '맏형'으로 하는 반동적 복고 체제가 수립되었을 때, 리소르지멘토는 오스트리아로부터의 독립, 조각난 국가들의 통일, 압제로부터의 자유를 기치로 하여 더욱 뜨거운 양상으로 전개될 것이었다.

민족주의와 자유주의

나폴레옹이 몰락한 뒤, 1814~1815년에 승전국들 —— 오스트리아, 프로이센, 러시아, 영국, 그리고 나중에 왕정 복고된 프랑스 —— 은 오스트리아 제국의 수도 빈에 모여 전후 질서를 모색했다. 이 빈 회의를 지배한 정신은 '정통성의 원칙'이었다. 이에 따라 유럽에는 프랑스 혁명 이전의 구체제가 복고되었다. 옛 왕들이 옥좌를 다시 차지했고, 망명 귀족들이 귀환했으며, 옛 제도와 법률이 다시 등장했다. 이 새로운 체제에서 오스트리아가 '유럽의 헌병'으로서의 역할을 자임했으며, 오스트리아의 재상 클레멘스 폰 메테르니히Klemens von Metternich가 헌병 총감으로서 유럽 정계를 지배했다. 프랑스 혁명의 자식인 나폴레옹에 의해 간담이 서늘해졌던 메테르니히를 비롯한 각국의 보수주의자들은 '꼬마 나폴레옹들'의 출몰을 사전 봉쇄하기 위해 엄격한 사상 통제와 언론 검열을 시행했다. 이 빈 체제를 지배한 정신은 19세기 프랑스 소설가 귀스타브 플로베르Gustave Flaubert의 작품 《부바르와 페퀴셰》에 나오는 한 백작의 다음과 같은 말에서 노골적으로 드러난다.

고약한 것은 1789년의 대혁명의 정신입니다. 처음에는 신을 부정하고 다음에는 정치 형태를 논하고 그리고는 자유가 나타났지요. 욕설과 반항과 쾌락, 아니 그보다 약탈의 자유 말입니다. 그래서 종교와 정권에서는 방종한 사람들과 이교도들을 추방해야 합니다. 물론 박해한다고 떠들어 대겠지요! 마치 형리들이 죄인을 학대하는 것처럼 말입니다. 요약해서 말하자면 신이 없이는 국가도 없습니다! 법률은 하늘에서 내려온 것이라야만 존중될 수 있기 때문이지요.[23]

'정통성의 원칙'에 따라 유럽의 영토도 새로 구획되었다. 독일에서는 빈 회의의 결과로 옛 신성 로마 제국의 폐허 위에서 1815년에 독일 연방이 발족했는데, 거기에는 프로이센과 오스트리아를 비롯하여 바이에른, 뷔르템부르크, 작센, 하노버, 바덴 등 35개의 군주국들과 4개의 자유시 등 총 39개의 정치체가 포함되었다. 독일 연방이 '민족적'이지 않았음은 물론이다. 연방에는 독일인이 압도적 다수이기는 했지만 체코 인, 슬로베니아 인, 이탈리아 인 등 소수 민족들이 포함되었고, 거꾸로 많은 독일인 거주지들이 독일 연방에서 제외되었다. 그런가 하면 영국 국왕이 1837년까지 하노버를 계속해서 다스렸고, 덴마크 국왕은 홀시타인 공으로서, 네덜란드 국왕은 룩셈부르크 대공으로서 독일 연방 내부의 외국인 군주였다.

빈 체제를 관통한 '정통성의 원칙'이 '민족성의 원칙'과는 아무런 관계도 없었다는 사실은 이탈리아의 경우에서도 명백하다. 빈 회의 이

지도 9 1815년 독일 연방.

후, 이탈리아는 곧 다른 대공국에 흡수될 두 소공국인 루카 공국, 마사 공국과 극히 작은 산마리노 공화국을 무시하면, 총 7개 군주국들로 재편되었다. 즉 피에몬테(사르데냐 왕국), 롬바르디아-베네토 왕국, 파르마 공국, 모데나 공국, 토스카나 대공국, 교황령, 나폴리 왕국(양 시칠리아 왕국)이 그것이다. 여기서 롬바르디아-베네토 왕국은 오스트리아 제국의 판도 안에 있었고, 다른 공국들도 모두 오스트리아 왕실에 의해 지배되었다. 다만, 남부의 나폴리 왕국에서는 프랑스 계열의 부르봉 왕조가 복귀했고, 오스트리아나 프랑스의 영향으로부터 유일하게 독립적이던 북서부 변방의 피에몬테 역시 그 왕실의 계보를 따지면 프랑스적이었다. 이렇게 보면, 당시 유일하게 '이탈리아적' 혈통을 자랑한 것은 역설적으로 세계 교회의 수장인 교황뿐이었다. 또 정통성은 강이나 산맥 따위의 자연 경계보다 더 중요했다. 그리하여 폰테코르보는 나폴리 왕국에 떠 있는 교황령의 섬이 되었고, 토스카나 대공국의 일부 영토는 루카 공국 한가운데 고립되어 있었다.* 그런가 하면 지역주의도 강해서 리구리아는 피에몬테에 대해, 시칠리아는 나폴리에 대해 끊임없이 저항했다. 이는 이탈리아 복고 국가들의 경계가 얼마나 자의적인 것이 었는지를 여실히 보여 준다. 빈 체제 아래에서 이탈리아의 지도는 철저하게 유럽 열강들과 왕조들의 이해관계에 따라 작성된 것이다. 메테르

---

* 이런 영토를 '엔클레이브enclave' 혹은 '엑스클레이브exclave'라 한다. 엔클레이브란 자국 영토 안에 있는 외국 영토를 가리키고, 엑스클레이브란 본토에서 분리되어 있는 자국 영토를 말한다. 가령 폰테코르보는 나폴리 왕국의 입장에서 보면 엔클레이브이고, 교황령의 입장에서 보면 엑스클레이브인 것이다. 민족 국가의 원리가 연속적이고 동질적인 영토에 바탕을 두고 있음을 고려하면, 이와 같은 엔클레이브와 엑스클레이브의 존재는 민족 국가의 원리에 정면으로 위배되는 것임을 알 수 있다. 따라서 오늘날 이탈리아 내부에 섬처럼 떠 있는 엔클레이브 국가인 산마리노나 바티칸은 전통적인 전前민족적 국제 질서의 분비물이요, 그 침전물이라 하겠다.

니히의 유명한 말마따나, 이탈리아는 그저 "지리상의 표현"에 불과했다.

그런데 이렇듯 '민족성의 원칙'을 철저히 뭉개 버린 빈 체제는 두 가지의 서로 다른 방향에서 유럽 민족주의 운동의 자극제가 되었다. 첫째, 빈 체제의 보수주의적 분위기와 어울리면서 낭만주의가 일종의 '시대정신'으로 확산되었고, 그러면서 민족주의와의 강한 친화력을 과시했다. 확실히, 낭만주의는 과거 전원의 목가적이고 유기적인 삶의 조화를 이상화했다는 점에서 보수주의와 잘 어울렸다. 그런데 이 보수적인 낭만주의는 보편적인 것보다는 개별적인 것을 찬양했고, 이런 태도는 곧 개별 민족들의 고유한 전통의 탐구로 이어졌다. 헤르더가 중세 시가를 발굴하고 그림Grimm 형제가 농촌의 민담과 전설을 수집한 것도 민족 전통의 탐구라는 맥락에서 이해될 수 있다. 언젠가 영국의 낭만주의 시인 윌리엄 블레이크William Blake는 이렇게 말한 적이 있다. "한줌의 모래 속에서도 세상을 발견하고 들에 핀 꽃에서도 자연을 발견할 수 있다." 블레이크의 정신은 독일 역사가들에게도 전수되었는데, "근대 역사학의 아버지"로 불리는 레오폴트 폰 랑케Leopold von Ranke는 "신에 직결하는 역사의 개체성"을 터득하여 (그의 의도와는 별개로) 독일 민족주의 역사학의 토대를 마련했다.[24]

둘째, 빈 체제가 '정통성의 원칙'을 고집하면서 '민족성의 원칙'을 무시하고 검열과 통제로 일관하는 한, 민족주의와 친화력이 있는 낭만주의는 보수주의가 끔찍이도 혐오하는 혁명도 불사하는 운동으로 전환될 수 있었다. 오스만 제국의 지배 아래에 있던 그리스의 혁명 투쟁에 뛰어든 영국의 낭만주의 시인 바이런Byron의 죽음이 그 점을 웅변으로 말해 준다. 유럽 문명의 기원으로서의 그리스에 대해 낭만적 환상을 품고 있던 바이런은 그리스가 오스만 제국의 압제에 시달린다는 소식을 듣자 그리스의 자유와 독립을 위한 혁명 투쟁에 기꺼이 몸을 던졌다. 물론 바이런은 친그리스주의자였지 민족주의자는 아니었다. 그럼에도 그의 도저한 낭만주의가 (그리스로 표상되는) '우리'의 대의를 위해 혁명도 불사하게끔 만들었다는 점에서 바이런은 이 시기 민족주의의 정신 구조를 공유하고 있었다.

기실, 1815~1847년에 유럽 곳곳에서 빈 체제에 직간접으로 맞서는 자유주의 운동과 민족주의 운동이 봇물처럼 터져 나왔다. 1815년 이후에 독일에서는 대학생들의 민족주의 운동인 부르셴샤프트Burschen-schaft 운동과 체육 운동이 전개되었고, 1820~1821년에는 이탈리아 각처에서 '카르보나리carbonari'로 알려진 자유주의적 비밀 결사 단체의 봉기와 마찌니주의자들의 반란, 그리고 그리스 독립 운동이 잇따랐다. 1830년에는 프랑스에서 7월 혁명이 일어나 부르봉 복고 왕정이 전복되고 입헌 왕정이 수립되었다. 잇따라 벨기에와 폴란드에서 민족적인 봉기가 일어났고, 독일에서도 무수한 반절대주의적 민중 봉기가 그치지 않았다. 그런가 하면 영국에서는 자유주의적 개혁 운동이 진행되었고, 노동자들의 참정권을 요구하는 차티즘 운동이 크게 발전했다.

이렇게 보면, 민족주의는 개체성의 가치를 지향하는 낭만주의뿐만 아니라 보편적 사회 개혁을 추구하는, 계몽사상의 전통을 물려받은 자유주의와도 궁합이 잘 맞았다고 하겠다. 이런 사실은 민족주의의 지적·사상적 기원이 낭만주의에 있느냐, 아니면 계몽사상에 있느냐 하는 해묵은 논쟁을 다시 들춰낸다. 이 논쟁은 기본적으로 민족주의가 보편적이고 평등한 시민권을 통해 자유로운 민족을 발전시키고 인류의 진보를 추구하려는 계몽사상에 이념적 뿌리를 두고 있느냐, 아니면 종족적·문화적 일체감을 강조하는 낭만주의에 이념적 뿌리를 두고 있느냐 하는 쟁점을 중심으로 전개되었다.[25] 그러나 이미 살펴보았듯이, 보편적이고 평등한 시민권에 기초한 프랑스의 '국민'에도 종족과 문화의 요소를 강조하는 민족주의적 성향이 존재하며, 종족적·문화적 일체감을 강조하는 독일의 낭만주의적 민족주의에도 자유로운 민족들이 주체가 되는 진보관이 내포되어 있다는 점을 떠올려 보면, 그런 이분법은 약화된다.

무엇보다 민족주의의 지적·사상적 기원이 낭만주의만이 아니라 계몽사상에 있다는 점은 19세기에 '민족' 자체가 자유주의 이론의 영향을 강하게 받으면서 새롭게 모형화되었다는 사실에서 잘 드러난다. 자유주의에서 '민족'은 고전 경제학자들이 생각한 '민족 경제'를 모델로 하고 있었다. 그들은 오직 충분한 크기의 경제적 단위만이 자기 완결성을 가지며, 따라서 한 민족이 경제 발전을 이루려면 충분한 규모를 갖추어야 한다고 보았다. 예컨대 독일의 경제학자 프리드리히 리스트 Friedrich List는 많은 인구와 다양한 자원을 가진 광대한 영토야말로 정상적인 민족의 필수 조건이라고 가정했다.

> 많은 인구와, 다양한 민족적 자원을 가진 광대한 영토는 정상적 민족의 필수 조건이다. …… 인구나 영토가 제한된 민족, 특히 그 민족이 독자적 언어를 소유한다면, 그것은 단지 불구의 문학, 예술과 과학을 함양하는 데 필요한 제도를 불구의 상태로 가지고 있을 뿐이다. 작은 국가는 결코 그 영토 안에 다양한 생산 부문을 완비할 수 없다.

이와 비슷한 생각에서 영국의 자유주의 사상가 밀도 인구가 충분히 많다고 하여 아일랜드가 하나의 민족이 될 만하다고 보고 아일랜드 민족주의를 부정할 수 없는 것이라고 정당화했다.[26]

이와 같은 규모의 원칙을 순수한 민족주의의 언어로 표현한 인물이 바로 이탈리아의 마찌니였다. 그는 1857년에 작성한 유럽 민족 지도에서 오직 12개 민족 —— 물론 그중에서도 지도적인 민족은 조국 이탈리아였다! —— 만을 국가로 표시했다. 이는 1차 대전 직후 윌슨주의에 따라 새로 만들어진 유럽 지도상의 26개국의 절반도 채 되지 않는 수치이다. 이 마찌니의 구상은 자유주의적 민족주의의 특징을 잘 보여 준다. 그것은 충분한 규모의 민족만이 '참된' 민족이라는 것, 작은 민족에서 큰 민족으로 나아가는 것이 '진보'라는 것, 따라서 민족 형성은 불가피하게 '통합'과 '팽창' —— 종종 '부흥'을 외치는 —— 의 과정이 될 수밖에 없다는 것을 전제로 삼고 있었다. 이런 점에서 19세기 전반의 자유주의적 민족주의는 본질적으로 통일 민족주의unification nationalism였다. 밀은 브르타뉴 인과 바스크 인이 프랑스 민족의 일원으로서 프랑스 시민권을 누리는 것, 웨일스 인과 스코틀랜드 인이 영국 민족의 일원으로서 영국 시민권을 누리는 것이 "세계의 보편적 움직임"에 부합하며 그런 약소민족들의 이익이 된다고 말함으로써 이 통일 민족주의의 자유주의적 가정을 소박하고 순수하게 재확인했다.[27]

그런데 자유주의적 진보관에 입각한 통일 민족주의에는 서유럽 중심주의가 숨어 있었음을 반드시 지적해야 한다. 웨일스 인과 스코틀랜드 인과 같은 작은 민족은 큰 민족인 잉글랜드에, 브르타뉴 인과 바스크 인과 같은 작은 민족도 큰 민족인 프랑스에 통합되어야만 미래를 보장받는다는 생각이 바로 그것이다. 심지어 억압받고 착취받는 자들의 친구로 자처한 마르크스와 그의 동지 프리드리히 엥겔스Friedrich Engels 조차도 세계사의 자율적 주체로서의 "역사적 민족"과 종속적 주체로서의 "비역사적 민족"의 이분법을 고수했는데, 특히 엥겔스는 체코 인들이 하나의 민족으로는 소멸할 것이라고 보았다는 점에서 독일 국수주의자의 면모를 보이기도 했다.

이처럼 서유럽의 민족과 동유럽의 민족, 큰 민족과 작은 민족, "역사적 민족"과 "비역사적 민족"을 대립시키면서 앞의 항과 뒤의 항을 각기 진보와 반동으로 표상하는 시각은 아시아에까지 투영되었다.[28] 가령 마르크스는 〈영국의 인도 지배〉라는 일종의 르포르타주에서 영국의 지배가 인도에서 물레와 베틀을 부숴 버리고 카스트 제도에 기초한 작은 공동체들을 해체하면서 "아시아 유일의 사회 혁명"을 만들어 냈다고 판단했다. 그는 인도의 공동체적 사회 조직이 "각 구성 단위로 분해되어 고통의 바다에 던져지는 광경"이 사람의 감정을 애절하게 할망정, 그리고 영국이 사회 혁명을 인도에 야기한 동기가 "천하기 그지없는 이익"에 있었음이 뻔할망정, 영국은 아시아 사회의 진보를 위한 "역사의 무의식적 도구 노릇"을 했다는 점을 기꺼이 인정한다. 마르크스는 의미심장하게도 다음과 같은 괴테의 말을 인용하면서 글을 맺었다.[29]

이 고통이 우리의 쾌락을 늘리거늘
그것으로 인해 우리가 번민할 까닭이 있는가,
티무르의 지배도
무수한 생명을 유린하지 않았던가?

이와 같은 오리엔탈리즘은 그 반동을 낳았다. 아시아와 아프리카의 광범위한 반제국주의적 민족주의와 민족 해방 운동이 그것이다. 흥미로운 것은 이 제3세계의 운동 역시 자유주의가 원래 주장하던 민족 자결의 원칙을 내세웠다는 점이다. 이는 자유주의적 민족주의에 중대한 논리적 모순이 도사리고 있었음을 말해 준다. 그런 모순은 통일 민족주의의 통일과 팽창의 논리에 따라 민족 국가가 내부에 다양한 문화적 소수 집단들을 포함하게 되면서 다언어적·다종족적 국가로 발전했다는 점, 그런 점에서 1민족 1국가라는 민족주의의 기본 교리가 스스로 부정되고 있다는 점에서 극명하게 드러난다. 과연 이와 같은 교리와 현실의 괴리가 19세기 후반 이후에 수많은 작은 "비역사적 민족들"이 저마다 독립적인 국가를 가지겠다는, 혹은 적어도 국가 내부에서 광범위한 자율성과 특권을 누려야겠다는 분리/자치 민족주의separatist/autonomist nationalism가 번성하는 온상이 될 것이었다.

1848년 혁명

1848년 1월 8일, 시칠리아의 팔레르모 봉기는 1848년 유럽 혁명의 신호탄이었다. 혁명의 열기는 곧 파리, 밀라노, 베네치아, 빈, 부다페스트, 베를린 등 유럽 전역으로 확산되었다. 프랑스에서는 7월 왕정이 무너지고 공화국이 수립되었고, 밀라노에서는 "영광의 5일"로 알려진 치열한 바리케이드 전 끝에 임시 정부가 세워졌으며, 베네치아에서는 공화국이 선포되었다. 독일에서도 3월 혁명의 결과로 독일 연방 전역의 성인 남성들에 의해 선출된 독일 민족의 국민의회가 5월 18일에 프랑크푸르트의 파울 교회에서 발족했다. 이 프랑크푸르트 의회를 통해 독일인들은 역사상 처음으로 민주적 합법성을 인정받는 대의체를 가지게 되었다. 이러한 사태 속에서 견고하게만 보였던 유럽의 낡은 협조 체제, 즉 빈 체제가 무너지고 있었다.

과연 1848년 혁명은 유럽 민족들과 민중들의 봄이었다.[30] 혁명은, 지역으로 보자면, 북으로 킬에서 남으로 팔레르모까지, 서로 페르피냥에서 동으로 부쿠레슈티까지 광범한 지역을 휩쓸었고, 계층으로 보자면, 동유럽의 농노들에서부터 서유럽의 은행가들까지, 그리고 그 사이

그림 16 1848년 혁명기 밀라노 시내에 설치된 바리케이드. 밀라노는 "영광의 5일"간의 격전 끝에 오스트리아 세력을 몰아내고 임시 정부를 수립했다. 그러나 오스트리아의 반격으로 '영광'은 단명했다.

에 실로 다양한 계층들 ── 기업가, 수공업자, 상인, 전문 직업인, 노동자, 농민 ── 을 아우르고 있었다. 그런 가운데 자유주의의 요구, 민주주의의 요구, 민족주의의 요구가 한데 뒤섞여 봇물처럼 터져 나왔다.

　1848년 혁명 담론의 중심에는 명백히 '인민'이 있었다. 당시에 '인민'이 무엇을 뜻했는지는 모호하다. 그러나 1882년에 영국의 한 역사가는 당시의 '인민'이 "부당함을 당하고 정치적인 대표를 가지지 않으며 특권을 가진 자와 귀족에 의해 억압받는 대다수 인간"이었다고 술회했다.[31] 이 말이 옳다면, 귀족의 특권과 인민의 권리를 대질 심문하면서 인민의 권리를 옹호하는 데 1848년 혁명의 기본 정신이 있었다고 볼 수 있다. 그리고 억압과 착취가 '민족성의 원칙'의 위반과 민족적 차별을 통해 정당화된다고 생각될 경우, 혁명은 민족의 자유와 독립과 통일을 추구하는 민족 혁명으로 발전했다. 하나의 독일 민족에 기초한 하나의 독일 국가를 건설하려는 독일인들의 민족주의와 오스트리아 제국에 맞선 이탈리아 인들과 헝가리(마자르) 인들의 저항 민족주의가 좋은 사례이다. 이 시기 민족주의의 중요성은 공산주의자 마르크스와 엥겔스의 말에서도 잘 드러난다. 그들은 1848년 초두에 나온 《공산주의 선언》에서 (본디 조국이 없는) 노동자도 먼저 "스스로를 국민으로서 정립"해야 한다고 잘라 말했던 것이다.[32]

그러나 민주적이고 민족적인 성격의 1848년 혁명은 그 내부의 다양한 모순들 또한 드러내 보였다. 가령 인민의 자유를 말할 때 이 '자유'가 무엇을 뜻하는지는 입장에 따라 달리 이해되었다. 부르주아에게 자유란

시민이 그 어떤 왕의 경찰 관리들의 기분에도 좌우되어서는 안 된다는 뜻을 지녔다. …… 부르주아는 어떤 관리가 어느 날 자신을 감금한다든지 혹은 갑작스럽게 내려진 정부 규정이 그 어떤 구실을 갖다 붙여 자신에게서 재산의 반을 빼앗아 간다든지 하는 일을 못하도록 보장을 받고 싶었다. 유럽의 부르주아는 절대주의, 귀족 그리고 관료들의 변덕으로부터 보호를 받기 위하여 헌법, 법률적 보장 그리고 개인과 재산의 보호를 요구했다. 시민은 되도록이면 세금의 압박으로부터 벗어나고자 했다. …… 또한 일반 병역 의무를 원하지 않았다. 그들의 아들은 왕국의 그 어떤 계획을 위해서도 총 맞아 죽어서는 안 되었고 나중에 아버지의 사업을 계속 이끌어

야 했다.[33)]

그 반면에

농민은 과도한 세금과 부채로부터 해방되기를 원했고, 수공업자는 유리한 판매 가능성을 다시 찾기를 원했으며, 노동자는 숙련된 육체노동이 여전히 그에 상응하는 임금을 받아 내던 좋았던 옛 시절로 되돌아가기를 바랐다.[34)]

이와 같은 입장의 차이는 곧 자유주의와 민주주의의 대립을 잘 보여준다. 자유주의의 대변자들에게 중요한 것은 법치 국가, 시민적 자유, 의회의 권한 확대, 그리고 약간의 인민 주권이었다. 그러나 거리에 바리케이드가 쌓이자마자 바로 그 순간부터 자유주의자들은 보수화했다. 그들은 민중 봉기를 예감할 때면 언제나 국왕 및 귀족들과 타협할 만반의 준비를 갖추고 있었던 것이다. 그 반면에 민주주의자들은 보통 선거제와 인민 주권의 완전한 실현을 추구했다.

충분히 예상할 수 있듯이, 정치적 차이는 가령 독일에서 민족주의에 대한 태도와 관련하여 중대한 차이를 낳았다. 자유주의자들에게 시민적 자유는 프로이센, 오스트리아, 바이에른과 같은 개별 국가 안에서 실현되는 것이었고, 민족적 통일은 전체 독일 민족 국가를 건설하는 일이었다. 그러므로 자유주의자들에게 관건은 서로 다른 차원의 자유와 통일을 어떻게 조화시키느냐 하는 문제였으니, 이는 곧 시민적 자유를 위협하는 인민을 견제하면서 부르주아가 군주 및 귀족과의 타협을 통해 전체 독일을 통일하는 것을 암시했다. 그 반면에 민주주의자들에게 '민족'은 단지 부르주아 계층만이 아니라 전체 인민 계층을 포괄하는 것이었다. 그리고 민주주의자들은 프랑스 혁명기에 특권 계층을 '국민'에서 배제한 시에예스의 정신을 받들어 각국의 군주 및 귀족을 민족의 정치적 적대자로 간주했기 때문에 어떤 경우에라도 그들과의 타협은 절대로 불가능했다. 그러므로 민주주의자들에게 자유와 통일은 결코 나누어질 수 없는 문제였고, 양자는 '공화국' 속에서 합체될 것이었다.[35)]

한편, 1848년 혁명기 이탈리아에서 민족 문제는 사회 문제와 뒤얽혀 독일에서보다 훨씬 더 날카롭게 제기되었다. 이탈리아 애국자들은 오스트리아라는 '만형'을 물리쳐야 한다는 특유의 절박한 과제를 안고 있었고, 독일보다 후진적인 사회적 상황에 직면해야 했다. 그런 상황에서 애국자들은 민족 문제와 사회 문제 사이에서 일종의 정신 분열을 겪어야 했던 것으로 보인다. 그런 분열은, 예컨대 베네치아 혁명 당시 마찌니주의자인 구스타보 모데나Gustavo Modena의 말에서 잘 드러난다. 그에 따르면, 혁명의 철학은 "공산주의는 아니다. 사회 전복도 아니다. 가두의 정부도 아니다. 소유권의 존중, 법 앞의 평등, 사상과 언론의 완전한 자유, 폭동을 배제한 자유 토론, 자기 노동에 의지하여 살려는 빈민의 생활 조건 개선"이었다.[36)] 과연 이 말은 이탈리아의 민족 혁명이 결코 사회 혁명은 아니며, 또 그렇게 되어서도 안 된다는 당시 이탈리아 민족주의자들의 지배적인 정서를 잘 보여 준다.

그런데 이와 같은 민족 혁명과 사회 혁명의 괴리야말로 1848년 이탈리아 혁명이 실패로 돌아간 중요한 원인이었다. 밀라노 임시 정부든 베네치아 공화국이든 민중의 광범위한 지지를 끌어내는 데 실패했으니 말이다. 가령 농민들이 원했던 토지 분배와 부채 탕감은 새로운 정부들의 관심 밖에 있었다. 베네치아 혁명의 지도자 다니엘레 마닌Daniele Manin은 인민을 무장시키는 것에 반대하면서 농업 개혁 강령을 거부했다. 오직 이런 상황을 고려할 때에만 오스트리아가 대★ 요한 슈트라우스Johann Strauss의 행진곡으로도 유명한 요제프 라데츠키Joseph Radetzky 장군을 앞세워 혁명을 분쇄하기 위해 이탈리아에 진공했을 때, 롬바르디아의 농민들이 왜 "라데츠키 장군 만세!"라는 반역의 구호를 외쳤는지를 이해할 수 있다. 또 이런 상황을 알기 때문에 우리는 당시 이탈리아 인들이 오스트리아 군대에서 대거 탈영한 이유를 반反오스트리아 감정에서 찾고 이를 애국적인 쾌거로 보는 '민족주의적' 해석에 이의를 제기할 수 있다. 그 탈영의 정확한 이유가 대중의 애국심에 있는지, 아니면 단순한 병역 거부에 있는지는 알려져 있지 않은 까닭이다.

혁명에 대한 대중 참여가 부재하는 상황에서 오스트리아 군대에 대항하기 위해 혁명이 의지할 데라곤 오로지 피에몬테 왕국의 물리력밖에 없었다. 그러나 이탈리아 애국자들의 압력에 못 이겨 오스트리아에 선전 포고한 피에몬테는 쿠스토차와 노바라에서 연거푸 패배함으로써 뭇 애국자들의 기대에 부응하지 못했다. 그에 따라 피에몬테의 도움을 절실하게 기다렸던 베네치아 공화국도 결국 오스트리아의 포위 공격에 못 이겨 함락되었고, 마찌니와 마찌니주의자들이 수립한 로마 공화국도 교황의 요청으로 프랑스 군대가 개입함으로써 짧은 생애를 마감했다. 이탈리아 혁명이 공중 분해된 것이다.

사정은 독일에서도 비슷했다. 많은 독일인들의 기대를 한 몸에 받으면서 1848년 5월 18일에 출범한 프랑크푸르트 의회는 결국 공허한 '말잔치'에 불과한 것으로 입증되었다. 의회에서 논쟁은 크게 두 가지였다. 하나는 개별 군주들과의 타협을 통해 입헌주의를 발전시키려는 "국민 자유주의적" 입장과 비타협적으로 인민 주권의 원칙을 관철시키려는 "국민 민주주의적" 입장 사이의 논쟁이었고, 다른 하나는 오스트리아까지 포함하는 "대독일적grossdeutsch" 통일 방안과 오스트리아를 배제하고 프로이센을 중심으로 하는 "소독일적kleindeutsch" 통일 방안 사이의 논쟁이었다. 그러나 논쟁은 떡 줄 사람은 생각도 하지 않는데 김칫국부터 마시는 형국이었다. 즉 의회가 "국민 자유주의적" 입장에서 "소독일적" 해결책을 결의했을 때, 프로이센 왕은 프랑크푸르트의 대표들이 제의한 독일의 제위를 "돼지의 관"이라 하여 거부했던 것이다. 프랑크푸르트에서 발행된 수표가 베를린에서 부도 처리된 셈이다. 그리고 프로이센 왕은 여전히 반항적인 민주주의적 혁명 운동을 무자비하게 진압함으로써 독일 혁명을 종내 분쇄해 버렸다.

흥미로운 것은 프랑크푸르트식 해결책의 성공 여부가 아니라 거기서 민족 문제를 둘러싸고 벌어진 논쟁의 과정 자체이다. 의회에서 18세기 폴란드 국가의 영토로서 폴란드 어 사용자들과 독일어 사용자들이 함께 거주하는 포젠Posen의 분할 및 귀속 문제가 토의되었을 때, 의원 빌헬름 요르단Wilhelm Jordan은 독일 문화의 우월성을 근거로 언어권에 따른 포젠의 분할을 지지하는 웅변을 토하기도 했다. 그러나 전체적으로 볼 때, 프랑크푸르트 의회는 '독일' 국가를 문화적 정체성의 표현으로 생각하지 않았다. 오히려 의회는 통일 국가 내부의 소수 언어의 존재를 인정했으며 민족을 기본적으로 시민권의 견지에서 규정하려 했다. 언어를 민족 경계를 획정하는 토대로 삼는다는 발상이 포젠 문제에서 처음 등장하기는 했으나, 그것이 대세가 되는 것은 1차 대전 이후에 가서였다. 그렇다면 1848년 혁명기에 요르단의 전형적으로 '민족주의적인' 견해는 예외적인 것이었으며, 대중 감정으로서 민족주의는 아직 지배적이지 않았다고 하겠다.[37]

기실, 이처럼 1848년 당시만 하더라도 민족주의가 일부 지식인들과 정치가들의 머릿속에서만 존재하고 광범위한 대중적 호소력을 발휘하지 못했다는 사실은 이탈리아의 경우를 겹쳐 놓고 보면 한결 명백해진다. 이미 언급했듯이, 밀라노 임시 정부와 베네치아 공화국에서 농업 개혁 강령이 진지하게 취급되지 못했다는 사실을 고려하면, 이탈리아에서 민족 혁명은 농민들의 충성심을 전혀 확보할 수 없었음을 쉬이 알아차릴 수 있다. "라데츠키 장군 만세!"를 외친 롬바르디아 농민들의 경우가 그 점을 웅변으로 말해 준다. 확실히, 그들은 민족주의적 동기에서가 아니라 자신들이 처한 **사회적** 위치에서 생각하고 있었다. 그들은 자신들의 사회적 이해관계가 베네치아 공화국이 아니라 오스트리아 제국 안에서 더 잘 보호받을 수 있으리라 (잘못) 생각했던 것이다.

이상의 사실들을 고려하면서 브로이는 다소간 일반적인 결론으로 도약을 감행하는데, 민족주의가 "자연적인 감정 혹은 일단 맛보면 사람을 걷잡을 수 없이 취하게 만드는 술 따위"가 아니라는 점을 힘주어 강조한다.[38] 즉 '하나의 민족'에 호네스티오레스(고귀한 자)와 후밀리오레스(미천한 자) 사이의 사회적 구별이 엄존하는 한, 민족적 정체성이 사회적 정체성을 완전히 압도하는 일은 벌어지지 않는다는 것이다. 사람들은 두 가지 모두의 견지에서 사태를 이해하고 행동을 취하는 법이니 말이다. 어디 민족적 정체성과 사회적 정체성뿐일까? 다시 한 번 더 도약하면, 사람들은 그 외에도 성별, 지역, 세대 등등의 그 모든 정체성을 동시에 가지고 있고 그런 정체성들의 견지에서 사태를 이해하고 행동을 취한다고 말할 수 있다.

통일로의 길

혁명이 지나간 빈 자리에 남은 것은 현실 정치Realpolitik였다. 이탈리아와 독일의 통일 민족주의가 보여 준 명백한 역설은 민족 통일의 실질적인 힘이 민족주의에서 나오지 않았다는 데 있다. 1848년 혁명에서 프랑크푸르트 의회의 자유주의자들이 수모를 당하고 밀라노와 베네치아의 애국적 급진파가 분쇄되고 난 뒤, 이탈리아와 독일의 통일은 피에몬테와 프로이센이라는 전통적인 왕조 국가가 확대되고 팽창하는 방식으로 달성되었다. 피에몬테와 프로이센 각각에서 총리로서 민족 통일에서 강력한 정치적 리더십을 발휘한 카밀로 벤소 디 카부르Camillo Benso di Cavour와 오토 폰 비스마르크Otto von Bismarck는 어떤 면에서보더라도 도저히 민족주의자라고는 말할 수 없는 유형의 인물들이었

그림 17 독일의 "철혈 재상" 오토 폰 비스마르크. 비스마르크는 프로이센 융커 출신의 보수적 정치가로서 전쟁을 통해 오스트리아를 배제한 '소독일적' 통일을 성취했다. 통일 이후에는 신생 독일 제국의 안정을 위해 프랑스의 고립 및 현상 유지를 목표로 한 현실적인 외교 정책을 펼쳤다.

다. 그들은 민족주의적 대의에서가 아니라 철저하게 피에몬테와 프로이센 왕정의 국익이라는 관점에서 생각하고 행동했던 것이다.

다만, 카부르와 비스마르크가 전통적인 보수주의자들과 달랐던 지점은 시대의 파도를 타고 민족주의라는 성난 말 등에 올라타 이 말의 숨겨진 능력을 시험해 보고픈 욕구를 가지고 있었다는 사실이다. 물론 낙마하여 목이 부러질 수도 있겠지만, 야생마를 길들여 희대의 명마로 만들 수도 있지 않을까 하는 기대감이 그들에게 있었던 것이다. 그렇다면 결국 민족주의자로 분류될 수 없는 보수적

현실 정치가들이 성공을 거두었다는 사실은 이 시기에도 민족주의가 여전히 실행에 옮길 수 없는 이상이었음과 동시에, 그럼에도 민족주의가 정치적으로 의미 있는 잠재력을 가지고 있었음을 반증한다.

돌이켜 보건대, 카부르가 이탈리아 통일을 축조한 수단은 단연 '외교'였다. 다소 개념 정의상의 논란의 여지가 있겠지만, 여기서 '외교'란 주어진 세력 관계를 바꾸어 내는 '정치'와는 달리 주어진 세력 관계를 인정하고 그 바탕에서 그 관계를 이용하는 방식이라 하겠다. 과연 카부르의 외교적 행보는 상당히 현란했다.

그림 18 이탈리아 '통일의 두뇌' 카밀로 벤소 디 카부르. 카부르는 마찌니와 가리발디와 더불어 이탈리아 통일의 '삼걸'로 추앙받지만, 실은 이탈리아 민족주의자라기보다는 피에몬테 왕정주의자였다. 그는 피렌체 남쪽에 가 본 적도 없고 이탈리아 반도 전체가 통일될 수도 없다고 믿은 현실 정치가였다.

그는 우선 피에몬테와 아무런 이해관계도 없는 크림 전쟁에 참전함으로써 전후 파리 강화 회의의 한 좌석을 얻어 이른바 "이탈리아 문제"를 국제적 안건으로 상정하는 데 성공했다. 그 다음으로 이탈리아 무정부주의자 펠리체 오르시니Felice Orsini의 프랑스 황제 나폴레옹 3세에 대한 암살 미수 사건을 계기로 황제에게 접근하여 오직 피에몬테만이 위험천만한 이탈리아 혁명의 방파제가 될 수 있음을 설득함으로써 전격적으로 피에몬테와 프랑스 사이의 공수 동맹을 이끌어 냈다.

프랑스와의 그런 동맹을 등에 업고 마침내 피에몬테는 1859년 4월에 오스트리아에 선전 포고한 뒤 1848년의 수모를 설욕하려 했다. 마침내 두 번째의 이탈리아 통일 전쟁이 시작된 것이다. 피에몬테-프랑스 연합군은 마젠타와 솔페리노와 산마르티노에서 격렬한 전투 끝에 승리를 거두고 롬바르디아에서 오스트리아 세력을 몰아냈다. 그러나 여기서 반전이 일어났다. 격심한 프랑스 측의 피해 —— 리소르지멘토 기간을 통틀어 전쟁에서 사망한 이탈리아 인의 수가 대략 6,000명인 반면에 1859년 한 해에만도 죽은 프랑스 인의 수는 7,668명이었다! —— 에 놀란 프랑스 황제가 카부르를 무시하고 오스트리아와 전격 휴전 협정을 체결한 것이다. 그럼으로써 피에몬테는 베네토의 수복을 포기하고 롬바르디아를 병합한 것에 만족해야 했다.

그럼에도 이 통일 전쟁의 더 중요한 결과는 피에몬테가 중부 이탈리아의 여러 지역들에서 영향력을 확대하고 종내 그 지역들을 병합한 데 있다. 이미 전쟁이 일어나기도 전에 토스카나에서는 반란으로 대공 레오폴트 2세가 쫓겨나고 임시 정부가 급조되었다. 그리고 사태의 주도권을 쥔 온건파들은 지체 없이 피에몬테 왕 비토리오 에마누엘레 2세에게 독재관의 자리를 제의했다. 잇따라 파르마와 모데나 등지에서 지배자들이 축출되었고, 교황령의 여러 지역들에서 소요와 반란이 일어났다. 그런 가운데 1860년 3월에 토스카나와 에밀리아 —— 파르마, 모데나, 볼로냐를 포함하는 —— 에서는 21세 성인 남성의 인민 투표를 통해 피에몬테로의 병합이 결정되었다. 사실, 인민 투표는 '퍼포먼스'에 지나지 않았다. 투표장에서는 국민방위대가 삼엄하게 지켜보는 가운데 악대가 음악을 연주했고, 대부분 문맹이었던 투표자들의 손에는 포도주와 병합 찬성을 뜻하는 '예sí'가 미리 인쇄된 투표지들이 쥐어졌다. 결과는 의도한 대로였다. 찬성표와 반대표는 토스카나에서 386,445표 대 14,925표였고, 에밀리아에서는 427,512표 대 756표였다. 그러나 어쨌든 투표는 적어도 형식적으로 피에몬테의 중부 이탈리아 병합이 인민의 일반 의지의 결과임을 시위하는 훌륭한 수단이었다.[39] 그리하여

지도 10 통일 이탈리아 왕국.

이때쯤이면 피에몬테의 사보이아 왕실의 지배 아래 이탈리아 북부와 중부의 롬바르디아, 파르마, 모데나, 에밀리아, 로마냐, 토스카나를 아우르는 새로운 이탈리아 왕국의 윤곽이 드러나기 시작했다.

물론 이야기가 끝난 것은 아니다. 이탈리아 리소르지멘토의 역사에 길이 남을 또 하나의 '사건'이 기다리고 있었다. 이탈리아의 걸출한 민족주의자 주제페 가리발디Giuseppe Garibaldi가 1860년 5월에 통상 '붉은 셔츠단'*으로 알려진 1천 명의 의용단을 이끌고 시칠리아 최서부인 마르살라에 상륙하여 남부 해방 전쟁을 개시한 것이다. 그는 시칠리아인들의 기대를 한 몸에 받으면서 부르봉 군대를 격파해 나갔다. 처음에는 가리발디의 원정을 "얼빠진 모험"쯤으로 여긴 카부르였지만, 해방전쟁의 놀라운 성공은 카부르로 하여금 팔짱만 끼고 있게 하지 않았다. 가리발디의 성공이 이탈리아에서 "붉은 혁명"을 파급시키고 그에 따라 외국 열강의 간섭을 초래할지 모른다고 우려한 카부르는 급거 피에몬테 군대를 남부로 진격시켰다. 남진하는 피에몬테 군대와 북진하는 가리발디 군대는 결국 운명적으로 마주치게 되었고, 이때 가리발디는 "이탈리아와 비토리오 에마누엘레 2세"의 이름으로 자신이 정복한 시칠리아와 이탈리아 본토 남부를 피에몬테에 헌납함으로써 자신의 민족주의적 신념을 만천하에 증명했다.

이상의 사실은 이탈리아 통일이 한편으로는 피에몬테 중심의 왕조 전쟁과 국가 구성의 결과이자 동시에 가리발디가 상징하는 인민 전쟁

---

* **붉은 셔츠단** 주제페 가리발디가 1860년에 조직한 의용단, 즉 1천 명으로 이루어졌다고 해서 '천인대'로 불리는 의용단의 별칭이다. 모두 붉은 셔츠 —— 그 외에 창이 넓은 모자와 목에 두른 머플러 —— 를 제복 삼아 입었다고 해서 그런 별칭이 붙여졌다. 원래 붉은 셔츠단의 모태는 가리발디가 1842년 우루과이 해방 전쟁에서 이끌었던 '이탈리아연대'였다.

그림 19 주제페 가리발디 장군의 지휘 아래 붉은 셔츠를 입고 시칠리아와 남부 본토를 해방한 천인 대. 이 열정적 소수의 모험적 행동주의Squadrismo는 이탈리아 역사에서 특징적인 요소이다.

과 열정적 소수의 행동주의의 결과임을 잘 보여 준다. 즉 리소르지멘토 는 국가의 기능과 의지주의의 기능이라는 이원성을 내포하는 것이다. 그 럼에도 종국적으로 드러나는 바는 국가가 의지주의를 흡수했다는 것이 다. 그럼으로써 1848년 혁명기에 분출했던 민주주의적인 성격의 민족 적 영감은 결국 제거되었다. 하지만 겉으로 드러난 면모에만 집착할 필 요는 없다. 이탈리아에서 민족주의의 역사적 자취는 의연했으니 말이 다. 가령 18세기의 마지막 3년간에 분출한 자코뱅주의자들의 혁명 시 도, 알피에리와 포스콜로의 민족주의, 카르보나리와 마찌니주의자들의 반란, 필경 가리발디 모험의 리허설이라고 할 수 있는 반디에라 Bandiera 형제와 카를로 피자카네Carlo Pisacane의 영웅주의* 등은 그 자 체 목적을 달성하는 데는 실패했지만 '민족'의 담론을 널리 유포시키

고 민족주의를 거부할 수 없는 현실의 세력으로 만듦으로써 궁극적으로 이탈리아 통일을 위한 비옥한 토양이 되었음은 물론이다.

한편, 카부르가 피에몬테의 수상이 된 지 꼭 10년 후인 1862년에 프로이센에서도 통일의 주역이 될 인물, 비스마르크가 수상으로 취임했다. 그리고 역시 이탈리아가 통일된 지, 꼭 10년 후인 1871년에 독일의 통일이 성취되었다.

독일의 통일은 이탈리아보다 훨씬 더 프로이센이라는 중핵 국가의 무력에 의지

그림 20 주제페 가리발디와 천인대의 남부 원정의 리허설이라고 할 만한 반디에라 형제의 1844년 칼라브리아 봉기 시도. 그림에서 반디에라 형제와 음모자들이 잔인하게 총살당하고 있다.

했고, 그런 점에서 이탈리아보다 더 확실한 전쟁의 산물이었다. 독일의 통일이 보여 주는 그런 독특한 성격은 비스마르크의 유명한 의회 연설에서 여실히 확인된다. "우리 시대의 큰 문제에 대한 해답은 연설과 다

---

* **반디에라 형제와 카를로 피자카네의 영웅주의** 1844년 반디에라 형제는 칼라브리아에서 봉기를 일으키려다 발각되어 처형당했다. 한편, 나폴리의 귀족 출신인 카를로 피자카네는 리소르지멘토의 사상가로서 농민군의 창설과 전국적 폭동전을 주장했다. 그는 1857년에 나폴리 남부의 사프리 상륙을 시도하다가 실패한 뒤 자살했다. 반디에라 형제와 피자카네의 모험적 행동주의는 가리발디의 1860년 시칠리아 원정의 (실패한) 전범이었다.

수 투표가 아니라 —— 그것은 1848~1849년의 대환상이었다 —— 철과 피를 통해 주어진다."[40] 비스마르크는 "철과 피"라는 자신의 규범을 충실히 실천에 옮겼다. 비스마르크의 프로이센은 1864년에 덴마크를 상대로 한 6주 전쟁, 1866년에 독일 통일의 강력한 경쟁자인 오스트리아를 상대로 한 7주 전쟁(보오 전쟁), 그리고 1870년에 불구대천의 원수 관계에 있던 프랑스를 상대로 한 보불 전쟁 등 잇따른 전쟁 행위를 통해 독일을 하나로 통합시킨 것이다.

비스마르크의 경우에도 카부르와 마찬가지로 노련한 외교술이 큰 몫을 담당했다. 그 대표적인 것이 '엠스 전보 사건'이다. 1870년 7월에 에스파냐의 왕위 계승 문제로 프로이센과 프랑스 사이의 긴장이 조성되었을 때, 프로이센 주재 프랑스 대사가 당시 엠스 휴양지에서 온천을 즐기던 프로이센 왕 빌헬름과 회담을 가졌다. 왕은 프랑스의 요구를 정중하게 거부했고, 그 내용을 베를린의 비스마르크에게 전보로 알렸다. 이때 비스마르크는 전보를 교묘하게 편집하여 언론에 공개했다. 비스마르크에 의해 편집된 전보는 프로이센 인들에게는 자국의 왕이 모욕을 당한 것처럼 보이고, 프랑스 인들에게는 자국의 대사가 수모를 당한 것처럼 보이게 하는 내용으로 둔갑했다. 이로써 양국의 여론이 악화되고 결국 전쟁이 발발하게 되었다.

그런가 하면 프랑스를 제압하고 독일 통일이 목전에 다가왔을 때, 비스마르크는 독일 군주들의 자발적인 동의를 얻어 프로이센 왕이 황제로 추대되어야 한다고 확신했다. 이는 제국의 창설이 프로이센의 무덤이 되지는 않을까 우려한 빌헬름의 생각과는 명백히 다른 것이었다. 비스마르크는 독일 내 서열 2위인 바이에른의 왕 루트비히 2세로 하여금 황제 추대장 —— 비스마르크 자신이 손수 작성한 —— 을 프로이센 왕에게 전달하게끔 연출했다. 이 '운반책'의 역할을 수행한 대가로 루트

그림 21 1866년 7월 3일 프로이센과 오스트리아 사이에서 벌어진 7주 전쟁(보오 전쟁)의 역사적 격전인 '쾨니히그레츠 전투'. 그림에서 프로이센 1군을 지휘한 프리드리히 카를 니콜라스 왕자가 병사들의 사기를 한껏 북돋고 있다. 이 전투에서의 프로이센의 승리는 오스트리아를 배제한 프로이센 중심의 '소독일적' 통일의 서곡이었다. '쾨니히그레츠 전투'는 탄알을 뒤에서 장전하는 후장총과 강철포, 철도나 전보와 같은 테크놀로지의 힘을 여실히 입증한 전투이기도 했다.

비히는 후에 현금으로 500만 탈러에 달하는 수고비를 받았다. 다소 짓 궂은 감각으로 말하자면, 우리는 이 비스마르크의 뇌물 덕택에 바이에른의 호사스러운 궁전들과 루트비히가 총애한 작곡가 리하르트 바그너 Richard Wagner의 음악을 감상할 수 있는 것이다.[41]

　　마침내 1870년 12월 18일에 제국 의회의 대표단이 프로이센 왕 빌헬름에게 제위를 제의했다. 공교롭게도 대표단을 이끈 사람은 1849년에 프랑크푸르트 의회를 대표해서 당시 프로이센 왕 프리드리히 빌헬름 4세에게 제위를 제의했던 때와 마찬가지로 에두아르트 폰 짐손 Eduard von Simson이었다. 그때 거절했던 프로이센 왕은 이때에는 제의를 수락했다. 이윽고 1871년 1월 18일 점령지인 프랑스 베르사유 궁전의 거울의 방에서 독일 제국이 장엄하게 선포되었다.

통일의 유산

통일은 문제의 종결이라기보다는 시작이었다. 통일로 축조된 독일 민족 국가가 "불완전한" 것이었고 이탈리아 통합이 "불구의" 통일이었다는 학계의 지배적인 해석은 이탈리아와 독일의 통일에 모순과 결함이 많았음을 시사한다. 그런 모순과 결함은 무엇보다 이탈리아와 독일의 통일이 놀라운 생존 능력을 보여 준 낡은 왕조 국가 ── 피에몬테와 프로이센 ── 가 확대·팽창하는 방식으로 이루어졌다는 데 있다. 낡은 왕조 국가와 새로운 민족 국가 사이의 연속성은 이탈리아 통일 왕국의 초대 왕인 비토리오 에마누엘레 2세가 여전히 '2세'라는 명칭을 고집했다는 데서, 그리고 독일 제국의 초대 황제인 빌헬름 1세가 '독일 황제'보다는 '프로이센 왕'이라는 명칭에 더 애착을 가지고 있었다는 데서 상징적으로 드러난다.

그러나 통일의 모순과 결함이 더욱 중요하게 드러나는 대목은 독일과 이탈리아의 민족 국가가 그리 '민족적'이지 않았다는 사실이다. 이탈리아의 경우에 민족주의자들이 마땅히 이탈리아 땅으로 간주한 베네토, 트렌토, 트리에스테, 그리고 무엇보다 '민족의 상징'이라는 면에서 이탈리아를 전부 합친 것보다도 큰 로마가 여전히 통일 왕국에 포함되지 못했다. 비록 로마는 1870년 보불 전쟁에서 프랑스가 패배하면서 교황의 보디가드였던 프랑스 수비대가 로마에서 철수한 틈을 타서 이탈리아가 로마에 진공함으로써 수복되기는 하지만, 이때 교황이 스스로를 "바티칸의 포로"로 규정하고 이탈리아의 모든 가톨릭교도들에게 세속 이탈리아 국가의 모든 정치 일정을 보이콧하라는 교지를 내림으로써 문제는 악화되었다. 즉 이탈리아 인의 절대 다수가 가톨릭교도였음을 고려하면 교회야말로 가장 '민족적인' 제도였고, 이 제도가 '이탈리아' 국가와 불화를 빚었다면, 이는 곧 '민족≠이탈리아' 라는 기묘한 등식이 성립했음을 뜻하는 것이다. 바로 이것이 이탈리아 역사에서 '로마 문제' 로 알려진 현상의 본질이다.

게다가 남부를 비롯하여 통일 과정에서 기성의 국가 체제가 일거에 붕괴하면서 무정부 상태에 빠져 버린 각 지역에서 행정적·정치적 질서와 권위를 새로 세우는 일은 신생 국가로서는 감당하기 어려운 과업이었다. 소설가 주제페 토마지 디 람페두자Giuseppe Tomasi di Lampedusa가 소설 속 화자의 입을 빌려 통일되고 난 뒤만큼 분열이 심한 적이 없었다고 푸념하는 대목이 신생 이탈리아가 직면한 역설을 잘 드러내 준다. 문제의 핵심은 이질적인 지역 주민들을 단일한 이탈리아 국민으로 만드는, 이른바 "주변부의 국민화" 혹은 "대중의 국민화"의 과제에 있었다. 그리하여 통일이 문제의 종결이 아니라 시작이라는 사실은 당대의 온건파 정치가 마시모 다젤리오Massimo D'Azeglio의 다음과 같은, 널리 인용되는 유명한 말에서 간명하게 요약된다. "이탈리아를 만들었다. 이제 남은 일은 이탈리아 인을 만드는 것이다."[42]

민족 국가가 '민족적' 이지 않다는 역설은 독일의 경우에도 재차 확인된다. "소독일적" 원칙에 따라 창설된 독일 제국은 결코 "순수 독일적reindeutsch"이지 않았다. 독일 제국은 무엇보다 오스트리아에 거주하는 1천만 명에 달하는 독일인들을 배제했다. 그런가 하면 독일 제국에는 알자스-로렌(독일어로는 알자스-로트링엔)의 프랑스 인들, 북부 슐레스비히의 덴마크 인들, 그리고 무엇보다 250만 명에 달하는 동부 프로이센의 폴란드 인들 등 많은 소수 민족들이 포함되어 있었다. 독일 제국의 민족적 순도純度가 떨어진다는 사실은 제국이 독일어 사용자 권역의 단지 68%만을 차지했고, 제국 전체 인구의 92%만이 '독일인' ── 언어적 소수 집단들과 독일어를 사용하는 유대인을 '비독일인'으로 간주하여 제외한 수치 ── 이었다는 점에서 명료하게 드러난다. 요컨대 제국이 이념형으로서의 '진정한' 민족 국가가 되려면 모든 독일인들을 포함하거나, 아니면 오직 독일인들만을 포함해야 하는데, 현실의 독일 제국은 그렇지 못했던 것이다.[43]

게다가 그런 종족적 측면에서뿐만 아니라 문화적 측면에서도 소수파들이 제국 내부에 많았다. 제국의 문화적 규범에서 일탈한, 혹은 일탈할 잠재성을 지닌다고 규정된 대표적인 문화적 소수 집단은 바로 사회민주주의당원들과 남부에 대거 포진한 가톨릭교도들이었다. 통일 이후 비스마르크가 정력적으로 수행한 이른바 사회주의자 탄압과 '문화 투쟁Kulturkampf'은 각기 '제국의 적'으로 간주된 이 소수 집단들을 대상으로 한, 일종의 민족적 십자군 전쟁이었다.

특히, 통일된 이탈리아에서의 '로마 문제'만큼이나 골칫거리로서 통일 이후 독일에서 민족 문제를 전면에 부각시킨 것은 바로 '폴란드 정책Polenpolitik'이었다. 통상 독일 제국의 반가톨릭 정책으로 알려진 '문화 투쟁'도 실은 단호한 반폴란드 정책의 일환이었던 것으로 보인다. 왜냐하면 비스마르크가 '문화 투쟁'의 시동을 처음 걸었던 데도, 그 자신의 표현을 빌리자면, "포즈난과 서프로이센에서 독일인들을 제치고 폴란드 민족성이 급격히 세를 확장"하는 것에 대한 두려움이 작용했기 때문이다. 그리하여 폴란드 인들은 점차 제국 안에서 2등 시민으로 취급되기 시작했다. 1876년에 독일어가 유일한 공식어가 된 것을 필두로 하여 1885년에는 대규모 폴란드 인 추방이 이어졌고, 그 이듬해에는 '정착법'을 통해 폴란드 인 거주 지역에 독일인들을 식민하는 정책이 체계적으로 추진되었다. 이런 일련의 과정은 '순수한' 종족-민족적 개념을 '불순한' 현실과 일치시키는 데는 불가피하게 폭력이 수반될 수밖에 없음을 잘 보여 준다.[44]

그와 같은 폭력은 통일 직후 이탈리아에서 더욱 극적으로 확인된다. 통일된 이탈리아가 안고 있던 숱한 문제들 가운데 '남부 문제'는 특히 목구멍에 걸린 가시와도 같았다. 가령 "비바(만세) 이탈리아!"를 왕비의 이름인 줄로 알았다는 어느 시칠리아 농민의 일화는 형식적인 민족 통일에도 불구하고 적어도 남부에서 '민족'이 놓인 처지가 어떠했는지를 단적으로 보여 준다. 확실히, 1860년 통일은 이탈리아 남부의 역사에서 만성적이던 농민 반란의 마침표가 아니었다. 혁명기에 위태로워 보였던 지주 엘리트들의 권력이 통일 직후 다시 공고해졌을 때, 이는 농민 반란의 도돌이표가 되었다. 남부 농촌에서 절망에 빠진 농민들의 반란이 다시 전염병처럼 확산되었고, 옛 부르봉 왕정 지지자들과 급진주의자들이 이 사회적인 소요 사태를 이용하고자 준동했다. 이탈리아 정부는 이 거대한 반란의 규모를 감추려고 봉기한 농민들을 '산적떼'로 규정했다. 그리하여 1861~1864년의 3년간 이 현대판 '바가우다이'에 대한 대대적인 토벌 작전이 수행되었다. 그것은 내전이었다. 무려 116,000명의 군대 병력이 동원된 가운데 5,212명의 '산적들'이 소탕되고 3,600명이 생포되었다. 그 진압 과정에서 전사한 병사들의 수까지 합치면 통일 전쟁에서 죽은 사람의 수보다 훨씬 많았던 것이다![45]

이런 폭력의 역사는 우리에게 두 가지 사실을 가르쳐 준다. 하나의 사실은 민족주의와 민족 국가가 반드시 외부의 적만을 거울로 해서 발전하지 않는다는 점이다. 오히려 내부의 적을 '타자화' 혹은 '내부 식민화'하는 과정이 반드시 개입되기 마련이었다. '비민족적' 혹은 '반민족적'으로 간주된 내부의 소수 집단들은 '타자' 혹은 '내부 식민지'

로 분류되고 주변화되며 배
제된다. "대중의 국민화" 혹
은 "주변부의 국민화"란 그
런 인식의 폭력을 전제하고
있었던 것이다. 그리고 인식
의 폭력은 종종 현실의 끔찍
한 폭력으로 이어진다. 이것
이 또 하나의 사실이다. 슬
픈 현실이지만, 희생자의 수
에 얼마간 무감각해진 현대
홀로코스트의 시대에 이탈
리아에서 소탕된 '산적떼'의
수에 놀라지 않는 사람이라
면, 미국이라는 '국가의 탄
생' 시기에 남북 전쟁에서
희생된 사람들의 수가 천 단
위가 아니라 십만 단위였다

그림 22 총살당한 이탈리아 남부의 '산적'. 사진은 국가
구성의 과정에서 빚어진 동족상잔의 비극을 생생하게 보여
준다.

는 사실을 떠올려도 좋을 것이다. 더욱 슬픈 일은 '산적떼'의 꼬리표를
달고 죽은 농민들이 일부 역사가들의 펜 끝에서가 아니라 일반 국민들
의 마음속에서 지금이라도 복권될 가망이 별로 없다는 점이다.

결국 이렇게 보면, 당장 '동족들' 끼리의 내전과 폭력이 근대의 민족
국가 형성에서 빠지지 않는 구성 요소라는 일반적인 결론을 내리고픈
심정이 든다. 물론 국가의 공식적 역사에서 그런 '불쾌한' 사실들은 당
연히 기억하고 싶지 않을 터이다. 과연 르낭의 말대로, 민족 형성은 기
억의 과정인 만큼이나 망각의 과정이기도 한 것이다. 마르크스는 영국

에서 최초의 자본이 형성되고 자본주의가 등장하는 과정을 "본원적 축적"으로 부르면서 그 살벌한 비인간적 광경을 묘사한 적이 있다. 여기서 이런 비유가 허용된다면, 자본과 자본주의뿐만 아니라 민족 국가와 민족주의도 "본원적 축적"의 시기를 경유하거늘, 마르크스의 표현을 빌리자면, 민족 혹은 국가는 "머리에서 발끝까지의 모든 털구멍에서 피와 오물을 흘리면서 태어난다."[46]

확실히, 통일은 민족을 국가에 형식적으로만 포섭했다. 그러나 국가에 대한 민족의 실질적인 포섭은 여전히 요원했다. 독일에서 사회주의자들과 가톨릭교도들과 폴란드 인들, 이탈리아에서 남부 농민들 ── 그중 일부가 졸지에 '산적떼'로 몰린 ── 은 여전히 신생 민족 국가에서 '외국인'이었다. 바로 여기에 많은 역사가들이 독일과 이탈리아의 통일을 흠집투성이라고 평가하는 이유가 있다.

특히, 그람시는 이탈리아의 민족 통일을 "수동적 혁명"으로 규정했는데, 이 개념은 이탈리아뿐만 아니라 독일의 통일과 민족 국가 수립을 이해하는 데도 제법 풍부한 함의를 제공한다고 생각된다. 그람시에 따르면, "수동적 혁명"이란 대중의 요구를 조금씩 들어주되, 대중의 실질적인 지배력을 확대함이 없이 대중을 체제에 통합시키는 방식을 말한다. 그는 수동적 혁명이 리소르지멘토와 그 이후에 이탈리아에서 관철되었다고 본다. 특히, 리소르지멘토에서 이탈리아의 급진파가 농민과의 동맹에 실패함으로써 광범위한 대중을 통일 운동에 흡인하지 못했다는 사실을 강조한다. 프랑스에서처럼 혁명적 부르주아와 민중의 능동적 결합이 이루어지지 못했다는 것이다. 기실, 1860년에 왕조 전쟁을 인민 전쟁으로 전환시키려 한 가리발디가 시칠리아 지주들의 압력에 굴복하면서 토지 분배를 요구한 브론테의 농민 반란을 부관을 시켜 진압하게 한 것은 이탈리아의 혁명적 부르주아지의 실패와 이탈리아 혁명의 수동적 성격을 결정한 사건이다. 혁명 과정에서의 이와 같은 대중 참여의 부재는 혁명 이후까지도 연장되었는데, 통일 이탈리아 왕국에서 정치는 극히 협소한 선거권에 바탕을 둔 채 '이합집산trasformis-mo'으로 알려진 부패한 정치가들의 밀실 거래와 야합을 통해 이루어졌던 것이다.

과연 그람시의 "수동적 혁명"은 이탈리아와 독일의 통일이 노정한 모순과 결함의 단면을 날카롭게 포착하고 있다. 그런데 유의할 점은 "수동적 혁명"도 엄연히 혁명이라는 것이다. 그람시는 역사의 운동에서 뒤로 돌아가거나 총체적인 복고가 이루어진다는 것은 있을 수 없는 일이라고 본다. 그러므로 "수동적 혁명"도 수동적일망정 특정한 변화를 유발하는 특정한 혁명이라는 것이다.

이 "수동적 혁명"이라는 개념이 갖는 미묘한 뉘앙스를 잘 이해하기 위해서는 그 개념을 처음 사용한 원작자의 생각으로 돌아가 보는 것이 도움이 된다. 빈첸초 쿠오코Vincenzo Cuoco는 1799년의 나폴리 혁명과 잇따른 공화국의 수립 과정을 관찰하면서 그 개념을 만들어 냈는데, 광범위한 대중 참여가 아니라 추상적인 프랑스 모델과 프랑스의 개입에 의존한 소수 혁명가들의 주도로 추진된 혁명의 한계를 부각시키려 했다. 사실, 이탈리아의 혁명가들은 나폴레옹의 프랑스 제국주의가 존재하는 역사적 조건 아래에서 난처한 입장에 빠져 있었다. 그들의 근대적 기획을 추진하려면 프랑스의 도움이 필요했고, 프랑스라는 외세의 지배에 반대하려면 근대성이 아니라 전통을 대변하는 사회 계층인 농민과 농민에게 막대한 영향력을 행사하는 사제 및 귀족 계층과 동맹을 맺어야 했으니 말이다. 이는 근대성과 민족성이 충돌한 역사적으로 특정한 상황으로 요약될 수 있다. 쿠오코의 "수동적 혁명"은 바로 그런 모순적 상황을 개념화한 것이다.

그런데 쿠오코가 혁명가들이 지방적인(당시로서는 민족적인) 조건들에 적응하지 못했다고 비난하는 것을 단순히 반혁명이나 보수주의를 옹호하는 것으로 받아들여서는 안 된다. 왜냐하면 그 자신이 1799년 이후에 나폴레옹이 세운 북부 이탈리아의 공화주의 정권들을 위해 일했기 때문이다. 그는 아마도 근대화라는 지상 명제를 위해 전통 세력과 혁명 세력을 화해시키려는 복안을 가지고 있었던 것이 아닐까? 만일 그렇다면 쿠오코는 근대성과 민족성을 결합시키는 특수한 방식, 그러니까 "민족적인 틀 안에서 혁명과 전통을 화해시키려 하는 '중도中道'를 제시한 이론가들 가운데 최초의 (그리고 아마도 가장 독창적인) 인물"로 평가할 만하다.[47]

이탈리아와 독일의 민족 통일도 그와 같이 근대성과 민족성, 혁명과 전통 사이에서 타협한 중도적 해결책으로 보인다. 이렇게 보면, 이탈리아와 독일의 역사를 실패만큼이나 성공의 관점에서도 조명할 수 있다. 그것은 절반의 실패이면서 동시에 절반의 성공이었다는 말이다. 사실, 통일 이탈리아 왕국이 보여 준 중대한 한계에도 불구하고 문자 해득률이 2.5%도 채 안 되는 열악한 상황에서조차 최소한의 법치와 시민권의 원칙에 입각한 자유주의적 노선이 견지되고 자본주의로의 "유연한 이행"이 이루어졌다는 사실은 경이롭다. 또한 독일 제국의 권위주의적 통치 체제에도 불구하고 법치주의와 업적주의가 확립되고 부르주아적 가치관이 난숙하며 자본주의적 산업화가 성취된 모습은 인상적이다. 그런가 하면 영국과 프랑스를 잣대로 하여 이탈리아와 독일의 사례를 불완전한 부르주아 혁명이나 불량 모조 국가로 폄훼하는 시각은 영국과 프랑스에서도 순수한 부르주아 혁명은 없었으며 거기서도 역시 국가 폭력이 있었음을 망각하는 소치라 할 것이다.

결국 이런 생각은 민족주의에 대한 전통적인 시각에 의구심을 던진다. 즉 영국과 프랑스는 전적으로 데모스의 논리가 우세한 경우이고, 독일과 이탈리아는 에트노스의 논리가 우세한 경우라는 전통적인 시각은 독일과 이탈리아에서도 근대성과 혁명이 절반의 성공을 거두었다는 점에서 데모스의 논리가 의연히 관철되고 있었음을 간과한다. 다만, 독일과 이탈리아에서 중요한 점은 근대성과 혁명에 대항하여 민족성과 전통의 저항이 사뭇 격렬했다는 사실이다. 가령 이탈리아 통일 이후에 자유주의 정부는 이탈리아 인들을 새로운 국가의 자유로운 시민들로 전환하려 했다. 의무 교육법을 확대하려는 시도가 그런 노력의 일환이었다. 그러나 이 시도는 자식들을 학교에 보내기보다는 일터에 보내기를 원했던 학부모들의 강한 반발에 부딪쳤다. 그러므로 정부는 시민의 기본권을 강제해야만 했다. 자, 그렇다면 컵에 물이 반밖에 안 찼다고 말할 것인가, 아니면 그래도 컵에 물이 반씩이나 찼다고 말할 것인가? 이렇듯 자유를 강요해야만 하는 역설적인 상황 —— 자유주의 독재! —— 이야말로 이탈리아의 성공과 실패, 그리고 모순이 무엇인지를 여실히 보여 준다.

이런 맥락에서 이탈리아의 영화 감독 타비아니Taviani 형제의 영화 《파드레, 파드로네》가 던지는 메시지는 의미심장하다. 영화는 사르데냐 섬의 무식한 목동이 아버지의 반대를 무릅쓰고 배움의 길을 통해 언어학자가 되는 과정을 다루고 있다. 여기서 자식 교육에 반대하는 아버지, 곧 파드레는 파드로네, 곧 교사에 욕설을 퍼붓는 폭군 같은 주인님이었다. 그런데 이 반계몽적 폭군에게서 해방되어 글에 눈뜨고 문이 트이는 과정은 단순한 '계몽'을 넘어 진정으로 '혁명'에 견줄 만하다. 아니나 다를까 20세기 초에 활약한 이탈리아의 급진적 자유주의 지식인 피에로 고베티Piero Gobetti는 이탈리아에서 자유주의는 오직 '혁명'을 통해서만 실현될 수 있다고 갈파하면서 자유주의를 저버린 부르주아지에 맞서 프롤레타리아트에게 "자유주의 혁명"의 과업을 호소한 적이 있다. 그렇게 이탈리아에서 자유주의는 역설적이게도 자유를 강요함으로써 '독재'가 될 수도 있었고, '혁명'을 통해 자유를 온전히 실현할 수도 있었다.

독일과 프랑스의 비교

이제 프랑스와 독일의 사례를 모두 살펴본 마당에 이상의 점들을 염두에 두면서 다시 한 번 프랑스(서구형)와 독일(동구형)에서 민족과 민족주의가 보여 주는 공통점과 차이점을 일목요연하게 비교해 보는 것도 의미 있을 것이다. 오랫동안 서구에서 민족주의 연구를 지배한 통념은 프랑스가 자유로운 부르주아적 발전에 바탕을 둔 합리적이고 공민적인 서구형 민족주의를 대표하는 반면에 독일은 미숙한 부르주아적 발전에 의해 규정된 비합리적이고 종족적인 동구형 민족주의를 대표한다는 것이었다. 아니나 다를까 이런 인식은 국적법에서 프랑스가 자국 영토에서 태어난 사람들을 개방적으로 포용하는 속지주의의 원칙을 폭넓게 적용하는 반면에 독일은 배타적으로 혈통을 강조하는 속인주의의 원칙을 견지하고 있다는 현실로 입증되는 듯하다. 그러므로 프랑스 민족은 자유롭고 개방적인 반면에 독일 민족은 배타적이고 폐쇄적이라는 것이 변함없는 평가였다.

그런데 프랑스와 독일 사이에 그런 심오한 유형적 차이가 있는 것이 사실이라면, 그것은 무엇보다 역사적 차이에서 비롯된 것으로 보인다. 프랑스에서 민족은 중세 이래 단일하고 통일적인 왕정과 긴밀한 연관을 가지면서 발전한 반면에 독일 민족은 영방 국가들과 소수 민족들을 포괄하는 '독일 국민의 신성 로마 제국'이라는 모호하고 느슨한 정치적 틀 안에서 발전했다. 그리하여 프랑스 인이란 대개 왕국의 신민을 가리킨 반면에 독일인의 정치적 귀속은 제국일 수도 있고 영방 국가일 수도 있었다. '제국 국민Reichsnation'의 개념도 제국이 초민족적이라는 점에서 독일인의 범주에 넘치는 개념이면서 동시에 귀족들만을 가리킨다는 점에서는 독일인의 범주에 모자라는 개념이었다. 이는 프랑스에서는 민족과 국가가 일치한 반면에 독일에서는 양자가 불일치했음을 단적으로 말해 준다.

특히, 독일에서의 그런 불일치는 19세기에 통일 문제가 정치 논쟁으로 제기되었을 때 극적으로 드러났다. 즉 오스트리아를 배제하고 프로이센을 중심으로 삼는 "소독일적" 해결책과 오스트리아까지 포함하는 "대독일적" 해결책 사이의 논쟁이 그것인데, 어느 것이나 독일인들이 배제되거나 비독일인들이 포함된다는 점에서 "순수 독일적" 해결책이 아니기는 매한가지였다. 가령 "소독일적" 해결책도 많은 독일인들을 배제함과 동시에 소수 민족들을 포함한다는 점에서 과소와 과잉을 면치 못했다. '독일인'은 언제나 정치적 정체성과 분리된 종족 문화적 정체성으로 남아 있었던 것이다. 그 반면에 '프랑스 인'은 종족 문화적 정체성과 정치적 정체성의 결합체였다. 마침내 프랑스에서 절대 왕정과 신분제가 혁명으로 타도되었을 때, 근대 시민권의 개념을 중심으로 국가 구성원 자격과 민족 구성원 자격이 새로이 정의되고 통합되었다.

바로 이런 역사적 차이로부터 독일을 **문화민족**으로 보고 프랑스를 **국가민족**으로 보는 유형적 인식이 정착했다. 곧 프랑스는 낡은 종족의 차원을 극복한 근대 민족인 반면에 독일에서 민족은 오히려 구래의 종족에 기원을 두고 있다는 천편일률적인 '차이의 인식' 말이다. 요컨대 브루베이커가 간결하게 종합했듯이, "독일에서 민족성은 종족 문화적 사실이었던 반면에 프랑스에서 민족성은 정치적 사실이었다."[48] 이로부터 프랑스 민족이 민주주의와 인권에 친화력을 가지는 반면에 독일 민족은 파시즘과 인종 학살로 이끌리는 경향이 있다는 인식이 확산되었고, 이는 실제 프랑스 민주주의와 독일 나치즘의 역사라는 서로 다른 역사적 발전 경로에 의해 사실로 입증되는 듯했다.

정말이지 흥미로운 것은 독일과 프랑스의 차이에 대한 그런 인식이 민족주의 자체를 보는 시각에도 영향을 미쳤다는 점이다. 즉 독일로 대표되는 에트노스의 문화적·역사적 뿌리를 강조하는 "계보학적" 시각과 프랑스로 대표되는 데모스의 시민적·국가적 구성을 강조하는 "반계보학적" 시각이 바로 그것이다. 이윽고 서구인들은 유럽이라는 비커 안에서 독일과 프랑스의 샘플로 실험해 본 연후에 그 결과로 얻은 이론들을 유럽 밖의 세계에도 적용하여 서양의 민족주의와 동양의 민족주의를 구별하고자 했다. 그 이론들이 가지는 함의는 명백했다.

그런 이론들에 깔려 있는 암묵적인 메시지는, 국가에 맞서 종족적 자율성을 유지하려는 시도는 반동적이고 반근대적이라는 것이었다. 즉 민족주의는 종족과 닮아 있다면 나쁜 것이며, 근대화를 추진하는 국가에 연관되어 있다면 좋은 것이라는 메시지였다.[49]

그러나 독일 민족주의에 종족의 문화적 개념만 있었던 것은 아니다. 거기에는 프랑스와 마찬가지로 국가의 정치적 개념도 작동하고 있었다. 즉 에트노스 외에 데모스의 요소도 있었다는 말이다. 가령 폴란드인들이 독일 제국에의 합병에 항의했을 때, 비스마르크는 국가주의의 용어로 대답하기를, 폴란드 인들은 "나 자신이 속해 있는 프로이센 외의 다른 어떤 국가에도, 다른 어떤 민족에도 속해 있지 않다"고 했던 것이다. 독일 민족주의의 그런 강한 동화주의적 성향을 고려하면, 독일 제국은 민족이 국가에 선행한다는 종족 민족적인 개념보다는 민족이 국가의 의식적이고 인위적인 창작물이라는, 다분히 프랑스적인 국가 민족적인 개념을 보여 주었다고 평가할 수 있다.

물론 잇따른 폴란드 인 추방 정책은 민족에 대한 국가 민족적 개념이 점차 종족 민족적 개념으로 바뀌어 갔음을 보여 준다. 그리고 위의 비스마르크의 말에서 짐작할 수 있듯이, 프로이센 국가에 대한 충성과 독일 민족 국가에 대한 충성은 별개의 것으로 여겨졌다. 그럼에도 제국 시대 '독일'이 "순수 독일적"이지 않은 "소독일적" 형태를 취하고 있었다는 사실 자체가 독일에서 민족에 대한 종족 문화적 개념에 대해 국가 민족적 개념이 현실적으로 우세했음을 반증한다. 그렇다면 독일의 문화 민족에도 국가 민족의 요소가 존재했다고 분명하게 말할 수 있다.[50]

거꾸로 프랑스의 국가 민족에도 독일과 같은 문화 민족의 요소가 존재하고 있었다. 이미 언급했듯이, 그 점은 혁명기에도 확인된다. 다시 바레르의 말을 들어 보자. "연방주의와 미신은 저지 브르타뉴 어로 말한다. 망명과 공화국에 대한 증오는 독일어로 말한다. 반혁명은 이탈리아 어로 말한다. 광신은 바스크 어로 말한다."[51] 여기서 언어가 '프랑스 시민'과 '외국인'을 구분하는 일차적인 기준으로 제시되고 있음은 명백하다. 말이 나왔으니 말이지만, 공민적 민족주의를 발전시킨 프랑스가 종족적 민족주의로부터 완전히 자유롭지 못하다는 것은 많은 역사적 사실들이 증언하는 바이다. 가령 유대인 드레퓌스에 대한 공격의 배후에는 다분히 종족적 함의를 지닌 '조국'이 있었다. 드레퓌스 반대파 가운데 한 명인 모라스Maurras는 급기야 유대인, 개신교도, 프리메이슨, 기타 외국인이 없는 진정한, 인종적으로 순수한 프랑스를 상상하기에 이르렀다.[52] 오늘날 프랑스에서 인종 차별적 극우 정당이 버젓이 활개치고, 대도시 외곽의 '저가 임대 주택HLM'에 사는 분노한 이민자들이 격렬한 시가전을 벌이는 현실은 무엇을 말해 주는가?

기실, 한때 프랑스 역사학의 대부였던 페르낭 브로델Fernand Braudel은 프랑스에 종족적 민족주의가 있음을 부인하지 않는다. 그는 유작 《프랑스의 정체성》에서 민족주의가 유럽에 "분열, 광기, 야만"을 몰고 왔다면서 "우리 프랑스 인들은 에스파냐 인, 영국인, 독일인이라면 이빨을 드러내고 그들 역시 우리에 대해 마찬가지"라고 말한다. 오죽하면 프로이센 장교복 상의의 붉은 옷깃을 가리켜 "프랑스 인의 피"라고 말하겠는가![53] 결국 그린펠드와 같은 학자의 눈에 비친 프랑스는, 러시아와 더불어 종족적 민족주의의 전신이라 할 만한 "집산주의적 민족주의"의 탄생지이며, 프랑스 민족주의는 그 이데올로기적 토대를 명백히 영국에 대한 복수심 —— 영국 혐오증! —— 에 두고 있었다.[54] 물론 대혁명과 인권의 나라를 인종주의와 파시즘의 나라로 바꿔 치기하려고 이렇게 말하는 것은 아니다. 신화는 신화에 의해서가 아니라 역사에 의해서 대체되어야 한다. 다만, 중요한 것은 프랑스의 국가 민족과 공민적 민족주의도 그것이 '민족'과 '민족주의'인 한에서 문화 민족과 쉬이 화합할 수 있고 종족적 민족주의의 잠재성을 가지고 있다는 사실이다.

하기야 민족에 대한 전형적인 프랑스식 개념, 즉 정치적이고 구성적인 개념을 제시했다고 '해석되는' 르낭의 민족관에도, 잘 알려져 있지는 않지만, 국가 민족적 요소 외에 종족 민족적 요소가 강하게 묻어 있었다. 그가 "망각"을 민족이 존립하기 위한 핵심적인 조건으로 간주했다는 점은 이미 강조한 바 있다. 민족은 "망각"이라는 주관적인 행위를 통해 스스로를 구성한다는 말이다. 그런데 팔티에 따르면, 망각하기 위해서는 망각하는 주체가 이미 존재해 있어야 한다. 그렇다면 민족을 구성하는 주관적 의지는 객관적인 사회 조직적 실체를 전제한다고 말할 수 있다. 그러나 르낭의 논리에 따른다면, 이 객관적 실체도 그 기원을 따지자면 같이 살려는 주관적인 의지를 통해 미리 구성되어 있어야 하지 않는가? 그리고 다시 주관적 의지는 객관적 실체를 전제하고 있어야 한다 ······ 그리고 다시 ······ 등등.[55] 이는 빠져나올 수 없는 원환圓環, 그러니까 앞에서 민족의 개념을 논하면서 언급했던 '뫼비우스의 띠'이다. 결국 이런 원환적 모순은 르낭에게서 절충적으로 해소된다. 다시 그의 말을 들어 보자.

> 하나의 민족은 하나의 영혼이며 정신적인 원리입니다. 둘이면서도 사실하나인 것이 바로 이 영혼, 즉 정신적인 원리를 구성하고 있습니다. 한쪽은 과거에 있는 것이며, 다른 한쪽은 현재에 있는 것입니다. 한쪽은 풍요로운 추억을 가진 유산을 공동으로 소유하는 것이며, 다른 한쪽은 현재의 묵시적인 동의, 함께 살려는 욕구, 각자가 받은 유산을 계속해서 발전시키고자 하는 의지입니다. 여러분, 인간은 하루아침에 쉽게 이루어지는 것이 아닙니다. 개인과 마찬가지로 민족 역시 노력과 희생, 그리고 오랜 헌신으로일구어 내는 기나긴 과거의 결실인 것입니다.[56]

그렇다면 르낭의 민족관에도 "과거"가 상징하는 민족의 객관적인 지표들과 "현재"가 상징하는 주관적인 지표들이 모순적으로 공존하는 것이다. 그리고 여기서 "과거"가 종족의 문화적 유산을 공유하는 민족을 가리키고 "현재"가 정치적 의지로 구성된 민족을 가리키고 있음은 두말할 필요가 없다. 르낭의 사고에서 민족은 에트노스와 데모스를 공히 포괄하는 것이다.[57]

그런데 르낭은 자신의 구성주의적 민족관을 피력하면서 제법 중요한 사실 하나를 지적하고 있다. 그는 프랑스나 독일 모두 켈트 족이기도 하고 게르만 족이기도 하다는 점에서 민족을 고려할 때 종족이 아무런 상관도 없다고 생각한다. 그러므로 "결국 진실은, 순수한 종족이란 존재하지 않으며, 종족적인 분석에 정치의 근거를 두는 것은 공상에 기초를 두는 것과 마찬가지라는 것"이다.[58] 비록 르낭은 독일식의 종족적 민족주의의 논변을 무너뜨리기 위해 단일 종족의 신화와 허상을 드러내고 있지만, 이는 종족도 민족과 마찬가지로 구성된다는 생각을 뒷받침하는 견해로 해석될 수 있다.

실상 중세사가인 기어리에 따르면, 1,500년 전에도 종족은 구성된 것이었다. 가령 고트 족이란 혈통적으로 단일한 집단을 가리키는 것이 아니라 하나의 왕, 하나의 법률 아래 함께 싸우고 살아가던, 끊임없는 변화에 노출된 다양한 주민 집단들의 총체였다는 것이다. 고트 족을 단일한 혈통 집단으로 보는 것은 민족주의적 어법에 젖어 있는 후대인들의 고약한 버릇일 뿐이다.

민족의 기원으로서 종족이 구성된 것이기는 5세기 유럽에서나 20세기 독일에서나 매한가지였다. 가령 나치 이데올로그인 알프레트 로젠베르크 Alfred Rosenberg는 하나의 인종 혹은 종족을 가리켜 "논리적으로 발전하는 철학도 아니요, 자연 법칙에 따라 풀려난 과정도 아닌 신비로운 종합의 표현, 그러니까 합리적인 과정에 의해 설명될 수도 없고 인과적인 분석에 의해 이해될 수도 없는 그런 종합의 표현"으로 전제한 뒤, "형식적인 합리적 비판을 초월하는 모든 철학은 지식이라기보다는 긍정, 즉 개성의 가치들에 대한 정신적이고 인종적인 긍정"이라고 하면서 현실이 아닌 당위로서의 민족에 대한 철학을 역설한 적이 있다. 확실히, 이는 독일의 종족적 민족이 프랑스의 공민적 민족과 마찬가지로 이데올로기적 구성물임을 시사한다.[59] 다른 점이 있다면, 프랑스에서는 민족이 시민권을 매개로 하여 합리적으로 구성된 반면에 독일에서는 민족이 종족의 신화를 매개로 하여 신비적으로 구성되었다는 데 있다. 물론 이 차이는 중요하다. 그러나 지금 논의의 맥락에서 더 중요한 사실은 통념과는 달리 독일의 종족적 민족이 자연적으로 주어진 것이 아니라 개념적으로 구성된 것이라는 점이다.

일반적으로 볼 때, 특정 민족의 종족적 정체성이 형성되는 과정은 정확히 민족이 구성되는 메커니즘 안에 있다. 만일 르낭을 비롯한 많은 논자들이 말하듯이 민족이 주관적이고 정치적으로 구성된다면, 사람들은 민족 구성이 근거 없는 것이 아니라는 점을 보이기 위해 객관적이고 물질적인 토대를 발견하려 하고, 그런 것이 없다면 기꺼이 발명까지 하는 것이다. 그리고 바로 그 객관적이고 물질적인 토대가 많은 경우에 종족으로 불리는 실체라 할 것이다. 요컨대 칼훈이 예리하게 지적한 대로, 종족적 정체성도 민족적 정체성과 마찬가지로 "다양한 의도와 의미 구성과 갈등과 결부된 사회적 과정들 속에서 구성되고 옹호되며 자극된다."[60] 그렇다면 우리의 일차적인 관심은 마땅히 종족 자체로부터 민족의 토대로서 종족이 사회적으로 구성되는 과정으로 옮겨져야 할 것이다. 우리는 곧 동유럽에서 종족과 종족적 정체성이 특정한 역사적·사회적 조건 아래에서 어떻게 구성되고 옹호되며 자극되었는지를 살펴보려 한다.

결국 이상의 사실들은 프랑스 민족과 독일 민족의 유형 분류에서 유래한 서구형의 공민적 민족주의와 동구형의 종족적 민족주의의 구분이 다분히 허상적인 것임을 잘 보여 준다. 그런 구분은 모든 근대 민족에 공존하는 두 가지 원리, 즉 데모스와 에트노스라는 애초에 나눌 수 없는 것을 나누는 오류에 기초해 있다. 또한 데모스를 정치적으로 구성된 것으로, 에트노스를 자연적으로 주어진 것으로 보는 통상적인 시각 역시 양자가 모두 **사회적으로 구성된** 것임을 간과하고 있다. 물론 프랑스에서 데모스의 요소가 우세하고 독일에서 에트노스의 요소가 우세한 것은 사실이다. 그러나 "정도의 차이를 종류의 차이로, 맥락상의 표현의 차이를 내적 원칙의 차이로 취급하려는 유혹"[61]에 대해서만큼은 초연해질 필요가 있다. 나아가 종류의 차이와 내적 원칙의 차이를 아예 선악의 이분법으로 확대하고 그런 선악의 가늠자로 유럽 밖의 세계를 조준하는 것은 심각한 정치적 오류에 빠지는 것임을 명심할 필요가 있다.

민족주의 이후의 민족들, 남동유럽

> 자기의식이란 오직 인정된 것으로서만 존재할 뿐
> 이다. …… 두 개의 자기의식은 교호적인 인정 상
> 태에 있는 의식으로서, 서로가 서로를 인정하고
> 있는 것이다.
> ― 헤겔,《정신 현상학》.

민족주의의 심층화

남동유럽에서 민족주의가 본격적으로 발전한 것은 19세기 후반이었
다. 그런데 19세기 후반은 민족주의 자체가 중요한 변화를 겪은 시기
였다. 그러므로 남동유럽의 민족주의를 살펴보기 전에 먼저 19세기 후
반 민족주의의 변모 과정을 이해할 필요가 있다. 19세기 후반 유럽에
서 민족주의는 한편으로 양적 변화를, 다른 한편으로는 질적 변화를 겪
었다.

우선 양적 변화로 말할 것 같으면, 민족주의의 호소력과 영향력이 이
전 시대와 비교할 수 없을 정도로 증대되었다. 특히, 1870년대에서 1차
대전 직전까지 유럽에서 민족의 전통들이 "대량 생산"된 사실이 그 점
을 여실히 보여 준다. 이 시기에 각국에서 민족을 상징하는 각종 국기,

국가, 주화, 우표, 의례, 건축 기념물, 스포츠 경기 등이 앞 다투어 쏟아져 나왔다.[1]

그렇다면 전통의 "대량 생산"이 왜 하필이면 19세기 후반 유럽에서 이루어졌는가? 유럽의 19세기 후반은 공업화, 도시화, 대량 인구 이동 등 근대성이 물밀 듯이 쇄도한 시기였다. 과학 기술 혁명과 제2차 산업 혁명, 그리고 잇따른 교통 혁명을 엔진으로 한 자본주의적 근대화의 질주는 새로운 상품들을 대량으로 사회에 풀어 놓았고 전통 사회의 고립주의를 타파했으며 인간과 정보의 자유로운 유통을 통해 사회적 엔트로피(무질서도)를 급격히 증가시켰다. 이 모든 과정은 당대인들에게는 경이로움 그 자체로 다가왔던 것으로 보인다. 가령 1887년에 '코메디 프랑세즈'*의 유명한 어느 배우는 이렇게 말했다고 전해진다. "전화선이 브뤼셀과 파리 사이에 가설되었다. 과학은 중단 없이 우리를 경이로움으로 흠뻑 적셔 놓을 것이다."[2] 전통의 숭배는 정확히 그런 분주하고 숨 가쁜 근대화라는 시대적 상황을 배경으로 하여 나타났다. 이 전통과 근대성의 관계를 이해하기 위해서는 전통과 그 유사품들, 즉 관습이나 인습 혹은 관례 등을 비교함으로써 전통이 갖는 특이성을 파악할 필요가 있다.

통상 관습이란 일정한 사회에서 오랫동안 지켜져 내려와 일반적으로 권장되고 습관이 된 타성적인 행위를 가리킨다. 원래 관습은 인간의 '제2의 본성'으로 간주되어 통상 '문화'나 '보통법'과 동의어로 쓰였다. 관습은 기본적으로 법률과 실천의 접촉면에 위치하여 옛 것을 지키

---

* **코메디 프랑세즈**　코메디 프랑세즈는 1680년에 루이 14세의 칙령으로 설립되었다가 1789년 프랑스 혁명 때 해산되었으나, 1799년 국립 극장으로 재발족하여 오늘에 이른다. 프랑스 고전극의 전통을 지켜온 몰리에르Molière의 이름을 따 "몰리에르의 집"으로도 불리며, 파리의 팔레 루아얄 가에 위치해 있다.

그림 23 19세기 말 유럽 민족들의 각축전을 풍자한 지도. 프로이센(독일)은 한 손을 네덜란드 위에 올려 놓고 한쪽 무릎으로는 오스트리아를 짓누르고 있다. 그 반면에 프랑스는 언제라도 대들 듯한 기세이다. 이탈리아는 프랑스를 의식하며 사르데냐와 코르시카 섬에 대한 영유권에 노심초사하고 있다. 영국은 반항적인 아일랜드를 줄로 묶어 놓은 채 을러대고 있으며, 에스파냐는 포르투갈을 베고 편히 누워 있다. 러시아는 거렁뱅이 신세이며, 터키는 담배에 취해 있다. 노르웨이와 스웨덴은 대륙을 주시하며 막 도약하려는 자세를 취하고 있고, 덴마크는 다소 초연하게 뒷짐을 지고 있다.

려는 보수적인 측면과 새로운 것에 '관습'의 이름으로 저항한다는 점에서 반란적인 측면을 모두 가지고 있다. 가령 지주들이 공유지를 사유화할 때 농민들이 관습적 권리로서 공유지 이용권을 내세워 저항하거나, 아니면 곡물 상인들이 더 높은 가격에 내다 팔기 위해 곡물을 은닉하는 것에 대해 농민들이 "공정 가격"이라는 수사를 통해 저항하는 것이 좋은 사례이다.[3]

그 반면에 **전통**이란 과거에 준거하여 반복되고 고착되며 종종 공식화한 관행이다. 전통이 관습과 구별되는 점은 그 **불변성**에 있다. 즉 관습이 옛 것에 집착하기는 하지만 그럼에도 기본적으로 변화와 갈등의 장이라면, 전통은 영구불변한 어떤 것을 가리킨다. 전통이 갖는 독특함은 인습 혹은 관례와 비교해 보면 더욱 두드러진다. 인습 혹은 관례란 편의와 효율에 따라 반복되어 공식화하고 의례화한 행위인데, 그렇기에 전통에 이데올로기적인 성격이 다분하다면, 인습 혹은 관례는 단순히 기술적인 차원에서 제도화한 것이라 할 수 있다. 예컨대 군인의 철모나 공무원의 서류 작성 및 보관법은 인습 혹은 관례이다. 왜냐하면 그것들은 특정한 모양이나 방식으로 틀지어져 있지만 더 실용적인 방식이 나타나면 얼마든지 바뀔 수 있기 때문이다. 그 반면에 승마용 모자나 영국 신사의 우산은 전통이다. 그것들은 실용성이 아니라 상징성에 따라 굳어진 것이라서 그 모습이나 방식이 바뀔 리도 없거니와 바뀌어서도 안 된다.[4]

그렇다면 전통이 갖는 힘은 그 특유의 불변성에 있다고 할 수 있다. 으레 하나의 전통은 그 기원을 추정할 수 없을 정도로 오래된 것인 만큼 가치 있는 것으로 평가된다. 사람들은 도도히 흘러가 버리는 허무한 시간 앞에 요지부동하는 전통이 보여 주는 바로 그 힘을 경배한다. 그런데 이렇듯 사람들이 전통의 불변성을 숭배하는 것은 거꾸로 사람들이 가변적인, 너무도 가변적인 세계에 살고 있기 때문이다. 과연 사람들은 전통 사회에 살면서 전통을 애써 강조하지는 않을 것이다. 전통은 오직 전통이 제 기능을 발휘하지 못하는 '근대적' 상황에서만 의미를 얻는 요소이다. 그러므로 전통이 대량으로 생산되고 전통의 숭배가 제도화한 것 —— 만들어진 전통! —— 은 정확히 근대성의 혁명이 유럽 전체를 휘감던 19세기 후반이라는 특정한 역사적 상황에서였다. 요컨대 유례없는 변화와 격동의 한가운데에서 기성의 지위를 위협받는 전통적인 사회 계층에 대해서건, 아니면 새롭게 등장한 사회 계층에 대해서건 민족의 불변하는 전통들은 사람들에게 안정된 민족 공동체의 일원으로서의 정체성을 확인해 주는 주요한 매체가 되었다.

게다가 프랑스 혁명 이후의 새로운 정치적 판도 역시 민족주의의 발전을 자극하고 촉진했다. 이 정치적 판도 변화에서 가장 중요한 변수는 대중의 등장이었다. 프랑스 혁명의 세례를 받고 실제 1821년 그리스 독립 전쟁에서 싸운 한 그리스 장군은 이렇게 말했다. "프랑스 혁명과 나폴레옹이 한 행위들로 세상은 새롭게 눈을 떴다. 국가는 이전에는 아무 것도 알지 못했고, 백성도 왕을 이 세상의 신으로 여겨, 왕이 한 일은 무조건 잘한 일로 말해야 하는 줄 알았다. 하지만 현재 일어나고 있는 변화 때문에 백성을 지배하기는 더욱 어려워졌다."[5] 그리고 한 세기 후인 1930년에 한 에스파냐 학자는 다음과 같이 말하기에 이르렀다. "최근의 정치 혁신이란 바로 대중의 정치 지배를 의미한다. …… 오늘날 우리는 과대 민주주의hiperdemocracia를 목격하고 있다."[6] 그렇다면 그리스가 독립한 1830년과 1930년 사이에 유럽 정치에서 무슨 일이 일어났는가? 바로 대중의 정치적 부상이다. 이는 기성 정치가들에게는 내키지 않는 상황이었다. 그러나 피할 수 없으면 즐기라고 했던가? 보통 선거를 교묘하게 활용한 프랑스의 나폴레옹 3세, 이탈리아의 카부르, 독일의 비스마르크 등이 피할 수 없는 것을 즐긴 인물들이었다. 그리고 문화적으로 동질적인 집단으로서 '민족'은 대중을 호명하고 동원하며 통제하는 유효한 정치적 표제어가 되었다. 이윽고 19세기 후반에 선거 민주주의가 대거 도입되고 대중 정치가 확산되는 정치적 민주화 과정 속에서 민족이 활성화되고 민족주의는 대중 감정으로 발전하기 시작했다.

물론 대중이 국가와 정치 계급에 의해 '민족'의 이름으로 단순히 호명받고 동원되며 통제받는 수동적 존재였다고 오해해서는 안 된다. 민족주의에 관제적 성격이 진하게 묻어 있기는 했지만, 대중도 민족주의의 발전에 능동적으로 참여했다. 가령 19세기 후반에서 20세기 초반의 빌헬름 시대 독일에서 호전적 민족주의와 제국주의는 단지 빌헬름 정부의 '세계 정책Weltpolitik'의 결과인 것만은 아니었다. 당시 독일 소시민 대중의 자발적인 호응과 열광이 없었다면 '세계 정책'은 제대로 추진되지 못했을 것이다. 과연 민족주의적 정서를 고양시키는 선원복과 해군복, 노래와 구호가 널리 유행하고 건함 연맹의 회원 수가 1백만에 육박하는 그런 상황을 정부의 동원만으로는 절대로 설명할 수 없다. 그렇다면 19세기 후반 이래 유럽에서 민족주의는 '위로부터' 부과되기도 했지만 동시에 '밑으로부터' 분출되기도 한 것이다.[7]

그 다음으로 19세기 후반에 민족주의가 겪은 질적 변화로 말할 것 같으면, 민족주의의 성격 자체가 근본적으로 바뀌었다. 그 이전에 민족주의는 '규모의 원칙'에 입각하여 다양한 소규모 정치체들을 그러모아 통합하는 방식으로 추구되었다. 독일과 이탈리아의 통일 민족주의가 그 대표적인 사례이다. 그 반면에 19세기 후반에 들어 민족주의는 '규모의 원칙'이 포기되면서 주로 언어적 · 종족적 민족주의로서 발전하게 되었다. 예전이라면 간단히 "비역사적 민족"으로 치부되었을, 특정 국가 내부에 존재하는 다양한 언어 집단들과 종족 집단들이 저마다 독립적인 주권 국가를 갖겠다는 민족 자결의 원칙이나, 아니면 적어도 민족 자치의 요구를 내세우기 시작했다. 이는 필경 소규모 "비지배적 문화 집단들"[8]의 **분리 민족주의**separatist nationalism라고 명명될 수 있을 것이다.*

---

* 유럽에서 분리 민족주의의 지리적 범위는 다음과 같다. 독립을 쟁취하겠다는 경우는 형가리, 체코, 슬로바키아, 발칸 반도의 국가들(그리스, 세르비아, 크로아티아, 슬로베니아, 불가리아, 마케도니아, 알바니아, 루마니아, 보스니아-헤르체고비나), 발트 3국(에스토니아, 라트비야, 리투아니아), 우크라이나, 아일랜드, 노르웨이, 코르시카 등이다. 자치를 요구하는 경우는 바스크, 바이에른, 브르타뉴, 카탈루냐, 플랑드르, 스코틀랜드, 웨일스 등이다.

확실히, 분리 민족주의는 앞선 시기에 있었던 국가 팽창의 논리적 귀결이었다고 할 수 있다. 즉 국가 통합이 진전되면서 한 국가 내부에 여러 종족적·문화적 정체성들이 공존하게 되었는데, 이로부터 두 가지 가능성이 나왔다. 하나는 문화적 다양성이 인정되는 것이었고, 다른 하나는 지배적인 종족이나 문화에 동화되는 것이었다. 그런데 문화적 차이가 사회적 차별과 중첩되어 있을 때, 그러니까 홉스봄의 비유를 들자면, 자신을 루리테이니아 인 — 실재하지 않는 가상의 민족 — 으로 생각하거나 그렇게 간주되는 집단이 루리테이니아 인이 아닌 사람들의 국가나 지배 계급에 의해 열등하게 취급당한다고 생각하는 경우에 루리테이니아 인은 하나의 정치 운동으로서 분리 민족주의를 발전시키게 된다.[9]

물론 그렇게 차별받는 종족적·문화적 정체성들이 실제로 분리 민족주의를 발전시키는 데는 몇 가지 구조적 전제 조건이 필요했다. 무엇보다 국가 내 특정 주민들이 특정 지역에 집중적으로 분포되어 있어야 했다. 이 핵심 영역은 곧 '민족의 고향'으로 간주될 가능성이 높았다. 그렇지 않다면, 코소보에 대해 세르비아 인들이 부여하는 의미에서처럼 역사적·상징적 고향으로 간주될 만한 지역이 있어야 했다.[10] 또한 잠재적 민족에게 차별성을 부여해 줄 분명한 **문화적 하부 구조**, 즉 언어, 종족, 종교, 역사적 정체에 대한 소속감 등이 있어야 했다. 여기에 헝가리, 스코틀랜드, 바스크의 경우처럼 민족의 특권을 보장하는 정치적 기구(신분제 의회)나 법률이나 교육 등의 독립적인 제도적 장치까지 구비되어 있다면 분리 민족주의는 더욱 효과적으로 발전할 수 있었다. 끝으로 차별받는 집단과 문화적으로 분명하게 구별되는 적대 집단이 오스트리아 제국 내 독일인들이나 오스만 제국 내 터키 인들의 경우처럼 사회적 계서제의 상층부에 집중하거나, 그것이 아니면 아일랜드 얼스터의 신교도들이나 주데텐란트의 독일인들의 경우처럼 적대 집단이 사회적 계서제에 넓게 분포할 경우에는 지역적으로 집중해 있어야 했다.

앞에서 살펴보았듯이, 근대 민족의 개념이 왕정과 그에 대한 정치적 반대파 사이에서 벌어진 복잡한 갈등과 협상의 과정에서 탄생했듯이, 분리 민족주의 역시 표적이 되는 기성 국가에 대한 정치적 반대 운동으로서 발전했다. 그러므로 분리 민족주의의 발전에서는 핵심적인 제도들을 구축하고 있는 기성 국가, 이 제도들 속에 포섭되어 있는 기성 특권 집단들, 이 제도들 바깥에 포진해 있는 비특권 집단들 사이의 삼각 관계에서 발생하는 정치적 상호 작용이 중요하다. 그리고 이 세 집단의 정치적 상호 작용에서 민족주의는 기본적으로 엘리트들 사이의 협력과 대중 동원, 그리고 분리 민족주의가 주로 기성 국가들이 건재한 상황에서 발전한다는 점에서 외부 국가들의 국제적 인정을 통한 정당성의 확보라는 주요한 세 가지 기능을 가졌다.[11] 분리 민족주의는 그런 세 가지 기능을 수행하면서 일반적으로 학문적·문화적 관심의 시기랄 수 있는 A국면, 애국적 선동의 시기인 B국면, 마지막으로 광범위한 대중 운동이 발흥하는 시기랄 수 있는 C국면을 각각 거치면서 단계적으로 발전했다.[12]

그리고 각 분리 민족주의의 경우에 A국면에서 멈춘 경우가 있는가 하면, C국면으로까지 성공적으로 발전하여 소기의 민족적 목표를 달성하는 경우도 있다. 그런 차이는 어디에서 연유하는가?

그로흐는 다음의 네 가지 요소를 분리 민족주의의 성공과 실패를 판가름하는 변수로 보았다. 첫째, 미래 민족이 될 만한 충분한 문화적 소질이다. 곧 언어라든가 집단적으로 기억되는 '민족적' 과거 등 통상 A국면에서 성공적으로 부각되는 문화적 자산을 말한다. 이는 위에서 말한 분리 민족주의의 구조적 전제 조건으로서 문화적 하부 구조가 견실한 경우이다. 둘째, 수직적인 사회적 유동성의 수준이다. 즉 일정한 교양 계층이 지배 민족에 동화됨이 없이 "비지배적 종족 집단"에서 배출되는 수준을 말한다. 셋째, 사회적 커뮤니케이션의 수준이다. 즉 문자 해득률, 교육, 시장 관계 등의 확산 정도를 말한다. 넷째, 민족적으로 연관된 이해관계의 갈등이다. 즉 자본주의적 산업화의 진척에 따라 신분제적인 사회 질서가 시민적 평등에 입각한 근대 사회로 변모해 가는 과정에서 발생하는 계급적 이해관계의 갈등이나 엘리트 내부의 갈등이 민족적 대립의 양상과 중첩되어 발생하는 경우를 말한다. 이는 위에서 말한 분리 민족주의의 구조적 전제 조건으로서 민족적 차별에 따른 사회적 계서제가 존재하거나 혹은 적어도 존재한다고 여겨지는 경우이다. 예컨대 "비지배적 종족 집단" 출신의 고학력 엘리트가 자신의 개인적인 핸디캡이 아니라 민족적인 핸디캡 때문에 지배 민족 출신의 엘리트에 밀려 사회적 지위 상승에 실패했다고 '해석' 되는 경우에 사회적 적대는 쉽사리 민족적 적대로 바뀌게 된다. 즉 분리 민족주의가 발전하는 것이다.[13]

기실, 19세기 후반 유럽에서 민족주의는 지금까지 설명한 대중적 민족주의와 분리주의적 민족주의의 양상을 띠면서 양적으로나 질적으로 크게 발전했다. 이를 민족주의의 심층화라고 불러 무방할 것이다. 특히, 민족주의의 질적인 변화로서 분리 민족주의가 득세한 것은 주목할 만한 현상이다. 19세기 후반에서 제1차 세계 대전에 이르는 시기에 유럽에서 분리 민족주의가 크게 발전한 국가는 오스트리아, 오스만 제국, 영국, 스칸디나비아, 러시아 등지였다. 여기서 소수 민족들은 기성 국가 체제로부터 독립을 추구하는 분리주의적 민족 운동을 활발하게 추진했다. 그중에서도 유난히 관심을 끄는 사례는 오스트리아 제국과 오스만 제국인데, 양국이야말로 위에서 말한 분리주의의 전제 조건들을 풍부하게 지니면서 국가 간 체제에서 상대적으로 약한 위치에 있던 까닭에 분리 민족주의의 온상이 되었다. 그리고 세르비아 인들과 루마니아 인들처럼 양 제국에 공히 걸쳐 있는 소수 종족들까지 고려하면, 분석 대상으로서 오스트리아와 오스만 제국은 분리 민족주의의 특징을 잘 보여 주는 좋은 사례가 된다. 더군다나 이 지역들의 분리 민족주의는 오늘날에 이르기까지 강력한 정치적 폭발력을 가지고 있다는 점에서 각별히 흥미로운 사례이기도 하다.

오스트리아 제국에서의 분리 민족주의

19세기에 오스트리아 제국은 유럽의 대표적인 다종족·다문화 국가였다. 말할 것도 없이 제국의 지배 종족은 독일인들이었고, 그 외에 마자르 인(헝가리 인)을 위시하여 7개의 주요 슬라브 소수 종족인 체코 인, 슬로바키아 인, 슬로베니아 인, 크로아티아 인, 세르비아 인, 폴란드 인, 우크라이나 인, 그리고 루마니아 인과 이탈리아 인을 비롯한 기타 종족이 제국 안에 공존하고 있었다. 마자르 인, 체코 인, 슬로바키아 인, 슬로베니아 인, 크로아티아 인은 오스트리아 제국을 유일한 정치적 '고향'으로 가지고 있었던 반면에 나머지 소수 종족은 오스트리아 제국 외에 다른 정치적 '고향'을 가져, 이를테면 오스만 제국 등에도 분포되어 있었다.

오스트리아 제국 안의 소수 종족 중에서 우리의 눈길을 사로잡는 것은 마자르 인이다. 마자르 민족주의는 여타의 다양한 분리 민족주의 중에서도 군계일학이다. 마자르 인들의 사례는 민족주의의 역사에서 손꼽히는 성공담인 것이다. 유서 깊은 마자르 인들의 헝가리 왕국은 근대

지도 11 유럽 내 발트슬라브어 지역.

초기에 합스부르크 가문의 제국 지배 아래에 들어가게 되었고, 왕국은 헝가리 본토, 트란실바니아, 크로아티아, 그리고 세르비아 인들이 점유한 남동부 헝가리의 일부로 분열되었다. 마자르 인들은 제국의 동쪽 절반에서 전체 인구 1,350만 명 중 1/3을 차지하는 다수 종족이었고, 헝가리 본토에서는 압도적 다수를 이루고 있었다. 유서 깊은 헝가리 왕국의 전통은 제국에서도 존중되어 황제는 곧 헝가리에서는 헝가리 왕이었고, 마자르 인들은 황제에게 입법을 제안할 수 있는 독자적인 신분제 의회를 보유하고 있었다. 그렇다면 마자르 인들은 제국 안에서 상당한 특권을 보유하고 있었으며, 그런 점에서 초기에 마자르 민족주의는 즉각적인 억압에 대한 반응으로서 발전한 것은 아니었다. 오히려 마자르 인들은 헝가리 본토를 비롯한 제국의 동쪽 절반에서는 다른 소수 종족들을 억압한 지배 종족이었다. 마자르 인들은 제국에서 독일인 다음의 위세를 누렸고, 다양한 지방 정치와 행정 기구에서 상당한 권위를 행사했다. 가령 크로아티아 의회는 헝가리 의회에 대표를 파견해야만 했고, 트란실바니아 의회의 대표 자격은 마자르 인들을 으뜸으로 하는 주요 세 '민족들'의 구성원으로 국한되었다.

마자르 민족주의의 발전에서 발단이 된 것은 1784년에 계몽 군주로 자처한 황제 요제프 2세가 헝가리의 왕좌를 없애고 헝가리의 공식어인 라틴 어를 독일어로 일괄 대체한 대대적인 개혁 노력이었다. 그에 대한 반발로 마자르 어(헝가리 어)를 강조하는 문화 운동이 일부 엘리트들 사이에서 전개되어, 1802년에는 헝가리민족박물관이 건립되었고, 1825년에는 헝가리학술원이 개원했다. 그리고 1840년에 헝가리 의회는 마침내 (독일어가 아니라) 마자르 어를 헝가리의 공식어로 채택하기에 이르렀다. 분리 민족주의의 A국면이 성공리에 시작된 것이다.

한편, 전 유럽을 강타한 1848년 혁명은 마자르 민족주의가 B국면과

C국면으로 급속히 발전하게 된 계기였다. 혁명을 이끈 지도자 러요스 코수트Lajos Kossuth는 귀족 출신임에도 불구하고 전임 민족주의자들과는 달리 마자르 엘리트들이 확고한 지위를 유지하기 위해서는 대중적 지지를 동원해야 한다고 믿은 인물이었다. 3월에 그는 급진적인 토지 개혁 강령과 헝가리 정부를 좀 더 독립적이고 민주적으로 만드는 정치 개혁 강령을 주창했다. 곧 헝가리 의회는 자유주의적인 법안들을 통과시켰고, 어쩔 수 없이 황제는 이 법안들을 승인하여 헝가리의

그림 24 헝가리 민족주의의 대부 러요스 코수트. 코수트는 오스트리아의 합스부르크 가문에 끝까지 저항한 "자유의 투사"였다. 그는 이탈리아 망명 시절에 에디슨 축음기에 애국적 연설을 녹음했는데, 그럼으로써 최초로 자신의 목소리를 후대에 남긴 이들 가운데 출생 연도가 가장 빠른 인물이 되기도 했다.

독자적인 헌정적 지위를 인정했다. 이것이 '4월 법'이다. 이 법은 봉건제를 폐지하고 트란실바니아를 헝가리에 통합하며 정치적 권위의 대부분을 빈에서 헝가리로 이전시키는 등 마자르 민족주의의 핵심적인 강령들을 두루 포함하고 있었다. 그러나 학교와 정부 기관에서 마자르 어를 의무적으로 사용하게 하는 코수트의 '마자르화' 정책은 마자르 어를 쓰지 않는 사람들의 반발을 불러일으킬 소지가 다분했다.

1848년 여름에 빈 정부는 헝가리를 다시 제국에 통합시키기 위해 반격을 준비하고 있었다. 특히, 제국 정부는 마자르 인들에 대한 여타 소수 종족들의 반감을 교묘히 이용하려 했다. 이미 크로아티아 인들과

루마니아 인들이 마자르 인들에 대한 불만을 노골적으로 터뜨리고 있었기 때문이다. 그리하여 빈 정부는 헝가리 제국주의에 두려움을 품고 있던 크로아티아 민족주의자 옐라취치Jelačić — 요시프 남작으로도 알려진 — 의 군대를 헝가리에 대한 군사 행동에 동원했다.

그런데 크로아티아와 루마니아에 대한 헝가리의 태도는 사뭇 달랐다. 크로아티아는 한때 왕국으로 존재하고 고유한 귀족 계층을 보유한 "역사적 민족"으로서 존중한 반면에 역사적 귀족을 보유하지 못한 루마니아의 민족적 주장은 단호하게 거부한 것이다. 여기서 확인되는 흥미로운 사실 하나는 마자르 인들 자신이 독일인들에 대해 종속적인 위치에 있었으면서도 마자르 인들과 크로아티아 인들은 "큰 민족"이자 "역사적 민족"으로, 루마니아 인들 등은 "작은 민족"이자 "비역사적 민족"으로 구분하는 전형적인 자유주의적 민족관을 견지하고 있었다는 점이다. 그와 동시에 역설적인 사실은 마자르 인들에게 존중받은 크로아티아 인들은 제국 정부의 사주를 받아 헝가리에 대한 군사 공격에 참여한 반면에 마자르 인들에게 괄시받은 루마니아 인들은 헝가리에 대해 그다지 적대적이지는 않았다는 점이다. 그래서 마자르 인들이 루마니아 인들에게 좀 더 유화적인 태도를 보였다면, 루마니아 인들의 군사 행동을 막을 수도 있었을 것이다.

마침내 10월에 제국과 헝가리 사이의 전쟁이 본격화했다. 이듬해 4월에 헝가리 의회는 독립 선언을 반포했다. 오스트리아는 곧 러시아에 구원을 요청하여 8월에 오스트리아-러시아 연합군이 헝가리 군을 패퇴시켰고, 끝내 헝가리 인들은 굴복했다. 혁명이 끝난 것이다.

그러나 마자르 민족주의는 완전히 패배한 것이 아니었다. 물론 혁명이 끝난 뒤 혁명 지도자들에 대한 가혹한 박해가 잇따랐고 코수트는 망명길에 올라야 했다. 빈의 중앙 집권적인 통제가 새롭게 강화되었음은 말할 것도 없다. 그럼에도 마자르 귀족들의 사회 경제적인 지위는 여전히 굳건하게 보장받았고, 나아가 '민족적' 수준에서 헝가리의 정치적 자율성도 폭넓게 인정되었다. 이번에는 혁명이 아니라 협정을 통해서 그렇게 되었다. 마침내 1867년에 오스트리아 제국은 재정, 외교, 군대 문제를 제외한 모든 영역에서 마자르 인들에게 특권적인 지위를 부여함으로써 이른바 '오스트리아-헝가리 이중 왕국'으로 탈바꿈하기에 이르렀다. 이 1867년의 대타협은 마자르 민족주의가 1848년 혁명이 실패한 뒤에 독일과 이탈리아의 통일 민족주의의 경우와 마찬가지로 이상주의를 철회하고 현실주의로 선회했음을 잘 보여 준다.

1848년 혁명은 패배자들에게 큰 교훈을 남겼다. 코수트는 노골적인 마자르화 정책을 포기하고 다양한 언어적 · 종족적 차이들이 갖는 정치적 가치를 인정했다. 급기야 그는 헝가리, 트란실바니아, 크로아티아, 세르비아 및 기타 남부 슬라브 지역들을 아우르는 도나우 국가 연합을 구상하기도 했다. 확실히, 코수트의 변화된 입장은 비록 유토피아적이기는 하지만 언어 집단에 기초한 종족적 민족주의가 정치적 정당성의 강력한 원천이 되었음을 잘 보여 주며, 나아가 문화적 종족 집단들의 자결권에 입각한 민주주의적 가치들이 옹호되고 있었음을 시사한다. 실제로 국제 여론에서도 억압받는 이들의 종족적 민족주의는 점차 민주주의적 가치들과 동일시되었다.[14] 이와 같은 사실들은 종족적 민족주의에서 종족들 간의 끔찍한 분규와 살육만을 떠올리는 우리의 통념이 편견일 수 있음을 잘 보여 준다. 왜냐하면 적어도 최초에 등장할 무렵의 종족적 민족주의는 분명하게 민주주의적 가치들과 연관되어 있었기 때문이다.

물론 종족적 민족주의와 민주주의의 그와 같은 결합은 1848년 혁명을 전후한 시기에 오스트리아 제국이 처해 있었던 독특한 역사적 상황의 산물일 것이다. 기실, 오스트리아 제국은 그 내부에 다양한 종족 집단들이 공존했다는 점에서만큼은 어느 정도 민주주의적이었다고 말할 수 있다. 그러나 억압적이고 전근대적인 제국의 통치는 자유롭고 평등한 시민들의 지배로서의 민주주의란 말과는 사실상 어울릴 수 없었다. 1848년 혁명은 바로 민주주의적 가치들에 대한 정치적 헌신이었다. 그리고 이런 헌신은 대외적으로 자유주의적 민족관에 입각한 민족성의 역사적 · 영토적 개념을 통해 표출되었다. 그러나 제국의 반격은 물론이거니와 다른 소수 종족들의 저항으로 말미암아 1848년 헝가리 혁명이 수포로 돌아간 사실은 민주주의적 가치들에 대한 헌신과 민족성의 역사적 · 영토적 개념의 결합이 당시에 불가능했음을 암시한다. 바로 이것이 1848년 이후에 코수트가 종래의 자유주의적 민족관을 버리고 종족적 민족주의를 수용하면서 다분히 '몽상적인' 민주주의적 연합을 구상하게 된 배경일 것이다. 그리하여 민족주의에서 "모든 민족체들 및 민족들 상호 간의 평등과 동시에 특정 민족의 모든 구성원들 사이의 평등"[15]을 달성할 수 있는 '현실적인' 정치적 해법을 찾는 것은 영원한 숙제로 남게 되었다.

한편, 체코는 헝가리와는 다른 민족주의의 발전사를 보여 준다. 체코 민족의 형성은 저 멀리 중세 보헤미아 왕국과 모라비아 후작령으로 거슬러 올라간다. 16세기까지만 하더라도 합스부르크의 지배 아래에서 상당한 자율성을 누렸던 보헤미아 왕국은 17세기의 봉기가 실패로 돌아가면서 독립성을 실질적으로 침해당하고 종속적인 지위를 감수해야 했다. 체코 민족주의의 A국면이 발전한 것은 18세기 후반 체코 어와 체코 문화에 대한 관심이 새롭게 일어났을 때였다. 이윽고 1818년에 체코민족박물관이 건립되고 1836년에는 "체코 부흥의 창건자"로 불리는 프란티셰크 팔라츠키František Palacký의 기념비적인 저서인 《보헤미아의 역사》가 출간되었다. 그리고 1840년대에 체코 민족주의자들의 애국적 선동이 점차 가열된 B국면을 거쳐 마침내 1848년 혁명기에는 대중적 기반을 갖는 C국면으로 발전하기에 이르렀다.

체코 민족주의가 활발하게 발전할 수 있었던 데에는 몇 가지 요인들이 작용했다. 먼저 체코에는 보헤미아라든가 모라비아라는 정치적 통일성의 전통이 있었다. 이 정치체들에 대한 충성심은 비록 신성 로마 제국 안에서의 '영방 애국주의'라는 한계를 안고 있었지만 얼마든지 민족주의로 발전할 잠재력을 가지고 있었다. 게다가 체코 인은 제국에서 인구상으로 독일인과 마자르 인 다음으로 큰 집단이었다. 19세기 중엽에 체코 인 수는 대략 400만 명 정도로서 슬로바키아 인 170만 명, 크로아티아 인 160만 명, 슬로베니아 인 100만 명 등과 대비된다. 이와 더불어 역사적 수도인 프라하를 중심으로 영토적 범위가 분명했다는 점도 민족주의가 발전하는 데 유리했다. 그리고 18세기 오스트리아 제국의 여제 마리아 테레지아Maria Theresia의 교육 개혁과 프라하 대학의 발전, 그리고 체코 고전 문학의 전통이 존재하고 방언들 사이의 차이가 크지 않았다는 점도 이점이 되었다. 그런가 하면 18세기 후반 이후의 지속적인 자본주의적 산업화는 체코 영토 안에서 경제적 통일성을 강화하고 촘촘한 철도망과 도시망을 발전시켰는데, 이는 사회적 커뮤니케이션의 발전을 촉진하여 민족주의가 전파되는 데 크게 기여했다.[16]

과연 체코 인들은 1848년 혁명기에 제국 내부의 주요 슬라브 종족들 중에서 크로아티아 인들과 더불어 가장 왕성한 민족주의를 자랑했다. 흥미로운 것은 체코 민족주의와 크로아티아 민족주의의 발전 동학이 달랐다는 점이다. 크로아티아에서 민족주의에 추진력을 제공한 것은 역사적인 제도들이었다. 크로아티아는 독자적인 귀족층에 토대를 둔 자치 기구들의 전통을 보유하고 있었다. 특히, 크로아티아는 황제에 직접 속하기는 하지만 귀족의 지휘 아래에 있는 독자적인 군대를 유지하고 있었는데, 이는 민족적 정체성 형성에 중요한 요소로 작용했다. 요컨대 산업화 이전의 사회에서 유일한 정치 계급이 귀족임을 감안하면, 크로아티아 인들은 귀족을 통해 정치적 목소리를 냈고, 그리하여 단순히 "농민들의 민족"으로 치부되지 않을 수 있었다.[17)]

그러나 체코에서는 보헤미아 왕국에 대한 기억에도 불구하고 실제로는 역사적인 제도들이 결여되어 있었다. 그 대신에 체코는 크로아티아보다 훨씬 더 발전된 산업을 보유하고 있었다. 크로아티아에서 초기에 민족적 대의를 담지한 사람들이 귀족이었다면, 체코에서는 제조업자들, 상인들, 수공업자들이 민족적 대의에 앞장섰다. 체코의 산업화는 동유럽 지역에서 가장 눈부신 것이었는데, 이미 1848년 전야에 보헤미아와 모라비아에는 약 500km에 달하는 철도망이 부설되었고, 증기 엔진 수도 360여 개가 있었다(같은 시기 영국의 증기 엔진 수는 30,000여 개였고, 철도망 길이는 4,000km였다). 그 반면에 크로아티아는 슬로바키아와 마찬가지로 3대의 증기 엔진 외에 단 1km의 철도망도 보유하지 못했다! 그러므로 크로아티아 민족 운동의 힘이 귀족과 역사적 제도에 뿌리박은 '전통'에서 나왔다면, 체코 민족 운동의 힘은 '근대성'과 긴밀하게 결부되어 있었다.[18)]

다른 한편, 슬로바키아는 1848년 혁명기는 물론이거니와 그 이후에도 이렇다 할 민족주의를 발전시키지 못했다. 이런 취약성은 인접한 체코의 사례와 비교해 볼 때 두드러진다. 무엇보다 슬로바키아는 프라하와 보헤미아를 중심으로 결속된 체코에 비해 영토상의 밀집도가 크게 뒤떨어졌다. 그런 점에서 어느 슬로바키아 지도자에 따르면, "우리 슬로바키아 인들은 불행한 민족"인데, 왜냐하면 "우리는 서로 고립된 계곡들에서만 살고 있기 때문"이었다. 그와 동시에 이 인물은 "〔체코라는

―저자) 몸의 심장과도 같은" 프라하를 소유한 체코 인들을 부러운 눈길로 쳐다보았다. 과연 프라하는 보헤미아의 심장답게 19세기 중엽에 118,000명의 인구를 거느린, 서유럽의 어떤 도시에 견주어도 손색이 없는 대도시였다. 그 반면에 슬로바키아의 수도인 브라티슬라바는 1848년에 인구가 고작 40,000명에 불과했으며, 그나마 거주자 다수는 독일인들이었다. 물론 전체적으로 슬로바키아의 영토는 종족적인 면에서 꽤 통일되어 있었으나, 대부분 헝가리의 행정 체제에 편입되어 있었다. 게다가 A국면과 B국면에서 민족주의의 기수가 될 엘리트들도 루터 파 개신교도들과 로마 가톨릭교도들로 나뉘어 있어서 실속 있는 정치적 영향력을 행사하지 못했다.[19)

하지만 1848년 혁명기에 체코 민족주의는 여러 인상적인 기록에도 불구하고 마자르 민족주의와 같은 성공담을 남기지는 못했다. 혁명 직후에 체코 민족주의는 오스트리아 국가의 강력한 탄압을 받았다. 마자르 민족주의에 대한 유화 정책과는 크게 대비되는 대목이다. 조직적인 형태의 모든 사회 활동은 탄압받고, 일체의 정치 이념의 표명은 금지되었다. 그런 정치적 박해 속에서 체코 민족주의는 주로 언어적 민족주의로서 발전하게 되었다. 그와 동시에 자본주의적 산업화의 진전과 더불어 예전에는 독일인들이 지배한 도시에 체코 이주자들이 대거 몰려들면서 자연히 독일인들과 체코 인들 사이에 종족 갈등이 불거지게 되었다. 그런 가운데 1880년에 보헤미아와 모라비아의 행정에서 체코 어가 독일어와 동등한 자격을 획득하게 되었고, 1883년에는 체코 인들이 보헤미아 의회에서 승리를 거두는 등 체코 민족주의는 꾸준하게 발전했다. 비록 체코가 제국 내부에서 오스트리아나 헝가리와 동등한 자격을 얻는 데는 실패했지만, 19세기 후반에 체코 민족주의는 경제적 발전과 문화적 부흥을 바탕으로 제국 안에서 상당한 정치적 자율성을 획득했고, 나아가 여러 슬라브 소수 민족 운동에서 강력한 정치적 리더십을 발휘했다. 결국 체코 민족주의는 제1차 세계 대전 직후인 1919년 9월 생제르맹 조약을 통해 '체코슬로바키아'의 탄생으로 결실을 보게 되었다.[20]

전체적으로 볼 때, 체코 민족주의는 문화적 부흥 운동이 점차 정치적 민족주의로 상승하는 전형적인 경로를 보여 준다. 하지만 문화주의가 반드시 정치로 발전한 것은 아니다. 슬로바키아의 경우가 전형적이다. 슬로바키아 민족 운동의 지도자 얀 콜라르Jan Kollar는 '체코슬로바키아'라는 용어를 만들어 낸 인물인데, 그는 스스로 정치적으로는 헝가리 인이라고 생각했다. 실제로 슬로바키아는 위에서 말한 다양한 이유로 인하여 정치적 민족주의를 발전시키지 못한 채 마자르 인들의 지배를, 나중에는 체코 인들의 지배를 받았다. 슬로베니아 인들도 비록 슬로바키아 인들보다는 좀 더 효과적인 문화적 부흥 운동을 발전시켰으나, 이를 정치적 민족주의로 조직해 내지는 못했다. 그 반면에 크로아티아의 민족 운동은 체코 수준의 문화적 부흥 운동을 겪지는 않았으나 효과적인 정치적 민족주의를 발전시켰다.

그렇다면 브로이의 말마따나 종족성 혹은 민족성은 "쉽사리 일체화될 수 있는 자연 현상이 아니라 구성되어야만 하는 어떤 것"이었다. 그리고 어떤 종족 혹은 민족 ─ 체코와 크로아티아 ─ 은 그런 정치적 구성에 성공하고 다른 종족 혹은 민족 ─ 슬로바키아와 슬로베니아 ─ 은 실패하는 것은, 종족 혹은 민족을 문화적으로 구성해 내는 것이 정치적 자율성이나 권력을 획득하는 데 도움이 되느냐 안 되느냐 하는 구체적인 맥락에 따라 결정되었다. 쉽게 말해서, 체코와 크로아티아는 민족 국가가 될 만한 문화적 자질을, 슬로바키아와 슬로베니아보다는 상대적으로 더 많이 가지고 있었다는 말이다. 그리하여 슬로바키아와 슬로베니아는 무려 한 세기 이상을 기다리고 난 뒤에야, 그러니까 20세기 끝 무렵에야 독립할 수 있었다.[21]

오스만 제국에서의 분리 민족주의

오스만 제국의 경우는 오스트리아 제국과 많은 면에서 대비된다. 특히, 양국은 국제 관계에서 심대한 위상차가 있었다. 19세기 후반에 오스트리아 제국은 들끓는 종족 갈등으로 몸살을 앓았지만, 국제적으로는 상당히 안정된 정치적 단위로 인정받고 있었다. 러시아를 제외하고는 어떤 열강도 제국 내부의 종족적 긴장을 정치적으로 이용하려 들지 않았다. 따라서 제국 내부의 뭇 종족 집단들은 스스로의 힘으로, 그러니까 응집력 있는 엘리트들의 상호 협력과 효과적인 대중 동원을 통해 자신들의 정당성을 입증해야 했다. 그 반면에 오스만 제국은 국제 사회에서 불안정하고 쇠퇴하는 정치적 단위로 간주되었다. 유럽의 많은 열강들도 그런 약점을 정치적으로 활용하려 했는데, 그들의 눈에는 제국을 유지하거나 혹은 직접 장악하기보다 위성 국가를 수립하는 것이 더 매력적으로 보였다. 그런 상황에서 제국 내부의 뭇 종족 집단들의 민족주의는 그런 열강들의 정책에 정당성을 부여해 줄 수 있었다. 요컨대 오스트리아 제국에서는 민족주의가 내적인 협력과 동원의 기능을 수행했다면, 오스만 제국에서는 민족주의가 외적 정당성을 얻어 내는 기능을 수행했다고 하겠다.[22]

오스만 제국에서 지배 종족은 말할 것도 없이 터키 인이었다. 그 다음으로 가장 큰 "비지배적 문화 집단"은 그리스 인이었다. 그 외에 세르비아 인, 불가리아 인, 루마니아 인, 크로아티아 인, 마케도니아 인

등이 저마다 자치나 독립을 외치면서 분리 민족주의 운동에 가담하고 있었다.

여기서 분리 민족주의의 가장 흥미로운 사례를 제공하는 것은 그리스 인들이었다. 그리스 인들 사이에서 민족주의의 A국면이 발전한 것은 18세기 후반 프랑스 혁명의 영향을 강력히 받으면서였다. 1797년에 그리스 출신의 전직 대신이었던 리가스 벨레스틴리스Rigas Velestinlis는 오스만 왕조의 축출을 부르짖는 내용의 소책자를 출간했는데, 여기서 인간의 기본권에 근거하여 언어와 종교에 관계없이 주권적인 "그리스 공화국Hellenic Republic"의 청사진을 제시했다. 여기서 '그리스'는 명백히 협소한 종족적 이념이 아니라 광범위한 헬레니즘의 전통을 계승하는 정치적 단위를 뜻했다.[23]

이 "그리스 공화국"이라는 자못 이채로운 관념을 이해하기 위해서는 발칸 반도의 문화 지형을 알아야 한다. 이와 관련하여 흥미로운 일화가 있다. 19세기 초에 그리스 민족 운동가가 살로니카 농민들에게 로메이Romaioi* ─ 로마 인들 ─ 인지 불가로이Voulgaroi ─ 불가리아 인들 ─ 인지를 물어보았을 때, 농민들은 자기네들끼리 한참을 쑥덕 거린 뒤 이렇게 대꾸했다. "우리야 뭐, 기독교인이죠. 그런데 로메이니 불가로이니 하는 게 대체 뭔 말이요?"[24] 농민들에게 그리스 인이니 불가리아 인이니 하는 문제는 전혀 중요하지 않았던 셈이다. 확실히, 이 일화는 19세기 초까지만 하더라도 발칸 지역에서 언어적·종족적 정체성에 대해 종교적 정체성이 우세했음을 말해 준다. 그런데 발칸 지역의 특수성은 그리스 어나 불가리아 어 등 언어는 다양했지만 종교는 그

---

* **로메이** 로마 제국의 법통을 잇는 비잔티움 제국의 신민이라는 뜻으로서 그리스 인들이 예전의 명칭인 '헬레네스Hellenes' 대신에 스스로를 불렀던 명칭.

리스 정교를 중심으로 통일되어 있었다는 점이다. 요컨대 단수의 종교
와 복수의 언어가 존재하는 상황이 당시 발칸 반도의 문화 지형을 압축
적으로 보여 준다.

과연, 그리스 정교는 9~10세기에 슬라브 인들을 '정복한' 이래로
근 10세기 동안 남동부 유럽에서 "그리스 정교 공화국"의 이념적 통일
성을 면면히 유지해 왔다. 그리스 정교회는 이슬람교도 통치자로부터
기독교도 신민을 구별하고 보호함으로써 오스만 제국의 지배 아래에서
기독교도 유럽 인들의 집단적 정체성을 유지하는 데 기여했다. 다소 역
설적으로 들리기는 하지만, 터키의 정복 이후에 이 지역 주민들은 "술
탄의 그리스 정교 기독교도 신민들"의 정체성을 가지고 있었던 것이
다. 이는 거꾸로 술탄의 종교 정책이 자의였건 타의였건 매우 관대한
것이었음을 입증한다. 어쨌든 그런 집단적 정체성이 민족적인 것이 아
니라 종교적인 것이었음은 틀림없다. 그것은 민족적으로 특수한 정체
성이 아니라 종교적으로 보편적인 정체성을 발전시켰을 뿐이다. 그리
하여 만일 민족주의가 오직 보편주의에 대한 투쟁을 통해서만 등장한
다는 사실을 고려하면, 이 지역에서 그리스 정교와 민족주의는 서로 호
응하기보다는 대립했다고 할 수 있다.[25]

이와 같은 사실은 근대 민족의 모태로서의 종족에 대한 우리의 통념
을 다소간 수정한다. 통상 종족의 가장 중요한 징표로 간주되는 요소들
이 있다면, 종교와 언어를 들 수 있다. 많은 학자들은 종족 집단들이 종
교를 활용함으로써 자신들의 민족주의를 발전시키는 과정에 주목해 왔
다.[26] 프로테스탄트 네덜란드나 영국이 그런 경우에 해당된다. 그러나
그런 도식이 모든 경우에 적용되는 것은 아니다. 발칸의 경우에는 사정
이 달랐다. 하나로 통일되어 있던 그리스 정교회의 종교적 보편주의가
다양하게 분화한 언어들에 토대를 둔 종족적·문화적 정체성의 발전을

장려하기는커녕 오히려 방해한 것으로 보이니 말이다.

물론 그리스 정교가 이슬람의 오랜 지배 아래에서 그리스 어 사용 권역이 살아남는 데 기여했음은 틀림없다. 그러나 그리스 정교가 민족주의의 발전에 실질적으로 기여하기 위해서는 '정치적으로' 조정되어야 했다. 이와 같은 그리스 정교의 구조 조정이 일어난 기점은 1821년의 그리스 독립 전쟁이었다. 그 이후로 하나의 그리스 정교는 다양한 독립 자치 교회들로 분열되어, 현실적 혹은 잠재적 국가 종교들로 조정되었다. 그렇게 조정된 뒤에야 종교는 종족적 정체성과 민족주의가 발전하는 데 기여할 수 있었다. 거꾸로 말하자면, 종교는 국가 종교로서 민족화하기 이전까지는 민족주의가 발전하는 데 기능적인 요인이 아니었다. 오직 국가의 충격 아래에서만 종교는 민족에 봉사할 수 있었던 것이다. 요컨대 키트로밀리데스에 따르면, 발칸 지역에서 "언어가 민족이 되기를 희망하는 상상의 공동체들의 윤곽을 그리는 최초의 기준을 제공한 반면에 그리스 정교는 그 강력한 심리적 · 상징적 힘으로 국가들이 창출한 새로운 민족들의 통일성을 견고하게 다지는 데 도움을 주면서 마지막으로 이름을 올렸다."[27]

사실로 말하자면, 1821년 그리스 독립 전쟁, 그 이듬해의 독립 선언, 그리고 1830년 그리스 독립의 국제적 인정은 발칸 민족주의의 발전사에서 하나의 이정표이다. 그리스의 국가 탄생이야말로 발칸에서 진정한 '민족 창세기'였다고 말하고픈 심정이 들 지경이다. 그런데 중요한 점은 그리스의 독립이 그리스 민족주의의 결실이 아니었다는 것이다. 그리스가 독립을 선언하자, 오스만 제국은 즉각 반격에 나서 키오스를 점령했다. 이때 오스만 제국 군은 그리스 인 수천 명을 살해하고 또 다른 수천 명을 노예로 팔았다. 외젠 들라크루아Eugène Delacroix의 저 유명한 그림 〈키오스의 학살〉은 이 충격적인 사태를 고발하고 유럽의 반이

그림 25 외젠 들라크루아의 〈키오스의 학살〉 부분.

슬람 정서를 들쑤셔 놓았다. 바이런을 비롯한 유럽의 ‘양심들’이 그리스 독립 전쟁에 참전했다. 1824년의 잔인한 4월에 발칸의 황무지에서 "자유의 투쟁"을 벌이던 바이런의 죽음이 전해지자, 서유럽의 친그리스주의 감정이 고조되었다.

정말이지 흥미로운 것은 유럽의 ‘양심들’이 키오스의 학살 이전에 그리스 반란자들이 펠로폰네소스 반도에 거주하던 이슬람교도들을 수만 명 학살했다는 사실은 별로 기억하지 않는다는 사실이다. 한 그리스인의 회고에 따르면, 1821년 10월에 트리폴리채 도심에 진입한 그리스군이

> 금요일부터 일요일까지 남자, 여자, 어린아이 할 것 없이 이슬람교도들을 마구 살해했다. 전해지는 바로는 그 와중에 3만 2천 명이 죽었다고 한다. …… 그리스 군 사망자는 100여 명에 불과했다. 하지만 그것도 이젠 끝났다. 살해를 멈추라는 포고령을 발령했기 때문이다.[28]

여하튼 전세는 그리스에 불리하게 돌아갔다. 1827년 6월에 터키 군은 아테네에 진공했다. 다음 달의 런던 조약에서 영국, 프랑스, 러시아는 그리스의 자치를 인정했으나, 오스만 제국은 이를 거부했다. 마침내 1827년 10월 20일의 나바리노 해전에서 영국 함대가 터키 함대를 격파함으로써 마침내 1830년 2월에 영국, 프랑스, 러시아는 그리스의 독립을 공식적으로 인정하기에 이르렀다. 이렇게 보면, 그리스 인들은 독립을 스스로 이룬 것이라기보다는 국제 관계에서의 오스만 제국의 취약한 위상과 유럽 열강들의 군사 개입으로 얻었다고 할 수 있다. 위에서 그리스의 독립이 그리스 민족주의의 결실이 아니었다고 말한 것은 바로 이런 이유에서이다.

그러나 독립은 문제의 종결이 아니라 시작이었다. 독립 이전까지는 오스만 제국의 지배에 대한 반대라는 소극적인 내용만으로 충분했다. 그러던 것이 독립 이후에는 새로운 그리스 국가의 이념에 좀 더 적극적인 내용을 채워 넣는 것이 현실적인 문제가 되었다. 독립 국가의 초대 대통령인 이오니아스 카포디스트리아스Ionias Kapodistrias는 내부의 당파 투쟁을 극복하지 못하고 암살로 비명횡사하고 말았다. 궁여지책으로 1832년에 독일 바이에른 왕가 출신의 17세의 오토 1세가 그리스 왕으로 초빙되었다. 그러나 그도 그리스에 근대 국가 체제를 성공적으로 수립하는 방법을 알지 못했다. 당시에 그리스 주권 국가의 이념은 지방 호족 세력들에게는 너무나 컸고, 헬레니즘 제국의 꿈에 비하면 너무나 작았으니 말이다.

해법은 외부에서 나왔다. 영국과 프랑스 등 서유럽 열강들은 자신들의 버릇대로 그리스 독립을 '민족 독립'으로 해석했다. 다른 어휘와 문법으로 이 새로운 역사를 표현할 방법이 그들에게는 없었던 것이다. 그들은 알고 있는 대로 행동했다. 마침내 열강들의 인정에 의해 민족주의가 그리스라는 신생국에 확고한 외적 정당성을 제공했다. 과연 그리스의 사례는 민족주의 이후의 민족들이 걷는 전형적인 경로를 보여 준다.

결국 새로운 그리스 국가는 민족주의의 논리에 의해 종족적·문화적 견지에서 정당화되었다. 그리하여 그리스 민족주의는 독립 이전이 아니라 이후에 본격적으로 발전하기 시작했다. 1833년에 그리스 국가의 정교회가 콘스탄티노플로부터 독립하는 것을 필두로 민족화 정책이 다각적으로 추진되었다. 특히, 민족주의적 개념에 따라 그리스 인들이 사는 곳은 모두 그리스 국가에 편입되어야 마땅했는데, 이는 발칸 북부와 바다 건너 소아시아에 대한 그리스의 끊임없는 영토적 야심을 정당화했다. 이로써 그리스의 팽창주의에 자극받은 소수 종족들의 저항이 시작된 것은 예정된 수순이었다. 그렇다면 브로이가 예리하게 지적한 대로, 그리스와 발칸에서 종족적 민족주의는 민족 국가 형성의 원인이라기보다는 결과였으며, 여타 종족 집단들의 민족주의가 그리스에 대항하여 유력하게 발전했다고 하겠다.[29] 마치 오스트리아 제국에서 '마자르화' 정책이 그에 대한 다양한 종족적 민족주의들을 자극했듯이 말이다.[30]

민족주의가 국가 탄생의 원인이 아니라 결과였음은 다른 슬라브 소수 종족들의 경우에도 매한가지였다. 가령 오스만 제국의 세르비아 인들은 1804~1813년의 제1차 세르비아 봉기와 1815년의 제2차 세르비아 봉기를 통해 1817년에 부분적인 자치를, 1830년에 완전한 자치를 획득했다. 그러나 봉기의 도화선이 된 것은 한때 오스만의 정복 조직이었던 술탄의 친위대 '야니차리'의 횡포였다. 당연히 봉기의 목표도 제국에서 독립하여 '민족 국가'를 건설하는 것이 아니었다. 더구나 오스만 제국에 맞서 '위성 국가'를 건설하려던 러시아의 군사적 개입과 정치적 지원이 없었다면 봉기는 아무런 성과도 남기지 못한 채 실패로 끝났을 것이다. 봉기 지도자 밀로쉬 오브레노비치Miloš Obrenović는 한편으로 1차 봉기의 전설적 지도자 카라조르제Karajordje의 잘린 머리를 술탄에 바침으로써 제국에 대한 충성을 재확인하면서도 다른 한편으로는 1827~1829년의 러시아-터키 전쟁에서 러시아의 요청을 받아들여 중립을 지킴으로써 러시아의 군사적 보장 아래 완전한 자치를 이끌어 내는 교묘한 정치력을 발휘했다. 이로써 세르비아는 사실상의 독립국, 더 정확히 말하자면 제국 내부의 자치 공국으로 발전하게 되었다.[31]

결국 이런 사실들은 세르비아 국가 탄생이 세르비아 인들의 노력 외에 제국의 허약성과 열강의 개입, 그리고 잇따른 국제 사회의 인정이 없었다면 불가능했으리라는 점을 암시한다. 사실, 세르비아 봉기 중에

그림 26 세르비아의 민족주의 집회. 1988년 세르비아 인들은 베오그라드에서 코소보의 알바니아
인들의 분리주의를 비난하는 대규모 시위를 조직했다. 군중들이 세르비아의 민족주의 지도자 슬로
보단 밀로셰비치의 이름을 연호하고 있다. 다가올 "종족 청소"를 예고하는 순간이다.

도 민족주의 이념이 진지하게 제기되지는 않았다. 민족주의는 오히려
마자르 인들에 맞서 문화적 부흥 운동을 전개한 오스트리아 제국 내부
의 세르비아 인들 사이에서 활발하게 발전했다. 그러나 오스만 제국 영
토에서 일단 세르비아 국가가 수립되자 세르비아 민족주의 이념이 새
로운 국가를 정당화하는 이데올로기로 동원되었다. 요컨대 세르비아에
서 국가는 민족주의의 종착점이 아니라 출발점이었던 것이다. 과연 신
생국 세르비아는 내부의 분열, 그러니까 오브레노비치 파와 카라조르
제 파, 세르비아 인들과 "독일인들"(오스트리아 영토에서 이주한 세르비
아 인들), 친러시아 파와 친터키 파 사이의 분열을 봉합해야 했다. 민족
주의의 통합력은 '국가' 탄생 이후에야 본격적으로 작동하기 시작했
다. '민족'으로 가는 길은 여전히 멀고 험난했다.[32]

기실, 발칸의 정치사에서 유럽 열강들의 입김이 강하게 작용했음은 두말할 나위가 없다. 이미 살펴보았듯이, 1830년 그리스 독립 국가와 세르비아 자치국의 탄생은 물론이거니와 1859년 루마니아 국가의 사실상의 탄생은 영국, 프랑스, 러시아의 개입과 지지가 없었다면 아마도 생각하기 힘들었을 것이다. 발칸 국가들의 독립과 해방을 가능하게 한 것은 내적인 민족주의의 힘이라기보다는 열강의 군사력, 즉 1827년에에게 해를 평정한 영국 함대와 1877년에 도나우 강을 넘어 진군한 16만 러시아 군대의 힘이었다. 1999년 코소보 사태 당시에 나토 군대가 발칸 지역을 강제로 안정시킨 이치와 똑같다.

그리고 열강들은 신생국들의 왕좌에 자기들 입맛에 맞는 왕을 마음대로 앉혔다. 물론 이는 신생국들 내부에서 이전투구를 벌이던 지방 엘리트들의 입맛에 고루 맞는 통치자를 찾기 힘들었기 때문에 불가피한 측면이 있었다. 가령 1853~1856년의 크림 전쟁 이후에 프랑스가 러시아의 남하를 견제하기 위해 왈라키아 공국과 몰다비아 공국을 통합시키려는 시도가 주효하여 1859년에 루마니아가 사실상 탄생했을 때, 통일된 루마니아의 통치자로 "나랏일보다는 자메이카 럼주를 더 좋아하는" 알렉산드루 요안 쿠차Alexandru Ioan Cuza가 대공으로 선출되었다. 그러나 그가 농지 개혁 건으로 지주들의 원한을 사 권좌에서 쫓겨났을 때, 이번에는 프로이센 왕의 사촌으로서 그 이전까지 '루마니아'에 대한 이야기를 한 번도 들어본 적이 없는 "선량하기는 하나 총기 없이 지극히 평범한 청년" 카롤 1세가 루마니아 왕으로 초빙되었다. 그리스의 왕 오토나 게오르기오스와 마찬가지로 카롤의 경우는 발칸의 신생국들이 실직 상태에 빠져 있던 유럽 왕가의 자손들에게 좋은 직장이 되었음을 말해 준다.[33]

발칸에 대한 열강의 지배가 정점에 달한 시기는 1877~1878년의 러시아-터키 전쟁이 끝난 뒤 체결된 3월의 산스테파노 조약과 7월의 베를린 회의 때였다. 이 일련의 회담을 통해 발칸의 정치적 독립과 영토적 분할이 공식화했다. 그리하여 세르비아, 몬테네그로, 루마니아, 불가리아의 독립이 공식적으로 인정되었다. 그리고 민족주의가 신생국들에게 정당성을 제공하는 이데올로기로 안착했다.

그러나 열강들의 합의는 자의적이고 무원칙했다. 가령 산스테파노 조약으로 불가리아는 흑해에서 에게 해에 이르는 방대한 지역을 영유하는 "대大불가리아"로 탄생했다. 물론 당시까지만 해도 불가리아 민족의 정확한 경계를 아는 사람은 아무도 없었다. 이와 관련하여 1900년의 어느 불가리아 관측통은 이렇게 썼다. "불과 40년 전만 해도 불가리아 인이라는 말은 지극히 생소하여 그 나라 출신의 학식 있는 사람들은 자신들을 모두 그리스 인이라 여겼다." 그러므로 불가리아의 탄생은 철저하게 열강의 이해관계가 조정된 결과였다. 그러나 그나마도 "대불가리아"를 러시아 팽창주의의 교두보로 여긴 영국이 못마땅하게 여긴 탓에 베를린 회의를 통해 불가리아 영토는 불가리아 본토와 동부 루멜리아로 크게 축소되었다. 불가리아 인들로서는 거저 얻었다가 빼앗기는 격이었다. 뜻밖에 얻은 것이라서 원래 자기 것도 아니었지마는 빼앗기면 응당 억울함과 상실감이 큰 법이다. 그 이후에 불가리아는 '베를린의 사기극'으로 빼앗긴 영토의 수복을 벼르면서 때마다 영토 확장을 추구함으로써 발칸의 말썽꾸러기가 될 것이었다.[34]

불가리아의 경우는 유럽 열강들이 임의로 국가를 만들고 국경선을 획정한 것이 발칸을 "유럽의 화약고"로 만든 격심한 영토 분쟁의 발단이 되었음을 웅변으로 말해 준다. 루마니아는 헝가리에 속한 트란실바니아를, 세르비아는 오스트리아에 속한 크로아티아를, 그리스는 오스만 제국의 소아시아를 '실지失地'로 규정하고 때마다 영토 확장을 추구했다. 영토 분쟁은 급기야 1912~1913년의 제1차 발칸 전쟁과 1913년의 제2차 발칸 전쟁으로 이어졌다. 1차 전쟁은 세르비아, 몬테네그로, 불가리아, 그리스가 발칸 동맹을 맺어 오스만 제국을 공격했는데, 그 결과로 오스만 제국은 자신의 유럽 내 영토를 콘스탄티노플 인근만 빼고 모두 상실하게 되었다. 그러나 승자들 사이에서 '파이'의 몫을 두고 다툼이 벌어졌다. 전쟁 사상자의 2/3를 차지할 정도로 전쟁에 주력한 불가리아가 전리품으로 더 넓은 영토를 요구하고 나섰기 때문이다. 곧 세르비아, 그리스, 루마니아, 심지어 오스만 제국까지 가세하여 불가리아를 무력으로 잠재웠다. 이것이 2차 전쟁이다. 두 차례의 발칸 전쟁으로 총 162,500명이 목숨을 잃었다. 유럽 열강의 외교관들이 무심코 그은 국경선으로 수많은 '발칸 인'이 희생된 것이다.[35]

과연 유럽 열강들의 논공행상이 '악마의 씨'였음은 오스트리아 제국이 보스니아-헤르체고비나를 영유한 데서 극적으로 드러났다. 베를린 회의의 이런 조치는 명백히 무원칙한 것이었는데, 왜냐하면 민족 국가별 편제라는 원칙을 적용하면서도 '민족적' 영토에 대한 오스트리아 '제국'의 영유권은 승인했기 때문이다. 곧 슬라브 인들의 '맏형'을 자처한 세르비아 인들은 오스트리아의 보스니아 합병에 도전했고, 그 이후 보스니아 지역은 발칸이라는 "유럽의 화약고"를 폭발시킨 불똥이 되었다. 아니나 다를까 제1차 세계 대전의 불뚜껑은 오스트리아 제국의 통치에 반대하는 보스니아의 세르비아 민족주의자 청년이 1914년 6월 28일 일요일에 오스트리아 황태자 부부를 저격한 사건, 즉 "사라예보의 총성"과 함께 열린 것이었다.

지도 12 양차 대전 사이의 유럽 국가들.

제1차 세계 대전, 분수령

1차 대전은 민족주의의 발전에서 분수령이었다. 전쟁이 연합국의 승리로 끝나면서 오스트리아 제국과 오스만 터키 제국, 두 제국은 해체되었다. 그리고 미국 대통령 우드로 윌슨Woodrow Wilson의 민족 자결의 원칙에 따라 제국의 옛 터에서 새로운 민족 국가들이 탄생했다. 예컨대 오스트리아 제국이 해체된 뒤, 오스트리아와 헝가리가 분리되고 체코슬로바키아가 탄생하며 세르비아-크로아티아-슬로베니아 왕국이 제조되었다(1929년에 유고슬라비아 왕국으로 국명 개칭). 그 외에 동유럽에서 에스토니아, 라트비아, 리투아니아 등 발트 공화국들이 발족하고 폴란드가 회랑 지대*를 회복하여 독립하는 등 총 26개의 민족 국가들로 이루어진 전후 유럽의 지도가 새롭게 작성되었다.

그러나 하나의 민족이 하나의 국가를 갖는다는 윌슨의 이상은 현실과는 사뭇 거리가 멀었다. 가령 1918년 이후 변경 지역의 주민들을 대상으로 살고 싶은 국가를 묻는 주민 투표에서 폴란드가 아니라 독일을 선택한 폴란드 인들과 유고슬라비아가 아니라 오스트리아를 선택한 슬로베니아 인들이 있었다. 게다가 정의상의 민족 국가들이 실제로는 비민족적이었다. 슬로바키아 인들은 여전히 체코에 반항적이었고, 유고슬라비아에서는 여전히 세르비아 인들과 크로아티아 인들과 슬로베니아 인들이 대립했으며, 크게 축소된 터키에는 그리스 인들과 불가리아

---

* **폴란드 회랑 지대** 폴란드 회랑 지대Polish Corridor는 제1차 세계 대전 직후 독일이 폴란드에 할양한, 길이 400km에 너비 128km의 좁고 긴 지역을 가리킨다. 내륙국인 폴란드는 이 회랑을 통해 발트 해의 항구 도시 단치히(현재 그단스크)와 연결될 수 있었다. 그 반면에 회랑은 독일 본토와 동프로이센을 갈라 놓아서 동프로이센은 동쪽에 고립된 '섬'이 되었다. 그리하여 히틀러는 회랑을 통과하는 철도 및 도로의 통제권을 요구했고 폴란드는 이를 거부했는데, 이것이 제2차 세계 대전의 직접적인 도화선이 되었다.

지도 13 옛 유고슬라비아 지역.

인들이 남아 있었다. 결국 이런 상황에서 사람들은 민족과 국가가 반드시 일치하지 않는다는 사실을 발견하게 되었고, 각국은 "정의와 실체 간의 한층 심각한 괴리"를 메우려고 노력했다. 그리고 비민족주의적인 현실을 민족주의적인 개념에 끼워 맞추는 데는 상당한 폭력이 필요했다.[36)

그런 폭력 중에서 그나마 가장 정도가 약한 것은 강제 동화 정책이었다. 가령 마케도니아 인들은 이름 끝 자를 'off'가 아니라 'itch'로 바꾸어 세르비아 인이 되거나 'os'와 'is'로 바꾸어 그리스 인이 되어야 했다. 그런데 이름 끝 자를 바꾸고 지배 종족의 언어를 배우는 것만으로도 충분히 지배 종족에 동화될 수 있었다는 사실은 거꾸로 발칸 지역에서 종족적 구분이 생물학적으로 결정된 것은 아니었음을 보여 준다.

그 다음으로 심한 폭력은 주민 교환이었다. 가령 1923년에 그리스와 터키 사이에서 이루어진 조직적이고 강제적인 주민 이동으로 터키령 소아시아에 살던 약 100만 명의 그리스 인들이 그리스로 귀환하고 거꾸로 그리스에 살던 이슬람교도 약 38만 명이 터키로 귀환했다. 그 외에 발칸의 여러 지역에서 터키로 탈출한 이슬람교도들까지 합하면 이주자 수는 약 200만 명에 달했다. 그런데 이 귀환자들은 '조국'에서 환영받기는커녕 애물단지로 전락했다. 각국 정부는 생활 터전을 잃어버린 '난민'을 구제하는 데 바빴으니 말이다. 여하튼 이런 억지스런 주민 교환으로 그리스와 터키는 종족적으로 동질적인 국가로 만들어졌다.

신생 민족 국가를 종족적으로 동질적인 국가로 만들려는 과정에서 빚어진 가장 심한 폭력은 물론 종족 말살 정책이었다. 말살 정책은 1914년에 헝가리 인들이 세르비아 인들을 조직적으로 학살한 데서 시작되었다. 그런가 하면 터키는 1915~1916년에 100만 명에 달하는 아르메니아 인들을 대량 학살했다. 사실, 터키의 아르메니아 학살은 독일

그림 27 터키의 아르메니아 인 대학살을 묘사한 당대 그림. 순수한 민족주의적 개념을 순수하지 않은 현실에 강제로 끼워 맞추는 과정에서 끔찍한 폭력이 자행되었다. 필경 아르메니아 인 대학살은 나치 독일이 자행한 유대인 대학살의 리허설이었다.

나치즘의 유대인 말살의 리허설이었다. 1939년에 히틀러는 이렇게 말했다고 한다. "누가 지금 아르메니아 인들을 기억하고 있지?" 이렇게 민족성의 원칙을 현실에 적용하려는 과정에서 노정된 그와 같은 끔찍한 눈앞의 폭력 사태를 보면, 1853년에 오스트리아 외무 장관이 했다는 다음과 같은 말은 시대착오적이기보다는 차라리 선견지명이 있는 현자의 경고로 우리 귀에 들린다.

민족성의 구분에 따라 국가를 새로 건설하려는 것은 그 모든 유토피아적 환상 중에서도 가장 위험천만한 생각이 아닐 수 없다. 그런 주장을 밀고 나가는 것은 역사를 중단시키는 행위이고, 그것을 유럽의 어느 곳에서라도 실행하는 것은 국가 간의 견고한 질서 체계를 기반부터 뒤흔들어, 유럽 대륙을 파괴와 혼란으로 몰아넣는 행위다.[37]

그러나 이런 경고에도 아랑곳하지 않고 유럽 열강들은 동유럽에서 민족성의 원칙을 게임의 규칙으로 삼았고, 게임판의 말들은 이 규칙에 따라 이리저리 분주하게 옮겨 갔다. 문제는 게임 판이었다. 동유럽이라는 게임 판은 민족성의 원칙에 적당하지 않은 지역이었으니 말이다. 그러므로 동유럽에서 민족성의 원칙을 가지고 논다는 것은 곧 바둑판에서 장기를 두는 격이었다.

물론 이렇게 말한다고 해서 동유럽 민족들이 순전히 유럽 열강들의 의도에 따라 수동적으로 만들어졌다고 오해해서는 안 된다. 동유럽 인들 역시 스스로를 능동적으로 구성해 나갔음을 잊지 말아야 한다. 그 점을 잘 보여 주는 것이 19세기 초반 크로아티아에서 발전한 남슬라브주의 이념, 즉 일리리아의 이념이었다. 일리리아라는 명칭은 저 멀리 로마 시대로까지 거슬러 올라가는 역사를 오롯이 담고 있는데, 크로아티아는 일리리아주의를 통해 독특한 문자 언어에 토대를 둔 남슬라브 인들 공통의 문화를 창출하려 했다. 일리리아의 이념은 곧 '크로아티아' 혹은 '유고슬라브'라는 용어로 표현되었고, 이는 크로아티아 민족주의의 발전의 통합적 일부였다. 과연 1차 대전 직후에 탄생한 유고슬라비아는 일리리아주의의 변형된 계승자라 할 만하다. 물론 남슬라브주의 이데올로기는 모호했다. 점차 세르비아 민족주의가 발호하고 가톨릭과 그리스 정교 사이의 종교적 차이가 강하게 의식되면서 크로아티아와 세르비아는 "남슬라브 민족 내부의 두 '부족'이라기보다는 독자적인 국가 전통과 종교와 문화를 가지고 있는 별개의 두 민족"으로 상상되기 시작했으니 말이다.[38]

그렇다면 동유럽에서 민족주의와 민족 국가는 유럽 열강들의 자의적인 고안물인 만큼이나 동유럽 인들 스스로의 모순적인 노력으로 빚어진 창작품이기도 했다. 요컨대 동유럽의 민족 형성은 서구 열강들의 정치적 구성과 동유럽 인들의 문화적 구성이 교차되는 과정에서 이루어졌으되, 문제는 반드시 타인의 인정을 필요로 하는 민족주의 이후의 민족들이 공통된 숙명을 타고난 데 있었다고 하겠다. 실제로 19세기 후반 이래로 동유럽은 헤겔이 말한 '인정 투쟁'의 무대가 되었다. 20세기에도 모든 민족은 저마다 인정받기 위해 고단하게 투쟁했고, 인정받지 못한 민족은 도태당했다. 예컨대 마케도니아 혁명 조직 임로IMRO의 단원들이 실제로 겨냥한 목표는 외세를 배격하고 스스로의 힘으로 독립을 쟁취하는 것이었다기보다는 강대국들의 주목을 끌어서 강대국들이 서로 반목하는 사이에 어부지리로 자치를 획득하는 것이었다.[39]

이로부터 "비지배적 종족 집단들"의 경우에 제법 타당한 민족 형성의 도식이 하나 만들어질 법하다. 즉 '무의식적' 민족이 의식적으로 각성하고 문화적으로 부활하는 단계를 거쳐 궁극적으로 다른 기성 민족들의 인정을 받아 민족 국가로 확립되는 도식 말이다. 이는 딱히 인정 주체를 필요로 하지 않는 민족주의 이전의 민족들과는 전혀 다른 운명이다.[40] 그러나 동유럽의 비극적인 민족 분규는 이 세 단계가 반드시 순서대로 오지는 않았다는 데서 유래했다. 그런 점에서 문화적 부활의 A국면과 애국적 선동의 B국면, 그리고 대중 운동의 C국면이라는 단계 설정은 그 자체로 틀린 것은 아니더라도 극히 도식적이다. 이미 살펴보았듯이, 많은 경우에 타인의 인정을 받는 국가의 정치적 구성이 종족 혹은 민족의 문화적 구성을 저만치 앞지르거나 엉망으로 흐트러뜨려 놓았으니 말이다.

가령 발칸 반도의 북서쪽 끝 아드리아 해에 면한 달마티아 지방의 경우가 민족주의의 발전에 국가 구성이 선행했다는 점을 잘 보여 준다. 달마티아의 세르비아 인들은 1830년대에 사실상의 세르비아 국가가 구성된 뒤에 민족주의를 발전시켰으며, 별로 '민족적'이지 않던 달마티아의 이탈리아 인들도 1861년에 코앞에서 이탈리아 국가가 창설되자 서둘러 민족주의를 발전시켰다. 그런가 하면 1867년에 오스트리아-헝가리 이중 왕국이 수립될 때 기대를 모았던 크로아티아 국가 건설이 부정되면서 확산된 좌절과 불만은 크로아티아 민족주의가 발전하는 자극제가 되었다. 그렇다면 이 경우에 폴란드 민족주의자 요제프 피우수드스키Jozef Piłsudski의 다음과 같은 명석한 일반론이 들어맞는 것이 아닌가? "국가가 민족을 만드는 것이지 민족이 국가를 만드는 것이 아니다."[41]

그런데 민족 국가라는 목표 지점에 먼저 도착한 서유럽의 경우에 그 게임판이 민족성의 원칙이라는 게임의 규칙에 완전히 적합했느냐 하면, 그것도 아니었다. 현실이 정의와 일치하지 않기는 동유럽뿐만 아니라 서유럽도 마찬가지였다. 영국에서 아일랜드 인들을 위시한 웨일스 인들과 스코틀랜드 인들, 에스파냐에서 바스크 인들과 카탈루냐 인들, 벨기에에서 플랑드르 인들이 집요하게 분리나 자치를 요구하면서 충돌이 끊이지 않았다는 사실이 그 점을 잘 보여 준다. 그리하여 1차 대전 이후에 분리 민족주의는 동유럽에서건 서유럽에서건 간에 오스트리아나 오스만 제국과 같은 다민족 · 다문화 제국이 아니라 오히려 민족 국가에 대항하여 발전하게 되었다.

민족적 정체성과 사회적 정체성

제1차 세계 대전부터 1950년대에 이르는 시기에 민족주의는 극성기를 맞이했다. 그러나 종족적 · 언어적 정체성이 보통 사람들의 충성심을 독점했느냐 하면, 꼭 그렇지는 않았다. 실제로 많은 사람들이 자신의 민족적 소속에 무관심하거나 무지했다. 예컨대 마케도니아의 한 농민은 "우리 조상은 그리스 인이었고, 불가리아 인에 대한 말은 들어 본 적도 없어요"라고 말했는가 하면, 다른 농민은 "우리는 불가리아 인이 되었고, 우리는 이겼어요. 세르비아 인이 되어야 한다면 그것도 괜찮겠죠. 하지만 지금은 불가리아 인이 되는 게 더 좋아요"라고 말했다.[42]

여기 또 하나의 재미있는 일화가 있다. 1945년 제2차 세계 대전이 끝난 뒤에 소련과 폴란드 사이의 '어느' 지역에서 밭을 갈던 농부가 국경을 측량하던 기사들에게서 국경이 자기 땅 동편에 그어져 폴란드에 살게 되었다는 말을 듣자, 대번에 이렇게 말했다고 한다. "신이시여, 감사드립니다. 그 혹독한 소련의 겨울을 더는 견디지 못했을 것입니다."[43] 사실, 동유럽의 농군에게 자신이 폴란드 인이냐, 러시아 인이냐 하는 것은 관심 밖의 문제였다. 물론 추위를 끔찍이도 싫어하는 사람에게 그것은 사활이 걸린 문제로 '보일' 수도 있겠지만 말이다!

특히, 종족적 · 문화적 민족주의가 갖는 사회적 차원에 주목하면, 보통 사람들이 확고하게 자신들을 민족 집단으로 인식했는지는 불투명하다. 가령 에스토니아의 농민들이 독일인을 가리키는 말인 '작스saks(작손saxon)'를 무엇보다 '영주'나 '주인'으로 이해했다는 사실은 매우 시사적이다.[44] 농민들에게 중요했던 것은 국적이 아니라 삶이었던 것이다. 그러나 사실이 그러함에도 불구하고 독일의 에스토니아 정복사를 배우고 그에 대해 분개한 민족주의적 지식인들 ——주로 성직자들—— 은 '작스'란 말을 오직 독일인들을 가리키는 것으로 해석했다. 정말이지 성직자들의 '지식'과 농민들의 '상식' 사이의 현저한 거리가 느껴지는 대목이 아닐 수 없다. 오스트리아령 달마티아 지방에서도 슬라브어는 해안 지대의 부유한 이탈리아계 부르주아지에게 내륙 지대에 사는 가난한 크로아티아 및 세르비아 농민들의 표상이었다.[45] 즉 슬라브

어는 이탈리아와 크로아티아·세르비아를 민족적으로 나누는 기준이라기보다는 호네스티오레스(고귀한 자)와 후밀리오레스(미천한 자)를 사회적으로 가르는 매체였던 것이다.

이와 관련하여 제1차 세계 대전 기간에 빈과 부다페스트에서 압수당한 병사들과 가족들 간의 편지에 대한 페터 하나크Peter Hanak의 분석이 시사적이다. 이 편지들이 보여 주는 바는 민족적·애국적 감정으로 들끓었으리라 생각되는 전시에 후밀리오레스가 보여 주는 '비민족적' 관심의 폭과 깊이이다. 그 편지들에는 가진 자와 없는 자, 전쟁과 평화, 질서와 혼란이라는 상호 연관된 주제들이 잘 드러나 있다. 가진 자는 잘 지내고 군대에도 가지 않는다는 불평이 곳곳에 스며 있다. 요컨대 후밀리오레스의 편지에 스며 있는 가장 중요한 주제는 "전쟁을 생활과 노동의 질서를 무너뜨리고 파괴하는 것으로 본 점"이다. 특히, 1917년 러시아 혁명 이후에 평화와 사회 변혁에 대한 갈망이 크게 표출되었다. "그들은 사회주의자가 평화를 이룰 것이라고 말한다." 홉스봄은 하나크의 분석을 통해 다음 세 가지 점을 알 수 있다고 본다. 첫째, 대중에게 민족의식이 무엇을 의미했는가에 대해 알려진 바는 극히 적다. 둘째, 민족의식의 발전은 다른 형태의 사회적·정치적 의식의 발전과 분리될 수 없다. 셋째, 민족의식의 증진은 단선적이지 않고 반드시 다른 의식들, 가령 계급의식의 감퇴를 수반하지 않는다.[46]

오직 이런 점들을 염두에 둘 때에만 우리는 1차 대전 직후에 한때 애국적 물결로 뒤덮였던 이탈리아, 독일, 헝가리, 오스트리아 등지에서 왜 그렇게도 급속하게 사회 혁명이 분출했는지를 설명할 수 있다. 이는 2차 대전 직후에도 마찬가지였다. 강력한 민족의식이 있는 경우에도 어김없이 사회 변혁의 열망이 착종되어 있었음을 염두에 둘 때에만 우리는 영국의 전쟁 영웅 처칠이 총선에서 노동당에 패한 것을 설명할 수 있을 것이다. 이런 사실들은 민족주의가 가장 고양된 것처럼 보일 때조차 주민들의 충성심을 완전히 독점하지 못했다는 점을 잘 보여 준다. 그런 면에서 충성심의 독점을 추구하는 민족주의자는 움직이지 않는 일점만 발견한다면 지렛대로 지구를 들어올릴 수 있노라 호언장담한 아르키메데스와 흡사하다. 그러나 '아르키메데스의 점'으로서의 '민족'은 영원히 발견되지 않을 것이었다.

  쓸데없는 오해를 피하기 위해 한마디만 덧붙이자. 민족의식이 증진된다고 해서 꼭 계급의식이 감퇴하지는 않듯이, 계급의식이 증진된다고 해서 꼭 민족의식이 감퇴하는 것은 아니다. 양자는 결코 길항 관계로 엮여 있는 것이 아니다. 비록 1차 대전 직후에 애국주의적 열정이 사회 혁명의 열망으로 바뀌었지만, 혁명적 기대는 다시 대중적 민족주의로 급속히 대체되었다. 그리고 이 대중적 민족주의는 곧 파시즘의 매트릭스가 되었다. 다음 장에서 살펴보겠지만, 만일 우리가 민족적 정체성과 사회적 정체성의 관계를 꼭 길항 관계로 보지 않는다면, 홉스봄의 생각과는 달리 파시즘을 단순히 "퇴역 병사와 하층 중간 계급 및 중간 계급의 시민을 반혁명에 동원하는 것"으로 치부하기는 어려울 것이다.[47] 전후 사회 혁명의 열망에 민족주의가 접목되어 있는 만큼이나 극단적 민족주의로서 파시즘에도 사회 혁명의 열망이 착종되어 있는 까닭이다.

약간 긴 후기: 에트노스가 데모스로 되었을 때

제1차 세계 대전이 끝난 뒤, 오스트리아 제국과 오스만 제국이 있던 자리에 신생 유고슬라비아 왕국이 들어섰다. 세르비아, 크로아티아, 슬로베니아로 구성된 이 '혼혈' 왕국에서 세르비아 인이 정부와 군대의 요직을 차지하고 주도권을 장악했다. 세르비아 인이 아닌 사람들은 '유고슬라비아주의'의 가면 아래에 '대大세르비아주의'가 숨겨져 있다고 확신했다. 그리하여 1934년 크로아티아 인에 의한 알렉산다르 왕의 암살은 유고슬라비아 내부의 그런 민족적 불만이 극적으로 표면화한 사건이었다. 결국 두 번째 대전이 한창이던 1941년 4월에 독일과 이탈리아 군대가 침공하고 괴뢰 정권이랄 수 있는 '크로아티아 독립국'이 수립됨으로써 제1차 유고슬라비아의 실험은 실패로 돌아갔다.

제2차 세계 대전이 끝난 뒤, 제2차 유고슬라비아가 파르티잔 지도자인 티토Tito의 지도 아래 창설되었다. 발칸 반도를 모자이크처럼 수놓고 있던 뭇 종족들이 하나의 국가, 하나의 시민으로 다시 결집했다.* 48) 이렇게 에트노스가 데모스로 되었을 때, 과거의 비극적인 기억은 장밋빛 미래의 전망으로 대체되는 듯했다. 실제로 제2차 유고슬라비아는 전도유망했다. 그러나 반세기 후에 이곳에서는 종족들끼리 죽고 죽이는 끔찍한 살육이 벌어지고 "종족 청소"라는 살벌한 말까지 등장하게 되었다. 1991년에 크로아티아에 떠 있는 세르비아의 섬이었던 크라이나에서 분쟁이 일어나면서 시작된 6개월간의 내전으로 대략 25만 명이 죽

---

* 유고슬라비아라는 '만화경'은 '123456'이라는 숫자로 가장 잘 이해될 수 있다고 한다. 그러니까 유고 연방 1개의 국가에 2개의 문자(칼릴 문자와 러시아 문자), 3개의 종교(그리스 정교, 이슬람, 가톨릭), 4개의 언어(세르비아 어, 크로아티아 어, 슬로베니아 어, 마케도니아 어), 5개의 민족(세르비아 인, 크로아티아 인, 슬로베니아 인, 마케도니아 인, 몬테네그로 인), 6개의 공화국(세르비아 공화국, 크로아티아 공화국, 슬로베니아 공화국, 마케도니아 공화국, 몬테네그로 공화국, 보스니아 공화국)으로 이루어져 있다. 물론 이 6개 공화국에 보이보디나(세르비아 어 및 헝가리 어 사용 지역)와 코소보의 2개 자치주가 추가되어야 할 것이다. 여기서 문제는 코소보의 알바니아 어 사용자들이 독자성을 인정받지 못했다는 점이다. 그들은 결국 유고슬라비아의 종족 분규에서 제물이 되고 말았다.

거나 실종되고 100만 명 가까운 난민이 발생했다. 이는 1945년 이후 유럽에서 발생한 최악의 인명 피해였다. 약탈, 강간, 방화가 자행되고 역사적 기념물들이 파괴되었으며 부코바르와 같은 경우에는 도시 하나가 공중분해될 지경이었다. 파괴와 학살은 이것으로 끝나지 않았다. 잇따라 코소보와 보스니아가 화염에 휩싸일 것이었다. 왜 한때 전도유망했던 티토의 유고슬라비아에서 그런 참혹한 전쟁이 발생했는가? 에트노스가 데모스로 되었을 때 무슨 일이 있었는가?

그림 28 '유고슬라비아 민족'을 제조하려 한 티토. 그는 동유럽 공산주의 진영에서 가장 성공적인 독재자로 평가받기도 하지만, 그가 죽은 후 유고슬라비아는 잔혹한 '종족 청소'의 무대가 되었다.

20세기 냉전 시대 티토의 제2차 유고슬라비아는, 말하자면 16세기 종교 개혁 시대 헨리 8세의 잉글랜드와 흡사했다. 사회주의 개혁으로 유고슬라비아는 '교황' 스탈린이 지배하는 공산주의 '로마'에서 분리되어 사회주의 '영국 국교회'의 종주국이 되었다. 그러나 사회주의 이념의 순수성과 이상에 매료된 밀로반 질라스Milovan Djilas와 같은 마르크스주의적 '칼뱅주의자들'은 끊임없이 당을 탄핵하며 내부의 '비국교도'로 존재하고 있었다. 그러나 유고슬라비아의 '헨리 8세' 티토 원수는 탁월한 정치력으로 내부 갈등을 봉합하면서 '제국'을 능란하게 유지했다.[49]

티토는 크로아티아에 더 많은 자치를 요구한 크로아티아 민족주의자들의 저항으로 야기된 1969~1971년의 "크로아티아의 봄"은 물론이거니와 다른 공화국들의 온건한 민족주의적·자유주의적 반대파, 그리고 개혁 마르크스주의자들을 효과적으로 봉쇄했다. 그러나 제거된 티토의 정적들은 스탈린에 의해 숙청된 사람들과는 달리 여전히 고급 아파트에서 살 수 있었다. 이와 같은 상대적인 정치 안정을 바탕으로 유고슬라비아는 서방, 특히 미국의 막대한 차관을 받으면서 동유럽 사회주의 국가들 가운데 가장 높은 생활 수준을 자랑했다. 유고슬라비아의 자주 관리 사회주의 혹은 사회주의 시장 경제 모델도 서방의 좌파들에게 희망의 이름이 되었다. 가난한 루마니아 인들이 더 나은 삶을 찾아서 유고슬라비아로 쇄도한 일은 당시 유고슬라비아의 경제적 우위를 십분 증명하고도 남는다.

그러나 티토 체제는 결함투성이었다. 티토 개인의 철권 통치와 사치, 자주 관리의 허울 아래 양육된 "붉은 부르주아"의 이야기는 너무도 유명하기도 하려니와 우리의 주제인 민족주의와 직접적인 관련이 없기에 논외로 하더라도, 1990년대에 폭발한 종족 분규의 씨앗이 이미 티토 체제에 뿌려져 있었음은 분명하다. 유고슬라비아는 1974년 헌법에 의해 티토주의적 연방제를 확립했다. 그 핵심은 내부의 소수 민족들의 필요에 따른, 이른바 '민족-공산주의' 모델이었다. 이로써 각 공화국의 권한이 강화되었는데, 문제는 각 공화국에서 하나의 민족만이 주권을 담지한다는, 이른바 '단일 민족화'가 일어났다는 것이다. 이 민족 국가들의 '설계'에 따라 보스니아에서는 이슬람교도들의 국가가 창설되어 거기 살던 세르비아 인들과 크로아티아 인들은 배제되고, 크로아티아에서는 세르비아 인들과 크로아티아 인들이 동등하게 가졌던 민족적 지위가 침해당했다. 요컨대 각 공화국을 단일 민족 국가로 만들겠다고 하는 그런 인위적 결정은 각 공화국에 살고 있던 소수 종족들을 차

별하기 시작했음을 뜻하는 것이었다.[50]

또한 인상적인 경제 성장에도 불구하고 지역 불균형이 심각했다. 베오그라드 정부의 산업화 우선 정책은 자원과 부의 분배에서 산업화한 부유한 북부와 농업 중심의 낙후된 남부라는 지역 격차를 낳았다. 크로아티아, 슬로베니아, 보이보디나 등의 부유한 북부 공화국들 및 자치주의 시민들은 자신들의 상대적 번영이 자신들이 "더 열심히 일하고 더 유덕하고 더 유럽적"인 데서 기인한다고 확신했다. 따라서 자본 이전을 통해 지역 간 불평등을 시정하려는 정부의 노력은 남부 공화국들 및 자치주인 마케도니아, 몬테네그로, 코소보에서는 환영받았으나 북부 공화국들 및 자치주에서는 배척당했다. 북부인들에게 "조야하고 거칠며 비유럽적인" 남부인들을 도와주기 위해 세금을 내야 한다는 생각은 참을 수 없는 것이었다. 1980년대 말에 크로아티아에서 유행한 말에 따르면, "우리는 형제일지도 모른다. 그러나 우리는 같은 지갑을 쓰지는 않는다." 1990년대에 들면 위의 경구에서 앞부분인 "우리는 형제일지도 모른다"는 숫제 농담으로도 쓰이지 않게 되었다.[51] 그런 상황에 대해 세르비아 혈통이고 구舊유고슬라비아에서 크로아티아 공화국 시민이었으며 현재 미국 시민권을 가진, "민주주의적 사회주의자"로 자처하는 한 관찰자는 다음과 같이 분석했다.

하나의 국가에서 훌륭하고 공정한 집단 결정이 이루어지려면 국가의 경계, 즉 정확히 누가 그 정치체에 제기된 결정들을 논쟁할 자격이 있는 데모스를 구성하는가에 대해 일반적인 합의가 있어야 한다. 만일 데모스가 오직 에트노스의 견지에서만 규정된다면, 특정 종족 집단이 특정 선거에서 질 때 이는 정치적 패배 이상의 것으로, 그러니까 한 민족(에트노스)에 대한 다른 착취하는 민족들의 착취와 강탈로 보이게 된다. 다민족 민주주의의 동학은 종종 비타협적인 방식으로 분배의 문제를 민족적 분쟁의 주제로 만들어 버린다. 민족 집단들이 지리적으로 썩 밀집되어 있고 실재하거나 실재한다고 가정된 문화적, 종교적, 역사적 차이와 불만이 존재할 때, 일체의 재분배 문제에 대해 수많은 쟁점들이 혼합된 효과 만점의 마녀의 약물이 제조된다.[52]

결국 유고슬라비아 '제국'에서 민족들과 지역들 사이의 잠재된 불평등과 불만은 '마지막 황제' 티토가 사망한 뒤 1990년대 들어 요란한 굉음과 함께 폭발했다. 20세기 후반의 영상은 얼핏 19세기 후반의 영상과 닮아 있었다. 무엇보다 19세기 후반의 '고전적' 민족주의와 20세기 후반의 '새로운' 민족주의 모두 구체제, 즉 합스부르크-오스트리아 제국과 티토-유고슬라비아 연방의 갑작스런 와해로부터 분출했다는 공통점을 가진다. 그리고 둘 다 '민족'을 종족적 동질성과 역사적으로 공유한 기억을 동원하여 정당화하면서 '민족'의 몸을 누일 수 있는 배타적인 생활권을 확보하려 했다.

그런 가운데 구舊유고 민족들 가운데 영향력과 경쟁심으로 따지자면 타의 추종을 불허할 세르비아와 크로아티아의 민족주의자들은 민족의 신화와 전통과 종교적 배타성을 한껏 부풀려 선전했다. 가령 세르비아 편에서는 1389년 오스만 제국 침략자들에 맞선 영웅적인 코소보 전투의 기억이 살아났고, 크로아티아 편에서는 10세기 이래 존재했던 크로아티아, 달마티아, 슬라보니아를 지배했던 중세 왕국의 기억이 떠올랐다. 그와 동시에 크로아티아 인들은 1차 대전 이후 수립된 유고슬라비아 왕국에서 세르비아 인들에 의해 일방적으로 지배당했다는 쓰라린 기억을 떠올렸고, 그 반면에 세르비아 인들은 2차 대전 동안 크로아티아의 파시스트 정권인 우스타샤Ustaše에 의해 자행된 잔혹한 세르비아

인 학살의 기억을 되살려냈다.[53]

　유럽 열강이 발칸의 정황에 결정적인 영향을 미친 것도 19세기 후반과 20세기 후반의 상황이 흡사하다. 19세기 후반에 영국, 프랑스, 러시아는 임의로 발칸에 민족 국가들을 수립하고 지원함으로써 발칸 국가들의 민족주의를 자극했다. 20세기 후반에도 유럽 열강들은 구유고 지역에서 새로운 독립 국가 창설을 후원함으로써 민족주의를 자극했다. 특히, 독일과 오스트리아 언론은 다른 국가들의 망설임에도 불구하고 크로아티아와 슬로베니아의 독립을 즉각 지지하고 나섰고, 세르비아인들을 사악하고 폭력적인 인종주의자의 이미지로 투영하는 데 혁혁한 공을 세웠다. 마침내 1991년 12월에 독일이 크로아티아와 슬로베니아를 인정한 것을 필두로 곧 유럽 공동체 국가들도 잇따라 인정의 대열에 동참할 것이었다. 그렇다면 공교롭게도 독일과 오스트리아의 파시스트 국가들이 1941년에 제1차 유고슬라비아를 붕괴시켰을 때처럼, 정확히 반세기 후인 1991년에 독일과 오스트리아의 민주주의 국가들은 제2차 유고슬라비아까지 앞장서 해체하는 역할을 담당한 것이다. 이로써 독일과 유고슬라비아, 게르만과 슬라브는 악연임이 증명된 셈이다.[54]

　그러나 이런 공통점들에도 불구하고 역시 '고전적' 민족주의와 '새로운' 민족주의 사이에는 차이점들도 많다. '고전적' 민족주의가 민족의 이름으로 존재하지 않던 국가를 세우려 했다면, '새로운' 민족주의는 예로부터 존재하던 것을 복고시키겠노라 주장했다. 또 '새로운' 민족주의는 19세기에는 없던 강력한 사회적 커뮤니케이션과 매스미디어로 무장하여 민족적 기억과 증오를 체계적으로 생산했다. 가령 베오그라드와 자그레브의 서점들은 민족의 신화학과 음모론을 다룬 책들로 가득 찼고, TV와 라디오는 연일 보고 듣는 이들로 하여금 우쭐해지거나 통한에 젖게 만드는 민족의 상징들과 전통들, 그리고 민족적 기억들을 전파로 내보냈다. 그런가 하면 '고전적' 민족주의자들은 지배 민족 엘리트들과 경쟁하면서도 그들을 모방한 반면에 '새로운' 민족주의자들은 "위의 공백 상태"에서 그 어떤 경쟁자나 모방의 대상도 결여한 채 홀로 새로운 기준과 가치를 만들어 내고 스스로를 새로운 엘리트로 구성해야 했다. 끝으로 '고전적' 민족주의가 발호한 배경이 근대화와 경제 성장이라는 일반적인 역사적 맥락이었다면, '새로운' 민족주의는 일단 근대화가 이루어진 상황에서 짧은 주기의 경제 위기의 산물이었다. 분쟁은 더 작아진 '파이'를 둘러싸고 벌어졌다. 비록 위기는 일시적이되 증상은 깊었고, 따라서 심리적 파장은 강력했다.[55]

이상의 공통점과 차이점을 유념하면서 우리는 다시 한 번 20세기 후반에 동유럽, 특히 발칸에서 왜 민족주의가 맹수로 돌변했는지에 대해 질문해야 할 것이다. 이 문제에 대해서는 아마도 추리 소설에서 애용되는 '동기'와 '기회'라는 각도에서 접근해 볼 수 있지 않을까 한다. 즉 살인자를 찾기 위해서는 살인의 동기와 살인의 기회가 모두 있는 용의자를 찾아야 한다는 말이다.

일단 유고슬라비아에서 민족 문제가 다시 불거지게 된 데는 1980년 대의 심각한 경제 위기와 사회적 소요가 그 동기를 제공한 것 같다. 게다가 1960~1970년대의 상대적 안정기에조차 새로운 유고슬라비아 민족의 창출이라는 이념에도 불구하고 종족 갈등은 주민들의 종족적 충성심을 체계적으로 약화시키는 방식으로가 아니라 오히려 한 종족을 중립화시키기 위해 다른 종족을 교묘하게 이용하는 방식으로 해결되었음을 기억해야 한다. 또한 연방 안에서 각 공화국의 수반들은 '민족적' 이익을 수호한다는 명분으로 자신들의 권력을 유지했다. 그러나 동기만으로는 실제 종족 분규의 분출을 설명할 수 없다.

현실 정치 체제의 해체는 민족 문제가 재등장하는 데 실질적인 기회가 되었다. 1920년대 이후의 소련이나 1940~1960년대의 에스파냐의 사례가 보여 주듯이, 강한 국가가 유지되는 한 아무리 강한 잠재적 폭발력을 지닌 종족 갈등의 요인도 현실화할 기회는 없다. 그러나 1990 년대에 유고슬라비아에서 국가 체제가 급속히 붕괴하는 정치 위기 상황에서 세르비아의 슬로보단 밀로셰비치Slobodan Milošević 나 크로아티아의 프란요 투지만Franjo Tudjman 등의 민족주의 선동가들은 그런 기회를 움켜쥐고 "분열된 민족의 통합"이라는 구호 아래에 대중의 불만을 다른 종족에 대한 증오로 신속히 결집할 수 있었다.

그러나 민족주의 정치가들이 알아야 할 것은 대중의 사회 경제적 요구를 충족시켜 주지 못하는 한 민족주의의 정치적 약효는 필경 제한적일 수밖에 없다는 것이다. 민족주의자들이 선택할 수 있는 최후의 대안은 민족의 생활권 확보를 위해 외부로의 팽창과 정복을 부르짖는 것이다. 그러나 냉엄한 국제 관계에서 그럴 수 있는 여지는 협소하다. 가령 '대大세르비아주의'에 대한 국제 사회의 제재와 밀로셰비치의 몰락이 그 점을 입증한다.

그런데 이런 복잡한 역사적·사회적 현실들은 간단히 무시한 채 서방의 많은 관찰자들은 구유고의 종족 분규를 지켜보면서 참을 수 없는 안이함과 단순함으로 올 것이 왔노라고, 거기는 원래 그런 곳이라고, 그래서 이상할 것은 하나도 없다고 생각했다. '발칸 반도는 항상 종족 분규와 폭력과 살인이 횡행하는 위험 지대가 아니었는가? 거기는 문명의 세례를 받지 못한 야만의 아시아가 아니던가?'라고 생각했던 것이다. 이런 생각은 참으로 뿌리가 깊다. 오래 전에 러시아 혁명가 레온 트로츠키Leon Trotsky는 기차를 타고 베오그라드로 가던 길목에서 이렇게 외치지 않았던가? "아 동방! 동방이로군! 이 다양한 모습, 의상, 인종, 문화적 차이가 혼합해 만들어 내는 다채로움이라니!" 트로츠키와는 전

혀 다른 종류의 인물인 추리 소설 작가 애거서 크리스티Agatha Christie
도 《침니스의 비밀》에서 트로츠키와 비슷한 심정으로, 그러나 더 노골
적으로 극중의 사악한 인물을 이렇게 묘사했다. 그는 "발칸의 한 국가
출신으로 …… 이 나라로 말할 것 같으면 주요 하천은 알려진 것이 없
고, 주요 산 또한 알려진 것이 없으나 수효는 상당히 많다. 수도는 에카
레스트, 주민은 거의가 산적이고, 취미는 국왕 살해와 혁명"이다.[56]

사실, 이런 낙후하고 부패하며 폭력적인 동양의 이미지들로 발칸을
투영하는 것이야말로 전형적인 서양의 취미였다. 위에서 언급했듯이,
유고슬라비아의 부유한 북부인들이 스스로를 유럽 인으로, 가난한 남
부인들을 비유럽 인으로 간주한 것도 정확히 그런 맥락에서였다. 이런
시각과 정신 상태에서 보면, 결국 발칸의 비극은 동양의 열성 형질이
격세유전된 것 외에 다른 것이 아니었다.

하지만 발칸의 종족 분규를 악화시킨 장본인은 바로 유럽 열강들 자
신이었다. 독일과 오스트리아가 어떻게 두 차례에 걸쳐 유고슬라비아
를 와해시키는 데 기여했는지는 앞에서 살펴본 대로이다. 19세기 이래
로 유럽 열강들은 자신들의 이해관계와 기준에 따라 동유럽에서 독립
국가 창설과 민족 형성의 역사에 깊숙이 개입해 왔다. 그들은 마치 내
가 낳은 자식은 내 마음대로 할 수 있다는 어미의 심정을 가진 듯하다.
유럽 열강들에 의해 설계된 민족 국가는 유럽 열강에 의해 해체되곤 했
다.

그러면서 서유럽 인들은 동유럽을 '동양화' 하여 아예 '민족주의적
동양' 과 '민주주의적 서양' 이라는 본질주의적인 이분법에 기초하여 동
유럽의 혼란을 간단히 설명하려 했다. 그리고는 오직 민주주의야말로
민족주의라는 '질병' 의 특효약이라고 광고하면서 민주주의를 구매할
여력이 없는 '동양화한' 동유럽 인들을 때로는 안쓰러운 표정으로, 때

로는 조롱하는 태도로 바라보았다. 심지어는 구매하더라도 동양인 체질, 즉 동양의 "뜨거운 민족주의"에는 약효가 없다고 가정하기까지 했다. 그러니까 서양의 민주주의 혹은 공민적 민족주의는 "마치 담수어처럼" 동양이라는 "사나운 종족적 민족주의가 휘몰아치는 대양"에서는 살 수 없다는 것이었다.[57]

그러나 민족주의와 민주주의, 동양과 서양의 관계는 그렇게 단순한 것이 아니다. 민족주의와 동양의 역사를 퇴행적이라 하여 세계사의 과거형으로 보고 민주주의와 서양의 역사를 진보적이라 하여 세계사의 미래형으로 보는 서양인들의 관점은 양자가 동시대적으로 상호 작용하는 복잡한 역사적 현실을 외면하고 있다. 그런가 하면 민족주의와 민주주의가 항상 서로를 배제한 것도 아니었다. 서양의 경우에도 민주주의가 민족주의를 동반했고 민족주의에 내장된 강한 평등주의가 민주주의를 진전시키는 데 기여했음을 우리는 잘 알고 있다. 거꾸로 동양의 많은 억압받는 민족들도 민주주의를 민족 운동에 이용할 수 있는 최적의 수단으로 생각했다.

확실히, 데모스에도 에트노스가 필요하듯이, 에트노스에도 데모스가 필요하다는 것은 분명하다. 중요한 것은 데모스와 에트노스가 결합되고 분리되며 양자가 특정한 비율과 방식으로 연관되어 있는 역사적·사회적 조건을 이해하는 일이다. 과연 오늘날 구유고 지역에서 종족적 정체성과 연관된 '뜨거운' 가치가 관용이나 민주주의와 같은 '냉철한' 가치를 대체한 것으로 보인다.[58] 그렇기에 "민족보다는 국가" 혹은 "감정보다는 시민적 일반 의지"를 더 많이 요구할 필요가 있는 게 사실이다.[59] 그러나 현실에서 '뜨거운' 가치에 기초한 열정이 '냉철한' 가치에 기초한 냉정을 대체한 이유를 역사적인 조건에서가 아니라 자연적인 결함에서 찾는다면 이는 심각한 오류가 될 것이다. 민족 분규의 참혹한 결과를 내세워 본질적으로 반민주적이라고 가정된 오리엔트를 싸잡아 비난하기 전에 먼저 나눌 수 없는 것을 나누고 그 사이에 만리장성을 쌓는 오리엔탈리즘을 추궁해 볼 일이다.

6
파시즘과 공동체 사이의 민족주의

스스로를 현재에 가둬 두는 자는 현재를 이해하지
못 할 것이다.
— 미슐레, 《민중》.

민족주의에서 파시즘으로

캐나다의 역사가이자 정치가인 마이클 이그나티에프Michael Ignatieff는
1993년에 다음과 같이 선언했다. "억눌린 것이 돌아왔다. 그 이름은 민
족주의이다."[1] 과연 민족주의는 제1차 세계 대전과 1950년 사이에 극
성을 부리다가 냉전이 본격화되면서 자유 민주주의와 공산주의라는 두
가지의 보편 이념 틈바구니에서 억눌리게 되었다. 그 시절에 종족과 민
족에 대한 충성심은 자유 민주주의와 공산주의에 대한 충성심에 비해
항상 부차적인 것이었다. 그러나 1990년대에 접어들어 냉전 체제가 급
속히 해체되면서 사정이 달라졌다. 민족주의가 귀환한 것이다. 그러나
민족주의는 집에 돌아온 아들이었으되, 불행히도 '탕아'였다. 민족주
의라는 이 돌아온 '탕아'는 평안한 가정에 평지풍파를 몰고 왔다. 다시
금 종족과 민족이 최고의 충성심을 바치는 대상으로 숭배되고, 이 새로
운 종교는 흩어져 있는 신도들을 규합하고 무장시켰다. 오늘날 서구 세

계에서 '민족주의'는 불길한 이름이다. 그것은 폭력과 살인을 불사하는 분리주의자들과 게릴라들의 이념이며, 따라서 잔인한 테러와 전쟁을 연상시키며 끈적끈적한 피와 죽음의 냄새를 풍기고 있다.

이렇게 서구인들의 뇌리에 민족주의의 위험한 이미지를 단단히 심어 준 이들은 말할 나위도 없이 세르비아의 게릴라들과 체첸의 테러리스트들이지만, 그 이전의 파시스트들이야말로 민족주의의 평판을 실추시킨 일등 공신(!)이었다. 파시스트들은 '민족'의 이름으로 반인류적인 범죄를 저지름으로써 '민족주의'에 지워지지 않는 얼룩을 남겼다. 제2차 세계 대전이 끝나자, 파시즘은 모든 정치 용어들 가운데 가장 수치스런 용어가 되었으며, 현대 정치 세계에서 추방당했다. 그러나 오늘날 민족주의의 귀환과 더불어 파시즘도 귀환하고 있다. 유럽의 동쪽, 그러니까 루마니아와 헝가리에서 집시와 외국인을 혐오하는 극우 정당들이 활개를 치고, 러시아에서는 더 위대하고, 종족적으로 순수한 민족을 선전하는 자유민주당 —— 이 당명은 명백히 잘못 붙여진 것이다! —— 이 한때 의회에서 제1정당의 자리를 차지하는 기염을 토했다. 사정은 서유럽에서도 비슷했다. 프랑스에서는 '민족전선'이 15%에 육박하는 득표율을 기록했고, 오스트리아와 이탈리아에서는 '네오-파시스트들' 혹은 '포스트-파시스트들'이 집권하기까지 했다. 특히, 이탈리아의 파시스트 정당인 '이탈리아사회운동당MSI의 후신인 '민족동맹Alleanza Nazionale'의 당수 잔프랑코 피니Gianfranco Fini는 파시스트 독재자 베니토 무솔리니Benito Mussolini를 가리켜 "20세기 최고의 정치가"로 추켜세울 정도였다. 피니가 자신의 그런 평가를 철회한 것을 보면 '파시즘'이 여전히 부담스런 용어로 남아 있음에 틀림없지만, 그럼에도 그가 실비오 베를루스코니Silvio Berlusconi* 정부의 유력한 파트너라는 사실은 파시즘이 유럽의 심장부에 도착했음을 말해 준다.

'파시즘'이란 말은 고대 로마의 최고 집정관consul의 수행비서 격인 릭토르liktor가 가지고 다니던, 집정관의 권력을 상징하던 일종의 왕홀인 '파스케스fasces'에서 유래했다. 상징물 '파스케스'는 작은 도끼를 중심으로 나뭇가지들을 한데 묶어 놓은 형상이었는데, 이로부터 미루어 짐작할 수 있듯이 '다발'이나 '묶음'을 암시했다. 현대 이탈리아 어에서 '파스케스'는 19세기 후반 시칠리아에서 부활하여 농민-노동자 조직들의 명칭, 그러니까 '시칠리아 파시fasci siciliani'에서 사용되었는데, 여기서 '파시'란 '파쇼fascio'의 복수형으로서 대략 '동맹'이나 '연맹'을 의미했다. 그러다가 '파시' 혹은 '파쇼'는 무솔리니를 비롯한 이탈리아 파시스트들에 의해 특정한 이데올로기적·정치적 교리를 갖는 운동을 가리키는 '파시스모fascismo', 즉 '파시즘'으로 재활용되기에 이르렀다. 그리고 파시스트 체제는 이탈리아의 민족적 가치와 영광을 상징하는 것으로서 '파시즘'의 모태가 된 고대 로마의 릭토르 파스케스fascio littorio의 숭배를 제도화했다. 체제는 이 릭토르 파스케스 외에도 로마식 경례, 로마식 걸음, 피마자유를 이용한 로마식 정죄 의식, 로마식 전투 구호인 "에이아, 에이아, 알랄라eia, eia, alalà" 등 '로마적인 것' 일체를 민족주의의 상징과 신화로서 대량 생산했다.

그렇다면 특정한 이데올로기적·정치적 운동으로서 파시즘이란 무엇인가?* 특히 파시즘은 민족주의와 어떤 관계를 가지고 있는가? 요컨대 파시즘과 민족주의는 형제인가 남남인가? 형제라면 샴쌍둥이처럼 닮은꼴인가 아닌가? 파시즘과 민족주의의 무관함, 나아가 파시즘이 민

---

* **실비오 베를루스코니** 이탈리아의 거대 언론 미디어 재벌로서 정치에도 투신, '포르차 이탈리아Forza Italia'라는 우파 정당을 결성하여 1994년에 이탈리아 총리로 취임한 뒤, 다시 2001~2006년에 재집권했다. 그는 이탈리아의 세계적인 프로 축구 팀인 'AC 밀란'의 구단주로도 유명하다.

그림 29 '파시즘'의 어원이 된 '파스케스'. '파스케스'는 고대 로마 집정관의 권위
를 상징하는 소품으로서 하나의 도끼를 나뭇가지로 감싸 묶어 놓은 형상을 하고 있
다. 그림은 1925년에 이탈리아 토리노에서 출간된 파시즘 교본의 표지이다.

족주의에서의 일탈이라고 보는 사람들이 있다. 이런 입장은 민족주의
가 "시민의 자유와 독립, 영토적 통합과 결속, 그리고 역사적 자기 확
인 등을 추구함으로써 민족 국가를 헌신적으로 창조해 내려는 민족 성
원들의 의지를 성취하고 그것의 지속성을 추구해 보려는 이데올로기적
사회 운동"이라는 긍정적 측면을 강조하면서 파시즘이 그 모든 것을
부정하고 있다고 본다. 그러나 이런 입장은 파시즘이 특정한 형태의 민
족주의, 가령 자유주의적 민족주의의 부정이라는 점은 잘 포착하고 있
지만, 파시즘이 민족주의를 특정한 형태로 전유하고 있다는 점은 등한
시한다. 그런가 하면 파시즘과 민족주의를 샴쌍둥이처럼 닮은꼴로 보
는 사람들도 있다. 이런 입장에 따르면, 민족주의란 "마치 동전과 같아
서 한 면에는 존경할 만한 인물인 가리발디와 같은 위인이 새겨져 있고
다른 한 면에는 아우슈비츠 수용소의 소장과 같은 추악한 인물이 새겨
져 있는 것"이다. 이처럼 파시즘과 민족주의를 동일시하는 등식은 민
족주의의 어두운 면을 잘 포착하고 있지만, 파시즘이 평화와 자유를 지
향하는 민족주의의 부정이라는 점은 등한시한다. 요컨대 파시즘은 특
정한 형태의 민족주의에 대한 부정이자 동시에 특정한 형태의 민족주

---

* 이 장에서는 주로 제1차 세계 대전 직후부터 제2차 세계 대전까지 활동한 유럽의 파시즘
운동/체제들을 다룬다. 그런데 이 시기에 유럽 각국에서는 실로 다양한 파시즘 혹은 준
파시즘 운동/체제들이 난립해 있었다. 가령 영국의 '영국파시스트연합British Union of
Fascists' (BUF), 프랑스의 '악숑 프랑세즈Action Française' 나 '불의 십자단Croix de
Feu', 에스파냐의 '팔랑헤 에스파뇰라Falange Española', 벨기에의 '렉시스트Rexiste',
네덜란드의 '국가사회주의운동Nationaal Socialistische Beweging' (NSB), 헝가리의 '화
살십자당Nyilaskeresztes', 루마니아의 '대천사 미카엘 군단Legiunea Arhanghelul
Mihail' 과 그 후신인 '철위대Garda de Fier', 핀란드의 '라푸아 운동Lapuan Liike', 노르
웨이의 '국가통일당Nasjonal Samling', 크로아티아의 '우스타샤Ustaše' 등이 그런 사례
들이다. 그러나 이 장에서는 고찰 대상을 이탈리아 파시즘('파시스트민족당')과 독일 나
치즘('민족사회주의당')에 국한할 것이다.

의에 대한 긍정인 것이다.[2]

이처럼 민족주의와 복합적인 관계를 맺고 있는 파시즘은 이해하기 까다로운 현상이다. 필경 파시즘은 주요 정치 용어들 가운데 가장 모호한 용어이며, 가장 덜 이해된 현상이다. 지금까지 많은 학자들이 파시즘을 정의하기 위해 달려들었지만, 번번이 실패하고 만 사정은 파시즘의 악명 높은 모호함을 반증한다. 무엇보다 파시즘은 모든 경향을 밀가루 반죽처럼 한데 뭉쳐 놓은 "모순적인 태도들의 만화경"이다.[3] 무솔리니의 측근으로서 한때 잘 나가던 파시스트인 디노 그란디Dino Grandi는 파시즘에는 모든 것이 들어 있다고 하면서 이렇게 실토했다.

여기에는 살란드래이탈리아의 보수적 자유주의 정치가 — 저자식의 낡은 자유 무역론자가 있다. 민주주의적 자유주의자도 있다. 민족주의자도 있다. 군주제론자도 있다. 저기에는 무정부주의자가 있다. 공화주의자도 있다. 절대적 개인주의자도 있다. 상대적 개인주의자도 있다. 생디칼리스트도 있다. 늘 모든 당파들에서 좋은 것만 취할 요량으로 기분에 따라, 습관에 따라 이리 갔다 저리 갔다 하는 분자들도 있다.[4]

그런 파시즘 내부의 이질성에도 불구하고 파시즘이 민족주의와 특별한 관계를 맺고 있음은 분명하다. 예컨대 프레데리크 헤르츠Frederick Hertz는 히틀러가 여전히 권좌에 있던 1944년에 출간한 민족주의에 대한 책에서 누군가가 파시스트들에게 어떤 신조를 가지고 있느냐고 묻는다면, 그들은 한결같이 이렇게 말할 것이라고 단언했다. "그것은 민족에 대한 열정적인 헌신과 민족의 이해관계를 가장 우월하게 여기는 것 속에 있다."[5] 그런가 하면 이미 1925년에 이탈리아에서 나온 파시즘 교본의 한 저자는 "파시즘의 근본적 토대는 조국의 이념"이라고 하면서

"자기 민족의 위대함에 기여하는 것, 강인한 의지와 실천으로 이 위대함을 추구하는 것, 모든 것에 맞서 민족을 방어하는 것, 이것이야말로 의무이자 관심이다"라는 당대의 유명한 파시스트인 미켈레 비앙키Michele Bianchi의 말을 인용한 뒤, 이를 "파시즘의 진정한 본질"이라고 적어 놓았다.[6] 무솔리니도 1932년에 "파시즘의 교리"에서 다음과 같이 말함으로써 파시즘이 태생적으로 '민족'의 교리임을 설파했다. "파시즘의 인간은 모든 개인들과 세대들을 하나의 전통과 하나의 사명 속에 한데 묶는 도덕적 법칙으로서 민족과 조국 그 자체라 할 수 있는 개인이다."[7]

비록 오늘날 파시즘의 진정한 본질을 담아 둘 수 있는 최소한의 정의 —— 파시즘의 최소치 —— 를 내리려는 무수한 시도가 대부분 가망 없이 실패로 돌아가곤 하지만, 그럼에도 학계에서 상당한 지지를 받는 파시즘의 정의들이 있기는 하다. 가령 로버트 O. 팩스턴Robert O. Paxton에게 파시즘은

공동체의 쇠퇴와 굴욕, 희생에 대한 강박적인 두려움과 이를 상쇄하는 일체감, 에너지, 순수성의 숭배를 두드러진 특징으로 하는 정치적 행동의 한 형태이자, 그 안에서 대중의 지지를 등에 업은 결연한 민족주의 과격파 정당이 전통적 엘리트층과 불편하지만 효과적인 협력 관계를 맺고 민주주의적 자유를 포기하며 윤리적·법적인 제약 없이 폭력을 행사하여 내부 정화와 외부적 팽창이라는 목표를 추구하는 정치적 행동의 한 형태[8]

이다. 이 정의를 평가해 보기 위해 파시즘을 다른 유력한 정의, 즉 파시즘에 대한 "새로운 합의"를 자처하면서 최근 학계의 관심을 끌고 있는 로저 그리핀Roger Griffin의 정의와 비교해 보자. 그리핀에 따르면, 파시

즘이란

근대적이고 혁명적인 '대중' 정치의 한 종genus, 그러니까 그 사회적 지지 기반과 무수하게 조합된 특정 이데올로기의 차원에서 보면 극도로 이질적이지만 민족이 도덕적으로 하강하고 쇠락한다고 감지된 한 시기가 탈자유주의적인 새로운 질서의 재생과 갱신의 시기로 대체된다는 중핵 신화로부터 내적 응집력과 추동력을 끌어오는 종[9]

이다.

최근 학계에서 주목을 끌고 있는 위의 두 가지 정의 모두 파시즘이 공동체의 쇠락에 대한 두려움에서 민족의 갱생을 부르짖는 반(탈)자유주의적인 대중적 민족주의 정치라고 보는 점에서 일치한다. 이 점에 대해서는 조지 L. 모스George L. Mosse나 스탠리 G. 페인Stanley G. Payne과 같은 쟁쟁한 파시즘 전문가들도 대체로 의견을 같이한다. 모스에게 파시즘은 "새로운 인간"을 만들려는 혁명적 민족주의, 그러니까 "그 자신의 이데올로기와 목표를 가지고 있는 민족주의 혁명"이며,[10] 페인에게 파시즘은 "민족적 갱생을 위한 혁명적 초超민족주의의 형태"이니 말이다.[11] 그 어느 정의나 파시즘은 민족주의에 단단히 결부되어 있다.

그러나 위 정의들 사이에는 중요한 차이가 있다. 그리핀과 모스와 페인은 파시즘을 명백히 혁명적인 운동으로 본다. 그 반면에 팩스턴은 파시즘과 혁명의 관계에 대해 신중한 입장을 견지한다. 그에 따르면, 파시즘은 자주 혁명적 언사를 구사했지만, 소유 관계와 사회적 위계를 근본적으로 바꾸려 하지는 않았다는 것이다. 따라서 팩스턴은 파시즘을 혁명으로 보더라도 그 혁명은 1789~1917년 사이에 통용되던 의미와는 질적으로 다른 의미의 혁명일 것이라고 생각한다. 이와 같이 팩스턴이 파시즘의 혁명적 성격에 대해 짐짓 유보적인 태도를 취하는 것은 그가 파시즘의 수사와 현실에서 종종 확인되는 괴리를 투철하게 직시하고 있음을 말해 준다.

사실, 지금까지의 많은 파시즘 연구들은 파시즘을 한낱 사기나 허풍쯤으로 간주하는 경향이 있었다. 즉 파시즘은 "나의 왕국에서 가장 가난한 농부라도 적어도 일요일마다 닭찜을 먹을 수 있기를 바란다"라는 앙리 4세의 유명한 공약_{公約}만큼이나 '립 서비스'에 불과했다는 것이다. 특히, 이탈리아 파시즘과 관련하여 그런 폄훼와 혹평이 더욱 신랄한데, 파시즘이 자본주의와 공산주의 사이의 '제3의 길'을 추구했다손 치더라도 신화나 장광설, (혹은 이런 표현이 적절하다면) '진흙 발을 가진 거인'에 불과했다는 평가가 일반적이다. 그런 맥락에서 무솔리니조차도 겉에는 화려한 전제 군주의 의상을 걸쳤으되, 속은 허수아비 황제에 불과했다는 평가가 지나친 말로 들리지 않는다. 요컨대 이탈리아 파시즘은 파시즘 중의 파시즘, 그러니까 '전체주의'[12)]라는 말을 발명한 파시즘의 원조인데도 '전체주의'에서 탈락한 "불완전한 전제주의"로 간주되곤 한다. 그리하여 파시즘의 주장을 액면 그대로 믿는 것은 어리석은 짓이며, 파시즘의 수사와 현실을 구분해야 한다는 주장이 널리 설득력을 얻게 되었다.

그러나 파시즘이 입에 발린 수사임을 강조하는 견해는 적어도 세 가지 점에서 문제가 있다. 첫째, 그런 견해는 대개 이탈리아 파시즘과 독일 나치즘의 차이를 과장한다. 확실히, 겉으로 보기에 이탈리아 파시즘은 600만 명에 달하는 유대인을 학살한 독일 나치즘에 비해 상대적으로 덜 병적이고 더 온유해 보인다. 기실, "이탈리아 인들, 좋은 사람들"이라는 생각이 널리 확산되어 있는데, 이는 이탈리아 인들이 스스로를 변명하는 방식일 뿐, 그 이상의 어떤 의미도 없는 생각일 따름이다. 이와 관련하여 이탈리아의 영화 감독 주제페 데 산크티스Giuseppe De Sanctis는《이탈리아 인들, 좋은 사람들》이라는 영화에서 2차 대전 당시 순박한 농부 출신 이탈리아 병사들과 러시아 병사들이 나눈 교감을 묘사했는데, 이 영화의 메시지는 파시즘은 극소수 패륜적인 지도자들의 악행으로서 대다수 선량한 민중과 어울리지 않는다는 것이다. 그러나 이런 생각은 잘못되었을 뿐만 아니라 위험하기까지 하다. 왜냐하면 이탈리아 파시즘이 1938년의 인종법을 통해 유대인들을 추방하고 2차 대전 당시 슬로베니아 인들을 학살한 사실들을 은연중에 덮어 버리기 때문이다. 여기서 독일 나치즘에 비해 이탈리아 파시즘이 저지른 악행의 정도가 상대적으로 덜했다는 것은 문제의 요점이 아니다. 중요한 것은 이탈리아의 경우든 독일의 경우든 간에 파시즘 자체에 홀로코스트의 경향이 내재하고 있다는 사실 자체이다. 악행에 관한 한 양국 사이에서 확인되는 정도의 차이는 단지 국가가 자원을 효율적으로 동원할 수 있는 사회에 대한 장악력의 차이일 뿐이다.

둘째, 설령 백 번 양보하여 (이탈리아건 독일이건) 파시즘이 입에 발린 수사라 치더라도 그것이 아무 것도 아닌 것은 아니다. 오히려 파시즘을 앨프리드 히치콕Alfred Hitchcock의 영화 장치인 '맥거핀MacGaffin' 과 같은 것으로 이해할 필요가 있다. '맥거핀'이란 무엇인가? 여기 두 남자가 스코틀랜드 행 기차 속에서 대화를 나눈다. "저 선반 위의 꾸러미가 뭐죠?" "아, 그거요, 맥거핀입니다." "맥거핀이 뭐죠?" "사자를 잡는 장치입니다." "스코틀랜드에는 사자가 없는데요." "아, 그런가요, 그럼 맥거핀은 아무 것도 아니군요." 히치콕은 이 '맥거핀'을 다음과 같이 영화에 적용한다. 네 남자가 포커판을 벌이고 있다. 그런데 관객들은 이미 테이블 밑에 폭탄이 설치되어 있음을 알고 있다. 네 남자는 태평하게 포커를 즐긴다. 그러나 관객들은 언제 폭탄이 터질지 조마조

마하게 지켜본다. 그 순간 한 사람이 "차나 한잔 하러 가지"라고 말하고 곧 네 남자는 폭탄이 터지기 직전에 그 장소를 나온다. 아무 일도 벌어지지 않은 것이다. 그러나 관객들은 그 과정에서 엄청난 서스펜스를 맛본다. 결국 '맥거핀'은 '아무 것도 아닌 것'이 아니라 '그 무엇'인 것이다. 파시즘도 그와 유사하다. 차이가 있다면, 혼란과 공포를 느낀 관객들이 이미 결말을 알고 있는 역사가들이 아니라 결말을 모른 채 당대를 살았던 사람들이라는 점이다. 요컨대 파시즘의 기획은 비록 실패로 돌아갔지만 그 실험 과정에서 수많은 사람들의 삶과 의식을 지배했다는 점에서 단순히 수사적 차원에 국한된 것은 분명 아니었다. 그것은 당대인들의 머리 위에 아슬아슬하게 매달린 채 그들을 압박한 '다모클레스의 검' *이었다.

그러나 셋째, 파시즘은 사실로 보더라도 '맥거핀' 이상이었다. 가령 이탈리아 파시즘의 경우에 '혁명'은 단순한 수사가 아니라 실제로 사회를 변화시킬 수 있는 강력한 잠재력을 지닌 기획이었다. 이탈리아의 파시즘 연구자 살바토레 루포Salvatore Lupo는 파시즘에 극우 민족주의 혹은 정치적 우파의 경향이 내재해 있었지만, 동시에 극좌 생디칼리슴 혹은 정치적 좌파의 요소도 내재해 있었다고 본다. 물론 '혁명적' 생디

---

* **다모클레스의 검** 그리스 전설에 따르면, 시칠리아의 시라쿠사 왕 디오니시우스의 신하 중에서 다모클레스란 사람이 있었다. 다모클레스는 왕의 비위를 맞추기 위해 왕이 얼마나 행복한 사람인가를 한껏 찬양했다. 그러자 왕은 다모클레스에게 하루 동안만 왕좌에 앉아 있어 보라고 권했다. 다모클레스가 황공해 하며 왕좌에 올라 보니, 눈앞에 산해진미가 펼쳐져 있었다. 그런데 문득 머리 위를 쳐다보니, 머리카락 하나에 매달린 서슬 퍼런 칼이 보였다. 대번에 공포가 엄습해 오고, 왕좌에 앉아 있는 동안 살아 있어도 살아 있는 게 아닌 것처럼 느껴졌다. 이렇듯 '다모클레스의 검'이란 권력의 자리가 밖에서 보는 만큼 그리 편안한 자리가 아니라 항상 위기에 노출되어 있음을 말해 주는 서양의 고사 성어이다.

칼리슴은 점차 '민족적' 생디칼리슴으로 변형되고 무솔리니와 히틀러에 의해 숙청되기는 했지만, 유의할 대목은 생디칼리스트들이 혁명을 대체하여 민족을 내세운 것이 아니라 혁명의 주체로서 계급 대신 민족을 선택했다는 점이다. '혁명'의 테마는 의연히 살아 있었던 것이다. 이런 루포의 견해는 파시즘의 분석에 좌/우의 구별뿐만 아니라 급진/온건의 범주도 도입해야 함을 시사한다. 이런 시각에서 루포는 파시즘이 급진주의에 기초한 "20세기의 전형적인 우파의 새로운 존재 방식", 즉 "새로운 우파"로 본다. 그리고 이때의 급진주의란 정치적 내용이라기보다는 정치적 행위 형태, 즉 정치적 스타일의 측면에서 규정된다. 즉 급진주의자는 현재의 상태와 거리가 멀면 멀수록 좋은 것이라는 믿음 아래 미래를 위해 투쟁하며 낡은 세계와의 타협을 경멸하고 이념과 계급과 민족 사이의 공공연한 투쟁의 이념을 고양시키려는 새로운 정치 양식의 옹호자로 간주된다. 결국 이렇게 보면, 파시즘은 보수적인 내용을 급진적인 혹은 혁명적인 방식으로 제기한 새로운 정치 현상인 것이다.[13]

그렇다면 파시즘은 그 이탈리아적 형태든 독일적 형태든 간에 공히 혁명적 민족주의 정치로 요약될 수 있다. 그렇다면 파시즘과 같은 극단적 민족주의는 어떻게 발생했는가? 이 문제와 관련해서는 크게 두 가지의 상이한 해석이 존재한다. 하나는 파시즘을 철저하게 제1차 세계대전의 산물로 보는 견해이고, 다른 하나는 국가 구성의 장기적인 맥락 속에서 드러난 구조적 모순의 산물로 보는 견해이다. 가령 이탈리아에서 가장 존경받는 철학자이자 역사가인 베네데토 크로체Benedetto Croce는 파시즘의 대두를 야만인들의 침공으로 규정했다. 그에 따르면, 파시즘은 1차 대전이라는 독특한 상황에서 출현한 기형물, 그러니까 "자유의 역사"로서의 이탈리아 근현대사에서 일종의 "막간극"이라는 것이다. 그 반면에 귀도 도르소Guido Dorso에게 파시즘은 구조적 모순 속에 있는 이탈리아 "역사의 현시"였고, 고베티에게 파시즘은 이탈리아 "민족의 자서전"이었다. 즉 도르소나 고베티에게 파시즘은 역사적 상황의 산물이 아니라 이탈리아 민족사의 논리적 귀결로 이해된 것이다.

물론 독일의 경우는 이탈리아와는 상황이 약간 다르다. 왜냐하면 독일 나치즘은 직접적으로 제1차 세계 대전의 부산물이기보다는 대공황의 분비물로 보이기 때문이다. 하지만 독일에서도 전후에 나치즘이 하나의 운동으로 시작되었음을 고려하면, 필경 제1차 세계 대전은 파시즘의 온상이었다. 포연이 막 걷힌 1919년 3월 23일, 밀라노의 산 세폴크로San Sepolcro 광장에서 무솔리니와 190여 명의 파시스트들이 훗날의 '파시스트민족당Partito nazionale fascista'(PNF)의 전신인 '이탈리아전투단Fasci italiani di combattimento'을 결성한 사실은 이와 관련하여 의미심장하다. 이미 파시즘은 무수한 죽음과 고통 속에서 탄생한 것이다.

그렇다면 전쟁 경험이 파시즘의 등장과 긴밀한 관련이 있다고 보아야한다. 무엇보다 파시즘이 이론의 산물이 아니라 경험의 산물이라는 점이 중요하다. 이것이야말로 위에서 언급했듯이 파시즘이 그렇게도 잡다한 이론적·정치적 경향들을 한데 버무릴 수 있었던 이유였다. 한스 요스트Hanns Johst의 한 희곡에는 구식의 사회주의자 아버지와 맹아적인 나치 추종자 아들 사이의 다음과 같은 대화가 나온다.

아들: 젊은이들은 더 이상 그런 낡은 슬로건에 관심을 두지 않아요…….
　　　계급투쟁은 죽었습니다.
아버지: 그렇단 말이지……. 그럼 너는 뭘로 살래?
아들: 민족 공동체이지요…….

아버지: 그게 슬로건이냐……?

아들: 아닙니다, 그것은 경험입니다![14]

파시즘이 분석적 범주가 아니라 경험임을, 이탈리아의 가장 지적인 파시스트로 알려진 주제페 보타이Giuseppe Bottai는 "정치"란 "삶 자체에 대한 태도"라는 말로써 간결하게 표현했다. 그리고 이때의 삶이란 합리적인 이론, 개념, 정의보다는 감정을 일깨우고 영감을 불어넣는 신화, 상징, 문학과 예술에 더 잘 어울리는 것으로 보인다. 그리고 전쟁은 삶(과 죽음)이 농축되어 엇갈리는 숨 막히는 현장이었다. 히틀러와 나치가 '민족 공동체'를 부르짖었을 때, 그 모델이 된 것도 그런 참호 속의 전우애였다. 가령 독일 나치즘의 도래를 예고한 우파 저술가 에른스트 윙거Ernst Jünger에게 제1차 세계 대전의 "전선 경험Fronterlebnis"은 새로운 '민족 공동체'의 모태였다. 그에게 전쟁은 위험, 죽음, 남성적 에너지, 이국적이고 원초적인 힘과 접촉하는 낭만적인 모험이었으며, 전선 세대의 몸을 망치로 두들기고 끌로 새겨 조각함으로써 새로운 인간을 창조하는 문화적 갱생의 장이었다. 그리고 정치의 목적이란 이 "전선 경험"을 영구화하여 민족의 문화적 부활에 동원하는 것이었다.

그런데 이 도저한 정치적 낭만주의가 목가적 과거로의 역진이 아니었음에 유의해야 한다. 윙거에게 포탄이 작렬하고 기관총이 불을 뿜으며 전차와 전차가 맞부딪치는 "강철 폭풍Stahlgewittern"은 이전 시대의 온갖 불필요한 부스러기와 얼룩을 말끔히 청소하고 정화하여 새로운 세계의 원천이 될 것이었다.[15] 파시즘의 팡파르를 울린 이탈리아의 미래주의자 필리포 톰마조 마리네티Filippo Tommaso Marinetti는 이렇게 썼다.

전쟁은 아름답다. 왜냐하면 전쟁은 방독면, 공포감을 불러일으키는 확성기, 화염 방사기와 소형 탱크 등을 빌려 버림을 당하고 있는 기계에 대한 인간의 지배를 굳건히 하기 때문이다. 전쟁은 아름답다. 왜냐하면 전쟁은 오래 꿈꾸어 오던 인간 육체의 금속화 과정의 시대를 열어 주기 때문이다. 전쟁은 아름답다. 왜냐하면 전쟁은 꽃피는 초원을 불꽃 튀기는 기관총의 열대 식물로서 더 한층 다채롭게 만들기 때문이다. 전쟁은 아름답다. 왜냐 하면 전쟁은 총탄의 포화와 대포의 폭음, 사격 뒤에 오는 휴식, 향기와 썩는 냄새 등을 합하여 하나의 교향곡을 만들어 내기 때문이다. 전쟁은 아름답다. 왜냐하면 전쟁은 대형 탱크, 기하학적 비행 편대, 불타고 있는 마을에서 피어오르는 나선형의 연기와 같은 새로운 건축 구조와 그 밖의 다른 건축 구조를 창조해 내기 때문이다.[16]

그렇다면 파시즘 혹은 파시스트 의식은 일반적으로 전쟁, 특수하게 제1차 세계 대전이라는 미증유의 근대 물량전의 경험 속에서 탄생한 것이 확실하다. 기실, 전선에서 갓 돌아온 제대 장교들과 하사관들이 일종의 '군사적 무법자'로서 초기 파시즘 운동의 선봉대가 된 사실이 그 점을 웅변으로 말해 준다. 실제로 독일 나치즘의 돌격대SA 지도자 에른스트 룀Ernst Röhm이나 루마니아 철위대의 코르넬리우 코드레아누 Corneliu Codreanu, 헝가리 화살십자당의 페렌츠 살로시Ferenc Szálasi, '로마 진군'을 주도한 이탈리아 파시즘의 '4거두' 중 일인인 에밀리오 데 보노Emilio De Bono 등 파시즘 운동의 유수한 거물들이 장교로 전선에서 싸운 역전의 용사였다. 히틀러와 무솔리니 역시 제대병이었다. 단, 무솔리니는 나중에 스스로를 상이용사로 열심히 치장했지만, 훈련소에서 부상을 입어 실제 전선에는 배치되지 않았던 것으로 보인다. 이것이 무솔리니의 콤플렉스였던지, 무솔리니가 전선에서 실제로 싸우지 않았다는 사실은 은폐되어 당시 일반인들에게는 잘 알려져 있지 않았다! 하기야 무솔리니가 실제로 전선의 끔찍한 경험을 충분히 체험했더라면, 전쟁에 대한 낭만적 환상이 산산이 부서져 버린 다른 많은 미래주의자 전우들의 우울하고 비극적인 전철을 밟았을지도 모를 일이다.

그러나 어쨌든 파시즘의 형성에서 전쟁이 가지는 중요성이 아무리 크다고 한들, 파시즘의 본질은 제1차 세계 대전이라는 짧은 시간 폭에서가 아니라 마땅히 국가 구성 및 민족 형성이라는 좀 더 긴 역사적 맥락에서 파악되어야 한다. 비록 이탈리아 통일로 국가 구성의 과제가 명목상으로는 해결되었다지만, 1870년을 기준으로 이탈리아 주민 가운데 2.5%만이 이탈리아 어를 해득하고, 카부르는 프랑스 어로(!) "나는 무엇보다 이탈리아 인입니다"라고 말함으로써 이탈리아에 대한 충성을 표명하며, 남부 농민들은 가리발디가 사랑한 '이탈리아'를 그의 숨겨 둔 정부情婦로 이해하는 웃지 못 할 상황에서 민족 형성은 실질적으로 미완인 채로 남아 있었다.[17] 그러므로 통일은 문제의 종결이 아니라 새로운 시작이었다. 요컨대 신생 이탈리아 국가의 기본 과제는 민족의 형식적 포섭에서 실질적 포섭으로 나아가는 것, 달리 말하면 국가와 민족의 괴리를 극복하는 것이었다. 그리고 영국과 프랑스 등의 국가 구성 경험이 보여 주듯이, 이 과정은 단지 법적·정치적 제도들을 구비하는 과정에 그치지 않고 전체 주민의 의식, 가치, 태도 자체를 근본적으로 바꾸는 거대한 문화 혁명을 수반할 수밖에 없었다.

하지만 통일 이후 자유주의 엘리트들은 이와 같은 문화 혁명으로서의 국가 구성의 과제를 수행할 참다운 정치적 역량을 보여 주지 못했다. 그들이 보여 준 것은 기껏해야 '이합집산'이라는 거래 정치의 기술이었을 뿐이다. 게다가 자유주의적인 이탈리아 국가와 인구의 절대다수를 신도로 거느리고 있던 가톨릭교회의 불화는 '이탈리아적인 것'과 '민족적인 것'의 불일치를 백일하에 드러냈다. 또한 자유주의 이탈리아에서 최대 정치 세력이던 사회주의자들도 국가 권력의 장악과 재편을 위한 실질적인 강령을 결여한 채 공허한 혁명적 수사 뒤에 몸을 숨기면서 협소한 계급적·부문적 이해관계의 정치에 갇혀 있었다. 이상으로부터 파시즘은 이탈리아 국가 구성의 논리적 귀결로서 기본적으로 자유주의와 사회주의의 실패의 산물인 것처럼 보인다.

그런 점에서 파시즘으로 치닫는 '민족'의 담론들이 통일 직후부터 만발하고 있었음에 주목해야 한다. 가령 레오네 카르피Leone Carpi는 '발전'을 민족 통합의 핵심 수단으로 인식하면서 "그 어떤 비용을 치르더라도, 그 어떤 수단을 써서라도 공업 강국이자 해운 강국으로서의 이탈리아"를 만들어야 한다고 역설했다. 그런가 하면 급진적 민족주의자 엔리코 코라디니Enrico Corradini는 당시 세계의 기본 대립 구도를 영국과 프랑스 등의 "부르주아 민족들"과 이탈리아와 독일 등의 "프롤레타리아 민족들" 사이의 투쟁으로 파악하고, 이 투쟁에서 승리하기 위해 국내에서 자본가들과 노동자들이 생산자들의 민주주의적 공동체로 결속해야 한다고 역설했다. 그의 논변은 전통적인 마르크스주의의 문법을 계승하면서 그 어휘만을 바꾼 것이었다. 이는 곧 국내의 계급 관계를 국제 관계에 적용한 것이며, 거꾸로 국제 경쟁에서 이탈리아가 처한 절박한 상황에 대한 인식이 국내의 계급 관계의 (관념적) 부정으로 치달은 경우라 할 것이다.

확실히, 코라디니류의 민족주의에서 우리는 옥시덴탈리즘이 작동하는 것을 엿볼 수 있다. 그러니까 유럽의 상대적 후진국인 이탈리아에서 민족주의가 상대적 선진국인 영국과 프랑스의 제국주의적 오리엔탈리즘에 반대하는 도구로 호출된 것이다. 이 점은 독일 민족주의에서 더욱 명료하게 확인되는데, 거기서는 文化가 영국과 프랑스의 文明에 대항하는 독일인들의 자기의식으로 등장했다. 이미 언급했듯이, 보편적이고 물질적인 문명이 선진국의 국가 이데올로기였다면, 개별적이고 정신적인 문화는 후진 독일의 반동적인 국가 이데올로기로 기능한 것이다. 그런데 나치즘으로 이어질 독일의 "반동적 모더니즘"에서 '문화' 는 '기술 Technik' 과 결합했다. 반동적 모더니스트들은 부패한 서구 '문명' —— 이성, 진보, 자유, 국제주의, 유물론, 금융 자본 —— 에 대항하여 독일 '문화' 의 상징주의 —— 공동체, 피, 의지, 자아, 생산성, 인종 —— 에 근대 테크놀로지를 통합한 것이다.[18] 결국 그런 결합은 선진국을 추월하려는 후진국의 의지를 반영한 것 외에 다른 것이 아니었다. 그러나 '문화' 와 '기술' 이라는 어울리지 않은 배우자들의 요란한 결혼은 비극만을 낳았다. 능히 짐작할 수 있듯이, 비극의 이름은 아우슈비츠였다.

여하튼 '민족' , '발전' , '문화' 의 테마들을 조합한 19세기 말~20세기 초의 민족주의적 담론은 제1차 세계 대전이라는 용광로를 거쳐 전후 파시즘으로 담금질되었다. 초기 파시즘의 담론에서 특징적인 것은 '법과 질서' 에 대한 유별난 감각이었다. 이는 변화와 진보의 충동을 간직한 '문명' 에 대항하여 안전과 소속의 욕구를 가진 '문화' 에 고유한 성질을 물려받은 것이었다. 사실, 많은 이탈리아 인들이 무솔리니를 좋게 기억하는 것도 그가 기차를 제시간에 도착하게 만들었고 여성들도 한밤중에 마음 놓고 돌아다닐 수 있게 했다는 데 있지 않던가? 과연 초기 파시스트들과 그 주변에 포진한 사람들의 눈에 전쟁 직후의 혼란 —— '붉은 2년' —— 은 최소한의 질서도 보증하지 못하는 낡은 자유주의 국가의 무능함과 새로운 질서의 필요를 보여 주는 결정적인 증거였다. 이미 대전 초기에 보수적 자유주의자 마페오 판탈레오니Maffeo Pantaleoni가 그런 생각을 명쾌하게 요약한 바 있다. 그에 따르면, "살인범이 처벌되고, 폭력범은 체포되며, 절도범은 추적당하고, 파렴치범은 재판에 회부되며, 경제 사범은 색출되어 근절되고, 방화범은 붙잡히는 것, 간단히 말해, 일체의 사적 폭력에 맞서 생명과 재산이 보호되는 것, 그것도 오직 '국가 폭력'에 의해서만 도움을 받는다는 점에서 현실적으로 존재하는 법률들에 의해 생명과 재산이 보호"받을 수 있는 조치들이 절실했다.[19] 그의 호소를 잘 음미해 보라. 파시즘의 전매특허인 '법과 질서'의 구호와 삼쌍둥이처럼 닮아 있지 않은가!

민족의 구성, 동의와 억압

이탈리아에서, 뒤이어 독일에서 파시스트들은 정권을 장악한 뒤, 곧바로 자신들이 꿈꾸어 온 순수하고 아름다우며 위대한 민족을 주조하기 위한 작업에 착수했다. 그들은 민족의 이상적인 모델을 고대 로마의 병사-시민이나 중세 튜튼 기사단, 라틴 족이나 아리안 족의 전통에서 찾았다. 그러나 그들에게 역사는 단지 도구일 뿐이었다. 파시스트들이 아무리 민족의 과거와 전통을 숭배했다고 한들, 결국 그들에게 중요했던 것은 역사 자체가 아니라 자기들 마음대로 구성한 민족의 이미지였다. 1922년의 나폴리 연설에서 무솔리니는 자신이 생각하는 민족의 새로운 개념을 다음과 같이 피력했다. 여기서 민족은 명백히 존재로서가 아니라 당위로서 이해되고 있다.

> 우리는 우리의 신화를 창출해 왔습니다. 신화는 신념입니다. 신화는 열정입니다. 신화는 현실일 필요는 없습니다. 신화는 오직 좋은 것, 희망, 신념, 그러니까 용기인 한에서만 현실입니다. 우리의 신화는 민족입니다. 우리의 신화는 민족의 위대함입니다! 그리고 우리가 완전한 현실로 옮겨 놓고자 하는 이런 신화에, 이런 위대함에 나머지 모든 것을 바쳐야 합니다.[20]

그림 30 20세기에 환생한 중세 튜튼 기사 아돌프 히틀러. 중세적 환타지를 품고 있었던 히틀러는 실제로 20세기판 튜튼 기사단이라고 할 만한, 최강의 전투 부대인 무장 친위대의 '아돌프 히틀러 근위 사단Leibstandarte Adolf Hitler'을 창설하기도 했다.

　확실히, 파시스트들은 민족을 쉽게 분해하고 조립할 수 있는 대상으로 보았다. 민족을 이데올로기적·정치적 이상에 맞게 훈육하고 창조할 수 있다는 믿음이야말로 파시즘의 교리가 바탕을 두고 있는 전제였다. 그렇다면 파시즘의 교리에서 제시된 '민족'은, 통념과는 달리, 종족과 문화의 통일성에 기초한 객관적 정의라기보다는 차라리 주체의 의지와 구성을 강조하는 주관적 정의에 더 잘 부합하는 것으로 보인다. 이런 맥락에서 이탈리아 파시즘의 이론가 알프레도 로코Alfredo Rocco는 의학의 은유를 빌려 국가를 민족의 재활 기관으로, 무솔리니를 민족의 수석 임상 치료사로 비유함으로써 민족에 대한 파시즘 특유의 개념을 설명하기도 했다. 요컨대 파시즘은 이탈리아 인들의 성격, 심성, 습관, 태도, 가치, 관습을 변형시켜 "이탈리아 인이 가톨릭교도인 것과 거의 마찬가지로 이탈리아 인과 파시스트가 하나이자 같은 것이 될 때까지 민족을 파시스트화하는 것"을 목표로 하는 일종의 사회 공학적 기획이었다.[21]

이로부터 한 가지 흥미로운 사실이 드러난다. 즉 민족 전통의 의상을 걸친 파시스트들은 필경 존재해 본 적도 없는 '전통' —— 혹은 대문자 '민족' Nation —— 을 창출하려 했다는 점에서 혁신주의자들보다 더 혁신적이었다는 사실 말이다. 그 반면에 사회주의자들과 같은 혁신주의자들은 존재하는 '전통'을 자신들의 목적에 맞게 재활용하려 했다는 점에서 전통주의자들보다 더 전통적이었다. 이와 같은 역설은 사회주의 이론가 그람시가 이탈리아 '민중'의 민족적 전통과 민속, 그리고 관습과 역사에 더 많은 관심을 기울일 필요가 있다고 촉구한 사실에서 잘 드러난다.

과연 이탈리아 파시즘은 혁신적인 면모를 유감없이 과시했다. 가령 2인칭 존칭어인 '당신 Lei'을 일률적으로 '너 tu'로 통일시킨 것은 새로운 인간, 새로운 민족을 창출하기 위한 파시즘의 기획에 내재한 평등주의적 경향을 잘 보여 준다. 이는 필경 프랑스 혁명의 급진화 국면에서 단행된 자코뱅의 '호칭의 민주화'를 떠올리게 한다. 비슷한 경향이 독일 나치즘에서도 확인된다. 히틀러의 "사회 혁명"을 연구한 데이비드 쇤바움 David Schoenbaum은 히틀러가 자코뱅적인 노선을 통해 평등한 기회를 제공하려 노력했고, 그에 따라 예전의 바이마르 공화국이나 독일 제국이 제공한 적이 없었던 사회적 기회들이 새로 열리고 '업적 사회 Leistungsgemeinschaft'가 상당 정도로 발전했다고 본다. 그런 점에서 쇤바움은 나치즘에서 "히틀러를 권좌에 앉힌 민족 운동의 보상이자 성과로서 평등주의의 승리"를 발견한다. 확실히, 그런 평등주의는 "학위도 가문도 독립적인 경제적 배경도 결여한 사람이 정초식을 거행하고 역에서 국빈을 맞이하며 대학 졸업자들과 악수하고 극장의 로열박스를 요구"한 사실들에서 여실히 입증된다.[22]

물론 파시즘의 평등주의를 과장해서는 안 될 것이다. 가령 이탈리아 파시즘이 보여 준 인습 타파적인 측면들에도 불구하고 여전히 기차의 3등칸과 극장의 상석이 존재하고, 나아가 스포츠에서 프로와 아마추어의 구별이 유지되는 한 계급 및 지위의 차별은 여전했다.[23] 그런가 하면 독일 나치즘에서 "지위의 혁명"을 보는 쇤바움 자신도 제3제국의 역사가 기본적으로 "좌절, 냉소, 체념의 이야기"임을 인정한다. 예를 들면, "엘베 강 동쪽 지역에서 여전히 지주 귀족들이 토지를 경영했고, 공직은 박사들이 장악했으며, 군대는 성이 '폰 von' 으로 시작되는 (귀족 출신) 장군들이 지휘"하고 있었으니 말이다.[24]

더군다나 이상적인 민족을 인위적으로 설계하려는 파시즘의 기획은 필연적으로 폭력과 강압을 수반했다. 왜냐하면 파시즘의 민족주의적 기획을 실현하기 위해서는 그 기획을 방해하는 장벽, 예컨대 사회주의 문화에 침잠된 노동자 계급의 장벽을 뛰어넘어야 했기 때문이다. 즉 계급을 민족으로 주조하는 전체주의적 기획이 필요했다는 말이다. 그뿐만이 아니다. 파시즘은 계급 이외에도 종교, 젠더, 지역, 세대 등의 다양한 정체성들을 단일한 민족적 정체성으로 대체하려고 했다. 그리고 파시즘이 다양한 정체성들의 '데탕트'를 인정하지 않는 한, 다른 정체성들의 파괴를 수반하지 않을 수 없었다. 바로 여기서 폭력으로 이끌리는 파시즘의 전체주의적 경향이 잘 설명된다. 요컨대 파시즘의 폭력은 근대 사회의 다원적인 현실을 부정하는 인식에서 유래했다. 인식의 폭력이 실천의 폭력에 선행한 것이다. 과연 이탈리아에서 '붉은 2년'의 막바지부터 잇따른 좌익 노동자들에 대한 파시스트 행동대의 잔인한 테러와 린치는 바로 그런 파시즘의 폭력성이 요란하게 분출된 장면이다. 그리고 폭력이 유난히 사회주의적 노동 운동에 집중되었다는 사실은 파시즘이 무엇을 가장 두려워했는지를 반증한다. 그것은 계급이었다. 요컨대 파시즘의 민족주의 정치는 계급 정치의 대용물이었던 것이다.

그러나 1922년 10월의 '로마 진군'으로 집권한 이후 파시즘은 물리적 폭력보다는 법률적 강제에 점점 더 많이 의존했다. 파시스트 정부는 1925~1926년에 지하 조직을 단속하는 결사법과 파업을 금지하는 노동관계 규율법을 비롯한 무수한 법률들을 쏟아 냈다. 특히, 1927년 1월 5일에 나온, 지사의 권한 강화를 명시한 유명한 회람장에서 무솔리니가 파시스트 행동대의 '비합법주의'에 전쟁을 선포한 것은 파시즘의 그런 '합법주의'의 정점이었다.[25] 1933년 1월 30일 권력을 인수한 히틀러 역시 '법과 질서'를 자신의 권력을 정당화하는 명분으로 삼았다. 1934년 7월 30일의 사민당 보고서에 따르면, 많은 독일인들이 히틀러의 행동을 "그가 질서와 청렴성을 원하고 있다"는 증거로 믿고 있었다.[26] 확실히, 이 국면은 많은 연구들에서 충분히 주목받지 못했다. '법과 질서'의 확립을 위한 조치들이 억압적 현실의 눈가림용이었을 뿐이라고 간단히 치부되었기 때문이다. 하지만 파시즘의 '합법주의'가 이른바 '공공성'의 담론과 호응하는 측면에 주목해야 한다. 물론 이 말이 파시즘의 폭력성을 부정하는 것으로 이해되어서는 안 된다. 오히려 '법과 질서'의 조치들을 통한 '폭력의 공공화', 혹은 '비합법성의 합법화'로 이해되어야 한다. 그럼에도 우리는 '공공화'와 '합법화'에 주목함으로써 파시즘이 특정한 계급이 아니라 다양한 계급들 속에서 지지자를 발견할 수 있었던 이유를 이해할 수 있게 된다.

이 대목에서 우문愚問 하나를 던져 보자. 파시즘은 왜 억압적이었는 가? 지금까지의 논의를 토대로 중간 논변들을 잘라 내고 앞뒤만 연결 하면 이렇다. 파시즘은 이상적 민족의 설계와 창출이라는 특정한 민족 주의의 요구에 충실히, 너무도 충실히 응하려 했기 때문에 억압적일 수 밖에 없었다. 구체적으로 말해, 파시즘은 그 강렬한 민족주의적 충 동 —— 물론 특정한 유형의 민족주의적 충동 —— 으로 말미암아 계급 등 등으로 분열된 사회적 현실에서 발원하는 사회적 갈등을 (완화하기보다 는) 초월하려고 함으로써 억압적일 수밖에 없었다. 역사 사회학자 마이 클 맨Michael Mann이 파시즘의 핵심적 특징으로 거론하는 "초월성"이 란 바로 이런 의미에서 관념성의 다른 이름으로 생각된다.[27] 그렇다면 파시즘이야말로 상식적인 민족주의의 논리가 특정한 조건에서 최악의 이상 기형물로서 전체주의를 낳을 수 있음을 잘 보여 주는 사례인 것이 다.

이렇듯 파시즘이 내재적으로 폭력에 이끌리는 경향이 있었기 때문 에 파시즘은 더욱더 대중의 동의를 획득하는 데 집착하게 마련이었다. 그런데 파시즘에 대한 대중의 동의를 말하는 것은 다소간 혼란을 불러 일으킨다. 최악의 이상 기형물에 대한 동의가 있었다니, 이것이 제정신 으로 할 소리인가? 이것이 전통적인 학계의 생각이었다. 그런데 이처 럼 파시즘을 단순히 국가 권력에 의해 구축된 공포의 체제로 보는 것은 공포를 강제해야 할 정도로 사회는 파시즘에 반항적이었다는 생각을 암암리에 전제하고 있다. 가령 이탈리아의 경우에 그런 생각은 곧 파시 스트적인 국가와 비(반)파시스트적인 사회, 혹은 더 널리 사용되는 표 현을 빌리자면, "법률상의 이탈리아legal Italy"와 "사실상의 이탈리아 real Italy"의 이항 대립으로 이어진다. 이는 파시즘을 지지한 나라와 그 나라의 대중들에게 면죄부를 발부하는 교묘한 방식으로 여겨진다. 실제의 이탈리아는 지성과 도덕으로 충만한 나라이지만 불행히도 파시즘이라는 더러운 "하수구"에 빠졌다는 것이다. 이 대목에서 다시 소수의 패륜적 지도자들과 다수의 선량한 민중이라는 예의 이분법이 작동한다. 그러나 정작 우리가 던져야 할 중요한 질문은 왜, 그리고 어떻게 이탈리아 인들이 "하수구"에 빠지게 되었고, 왜 그렇게 오랫동안 "하수구"에 머물렀는지에 대한 것이다.[28] 단적으로 말해, 문제는 20세기의 그 어떤 이탈리아 정부도 도달하지 못했던 파시스트 정부의 내구성, 그러니까 파시즘의 20년간의 집권을 설명하는 것이다.

그렇다면 파시즘을 단순히 국가 폭력 체제임을 넘어 사회 주요 부분의 지지와 협조 아래에서 일관된 이념적 목표에 따라 조직된 정치 운동/체제로 파악할 필요가 있다. 그리고 이런 시각은 파시즘에 대한 상당 수준의 대중적 동의가 존재했음을 인정하는 것으로 이어진다. 이는 거꾸로 왜 그 동안 연구자들이 파시즘을 하나의 이념으로 보기를 거부했는지를 설명해 준다. 확실히, 나름의 목표와 강령을 지닌 이념은 시민 사회 속에서 확산되며, 따라서 일정한 동의를 전제하고 있다고 생각되는데, 연구자들로서는 파시즘에 대해 이를 인정하기 어려웠을 것이다. 요컨대 국가와 폭력이 파시즘의 키워드가 되면서 시민 사회와 동의의 차원은 파시즘 연구에서 누락되고 말았다. 물론 동의의 정도와 성격에 대해서는 논란이 있을 수 있다. 국가의 이념적 목표와 대중의 욕망이 얼마만큼 같은 곳을 가리키고 있었는지에 대해서도 밝혀져야 할 부분이 많다. 그럼에도 분명한 것은 파시즘으로 대표되는 전체주의가 단순히 전제정으로의 퇴행이 아니라 대중 정치와 대중 사회의 시대에 새로이 등장한 특정한 이념, 그러니까 사회의 진보와 국가와 개인의 관계를 보는 특수한 시각이라는 점이다.

지금으로부터 대략 한 세대 전쯤 이탈리아 역사가 렌초 데 펠리체

Renzo De Felice는 파시즘 시대에 체제에 대한 대중의 광범위한 동의가 있었다고 주장함으로써 학계에 커다란 지적 혁명을 몰고 왔다.[29] 예상 대로 데 펠리체는 당장은 전통적 역사학의 십자 포화를 얻어맞았다. 항 상 그렇듯이, 혁명은 자신의 고유한 테르미도르(반동)를 낳았던 것이 다. 그런데 여기서 데 펠리체의 파격적인 주장과 그에 대한 비판을 혁 명과 반동으로 비유하는 것은 다소 어색해 보인다. 왜냐하면 데 펠리체 의 비판자들은 그의 학문적 도발이 혁명이기는커녕 실은 보수 회귀, 아 니 반혁명에 불과하다고 선포했기 때문이다. 그들은 데 펠리체가 파시 즘의 사료를 특권화하고 작은 사실을 크게 포장하며 그럼으로써 파시 즘의 억압적 성격을 은폐하려 한다고 맹공을 퍼부었다.

이런 (전통적=혁명적 좌파 역사학계의) 거센 공격 앞에서 (수정주의적 =반혁명적 우파 역사학의 저격수) 데 펠리체 자신도 주춤거리며 동의라 는 표현에 따옴표를 치기 시작했다. 그런데 이상한 일이 일어났다. 점 점 더 많은 사람들이 '동의'를 입에 올리고, 데 펠리체의 이름은 점점 더 유명해진 것이다. 하기야 공격하는 여러 명보다 공격받는 한 명이 유명세를 타는 일은 흔하기는 하다. 그런가 하면 데 펠리체가 여론의 스포트라이트를 받은 이유를 1970년대 중후반부터 감지된 서구 사회 의 신보수주의적 선회라는 요인으로 설명할 수도 있다. 여하튼 격렬한 이탈리아 논쟁이 끝난 뒤, 미국의 한 논평자는 이제 문제는 동의의 존 재라기보다는 동의의 정도와 성격이며, 데 펠리체는 (모든 사람이 그의 견해에 동의해서라기보다는) 모든 사람이 르네상스를 연구하기 위해서 야코프 부르크하르트Jakob Burckhardt를, 튜더 시대의 잉글랜드를 연구 하기 위해서는 제프리 엘튼 Geoffrey Elton을 참조하듯이 파시즘을 연구 하기 위해서는 반드시 데 펠리체를 참조해야 한다는 점에서 역사가로 서 성공했다고 하여 데 펠리체 진영의 판정승을 선언했다.[30]

그런데 이 대목에서 주목하고 싶은 것은 많은 사람들이 데 펠리체의 '동의 테제'에 동의하게 되었다는 점이 아니라 그런 동의가 확보되기까지 많은 시간이 허비되고 논쟁이 공전되었다는 점이다. 그렇게 된 가장 큰 이유는 아마도 파시즘이 대중의 광범위한 동의를 향유했다는 데 펠리체의 테제가 짐짓 파시즘의 역사적·정치적 정당성을 옹호하는 듯한 인상을 주었기 때문이 아닌가 한다. 그렇기에 파시즘을 철저하게 '악마화'하고 '타자화'하는 데 성공한 기성의 반파시스트 학계는 '동의'라는 표현 하나에도 진저리를 쳤던 것이다. 그런 점에서 데 펠리체가 자신은 파시스트가 아니라 '반-반파시스트'라고 스스로를 변호한 일이 이해가 된다.

기실, 파시즘이 실제 대중의 동의를 획득했는가의 여부는 용어상의 혼란 —— '동의' 개념을 둘러싼 유명론적 논쟁! —— 까지 겹쳐 한마디로 대답하기 쉽지 않다. 그러나 분명하게 말할 수 있는 것은 파시즘이 대중의 동의를 '생산'하려고 노력했다는 점이다. 얼핏 생각해 봐도, 민주주의건 독재건 모든 정치 체제는 그 정도와 성격의 차이는 있을망정 공히 억압과 동의를 변주한다. '순수한' 민주주의에서도 군대와 경찰로 상징되는 억압적 요소가 있고, '순수한' 독재라고 해도 대중적 도취와 열광으로 표현되는 대중의 일정한 동의 없이는 한 순간도 유지될 수 없다. 그렇다면 문제의 핵심은 파시즘이 실제 광범위한 대중적 동의 기반을 향유했는가의 여부가 아니라 파시즘의 동의 생산이 보여 주는 역사적·정치적 특수성이 아닐까 한다. 즉, 파시즘은 왜, 그리고 어떻게 동의를 생산했는가, 나아가 그렇게 생산된 동의는 파시즘을 역사적으로 평가하는 데 어떠한 의미를 갖는가, 요컨대 동의 생산의 맥락, 방법, 함의에 초점을 맞추는 것이 생산적으로 보인다.

먼저 파시즘은 어떤 맥락에서 동의를 생산했는가? 우리가 일단 파시즘의 사회적 내용을 사상하고 기성 체제를 일거에 전변시키려고 한 정치적 형식에만 주목하여 파시즘을 '혁명'에 비유할 수 있다면, 파시스트 혁명은 모든 혁명이 그렇듯이 파괴와 건설이라는 이중의 과정으로 구성된다. 구체적으로 말해, 파시즘은 계급, 성별, 세대, 지역 등으로 분열된 종래의 다양한 사회적 정체성들을 해체하고 단일한 국민적 정체성을 구축하려는 정치적 관념, 나아가 기획이라는 것이다. 그리하여 해체의 과정에서 불가피하게 현실에 대한 폭력이 필요해지듯이, 구축의 과정에서는 당연하게도 대중의 실제적인 동의가 필요해지는 것이다. 물론 설명의 편의를 따르다 보니, 이런 설명 방식은 지나치게 도식적으로 보일 수가 있다. 그러나 여기서 분명하게 지적하고 싶은 것은 파시즘에 대한 대중의 동의를 말한다고 해서 그것이 꼭 파시즘의 억압적 성격을 말소하는 것은 아니라는 점, 그리고 그 역도 마찬가지라는 점, 나아가 파시즘은 억압적임에도 '불구하고' 대중의 동의를 추구한 것이 아니라 오히려 억압적이기 '때문에' 대중의 동의에 더욱더 집착했다는 점이다.

그렇다면 파시즘은 어떤 방법으로 동의를 생산했는가? 이는 파시즘의 역사적·정치적 특수성을 이해하는 데 가장 중요한 문제이다. 파시즘이 대중의 동의를 '제조'하기 위해 동원한 두 가지 핵심적인 생산 수단은 바로 '조직'과 '신화'였다. 가령 이탈리아 파시즘은 특정한 정치 목표를 위해 본격적으로 대중 조직을 창설하고 운용한, 역사상 **최초의** 정치 운동/체제였다고 할 만하다. 예컨대 이탈리아 파시즘의 가장 유명한 조직화 사례라면 단연 여가를 '테일러화'할 목적으로 발족한 '도포라보로Dopolavoro'를 꼽을 수 있다. '도포라보로'는 작업장 밖에서도 노동자들을 통제하고 노동자들의 동의를 추출하려는 새로운 시도로서, 노동자들 사이에서 등산, 체조, 사이클, 수영, 축구, 펜싱, 피크닉,

영화 감상 등 다양한 여가 활동들을 펼쳐 나갔다.[31] 이 '도포라보로'의 독일판이 바로 '기쁨을 통한 힘Kraft durch Freude'(KdF)이었다. 1933년 11월에 창설된 이래 '기쁨을 통한 힘'은 독일 중간 계급 및 노동자 계급을 대상으로 대중적 여가 활동을 조직했다. 특히, 나치는 여행을 민족주의를 육성하는 유력한 수단으로 활용하고자 했다. '기쁨을 통한 힘'이 조직한 여행은, 당대의 선전 문구들을 빌리자면, "경이롭고", "꿈만 같으며",

그림 31 두체 숭배 포스터. 아래쪽에 "제국의 건설자 두체에게 경례를"이라는 글귀가 보인다. 파시즘은 '두체 신화'를 체계적으로 유포시킴으로써 체제에 대한 대중의 동의를 생산하려 했다.

"어린 시절부터 노상 품어온 꿈"과 "환상"이 실현된 것이었고, 한마디로 "잊지 못할 경험"이었다. 그런 맥락에서 'KdF 자동차(폴크스바겐)'와 크루즈 선상 여행은 각별히 인기가 있었다.[32]

그런가 하면 "동의의 공장"으로서 파시즘이 대중의 열정을 조직하기 위해 신문, 라디오, 영화 등 온갖 매체를 동원하여 정력적으로 선전한 테마는 바로 지도자 신화였다. 예컨대 두체 무솔리니는 역사를 화려하게 수놓은 인물들, 그러니까 카이사르, 콘스탄티누스 대제, 성 프란체스코, 레오나르도 다빈치, 15세기 르네상스 용병 대장, 나폴레옹, 예수, 심지어는 신 자체에 거침없이 비유되었다. 어디서나 '두체'라는 단어가 대문자로 관각되었고, 그에 대해 로마식 경례가 부쳐졌으며, 두체의 '신비주의'를 전문적으로 연구하는 학교까지 세워질 지경이었다. 그리하여 "아침에 늦게까지 침대에서 뒹굴고 카페에서 잡담이나 즐기며 공직이나 기웃거리고 과식한 후 저녁 내내 휴식을 즐기는" 이탈리아 인들은 "무솔리니의 채찍"으로써만 비로소 근면한 지배하는 인민으로 재탄생할 것이었다. 이탈리아의 '두체 신화'에 버금가는 것이 바로 독일의 '총통 신화'였다. 그것은 나치 체제의 안정화와 정당화에 핵심적인 역할을 수행했다. '총통 신화'는 한편으로는 장밋빛 미래에 대한 기대와 다른 한편으로는 좌절감을 느낄 수밖에 없는 일상적인 현실 사이의 간극을 잇는 가교로 기능했다. 카리스마적 지도자 히틀러는 당파적 분쟁에 초연한 민족적 위대함의 상징이었다.

그렇다면 이렇듯 조직과 신화로써 '생산'된 동의는 어떻게 '소비'되었을까? 가령 구술사가인 마우리치오 그리바우디Maurizio Gribaudi는 파시즘 치하에서 젊은 이탈리아 노동자들이 자동차, 오토바이, 비행기, 영화, 라디오, 스포츠 등의 이른바 '근대성'의 표상들에 열광했고, 이것이 대중이 파시즘에 동의하거나 적어도 파시즘을 수용하는 데 중요한 계기로 작용했음을 밝혀냈다. 그리바우디가 인터뷰한 한 노동자는 당시 '근대성'의 압도적 상징으로 보인 이탈리아 선박들을 떠올리면서 "이탈리아 인이라는 사실에 대한 일종의 긍지가 있었다"고 술회한다.[33] 1930년대 독일에서도, 일상사가인 데틀레프 포이커트Detlev Peukert에 따르면, 코카콜라와 재즈, 라디오와 영화가 근대적 여가 문화와 대중 소비를 결합시키면서 체제의 안정화와 정당화에 기여했다.[34] 지도자 신화 역시 상당한 호소력을 뿜어냈다. 구술사가인 루이자 파세리니Luisa Passerini가 밝혀낸 대로, 많은 이탈리아 인들이 "그렇게 잘 생기고 순진한 얼굴의 두체가 사기꾼일 리 없다'거나 "비록 두체가 나쁜 짓은 했지만 다른 놈들은 더 나쁜 짓을 했다"는 식으로 기억한다는 사실은 퍽 의미심장하다.[35] 독일에서도 히틀러에 대한 대중적 신뢰는 상당했던 것으로 보이는데, 히틀러는 체제의 부패와 실책에서 기인하는 숱한 비판을 개인적으로 면제받았다. 그 점을 잘 보여 주는 것이 바로 "총통이 그것을 알았다면……"이라는 관용 어구이다. 이 구절은 명백히 불편부당하고 결단력 있는 총통 히틀러가 정치적 반대파에 대해서와 마찬가지로 나치 지도부의 결함에 대해서도 "단호한" 태도를 취하고 있었다는 대중의 믿음을 반영한다.[36]

물론 1930년대 막바지에 접어들면서 체제에 대한 대중의 태도는 점차 냉담해지기 시작했다. 가령 1939년 5월 두체의 피아트 공장 방문 시에 있었다는 토리노 노동자들의 전설적인 침묵이나 1943년 3월의 토리노 총파업 등이 그 점을 여실히 보여 준다. 그뿐만이 아니라 "기차를 정시에 도착하게 만들겠다"는 체제의 약속으로 상징되는 파시즘의 '법과 질서'의 확립에 대한 대중의 긍정적인 기억도 파시즘에 대한 대중의 동의가 있었다는 해석을 뒷받침하는 증거로 사용되기는 무리다. 왜냐하면 근면, 소유권, 권위, 가족, 애향심 등과 결부된 법과 질서의 가치는 파시즘이 처음 도입한 것들이 아니라 이미 오래 전부터 이탈리아인들의 삶 속에 자리 잡은 전前파시스트적인 가치들이기 때문이다. 파시즘이 한 일이란 전통적인 가치들을 '식민화'한 것이라고 할 수 있는데, 이 식민화는 흡사 '양날의 칼'과도 같아서 식민화한 가치들은 체제와 국가에 대한 충성심뿐만 아니라 가족, 회사, 지역, 교회, 왕가 등에 대한 충성심까지도 함께 고양시킬 수 있었다. 그렇다면 파시즘은 단일한 (파시스트적인) 민족적 정체성을 대중에 부과하려는 과정에서 뜻하지 않게 다양한 하위 정체성들을 허용하고 배양한 것이다.

그 점을 잘 보여 주는 것이 바로 나치 치하 독일 바이에른 지방의 사례이다. 바이에른은 독일의 여느 곳에 비해 단연 가톨릭이 우세한 지역이었는데, 나치 체제는 바이에른 주민들의 종교적 정체성과 하위 문화를 단일한 독일 문화로 '획일화 Gleichschaltung' 하려는 정책을 추구했다. 그러나 이언 커쇼Ian Kershaw에 따르면, 나치즘은 종교적 충성심을 파괴하는 데 성공하지 못했다. 전후 서독 사회에서 바이에른 가톨릭교회의 영향력이 즉각 회복된 것이 그 점을 말해 준다. 가령 나치 '획일화'의 표적이었던 교회가 운영하는 초등학교들이 1945년 이후에 즉각 복고된 사실은 "교회의 사회적 위치와 역할에 대한 나치즘의 제한된 영향력은 물론이요, 특히 제3제국 시기에 스스로를 보존하려고 한 가톨릭교회의 정책이 거둔 궁극적 성공"을 증명하는 것이었다.[37]

또한 나치 정책 자체가 안고 있던 모순에도 주목해야 한다. 가령 나치 체제는 '기쁨을 통한 힘'과 같은 조직을 통해 대중적 지지를 확보하고 체제 안정화를 모색했다. 그러나 이런 정책에는 중대한 모순이 숨어 있었다. 1936년 11월에 어느 고위 관료는 '기쁨을 통한 힘'의 활동이 민족을 강화하는 데 국한되어야지, "조직된 쾌락 체제"로 번성해서는 안 된다고 경고했다. 기실, 체제의 대중적 여가 문화의 조직에는 대중의 일상적 수요를 충족시켜 주는 소비주의와 체제의 재무장 정책 사이의 심각한 모순이 있었다. 그렇기에 나치 지도자들은 미국식 대중 소비로 엇나갈 수 있는 위험을 경계하면서 "쾌락주의에 대항한 나치식 민족주의"를 강조한 것이다.[38] 그럼에도 당국은 체제 유지를 위해 소비주의와 쾌락주의를 얼마간 용인한 것이 사실이다. 이는 강건한 노동자-병사의 이미지를 선전하면서도 동시에 육감적인 그레타 가르보Greta Garbo의 멜로 영화를 틀어 대던 현실에서 적나라하게 드러난다.[39]

그렇기는 해도 이런 사실들을 파시즘의 정치적 실패로, 즉 파시즘이 대중의 동의를 획득하지 못했다는 결론의 증거로 들이댈 수는 없다. 확실히 무솔리니 자신이 인정했듯이, 파시스트 체제에 대한 이탈리아 대중의 동의는 마치 "사상누각"과도 같았다. 과연 히틀러와 나치즘에 대한 독일 국민의 열광에도 불구하고 나치 체제에 대한 독일인들의 태도는, 어느 사민당 보고서에 씌어 있듯이, "전반적인 무관심과 체념"이었다.[40] 그럼에도 동의의 해체와 체제의 몰락은 파시스트 체제에 대한 대중적 저항의 결과가 아니라 전쟁과 패전의 결과임을 보여 주는 정황들이 수다하다. 그런 점에서 전쟁과 패배가 없었다면 파시즘은 붕괴하지 않았을 것이며 반파시즘이 체제에 대해 심각한 위협이 되지 못했고 체제에 대한 불만이 기본적으로 전前정치적인 것이었다는 데 펠리체의 가정은 음미할 만하다. 그렇다면 역사를 설명하려고 하는 사람에게 중요한 것은 파시즘의 몰락의 원인도 원인이거니와, 이탈리아 현대사에서 어떤 정부도 달성하지 못했던 20년간의 장기 집권에 파시즘이 성공한 이유일 것이다.

그런데 파시즘은 성공하기는 성공한 것일까? 파시즘의 성공을 운위하는 것은 한편으로 사실주의적이면서 다른 한편으로 인상주의적이다. 파시즘은 체제의 수준에서만 작동한 것이 아니라 국가, 체제, 정부, 지방 등의 상이한 통치의 수준에서 작용했기에 파시즘의 정치 효과는 매우 다층적이고도 모순적이었다. 비록 파시즘은 자신의 체제적·정치적 목표를 추구했지만, 국가를 운영하는 주체로 기능한 한에서 결과적으로는 국가 구성 및 민족 형성의 과제를 일정한 수준에서 이행한 것으로 보이며, 바로 그렇기에 체제가 무너진 다음에도 파시즘이 상당한 동의를 확보하고 있었다는 인상이 "마치 망막의 잔상처럼" 남을 수 있다.[41] 그러나 파시즘의 성공이 다분히 인상주의적일 뿐이라고 해서 파시즘의 유산을 가벼이 취급해서는 안 된다. 특히, 파시즘이 "태양 아래 눈처럼" 혹은 "카드로 만든 집처럼" 허물어졌다는 신화에서만큼은 벗어날 필요가 있다. 과연 그런 신화적인 해석들은, 가령 이탈리아의 경우에 파시즘 최후의 살로공화국에서 많은 파시스트 조직들이 자발적으로 재건되었고, 전후 공화국에서 파시스트 정당들이 득표 수에서 제4당의 지위를 유지한 사실들을 온전히 설명하지 못한다.

끝으로 파시즘의 동의 생산은 파시즘의 성격을 이해하는 데 어떤 함의를 우리에게 주는가? 파시즘이 대중의 동의를 획득하려 한 과정에서 도입한 정치 혁신은 근대 권력의 전체주의적 속성을 잘 보여 준다. 물론 전체주의로서의 파시즘의 성격을 부정하는 문헌들이 허다하며, 또 그런 논의들은 분명 진실의 조각들을 담고 있다. 아닌 게 아니라 이탈리아 파시즘은 반자본주의적 · 반부르주아적 의도에도 불구하고 결과적으로 대자본의 이해관계를 충실히 대변하면서 기성의 지배 질서를 공고화하는 데 기여했다. 기실, 독일 나치즘이란 곧 엘리트와 대중적 지지자들 사이의 동맹에 바탕을 둔 체제가 아니던가? 그렇다고는 해도 파시즘이 케케묵은 보수적 권위주의 체제라거나 전근대적 절대주의 체제일 뿐이라는 견해에는 동의하기 어렵다. 그런 견해는 파시즘이 도입한, 대중 조직이나 신화적 사고와 같은 정치적 방법의 새로움과 그 실험적 성격을 무시하기 때문이다. 물론 파시즘의 전체주의적 기획은 종내 좌초했다. 그러나 전체주의가 실패했다는 사실이 전체주의가 존재하지 않았음을 의미하는 것은 아니다. 백번 양보하여, 파시즘의 의도가 낡은 사회 질서를 유지하는 것이었다고 해도, 낡은 이해관계를 옹호하기 위해서라도 정치 혁신이 필요해진 독특한 역사적 · 정치적 맥락을 고려해야 한다. 결국 이 대목에서 이탈리아 소설가 디 람페두자의 소설에 나오는 한 구절처럼 근대화의 도전에 직면한 귀족의 생존 논리로서 "만사를 전과 같이 유지하려면 모든 것을 바꾸지 않으면 안 된다"라는

그림 32 스탈린그라드 시내에서 돌격 준비 중인 독일 보병들. 1942년 9월부터 1943년 2월까지 벌어진 스탈린그라드 전투는 전쟁 전체의 승패를 좌우한 '세기의 전투'였다. 스탈린그라드로 진격한 독일 최정예 6군은 전사 14만 7천 명, 포로 9만 1천 명을 기록하며 궤멸했다. 포로 중에서 살아서 독일 땅을 밟은 이는 고작 6천 명에 불과했다.

역설의 원리, 그러니까 이른바 "디 람페두자 원칙"이 떠오르는 것은 우연이 아니다.[42]

스탈린그라드, 전환점

파시즘이 전쟁을 찬양하고 미화하는 한, 파시즘에는 격렬한 자기 파괴의 충동, 즉 허무주의적 혁명이 내재해 있었다. 나치가 제작한 아동 도서들에는 전쟁이 "사랑스런 꿈"이자 "기적의 성취"라는 표현들이 거침없이 사용되었다. 전쟁에서 죽는 것은 곧 영웅의 표지였고, 체제는 전쟁 영웅들을 축성했으며, 이를 위해 다양한 표어와 제식과 기념물이 만들어졌다. 제1차 세계 대전 당시 프랑스와 플랑드르의 전적지들은 대중적 관광 명소가 되었고, 순례자들은 참호들을 사진으로 찍고 각종 기념품을 구입했다. 특히, 1914년 11월의 격전지인 랑게마르크는 '독일 청년 운동'의 회원 수천 명이 목숨을 잃은 곳으로서 젊음의 영웅적 희생을 상징하는 성소였다.[43] 그러나 1차 대전은 고도 산업 사회에서 벌어지는 전쟁이 얼마나 비참한 대량 살상을 동반하는지를 또렷이 보여 주었다. 또한 1차 대전은 사진이 대중화한 이후에 벌어진 최초의 전쟁으로서 전쟁의 참혹상을 고스란히 영상으로 남겼는데, 비록 사진 속 전사자들의 신체가 예수의 신체에 비유되어 신성화했을지라도, 그런 사진들은 명백히 공포와 전율을 불러일으켰다. 결국 전쟁이 민족 정화의 수단으로 간주되면 될수록 파시스트 체제는 또 한 번의 대량 살상전을 준비하는 전쟁 기계에 지나지 않게 되었다. 마침내 제2차 세계 대전의 불뚜껑이 열렸을 때, "사랑스런 꿈"은 악몽으로 변했다. 그 악몽의 이름은 스탈린그라드였다.

스탈린그라드 전투는 전환점이었다. 1942년 여름에 소풍을 나가는 심정으로 러시아의 초원을 진격하던 "크룹 회사*의 강철처럼 단단한" 독일 6군의 병사들은 1942~1943년 겨울 스탈린그라드라는 용광로에서 형체도 없이 녹아 버렸다. 비록 쿠르스크의 푸른 초원과 아르덴의 숲에서 독일 최후의 반전 노력이 기다리고 있었지만, 전쟁의 승패는 이미 스탈린그라드에서 판가름 났다. 그 이후 소련의 붉은 군대는 파죽지세의 기세로 서방을 향해 돌진했다. 그러므로 스탈린그라드는 파시즘

---

* **크룹 회사** 크룹Krupp은 1811년에 창립된 독일의 대표적인 철강 회사이다. 제2차 세계 대전 때 크룹 사는 대포, 전차, 전함 등 독일군의 가공할 무기들을 대량으로 생산했다.

그림 33 1차 대전 당시 플랑드르의 한 참호. 이 참호는 한때 독일의 참호였지만, 프랑스 군에게 점령되었다. 1차 대전은 참호전을 배경으로 대량 살상이 벌어진 최초의 '총력전'이었다.

의 몰락과 공산주의의 대두를 알리는 분기점이자, 그런 만큼 냉전의 원점이라고 분명하게 말할 수 있다. 1945년 1월에 소련에 의해 폴란드가 점령되었고, 다음 달 헝가리가 접수되었으며, 4월에 빈과 5월에 베를린이 함락되었다. 이제 나치 유럽의 빈 자리에 서구 연합국과 중동구의 공산주의 유럽이 마주보게 되었다.[44] 영국의 윈스턴 처칠Winston Churchill은 다소 늦게, 그러니까 1946년 3월 5일의 미국 풀턴 연설에서 발트 해의 슈테틴에서 아드리아 해의 트리에스테까지 유럽에 "철의 장막"이 드리워졌다고 말함으로써 냉전을 사후 승인했다. 그가 같은 해 9월 19일의 스위스 취리히 연설에서 제안한 "일종의 유럽 합중국"은 공산주의 유럽의 위협에 맞서기 위한 자유 민주주의 유럽의 갑주였을 뿐이다.

한때의 파시스트 민족들은 공황 상태에 빠졌다. 끝까지 싸우던 독일인들은 철저히 무장 해제당한 채 능멸의 대상으로 전락했다. '그라운드 제로'*의 국토가 소련이 점령한 동독과 연합국이 점령한 서독으로 분열되면서, 독일 전체가 외국 민족들에 의해 지배되었다. 분단된 독일 자체가 냉전의 상징이었다. 그런가 하면 독일보다 일찍 전쟁에서 탈락한 이탈리아도 민족이 내용상 분열되기는 매한가지였다. 1943년 7월에 연합군이 시칠리아에 상륙하면서 이탈리아 본토가 전장이 되었고, 그와 동시에 7월 24~25일의 궁정 쿠데타로 무솔리니가 실각하고 피에트로 바돌리오Pietro Badoglio 원수를 수반으로 하는 임시 정부가 수립되었다. '그란 사소'라는 천혜의 요새에 감금되었던 무솔리니는 유능한 독일 공수 부대에 의해 극적으로 구출되어, 9월 18일에 북부 가르다 호

---

* **그라운드 제로** 그라운드 제로Ground Zero란 원래 원자 폭탄이 떨어진 지점을 뜻하는 용어로서, 현재에는 주로 2001년 9·11 테러로 붕괴된 뉴욕의 세계무역센터 자리를 가리키는 말로 통용된다.

덴마크

스웨덴

발트 해

북해

네덜란드

영국 점령 지역

베를린 •

폴란드

소련 점령 지역

• 쾰른
• 본

벨기에

프랑스 점령 지역

• 프랑크푸르트

룩셈부르크

자르

체코슬로바키아

미국 점령 지역

자르브뤼켄

• 슈투트가르트

스트라스부르
프랑스

• 바덴-바덴

오스트리아

스위스

지도 14 2차 대전 직후 연합국에 점령된 독일.

수변의 '살로'라는 곳에서 '이탈리아사회공화국'(일명 살로공화국)을 선포했다. 그리고 임시 정부가 휴전을 선언함으로써 남부는 파시즘에서 해방되면서 연합국에 의해 점령당했고, 북부는 살로공화국의 명목상의 지배 아래에서 사실상 독일 나치 군대에 의해 점령당하는 형국이 되었다. 사실상의 냉전의 시작과 더불어 독일과 이탈리아가 분단된 것이다.

이와 같은 형식상 혹은 내용상의 민족 분열은 독일인들과 이탈리아인들의 민족적 자긍심에 큰 상처를 주었다. 한때 '위대한 민족'의 장밋빛 청사진을 제시한 파시즘의 폐허 위에는 모욕당한 민족들의 피곤한 몸뚱아리가 덩그러니 던져져 있을 뿐이었다. 특히, 정식 항복도 아니고 정식 휴전도 아닌 기묘한 처지에 놓여 있던 이탈리아 민족의 현실은 극도로 불안했다. 군대의 명령 계통은 엉망이 되어 병사들은 독일군과 함께 싸울지, 그에 맞설지, 그것도 아니면 (대부분의 병사들이 간절히 원했듯이) 집으로 돌아갈지를 알아서 결정해야 했다. 필경 1943년의 그런 사건들은 이탈리아 인들의 민족적 충성심과 자긍심을 분열시키고 궁극적으로 실추시켰다. 살로공화국을 위해 재무장한 파시스트들도 '조국'과 '명예'를 위해 싸웠고 임시 정부와 연합군의 편에서 싸웠던 사람들도 '조국'과 '명예'를 지키기 위해 싸웠다. 문제는 이탈리아 인들이 하나여야 할 '조국'과 '명예'를 위해 둘로 나뉘어 싸웠다는 사실이다.[45]

그런데 당시 이탈리아와 독일을 비롯하여 유럽을 관통한 현실적인 분열, 그러니까 파시즘과 반파시즘, 공산주의와 자유 민주주의 분열이 유럽 인들에게 나쁜 소식이었다면, 좋은 소식은 최소한 파시즘에 대항한 레지스탕스(저항)의 이념이 유럽을 통일하고 있었다는 사실이다. 그러나 레지스탕스의 이념이 극히 모호했다는 사실은 다시 나쁜 소식이었다. 스탈린그라드 이후, 일단 파시즘의 운명이 기울어지자 파시즘에 대항한 레지스탕스의 이념적 통일성은 동요했고, 레지스탕스 내부의 차이들이 불거지기 시작했다. 이탈리아 레지스탕스 벽보 구호인 "콧수염이 온다"가 상징하는 대중적 스탈린주의는 파시즘에 맞서 싸우되, 공산주의는 원치 않는 사람들 —— 이른바 "반공산주의적 반파시스트들" —— 을 난처하게 하고 경계하게 만들었다. 냉전은 밖에만 둘러쳐진 것이 아니었다. 모든 민족이 저마다 냉전의 소우주가 되었다. 그런 상황에서라면, 민족적 충성심에 대해 자유 민주주의 혹은 공산주의에 대한 충성심이 우세할 만도 했다. 이제, 안과 밖의 냉전과 더불어 민족주의는 인생의 절정을 지나 황혼으로 뉘엿뉘엿 저물어 가는 듯했다.

파시즘에서 공동체로

제2차 세계 대전이 한창이던 1941년 7월, 알티에로 스피넬리Altiero Spinelli를 비롯한 일군의 이탈리아 반파시스트들은 이탈리아의 알카트라즈*인 벤토테네 섬의 감옥에서 역사적인 선언, 즉 "자유롭고 통일된 유럽을 위한 선언"을 전격 발표했다. 이 '벤토테네 선언'에서 전후 유럽 통합 운동의 한 갈래, 그러니까 유럽 연방주의 운동이 시작되었는데, 이 벤토테네 이념의 조직적 구심은 1943년 8월에 마리오 알베르토 롤리에Mario Alberto Rollier의 밀라노 자택에서 결성된 '유럽연방주의운동MFE'이었다. '벤토테네 선언'은 유럽 통일이야말로 절박한 "전후의 임무"라고 못 박음으로써 단일한 유럽의 연방적 통일체를 수립하자고

---

* **알카트라즈** 알카트라즈Alcatraz란 에스파냐 어로 '펠리칸'이란 뜻으로서, 미국 캘리포니아의 샌프란시스코 만에 있는 작은 섬이다. 이 섬에는 알 카포네Al Capone 등 마피아와 흉악범을 수감한 것으로 유명한 연방 교도소가 있었다.

대내외에 촉구했다. 특히, 스피넬리는 다른 에세이들에서 연방주의가 스위스를 제외하고는 민족주의와 민족 국가가 우세한 유럽의 전통에서 낯선 것이고 나름의 '신화'를 결여하고 있음을 인정하면서도 전쟁이 끝난 뒤에는 연방주의를 위한 유리한 정치 환경이 조성되리라 확신했다. 즉 연합국의 승리로 종전된 뒤에는 전쟁의 뼈아픈 기억과 공격적 민족주의에 대한 치열한 반성이 이어질 것이고, 이러한 반성은 연방주의 이념이 대중적 호소력을 얻는 좋은 출발점을 제공하리라 믿은 것이다.

물론 유럽 통합을 위한 운동은 이것이 처음은 아니었다. 제1차 세계대전이 끝난 뒤, 일본인 어머니를 둔 오스트리아의 귀족 리하르트 쿠덴호베-칼레르기Richard Cudenhove-Kalergi 백작이 "범유럽"의 개념을 통해 새로운 유럽 연방의 창설을 강력히 제창한 바 있다. 그가 설립한 '범유럽연합'에는 프랑스의 아리스티드 브리앙Aristide Briand과 조르주 퐁피두Georges Pompidou를 비롯하여 독일의 콘라트 아데나우어Konrad Adenauer와 이탈리아의 카를로 스포르차Carlo Sforza와 같이 훗날 유럽 통합의 역사에 깊이 아로새겨질 인물들이 포함되어 있었다. 백작은 심지어 이탈리아 독재자 무솔리니도 범유럽 운동에 끌어들이고자 애썼는데, 불행인지 다행인지 무솔리니는 범유럽보다는 라틴 유럽에 더 관심이 많았다. 여하튼 쿠덴호베-칼레르기 백작의 야심만만한 범유럽 운동은 결국 실패하기는 했지만, 유럽 연방의 창설을 향한 최초의 본격적인 운동이었다는 데 중요한 의의를 가진다.

기실, '하나의 유럽'을 위한 이념은 유럽의 역사에서 매우 뿌리 깊은 것이었다. 19세기에 앙리 드 생시몽Henri de Saint-Simon은 "유럽 합중국을 통한 평화"의 이념을 설파했고, 이 표어는 프랑스의 위대한 문호 빅토르 위고Victor Hugo에 의해 계승되었다. 그 외에도 카를로 카타

네오Carlo Cattaneo, 피에르-조제프 프루동Pierre-Joseph Proudhon, 필리프 뷔셰Philippe Buchez 등 쟁쟁한 19세기의 유럽 지식인들이 다양한 방식으로 유럽 연방을 지지했다. 그런가 하면 18세기에 제레미 벤담Jeremy Bentham은 유럽 공동 군대의 창설을 지지했고, 영국의 퀘이커교도인 윌리엄 펜William Penn과 존 벨러즈John Bellers는 이미 17세기에 '유럽 의회'의 창설을 구체적으로 제안했다. 심지어 '하나의 유럽'의 이념은 저 멀리 중세 말기 이탈리아의 문호 단테와 필리프 4세의 책사 뒤부아로까지 거슬러 올라갈 수 있는데, 가령 뒤부아는 1306년에 기독교적 원리에 입각한 유럽의 평화 수호를 위해 '상설 군주 회의'를 제시했던 것이다.

그러나 이와 같은 유럽 통합안의 유서 깊은 역사에도 불구하고 유럽주의가 진지한 현실적 이념으로 등장한 것은 제2차 세계 대전에 의해 유럽이 폐허로 변한 다음이었다. 극단적 민족주의로서의 파시즘, 그리고 파시즘이 낳은 파괴적인 대량 살상전을 경험한 유럽 인들은 전후에 평화와 안보, 번영을 가져오기 위해서는 민족주의를 억제하고 유럽 국가들 간의 분쟁을 합리적으로 조정하는 새로운 국제적 틀이 필요하다는 데 공감했다. 특히, 파시즘의 지배를 직접 겪고 1945년 패전 이후 전범 국가로 능멸당한 독일인들과 이탈리아 인들은 구래의 민족주의를 버리고 공동의 유럽적 가치를 재발견함으로써 건설될 유럽공동체야말로 자기들이 다시금 유럽의 존중받는 민족이 되는 유일한 길임을 확신하기에 이르렀다. 요컨대 공동체 이념은 전쟁으로 치달은 파시즘에 대한 반성이었던 것이다. 유럽연합에서 발행하는 소개서에는 유럽 통합의 역사적 기초를 이렇게 설명하고 있다.

제2차 세계 대전의 폐허에서부터 새로운 종류의 희망이 생겨났다. 전쟁

기간 동안 전체주의에 대항했던 사람들은 유럽에서 국가 간 증오와 경쟁을 종결하고 과거의 적들 사이에 장기적인 평화를 이루기로 결심했다.[46]

또한 독일 기독교민주동맹(CDU)의 지도자이자 서독의 초대 총리인 아데나우어도 비슷한 맥락에서 자신의 회고록에 이렇게 썼다.

> 나는 19세기와 20세기 초반에 우세했던 협소한 민족주의적 국가 개념은 이제 폐물로 간주되어야 마땅하다고 확신했다. 이 개념은 유럽에서 삶의 파편화를 낳은 민족주의를 야기했다. 지금 우리가 기독교적 가치에서 탄생한 우리의 유럽 문명의 원천들로 되돌아가고자 한다면, 우리는 모든 영역에서 유럽의 통일성을 복고할 수 있을 것이다. 이것이야말로 평화 수호를 위한 유일한 실제적 보증이었다.[47]

그러나 아데나우어의 머릿속에 있던 '유럽'은 '모든' 유럽이 아니라 '어떤' 유럽이었다. 그는 뒤스부르크 시장 하인리히 바이츠Heinrich Weitz에게 보낸 1945년 10월 31일자 서한에서 소련 공산주의와 유물론의 위험에 주목하면서 "동유럽, 러시아 영토, 서유럽으로의 유럽의 분할이 기정사실"이 되었다고 판단한 뒤, "러시아가 점령하지 않은 독일 땅은 서유럽의 통합적 일부"라고 주장했다.[48] 이는 필경 열전의 후속으로서 냉전이 시작되었음을, 그러니까 소련을 중심으로 하는 공산주의 진영과 미국을 중심으로 하는 자유 민주주의 진영으로의 분열과 더불어 '유럽'이 작은 유럽, 즉 '서유럽'으로 이해되고 있음을 잘 보여 주는 것이다. 유럽은 쿠덴호베-칼레르기 백작의 구상에서와 마찬가지로 볼셰비키 유럽, 공산주의 유럽에 대항한 방벽으로 이해된 것이다. 홉스봄이 간결하게 요약했듯이, "냉전은 '유럽공동체' ── 와 그것의 모든 문제들 —— 를 낳았다."[49)

이런 사실은 '하나의 유럽'이 태초부터 미국과 긴밀하게 관련되어 진행된 것임을 암시한다. 기실, 스피넬리와 같은 비타협적인 유럽 연방 주의자들은 미국의 각 국가(주)들이 헌법을 중심으로 하나의 연방을 구성한 미국의 사례를 유럽의 본보기로서 면밀하게 연구한 바 있다. 미 국은 '하나의 유럽'을 위한 이념적 모델이었던 것이다. 그리고 전후 냉 전의 환경에서 미국은 경제적으로 강한 독일을 원했고, 공동의 유럽 시 장을 선호했으며, 이런 경제적 상호 연관을 토대로 서방 자유 민주주의 동맹을 추구했다. 1947년 3월에 공산주의화의 위협을 받던 그리스와 터키에 경제적·군사적 원조를 제공할 명분이 된 트루먼 독트린과 같 은 해 6월에 유럽 부흥 계획으로서 유럽 각국에 대규모 차관을 제공한 '마샬 플랜', 그리고 1948년 3월의 브뤼셀 조약을 거쳐 마침내 1949년 4월에 소련에 대항하는 미국과 서유럽 국가들의 집단 안보 체제인 북 대서양조약기구NATO의 결성을 통해 이른바 '대서양 동맹'이 실현되 었다.

그와 같은 '대서양 선택'과 더불어 서유럽의 주요 국가들은 '그들만 의 리그'를 착실하게 구축해 갔는데, 1950년 5월 9일에 프랑스 외무 장 관 로베르 슈만Robert Schuman이 발표한 선언, 즉 유럽 기간산업의 핵 심 자원인 석탄과 철강을 유럽의 공동 관리 아래에 두자는 '슈만 플랜' 은 유럽 통합의 역사에서 하나의 이정표였다. 슈만을 비롯하여 '슈만 플랜'의 실제 입안자인 장 모네Jean Monnet, 이탈리아의 알치데 데 가 스페리Alcide De Gasperi, 벨기에의 폴-앙리 스파크Paul-Henri Spaak, 서 독의 아데나우어 등 유럽 통합의 아버지들, 이른바 "유럽의 성자들"의 노력으로 프랑스, 서독, 이탈리아, 벨기에, 네덜란드, 룩셈부르크 등 6 개국이 주축이 되어 마침내 플랜은 현실이 되었다. 1951년 4월에 유럽

네덜란드

벨기에

룩셈부르크

서독

프랑스

이탈리아

지도 15 "6개국의 유럽", 유럽연합의 창설 회원국 6개국.

석탄철강공동체ECSC가 출범하고, 이듬해 7월에 본격적으로 가동하기 시작했다. 석탄과 철강에 대한 유럽 공동 시장과 이를 통할하는 초국적 공동체 제도가 탄생한 것이었다. 과연 ECSC는 1948년 4월의 유럽경제협력기구OEEC와 같은 해 5월의 유럽회의Congress of Europe, 그리고 1949년 5월의 유럽각의Council of Europe로 이어진, 일련의 통합 노력의 제도적 결정판이었다고 할 수 있다.

그러나 ECSC를 유럽 연방주의 이념이 그대로 실현된 결과물이라고 보기는 어렵다. 오히려 ECSC의 탄생은, 앨런 S. 밀워드Alan S. Milward 가 예리하게 간취했듯이, 전후에 무기력하게 붕괴하던 유럽의 민족 국가들을 "구제"하려는 적극적인 방법으로서 간주될 수 있다. 즉 민족 국가의 붕괴에 직면했던 유럽의 각국 정부는 시민들의 정치적 합의를 재구축하기 위해 노동 부문에서 완전 고용을 달성하고 농업 부문에서 보호주의를 추진하며 사회 부문에서 복지 정책을 실시하고자 했는데, 이런 과제들은 당시 상황에서 오직 새로운 국제적 협력의 틀 속에서만 달성될 수 있었다는 것이다. 특히, ECSC는 관련 당사국들에게 산업화와 경제 발전이라는 장기 기획 속에서 석탄 및 철강 산업의 구조를 근대화하려는 사회 경제적 필요에 부합하는 것이었다. 이런 맥락에서 보면, 슈만과 모네, 데 가스페리와 아데나우어와 같은 "유럽의 성자들"은 유럽 연방의 이상에 불타고 있었던 인물들이 아니라 철저하게 자국의 민족적 이해관계에 충실한 현실 정치의 대표자들이었다.[50]

그러나 ECSC가 과연 각국의 민족적인 사회 경제적 이해관계에 충실히 부합하는 방법이었는가? 이 점에 대해서는 확신하기 힘든 측면들도 많다. 가령 한때 기세등등했던 독일의 철강업은 전후에 영세 산업으로 전락해 버렸는데, 독일의 기업가들은 슈만 플랜이 독일을 분할 점령한 연합국의 참기 힘든 통제를 종식시켜 주리란 희망으로 슈만 플랜을 승인하기는 했지만, 기본적으로 프랑스의 강한 영향 아래 탄생할 새로운 초국적 제도로 인해 프랑스 산업과의 국제 경쟁에서 밀리고 독일의 근대적인 철강 생산력의 발전이 제한받지 않을까 노심초사하고 있었다. 그런가 하면 이탈리아의 국영 철강 산업 역시 수직적 통합이라는 장기 목표와 수월한 원료 공급이라는 단기 목표에 슈만 플랜이 도움이 될 것이라 생각하면서도, 석탄과 철강에 대한 공동 시장의 출범으로 여전히 걸음마 단계인 이탈리아 철강 산업을 공동체 국가들의 철강 산업과의 경쟁에 속수무책으로 노출시키는 결과를 초래하지 않을까 고심했다.

이렇게 보면, ECSC의 탄생을 단지 각국의 사회 경제적 이해관계의 추구로만 설명하는 것은 문제가 있다. 오히려 ECSC는 당면한 정치적 필요에서 탄생했다. 즉 독일과 이탈리아 등이 상당한 경제적 부담을 안고서라도 ECSC에 가담한 데는 ECSC만이 파시즘의 전력과 패전국이라는 오욕을 씻고 새로운 국제적 인정과 존중을 회복할 수 있는 유력한 방법이라는 정치적 고려가 작용했다. 실제로 슈만 플랜 자체가 단순한 사회 경제적 이해관계를 넘어서는 원대한 정치적 전망을 바탕에 깔고 있었다. 즉 슈만 플랜은 민족주의의 도구로서 전쟁 군수품 —— 무시무시한 독일 전차 판처의 기억! —— 의 생산을 공동 관리 아래에 두어 평화를 보장하고 경제 번영을 추구하며, 나아가 유럽 연방으로 가는 전제를 마련하는 데 기본적인 목표를 두고 있었다. 물론 슈만과 모네가 유럽 연방이라는 이상을 위해서라기보다는 독일 산업이 재건되어 다시금 가공할 군사적 기반을 제공하는 것을 견제하기 위해 독일 산업을 국제적 감시 체제 아래에 두려는 의도에서 플랜을 제시한 것은 사실이다. 즉 슈만 플랜은 이른바 '독일 문제'를 해결하는 하나의 방식이었다는 말이다. 그럼에도 슈만 플랜의 지지자들은 '독일 문제'의 해법만이 아니라 '유럽 문제'의 해법으로서 ECSC를 사고했다. 아데나우어는 ECSC가 단기적인 민족적 이해관계에서 탄생한 것이 아니라 민족주의를 봉쇄하려는 장기적인 이념적 필요에서 탄생했음을 다음과 같이 술회하고 있다.

> 조약을 이끌어 내면서 우리의 의도는 단지 석탄, 철, 강철을 위한 동맹을 창출하는 것이 아니었다. 우리는 또한 미래의 유럽에 가능한 한 진일보한 국제적 제도들을 형성하기를 원했다. 나는 석탄철강공동체와 더불어 일단 시작이 되면, 그리고 일단 6개 유럽 국가들이 이 조약 속에서 자발적으로, 강요 없이 자신의 주권의 일부를 더 우월한 몸체에 양도하게 되면, 유사한 발전이 다른 분야에서도 이루어지고 그럼으로써 유럽의 암적 존재인 민족주의가 치명적 일격을 받으리라는 희망이 있을 것으로 굳게 확신했다.[51]

문제의 이런 측면은 ECSC의 산파 노릇을 한 데 가스페리나 아데나우어 등이 그 이후에도 유럽방위공동체EDC와 유럽정치공동체EPC의 결성을 정력적으로 옹호했다는 데서도 확인된다. 그렇다면 "유럽의 성자들"은 밀워드의 판단과는 약간 다르게 민족적 이해관계와 유럽적 이해관계 모두를 위해 국가 주권에 실질적인 제한을 가하고자 한 정치가들이었다. 확실히, 그들은 자국의 민족적 이해관계를 수호하기 위해 분투한 현실 정치가들이었다. 그러나 동시에 그들이 공히 기독교 민주주의자들이었다는 뜻밖의 공통점은 그들이 지향한 친유럽적이고 반공산주의적인 이념적 가치들이 열전의 기억과 냉전의 위협이라는 역사적으로 특정한 조건 속에서 유럽 통합과 (필연적 인과 관계까지는 아니더라도) 선택적 친화성을 가지고 있었음을 암시한다. 그렇다면 민족적 이해관계를 고려하지 않고 유럽 연방의 이념을 강조하는 해석이 공허한 만큼이나 이념의 구성적 역할을 고려하지 않고 민족적 이해관계만 배타적으로 우선시하는 해석도 맹목적이다. 오히려 민족적 이해관계와 유럽 통합이 수렴된 역사적·사회적 조건들을 올바르게 파악해야 한다. 그리고 각국의 현실 정치와 정부 간 협상을 강조하는 "현실주의적realist" 접근은 마땅히 "이념 구성적ideational" 접근에 의해 보완되어야 할 것이다.

그런 점에서 최근에 사회학자 크레이그 파슨즈Craig Parsons가 통상 '이념'의 배후에 숨어 있는 '이해관계'를 찾아내려고 애쓰면서 '이념'을 가장된 것으로, '이해관계'를 진실한 것으로 보는 경향에 대해 경고하면서 유럽 통합을 단지 수사나 립 서비스로 보는 태도를 비판하고 "유럽에 대한 어떤 이념"이 유럽 통합의 제도들이 사회적으로 구성되는 과정에서 수행한 적극적 역할을 강조한 것은 의미심장하다.[52] 물론 이념의 사회학적 기능에 대해 주목한 것은 파슨즈가 처음이 아닌데, 일찍이 베버는 다음과 같이 말했던 것이다.

> 이념들이 아니라 물질적 이해관계들이 직접적으로 사람들의 행위를 지배한다. 그러나 매우 자주 '이념'에 의해 창출된 '세계상世界像'이 흡사 철도 원처럼 이해관계의 역동성을 따라 행동이 나아가는 궤도를 결정해 왔다.[53]

민족들의 유럽에서 유럽 민족으로?

이탈리아의 기호학자이자 소설가인 움베르토 에코Umberto Eco는 2003년의 어느 사설에서 이렇게 썼다.

철학자이자 교육부 장관인 뤽 페리Luc Ferry는 지난 12월 파리에서 열린 학술 대회의 개회사에서 …… 더 이상 프랑스 사람에게 독일 사람들에 대한 전쟁(이와 마찬가지로 영국 사람에게 이탈리아에 대한 전쟁과 에스파냐 사람에게 플랑드르 침공)을 생각하는 것은 불가능하다고 언급했는데, 이미 2,000년 동안 그런 유형의 전통적인 갈등과 적대는 노상 벌어져 왔다. 현재의 상황은 50년 전만 해도 생각할 수 없었던 상황, 그러니까 항상 우리의 뇌리에 투명하게 떠오르지는 않지만 아버지들이 손에 총을 쥐고 건넌 국경을 바캉스를 가기 위해 아무 염려 없이 건너는 일반 유럽 인들의 행위에서 이미 자연스레 확인되는 역사적으로 새로운 상황이다.[54]

이제 유럽 통합은 에코가 말한 "역사적으로 새로운 상황"의 핵심에 자리 잡고 있다. 과연 2,000년 동안 노상 벌어져 온 유럽 국가들 사이의 이전투구가 이제 통합된 유럽에서 자취를 감추었는가? 50년 전만 해도 다반사로 벌어져 온 민족적 주권의 요구와 주권적 민족 국가들 사이의 투쟁이 이제 통합된 유럽에서 종식되었는가? 물론 우리는 2,000년의 시간 폭을 갖는 장기 지속의 역사에 관심을 가질 만큼 야심적이지도 않고, 50년 전의 사건에 관심을 가질 만큼 구체적이지도 않다. 민족주의에 주목하는 우리의 관심사는 대략 500년 단위의 시간 폭을 갖는 다소 '어정쩡한' 역사이다. 적어도 500년 전부터 유럽은 항상 민족들의 유럽으로 존재해 왔다. 물론 '하나의 유럽'을 위한 꿈은 항시 있었지만, 그것은 어디까지나 복수성 속의 단일성 혹은 다양성 속의 통일성이었다. 그러나 유럽 통합으로 민족들의 유럽 대신에 하나의 유럽 민족European Nation을 말할 수 있게 되었는가? 그리하여 유럽 민족들의 전투는 이제 역사책과 박물관에서나 찾아볼 수 있게 되었는가?

기실, 1952년에 ECSC로 출범한 '유럽'은 1958년에 유럽경제공동체

EEC와 유럽원자력공동체Euratom가 탄생하고 1967년에는 ECSC, EEC, Euratom이 합병되어 유럽공동체EC로 명명되며 1979년부터 유럽의회의 직접 선거로 민주적 정통성을 확보하고 1993년에는 단일 시장을 완성하며 1999년에 마침내 단일 화폐권을 실현함으로써 명실상부한 유럽연합EU으로서 그 실체적 발전을 거듭해 왔다. 연합은 그 범위를 꾸준히 넓혀 처음 '6개국의 유럽'으로 시작된 유럽은 이제 서로는 포르투갈에서 동으로는 리투아니아까지, 북으로는 핀란드에서 남으로 키프로스까지 2007년 현재 총 27개국, 4억 9천만에 이르는 인구를 포괄하는 초대형 초국적 기구로 발전하기에 이르렀다.*[55] 이로써 500년 동안 건재했던 유럽 민족 국가들의 독점적 지위는 위협받게 되었는데, 예컨대 유럽 시민들은 자국 정부가 유럽의 결정을 이행하지 않을 경우에 직접 유럽법원에 이의를 제기할 수 있는 시민권을 보유하게 되었다.[56]

흥미롭게도 헤치터는 유럽연합을 건설하려는 시도를 우리가 앞에서 살펴본 **통일 민족주의**의 현대적 사례로 해석한다. 즉 유럽연합이 규모와

* 유럽공동체는 ECSC의 가맹국, 즉 프랑스, 서독, 이탈리아, 벨기에, 네덜란드, 룩셈부르크의 6개국으로 발족했다. 그러다가 1973년에 1차 확대로 영국, 아일랜드, 덴마크가 공동체에 가입했고, 2차 확대로 1981년에 그리스가, 3차 확대로 1986년에 에스파냐와 포르투갈이 가입했다. 1995년에는 4차 확대로 스웨덴, 오스트리아, 핀란드 등 전통적인 중립 국가들이 가입했고, 2004년에 5차 확대의 1단계로 구공산주의 진영의 8개 동유럽 국가, 즉 폴란드, 체코, 슬로바키아, 헝가리, 슬로베니아, 라트비야, 에스토니아, 리투아니아, 그리고 2개 지중해 국가, 즉 몰타와 키프로스가 가입했다. 마침내 2007년에 5차 확대의 2단계로 루마니아와 불가리아가 가입함으로써 현재 유럽연합은 총 27개국을 아우르고 있다. 다른 한편으로, 노르웨이와 스위스는 여전히 유럽연합에의 가입을 거부하고 있고, 크로아티아, 세르비아, 보스니아-헤르체고비나, 알바니아 등은 가입 조건을 충족시키지 못하고 있다. 러시아 및 구소련 공화국들, 그리고 터키는 전형적인 경계 국가로서 유럽연합과 착잡한 관계를 맺고 있다. 특히, 터키는 열렬한 가입 희망에도 불구하고 전통적인 유럽의 '타자'로서 이슬람 국가라는 문화적 차이로 말미암아 가입 여부가 열띤 토론의 대상이 되고 있다.

아이슬란드

노르웨이

스웨덴

핀란드

북 해

아일랜드

영국

발트 해

에스토니아

러시아

라트비아

리투아니아

대 서 양

네덜란드

벨기에

덴마크

독일

폴란드

벨로루시

룩셈부르크

체코

우크라이나

프랑스

스위스

오스트리아

슬로바키아

헝가리

몰도바

에스파냐

포르투갈

슬로베니아

크로아티아

이탈리아

보스니아헤르체고비나

세르비아

몬테네그로

불가리아

루마니아

흑 해

마케도니아

터키

알바니아

그리스

모로코

알제리

튀니지

몰타

지 중 해

키프로스

리비아

이집트

■ EU 15개국
▨ 2004년 이후 5차 확대
　로 새로 가입한 국가

0　　　　　500 km

지도 16　유럽연합 참가국(2007년).

범위에서 확대되는 과정은 근대화하는 국가와 절연함으로써 민족적 자율성을 추구하려는 분리 민족주의와는 달리, 기성의 다양한 주권적 정치체들을 통합하고 정치적 경계들을 말소하며 주권적 정치체들을 단일한 민족에 흡수하여 더 큰 근대 국가를 창출하려는 통일 민족주의의 역사적 사례를 떠올리게 한다는 말이다. 흥미로운 것은 통일 민족주의의 고전적 사례들인 19세기 독일과 이탈리아의 경우에 민족 건설이 프랑스라는 외적 위협에 직면하여 전개되었다는 사실이다. 이 점에 주목하여 헤치터는 유럽 통합이 더욱 불붙기 위해서는 미국과 환태평양 지역 국가들의 상업적 · 정치적 동맹의 위협이 유럽 국가들에게 더욱 실감나게 다가와야 한다고 믿는다. 만일 그런 위협이 없다면, 유럽연합 소속 국가들이 자국의 주권을 희생시키는 결정을 할 동기는 불충분하다는 것이다.[57]

사실, '유럽'은 항상 위기의 개념이었다. 유럽 인들은 항상 이슬람의 위협 속에서, 황화黃禍의 위협 속에서, 그리고 공산주의의 위협 속에서 '유럽'을 부르짖었다. 그런 점에서 '유럽'은 철저하게 '타자'와의 갈등적 대면 속에서 형성된 개념인데, 그런 만큼 '타자'를 밀어내는 배제적 개념이자 '타자'의 위협에 맞서 '우리'를 단결시키는 통합적 개념인 것이다. 그렇기에 헤치터의 말마따나 '유럽'은 미국이나 중국 등의 현실적이거나 가상적인 외부의 위협 없이는 성립하기 힘든 개념일 성싶다. "유럽의 성자들" 가운데 한 명으로 추앙받는 모네가 말했듯이, "사람들은 위기에 직면했을 때만 필요를 깨닫게 되고, 필요를 느낄 때 비로소 변화를 실현에 옮긴다."[58]

그럼에도 일단 형성되어 작동하는 공동체 제도들은 쉽게 사라지지 않을 것이다. 일단 생명을 얻은 공동체는 이 세상에서 자신이 살 권리를 강력하게 주장할 것이다. 사실, 이것이 유럽연합에 대한, 이른바

"기능주의적functionalist" 접근의 요체이다. 즉 낮은 수준의 상호 협력은 단계적으로 높은 수준의 통합으로 발전한다는 대전제에 따라 기능주의자들은 이미 수립된 공동체 제도들의 무의식적 "파급 효과"로써 유럽 연합의 발전 동학을 넉넉히 설명할 수 있다고 믿는다. 그렇다면 유럽 통합의 역사적 과정은 이미 언급한 바 있는 국가 간 협상을 강조하는 "현실주의적" 접근과 공동체 이념을 강조하는 "이념 구성적" 접근, 그리고 지금 설명한 "기능주의적" 접근을 적절하게 배합하고 안배함으로써 가장 최선의 방식으로 이해될 수 있다.

　그렇기는 해도 19세기에 독일과 이탈리아라는 새로운 민족이 통일 민족주의의 결과로 탄생했듯이 21세기에 하나의 유럽 민족이 탄생할 수 있을지는 미지수로 남아 있다. 만일 유럽이 하나의 잠재적 민족이라면, 하나의 유럽을 상상할 수 있는 문화적 원천은 무엇인가? 많은 이들이 지목하듯이, 그리스-로마 및 유대 기독교의 전통, 프랑스 혁명으로 탄생한 자유와 평등의 이념, 코페르니쿠스, 갈릴레이, 케플러, 데카르트, 프랜시스 베이컨 등으로 대표되는 근대 과학의 유산, 자본주의적 생산 방식, 세속적 법치 국가, 로마법과 보통법의 전통, 서유럽의 전형적인 산물인 계급투쟁을 통해 실현되는 정의의 이념 등이 "상상의 공동체"로서 유럽 민족의 문화적 유산인 것 같다. 하지만 유념할 점은 그런 유산들이 더 이상 유럽의 독점물이 아니라는 사실이다. 그 유산들은 이미 미국과 오세아니아, 그리고 아시아와 아프리카의 많은 지역에서 공유하고 있다. 그렇다면 유럽의 고유한 자산이란 대관절 무엇이란 말인가?[59]

　카페인가? 대충 보아 서쪽으로 리스본에서 동쪽으로 오데사에 이르는 역사적 공간을 통합하는 카페 문화 말이다. 그러나 커피의 기원이 이슬람 지역이듯이, 카페 문화는 북아프리카의 탕헤르와 알렉산드리아에도 있다. 그러나 모스크바와 영국에는 없다. 그렇다면 좀 더 일반적인 견지에서 미국이 하나의 미국적 생활 방식으로 규정되듯이, 유럽도 하나의 생활 방식으로 규정될 수 있을까? 그러나 제라드 델란티Gerard Delanty가 재치 있게 말했듯이, 유럽적 생활 방식은 유럽 인들이 미국에 여행 갔을 때에만 갑자기 발견했다가 돌아오면 잊어버리는 어떤 것일 따름이다. 그렇다면 유럽만의 고유한 자산이 무엇인지는 여전히 짙은 안개 속에 싸여 있다.[60]

결국 유럽 헌법을 둘러싼 논쟁은 이와 관련하여 시사하는 바가 크다. 헌법 논쟁에서 가장 큰 논란을 불러일으킨 대목은 바로 헌법에 유럽의 기독교적 근원을 명시해야 하는지 여부였다. 확실히, 유럽 문명의 기초가 기독교에 있음은 사실이다. 그러나 기독교적 유럽은 오늘날 유럽에 사는 방대한 수의 이슬람교도들은 물론이요, 다양한 비기독교적 종교 전통을 가진 사람들, 그리고 이신론자들과 무신론자들을 배제하고 있다. 그런 점에서 현대 유럽의 정체성을 적절하게 대표하는 것은 유일신 종교라기보다는 민주주의적이고 다원주의적인 신념일 것이다.

헌법 논쟁에서 또 다른 주목을 끄는 대상은 바로 헌법 애국주의의 문제이다. 즉 민족에 대한 강한 정서적 애착을 헌법이라는 사회 계약적 원리와 합의에 대한 충성으로 바꾸어 낼 수 있는가 하는 여부이다. 그런 가능성은 18~19세기 미국이 잘 보여 주었다. 비록 미국에서도 19세기 중엽 남북 전쟁 시기까지 헌법을 둘러싼 논쟁이 자주 발생했지만, 그 이후로는 헌법을 경전시하고 헌법 제정자들을 "민족의 아버지들"로 숭배하는 경향이 나타났다. 이런 미국의 사례를 보면, 헌법 애국주의가 불가능할 것도 없어 보인다. 그러나 문제는 과연 오랫동안 민족 국가들로 나뉘어 사는 데 익숙한 유럽 인들이 과연 민족주의를 극복할 수 있을지는 못내 의심쩍다는 점이다.[61]

물론 민족주의를 극복할 수 있는 잠재적인 사회적 기초는 유럽에 다소간 마련되어 있는 듯이 보인다. 즉 민족주의가 그 영감을 농촌에 두고 있고 민족 문화가 본질적으로 방언의 전통에서 기원한 반면에 새로 등장하는 유럽공동체는 그 영감을 국제주의적인 도시의 부르주아적 고급 문화에 두고 있는 듯이 보인다.[62] 그리고 유럽의 도시 문화는 다른 비유럽 지역들에 비해 고도로 발전한 것이 사실이다. 특히, 민족 국가의 시대에 주요 민족들의 경계에 위치해 있던 저지대 지역, 북부 프랑스, 남부 독일, 스위스, 북부 이탈리아의 이른바 "도시대都市帶" 혹은 "푸른 바나나 Green Banana" 지역은 유럽에서 인구 밀도와 소득 및 생활 수준이 단연 높고 2개 이상의 언어가 통용되는 곳으로서 통합 유럽의 정치적·상업적 핵심부로 '뜨고' 있다.[63] 이곳의 주요 도시들에는 빠짐없이 유럽공동체 관련 제도들이 들어서 있다. 가령 브뤼셀에는 유럽연합 본부가, 브뤼헤에는 유럽대학이, 스트라스부르에는 유럽의회가, 프랑크푸르트에는 유럽중앙은행이, 룩셈부르크에는 유럽재판소가 자리하고 있다. 그런가 하면 중세 카롤루스 대제(샤를마뉴) 제국 수도이자 카롤링거 르네상스의 등불이었던 북서부 독일의 아헨(프랑스 어로는 엑스라샤펠)에서는 매년 유럽 통합에 기여한 인물들에게 '샤를마뉴상'을 수여한다. 덤으로 추측해 보건대, 장차 유럽의 정치 통합이 실현된다면 아헨은 아마도 가장 유력한 유럽의 수도 후보가 될 것이다.

　　하지만 공동의 문화에 기초하여 공동체로 발전하고 있는 유럽연합이 완전히 민족주의를 극복했는지는 여전히 의심쩍다. 역설적이게도 유럽연합은 대내적으로 낡은 민족적 정체성들을 극복하고 하나의 새로운 유럽적 정체성을 형성하기 위해 깃발, 노래, 화폐, 복권, 여권, 관세, 역사학, 경연 대회 등 민족주의의 전통적인 도구들을 태연하게 활용하고 있다(그런데 스포츠, 특히 축구는 왜 활용하지 않는 것일까?).[64] 또한 유럽연합은 대외적으로 공동체 가입을 볼모로 하여 동유럽 국가들의 내정에 간섭하고 있는데, 여기서 주목할 것은 19세기 후반에 열강들이 어느 민족에 대해서는 독립을 인정하고 다른 민족에 대해서는 인정하지 않음으로써 동유럽 민족들 사이의 '인정 투쟁'을 조장하고 정치적 혼란을 가중시킨 못된 관행을 오늘날에도 버리지 않고 있다는 점이다. 예컨대 유럽연합은 1992년 1월에 크로아티아와 슬로베니아의 독립을 성급하게 인정함으로써 세르비아의 감정을 자극하면서 발칸에서 평화를 창조하기보다는 분란만을 심화시켰다. 민족 국가의 원리를 넘어섰다고 공언한 공동체가 수면 아래에서는 철저하게 민족 국가의 원리를 주변부에 대해 영향력을 행사하는 수단으로 차용한 것이다. 하기야 유럽공동체를 탄생시킨 이념적 발상, 즉 유럽의 문화적 단위와 유럽의 정치적 단위에 일치시키자는 이념적 발상 자체가 본질적으로 민족주의적이다. 그러므로 유럽 민족은 (만일 그런 것이 탄생할 수 있다면) 규모와 범위에서 확대되기는 했지만, 여전히 민족주의적 원리와 전통을 답습하고 있는 것이다. 그러므로 진정한 문제는 공동체가 종족 문화적 논리와 정치 주권적 요구에 기초한 민족 국가의 원리와 전통과 단절한 전혀 다른 원리와 전통을 발견할 수 있느냐 하는 점이다.

확실히, 미증유의 정치적 실험으로서 단일 화폐의 도입은 그런 새로운 원리와 전통을 발견할 수 있는 가능성과 불가능성을 모두 보여 준다. 2002년 1월 1일 자정을 기해 새로운 화폐가 유럽 인들에게 "유로, 우리의 화폐"가 되었다. "해피 뉴 유로!" 그러나 유로는 역시 민족주의의 원리를 완전히 털어 내지 못했다. 화폐 이름을 짓는 과정에서부터 논란이 빚어졌다. 이탈리아 인들은 '플로린florin'을, 그리스 인들은 '드라크메drachme'를, 프랑스 인들은 '에퀴ecu'를 선호했는데,* 추천된 모든 이름이 민족주의의 냄새를 물씬 풍겼다. 끝에 가서는 만국 공

통의 네 글자인 '유로euro'가 낙점되
었지만, 발음은 역시 각양각색이었
다. 유로, 에우로, 오이로, 이우로, 유
라, 요로 등등. 게다가 유로 지폐에는
초국적 원칙이 지켜져 유럽의 시대별
건축물의 문과 창문, 유럽이 하나로
연결되는 다리의 문양이 새겨졌지만,
각국 유로 동전의 뒷면에는 여전히
민족주의적 원칙이 고수되어 아일랜
드 동전에는 하프, 오스트리아에는
에델바이스와 모차르트, 독일에는 브
란덴부르크 문, 네덜란드에는 베아트
릭스 여왕, 이탈리아에는 다빈치와
보티첼리의 그림, 에스파냐에는 세르
반테스의 문양이 새겨졌다. 절묘한
것은 민족주의와 유럽주의가 하나가
된 프랑스와 그리스의 동전인데, 프
랑스 동전에는 프랑스 혁명의 구호인
"자유, 평등, 우애"가, 그리스 동전에
는 그리스 신화에 나오는 한 장면, 그
러니까 황소로 변한 제우스가 처녀를
유괴하는 장면이 새겨져 있다. 이 처

그림 34 그리스 유로 동전(위)과 에우로파 도자기
(아래). 위의 그림은 그리스 유로 동전의 뒷면이고,
아래의 그림은 고대 그리스 도기에 새겨진 그림이
다. 둘다 황소로 변장한 제우스가 '에우로파(유럽)'
를 납치하여 서쪽으로 데리고 가는 장면이 묘사되
어 있다. 이 장면은 그리스 신화에 근거하는 만큼
'민족주의적'이며, 동시에 유럽의 기원을 보여 주
는 만큼 '유럽주의적'이다.

---

* 플로린, 드라크메, 에퀴   플로린florin은 중세 이탈리아 피렌체의 금화이고, 드라크메
Drachme는 고대 그리스의 은화이며, 에퀴ecu는 중세 프랑스의 금화이다.

녀는 자신의 이름을 한 대륙에 주었는데, 바로 '에우로파(유럽)'였다![65]

이상의 모든 사실들에도 불구하고 유럽공동체 자체가 민족 국가와 민족주의의 시대에 사뭇 전위적인 실험임에는 틀림없다. 유로를 필두로 EU 관료인 유로크라트, 유럽을 조국으로 생각하는 E세대, 그들이 좋아하는 축구 스타 데이비드 베컴David Beckham과 맥주(포도주가 아니라), 심지어 유로비전 송 콘테스트와 섹스 뮤직 버라이어티 쇼 유로트래시까지! 모든 것이 새롭다. 무엇보다 초국적 공동체가 개별 민족 국가들과 공존하는 현재의 "다층 통치 구조multi-level governance" 자체가 대단히 새로운 현상이며, 그런 공존 속에서 전혀 새로운 정치 원리가 발전할 가능성도 농후하다. 그런 정도까지는 아니더라도 유럽 통합 속에서 확인되는 (그 내용이 아무리 미비하더라도) 유럽 시민권의 발전, 나아가 유럽 데모스의 형성은 그 동안 종족적·문화적 논리에 찌든 민족주의적 정치가 아니라 새로운 정치적·공민적 의사소통의 공간을 생성하고 확장할 수 있는 기회를 제공해 줄 것이다. 그러므로 지속보다는 변화에 민감한 역사가라면 유럽 통합은 반드시 들러붙어 씨름해 볼 만한 대상일 것이다. 결국 독재에 항거해 쫓겨난 어느 망명객이 말했듯이, 에스파냐 사람들이 "우리 샤르트르", 영국 사람들이 "우리 크라쿠프", 이탈리아 사람들이 "우리 코펜하겐", 독일 사람들이 "우리 브뤼헤"를 말할 날이 올 것인가?*

---

* **샤르트르, 크라쿠프, 코펜하겐, 브뤼헤** 샤르트르Chartres는 프랑스 북서부의 도시이고, 크라쿠프Krakow는 폴란드의 도시이며, 코펜하겐Copenhagen은 덴마크의 수도이고, 브뤼헤Brugge 혹은 브뤼주Bruges는 벨기에 플랑드르 지방의 도시이다.

마지막 경고: 파시즘은 지속된다!

그런데 유럽에 파시즘이 귀환하고 있다. 아무리 유럽 데모스가 진취적으로 형성되고 있다고 한들, 민족주의적 논리가 버티고 있는 한 어김없이 에트노스의 원리가 잇따른다는 진리를 증명하기라도 하듯이 말이다. 가령 우리는 유럽의 문화적 근원을 기독교에서 찾는 견해에서 유럽 데모스에 잇따르는 유럽 에트노스의 한 단면을 엿본다. 기독교적 '우리' 문명을 숭상하고 문화적 '그들'을 비하하는 유럽 에트노스는 유럽 중심주의 혹은 오리엔탈리즘에서 한 치도 벗어날 수 없을 것이다. 민족주의를 물리친다고 하면서 제국주의를 불러오는 격이다. 그러나 이보다 현실적으로 더 위험한 것은 유럽의 주변부에서 경제적 격차가 인종적 차별과 맞물려 유럽 데모스 아래의 개별 에트노스들이 인위적이고 극단적인 방식으로 정치 세력화하고 있다는 사실이다. 이 소외받는 에트노스들의 반항은 오리엔탈리즘에 즉자적으로 반응하는 편협한 자문화 중심주의 혹은 옥시덴탈리즘에 경도될 가능성이 농후하다. 필경 자문화 중심주의 혹은 옥시덴탈리즘의 정신 상태에서 파시즘으로 미끄러지기는 아주 쉽다. 슬럼가에서 젊은이들이 머리를 박박 밀고 가죽점퍼를 입은 채 오토바이를 몰며 외국인 노동자들을 공격하는 모습은 고전적인 파시스트 폭력의 탈근대적인 판본이다. 그런 주변인들의 불만은 정치적으로 대변되어 유럽 각국에서 극우 세력들이 급속히 부상하고 있는데, 이미 오스트리아나 이탈리아에서는 공공연하게 파시즘을 들먹이는 정치 세력이 권부의 핵심에 입성한 지 오래다.

물론 현재의 다양한 유사 파시즘 현상들을 과연 '파시즘'으로 부를 수 있는지에 대해서는 이견이 있을 수 있다. 가령 데 펠리체와 같은 역사가라면 파시즘 일반 혹은 소문자 파시즘들 fascisms 따위는 없으며,

오직 대문자 파시즘Fascism, 그러니까 이탈리아 파시즘이라는 개별만이 있을 뿐이라고 말할 것이다. 그러나 이런 태도는 지나치게 편협해 보인다. 이미 이탈리아 파시즘을 모방한, 그러나 그것과는 여러모로 다른 양태를 보이는 많은 운동들이 존재했고, 또 존재하고 있기 때문이다. 그런 점에서 이탈리아 파시즘은 파시즘 '가족'의 역사에서 원점을 이룬다.

에코는 파시즘의 '가족' 원리를 다음과 같이 재치 있게 설명한다. 일련의 정치 집단이 있다. 집단 1은 abc를 특징적인 양상으로 갖고 있다. 집단 2는 bcd를, 집단 3은 cde를, 집단 4는 def를 갖고 있다. 1과 2는 bc라는 공통 요소를, 2와 3은 cd라는 공통 요소를, 3과 4는 de라는 공통 요소를 갖고 있으므로 매우 유사하다. 1과 3도 c라는 공통 요소를 갖고 있으므로 유사하다고 할 수 있는데, 문제는 1과 4의 경우이다. 양자 사이에는 아무런 공통 요소도 존재하지 않는다. 그럼에도 4가 2, 3과 유사하다는 점에서, 그리고 1, 2, 3의 연속적으로 감소하는 유사성으로 말미암아 1과 4도 유사하다는 일종의 착각이 생기고 이로부터 양자 사이에 "가족 유사성"이 드러나게 된다.[66] 바로 이것이 기원으로서의 파시즘인 이탈리아 파시즘이 갖는 남다른 힘을 설명해 주며, 그래서 이탈리아 파시즘을 연구해야 할 남다른 이유를 우리에게 제시한다.

그런데 에코의 "가족 유사성"의 원리를 이탈리아 파시즘과 유사 파시즘들 사이뿐만 아니라 민족주의와 파시즘 사이에도 응용할 수 있다. 이탈리아의 경험이 우리에게 말해 주는 가장 중요한 논점들 중 하나는 파시즘이 제1차 세계 대전이라는 상황적 요소 외에 국가 구성 과정과 긴밀하게 연관되어 있다는 것이다. 그리고 민족주의는 적어도 근대에 들어와서 그런 '보편적' 역사 과정을 이데올로기적으로 반영한 것임에 틀림없다. 다른 한편, 숱한 개념상의 논란에도 불구하고 파시즘이 대중 정치 시대의 극단적 민족주의라는 최소한의 정의는 오늘날 대체로 수용되고 있는 듯이 보인다. 그리하여 민족주의가 보편적 현상이고 파시즘이 민족주의의 한 형태라면 민족주의가 나타나는 곳이면 어김없이 파시즘 —— 민족주의 '가족'으로서의 파시즘 —— 이 출몰할 개연성이 있는 것이다. 사실이 이렇다면, 민족주의와 파시즘을 혼동하는 것이 터무니없는 만큼이나 민족주의에 대한 이해 없이 파시즘을 이해하려는 것도 터무니없을 것이다.

이미 설명한 바 있듯이, 민족주의는 이 세계가 고유한 개성을 지닌 민족들로 이루어져 있고, 민족의 가치가 모든 것에 우선하며, 민족은 정치적 주권을 획득해야 한다고 믿는 신조라고 정의할 수 있다. 만일 민족들이 저마다 고유한 얼굴을 갖고 있다면, 그 민족들을 기반으로 한 민족주의들도 고유한 얼굴을 갖고 있을 터이다. 그리고 민족주의가 파시즘의 이데올로기적 매트릭스라면, 백 개의 민족주의마다 백 개의 파시즘이 있을 것이다. 무솔리니를 비롯한 이탈리아 파시스트들이 야심적으로 '파시스트 인터내셔널'을 구상했음에도 실패한 일은 결코 우연이 아니다. 파시즘의 국제주의는 정의상 불가능한 것이다. 그렇다면 파시즘은 항상 다양한 가면을 쓰고 역사의 무대에 등장할 수 있다. 이 점은 파시즘들의 평균, 그러니까 이른바 '파시즘의 최소치'를 찾아내려는 노력이 항상 무익한 시도로 끝나 버리리라는 사실을 암시한다. 팩스턴이 너무나도 적절하게 말했듯이, 파시즘의 "제한적이고 고정된 '본질'을 찾아 헤매는 것"은 쓸데없는 일인 것이다.[67]

끝으로 한 가지 논점이 남아 있다. 오늘날 유럽 통합의 현실과 민족주의의 쇠퇴라는 담론에도 불구하고 민족주의가 여전히 행사하는 특출한 영향력에 주목하면, 파시즘은 '그때, 거기'에 있었던 일회성의 사건이 아니라 '지금, 여기'의 현상이라는 점이다. 이처럼 파시즘을 눈앞의 현실로 파악하는 견해는 정치적으로 올바른 태도를 견지하는 데 중요하다. 기실, 파시즘은 패전과 더불어 철두철미하게 악마화된 이래 역사적으로 종료되고 정치적으로 추방된 현상으로 간주되었다. 일반 대중에게 파시즘은 스크린과 지면에서나 볼 수 있는 광기였다. 그럴수록 파시즘은 안전한 것이 되었다. 이 역설을 이해하기 위해서는 B급 공포 영화의 논리를 생각해 보면 된다. 관객들은 좀비들이 절뚝거리며 추격하며 선혈이 낭자한 장면을 보면서 두려움에 떨지만 동시에 화면 속에서와는 달리 현실은 안전하다는 생각에 안도의 한숨을 내쉰다. 왜냐하면 좀비 같은 살아 있는 시체는 동그란 네모만큼이나 현실적이지 않기 때문이다. 실상, 이 안전감이야말로 공포 영화가 주는 진정한 쾌감이 아닐까 한다. 그러나 눈이 밝은 A급 공포 영화의 감독들은 익숙하고 평범한 일상 속에 잠재하는 공포를 끄집어낸다. 그것은 진정한 두려움이다. 오늘날 파시즘을 연구한다는 것은 곧 A급 공포 영화를 만든다는 것이다.

epilogue 반쪼가리 자작의 우화

17세기 말쯤 전쟁에 참가한 테랄바의 메다르도 자작은 터키 군의 대포에 맞아 몸이 산산조각 났다. 의사들은 아직 살아 있는 몸의 반쪽을 꿰매어 살려 놓았다. 고향에 돌아온 반쪼가리 자작은 '악한' 반쪽이라서 온갖 악행을 저질렀다. 그러다가 남은 반쪼가리도 어찌하여 고향으로 돌아왔는데, 그는 '선한' 반쪽이라서 많은 선행을 베풀었다. 그런데 두 반쪼가리들은 파멜라라는 여인을 동시에 사랑하게 되어 각기 결혼을 약속하게 되었지만, 정작 결혼식 당일에 만난 두 반쪽은 결투를 벌이고 서로 자기를 찔러 피투성이가 된다. 다행히도 트렐로니라는 영국인 의사 덕택에 두 반쪼가리는 선하지도 않고 악하지도 않은 한 몸이 된다. 완전한 인간이 된 자작은 올바른 통치를 하려고 마음먹지만, 그 동안 세상이 복잡해져 뜻대로 되지 않는다. 이상은 이탈리아 소설가 이탈로 칼비노Italo Calvino의 우화 《반쪼가리 자작》의 줄거리이다.[1)]

이 우화를 읽으면, 메다르도 자작이 민족주의의 의인화가 아닐까 하는 생각이 자꾸 든다. 비극의 원인이 하필이면 터키 군의 대포라는 비유도 심상치 않다. 그러니까 터키 군의 대포로 대표되는 동양의 충격으로 민족주의가 선한 데모스와 악한 에트노스로 쪼개져 버렸다는 것일까? 그 이후로 민족주의의 '악한' 반쪼가리인 동양의 종족적 민족주의는 사람들을 괴롭히면서 민족주의의 또 다른 '선한' 반쪼가리인 서양의 공민적 민족주의와 결투까지 벌여 스스로를 죽게 만든다. 정말로 다행인 것은 영국인 의사가 사태를 정상으로 되돌려 놓았다는 것이다. 결자해지라는 동양의 격언이 맞다면, 터키 인 의사가 등장해야 마땅할 텐데도 말이다. 다시 서양인에 의해 문제는 해결되는 것이다. 문제를 해결한 트렐로니 박사는 영국 국기를 매단 배를 타고 유유히 떠난다. 다시한 번 더 의미심장하게도 행선지는 "오! 오스트레일리아!"였다.

그러나 실제 민족주의의 역사에서 선한 데모스와 악한 에트노스의 분열은 날조된 이야기일 따름이다. 그 동안 살펴보았듯이, 민족주의가 데모스와 에트노스로 쪼개져 반쪼가리들이 된 적은 단 한 번도 없었다. 양자는 우세한 정도의 차이는 물론 있었지만 기본적으로 항상 민족주의의 한 몸 속에 있었다. 동양의 대포 때문에 두동강이가 났다는 것도 역시 말이 안 된다. 이미 서양 민족주의에 그런 분열의 잠재성이 내포되어 있었다. 데모스에 입각한 영국과 프랑스의 공민적 민족주의에도 에트노스에 입각한 종족적 민족주의의 요소가 강하게 잠재해 있었다. 거꾸로 동유럽의 종족적 민족주의에도 서유럽의 공민적 민족주의의 요소가 잠재해 있기는 매한가지였다. 물론 공민적 민족주의와 종족적 민족주의의 요소를 두루 갖추고 있으면서도 통상의 민족 국가와는 조금다른 형태의 제국적인 영 연방의 경험을 가지고 있는 영국 출신 의사가 사태를 바로잡는다는 발상은 흥미롭다. 트렐로니 박사가 반쪼가리들로 나뉘어 피투성이 결투를 벌이는 민족 국가들의 유럽에서 동떨어진 신대륙으로 떠난다는 발상도 의미심장하다. 하지만 오스트레일리아는 영국의 분신이며 오리엔탈리즘의 또 다른 발상지가 아닌가!

결국 이렇게 보면, 서구형 민족주의와 동구형 민족주의, 프랑스적 민족주의와 독일적 민족주의, 공민적 민족주의와 종족적 민족주의, 요컨대 데모스와 에트노스의 구별은 너무 과장된 것이다. 이것이 결론으로 이야기하는 첫 번째 논점이다. 데모스와 에트노스는 프랑스와 독일에 공히 존재한다. 문제는 상황이 변함에 따라 변할 수 있는 역사적 변수들을 지나치게 절대화한 것이다. 한때 독일 사민당 정권은 프랑스의 이민 정책보다 훨씬 더 유연하고 통합적인 이민 정책을 취하지 않았던가?[2] 겔너의 독특한 표현법을 빌리자면, 모든 민족 운동에는 "서구화하는 경향과 나로드니키의 경향"이 공존하고, 양자택일의 딜레마는 "다분히 허구적"이다.[3]

그러나 이렇게 말한다고 해서 나로드니키의 민족주의와 서구적인 민족주의가 똑같다는 것은 아니다. 거기에는 분명 차이가 있다. 종족의 요구들이 요란하게 족출한 동구의 '뜨거운' 민족들의 경우와 서구의 안정된 '냉철한' 민주주의적 민족들의 경우를 분간하지 않을 수 없다. 정말이지 '뜨거운' 민족주의는 21세기의 '냉철한' —— 말 그대로 '쿨한' —— 탈근대 시대에도 원시적인 야성을 발산하고 있는 것처럼 보인다. 그러나 이미 강조했듯이, '뜨거운' 민족주의와 '냉철한' 민족주의 모두 '민족주의'인 한, 양자 사이에서 반토막이 난 내적 원리의 차이는 없다. 차이가 있다면, 원리의 차이가 아니라 상황의 차이가 있을 뿐이다. 그러므로 내적 원리의 차이에 입각한 서구형 민족주의와 동구형 민족주의라는 구분보다는 차라리 외적 상황의 차이에서 기인한 '뜨거운' 민족주의와 '냉철한' 민족주의라는 구분이 더 적절할 듯하다.

그렇다면 민족주의의 그런 열정과 냉정의 차이는 어떤 상황에서 유래하는가? 마이클 빌릭Michael Billig이 지적하듯이, '냉철한' 민족주의가 냉정할 수 있는 이유는 먼저 형성되어 일찍 안정된 민족에 바탕을 두고 있기 때문이다. 즉 'UN 회원 자격과 국기와 우표를 가진 기성 민족'은 초연해질 수가 있다. 그 반면에 UN 회원 자격과 국기와 우표를 가지지 못한 민족들은 그럴 여유가 없다. 그들은 '태극기 휘날리며' 자신의 존재 이유를 애써 시위하고 증명해야 한다. 그러나 '냉철한' 민족들도 원초적인 호르몬을 분비하며 태극기 휘날린 때가 있었다는 사실을 기억해야 한다. 그리고 지금은 상당히 안정되어 있지만 '냉철한' 민족들의 경우에도 민족적 정체성은 한번 형성되면 끝나는 것이 아니라 매일매일 재생산되어야 한다. 물론 그 경우에 재생산은 "뻔할 정도로 평범한 방식으로" 이루어진다. 그렇기에 빌릭은 기성 민족들의 민족주의를 가리켜 "뻔한 민족주의"라고 부른다. '뜨거운' 민족들은 열정적으로 피 묻은 깃발을 휘날리며 부르짖지만, '뻔한' 민족들의 경우에 깃발은 우체국과 관공서 앞에서 조용히 펄럭이고 있는 것이다.[4] 바로 여기에서 착시 현상이 일어난다. 기성의 '뻔한' 민족들의 경우는 '뜨거운' 민족들의 경우와 근본적으로 다르고, 심지어 민족주의 자체가 존재하지 않는다는 착시 현상 말이다. 이런 착시 현상으로 인해 민족주의는 '우리'가 아니라 '그들'의 전유물이라는 잘못된 생각이 나오는 것이다. 바로 그런 잘못된 생각이 민족주의의 인식에서 드러나는 오리엔탈리즘의 원천일 것이다.

이런 오리엔탈리즘에는 강한 판본과 약한 판본이 있다. 강한 판본의 오리엔탈리즘은 민족주의 자체를 부정하고, 약한 판본의 오리엔탈리즘은 민족주의를 인정하기는 하되 종족적 민족주의를 공민적 민족주의로 인도해야 한다고 본다. 전자는 민족주의 자체에 민주주의의 토대인 데모스(민중)를 정치적으로 활성화하여 후밀리오레스(미천한 자)를 호네스티오레스(고귀한 자)와 동등하게 만드는 긍정적 기능이 있다는 점을 완전히 무시함으로써 민족주의의 활용 가능성 자체를 봉쇄하며, 후자는 종족적 민족주의이든 공민적 민족주의이든 모든 민족주의가 에트노스(종족)에 토대를 두고 있다는 엄연한 사실을 간과함으로써 본질적으로 불가능한 임무를 스스로에게 부여하는 것은 아닌가 하는 의문이 든다. 그리고 강한 판본의 오리엔탈리즘이건 약한 판본의 오리엔탈리즘이건 공히 에트노스에 대한 불신감을 공유하는데, 에트노스는 대부분의 경우에 원초적인 유대 집단으로 이해되는 한에서 퇴행적이고 반동적인 것으로 간주되기 일쑤이다.

그러므로 종족과 민족의 관계를 되짚어 볼 필요가 있다. 한마디로 말하자면, 종족은 민족이 아니며, 그렇다고 양자가 서로 무관한 것도 아니다. 이것이 두 번째 논점이다. 민족주의의 원초론에 영향을 받은 많은 민족주의자들은 종족이 민족의 실질적인 기원이라고 믿는 반면에 대개 근대론의 영향을 받은 많은 비(탈)민족주의자들은 민족이 발명된 한에서 종족은 민족과 단지 상상적인 관계만을 맺고 있다고 믿는다. 그러나 이미 언급했듯이, 홉스봄과 같은 근대론자들도 민족이 완전히 '무'의 상태에서 발명되었다고는 믿지 않는다. 사실, 준비된 민족이 있었기에 실질적인 민족이 형성될 수 있었던 것이 아닌가? 오늘날 민족주의 연구에서 종족성이 뜨겁게 재발견되고 재조명되고 있는 현실은 준비된 민족으로서 종족이 근대 민족과 매우 밀접한 관계를 맺고 있다는 인식을 반영하고 있다.

그렇다면 종족과 민족은 구체적으로 어떤 관계를 맺고 있는가? 가장 적절한 답은 종족과 민족이 일종의 리모델링의 관계로 연결되어 있다는 것이다. 리모델링이라 함은 민족이 아예 종족이 부재하는 공터에 지어진 것도 아니고, 종족이라는 기성 건물을 철거한 연후에 그 폐허에서 새로운 건물을 짓는 재건축도 아니라는 말이다. 종족의 리모델링이란 기성 종족의 문화적 얼개를 유지하면서 새롭게 개조하는 민족 건축 방식이다. 물론 리모델링이라고 해서 그 변화가 사소한 것은 아니다. 리모델링되고 난 뒤의 건물 모습은 종래의 모습과는 판이하게 다르니 말이다. 그럼에도 기성 건물의 골조가 유지되기 때문에 아무리 리모델링된다고 한들 그 변화에는 한계가 따를 수밖에 없다. 한옥이 아파트가 되지 못하는 이치인 것이다.

그러나 이런 건축의 은유만으로는 부족함을 느낀다. 왜냐하면 민족이 종족을 리모델링한 것이라고 말한다면, 이는 종족을 어쨌든 원초적이거나 영속적인 현상으로 인정하는 것이기 때문이다. 확실히, 민족이 상상되기 이전에 공동체들을 구분하는 종족의 표시들은 있었을 테고, 그런 표시들은 원초적이거나 영속적인 종족적 정체성을 형성하는 데 기여했을 것이다. 가령 고대 로마 인들은 전투에서 사용하는 무기와 헤어스타일, 매장 관습 등을 통해 스스로를 야만인들과 구분했다. 고대 로마의 역사가 타키투스는 수에비 족이 머리카락을 옆으로 빗어 넘기고 매듭으로 따는데, 바로 이 점으로 그들은 다른 게르만 족들과 구분된다고 관찰했다. 그런가 하면 '매운' 요리법도 스리랑카의 타밀 인들을 구분시켜 주는 중요한 종족적 표시라고 한다.[5] 공동체를 구분하는 종족적 표시들이 어디 그뿐이랴! 하지만 중요한 것은 민족으로 리모델링된 종족들이 가진 다양한 표시들 중에서 혈통과 언어와 종교의 요소들이 특권화되었다는 사실이다. 실로 다양한 종족적 표시들 가운데 유독 그런 요소들이 선택되었다는 사실은 종족 또한 민족과 마찬가지로 구성된 것임을 암시해 준다. 그런 점에서 고대 로마 인들과 타밀 인들이 스스로를 다른 집단과 구분할 때 느낀 감각과 우리가 그들을 '로마 인'과 '타밀 인'이라고 부르면서 느끼는 감각은 확연히 다를 것임을 인정해야 한다. 사실이 이러하다면, 종족은 민족주의적 정치에 의해 그 일부 특징이 선택되고 절대화하여 민족으로 호출된 것이다. 다른 말로 하면, 종족은 오직 민족이 있어야만 의미를 얻는 요소인 것이다. 이런 생각은 확실히 보수적이면서 급진적이다. 보수적이라 함은 민족의 기원으로서 종족을 진지하게 취급한다는 점에서 그렇고, 급진적이라 함은 그 종족도 구성된 것으로 본다는 점에서 그렇다.

그러나 종족이 아무리 민족주의에 의해 구성된 것이라고 해도 민족주의가 종족성에서 자신의 원천을 발견하는 한 종족은 민족주의에 적극적인 반작용을 한다는 사실은 재차 강조할 필요가 있다. 말하자면, 종족의 원리는 민족주의라는 지구에 작용하는 중력의 법칙과도 같다. 민족주의는 결코 종족성으로부터 자유로울 수가 없다. 이는 그런 중력으로부터 해방되었다고 간주되는 서구의 공민적 민족주의의 경우에도 변함없는 사실이다. 그것이 다른 혹성에 있지 않는 한 말이다.

민족이 항상 종족의 언어로 말해 왔다는 점은 가령 서양인들의 정신세계에 가장 큰 영향을 미친 성경의 요한 계시록에 나오는 한 구절(5.9) —— "각 족속과 방언과 백성과 나라" —— 이 번역된 역사를 보면 잘 알 수 있다. 불가타 성경은 그리스 어의 'ethnos'를 라틴 어 'natio'로 번역했고, 이는 영어로 'nacioun'이 되었다. 1350년경에 나온 영어 성경에서 문제의 구절을 보면, "all kyndes & tunges & folkes & **nacions**"로 번역되어 있고, 그보다 좀 뒤에 나온 위클리프 성경 번역에 따르면 "each lynage and tunge and puple and **nacioun**"이며, 흠정판 성경 번역에서는 "every kindred, and tongue, and people, and **nation**"이다. 그러다가 1960년대에 나온 예루살렘 성경에는 "every race, language, people and **nation**"으로 정착되었다. 홍미로운 것은 문제의 구절을 이루고 있는 주요 네 단어 가운데 600년(!) 동안 오직 'nacioun/nation'만이 변함없이 사용되고 있다는 사실이다.[6]

'종족ethnos'과 그 번역어인 '민족nation'의 그와 같은 놀라운 언어적(형식적) 연속성은 민족주의에 뻗어 있는 종족성의 강한 뿌리를 에둘러 말해 준다. 물론 그런 연속성이 종족이 역사적으로 구성된 것이라는 사실 자체를 부정하지는 않을 것이다. 문제는 종족의 영속주의와 구성주의를 동시에 이해하는 것이다. 스미스가 적절하게 말했듯이, "계급, 성별, 영토와 같은 집단적 정체성의 다른 현상들과 마찬가지로" 종족은 "관찰자의 목적과 문제가 되는 집단 현상으로부터 관찰자가 떨어져 있는 거리에 따라 지속성과 유동성 모두를 나란히 보여 준다."[7]

지금까지 민족주의에 데모스와 에트노스가 공히 존재하며 종족이 민족의 토대라는 두 가지 논점에 대해 이야기했다. 이 논점들은 양자 중 하나만을 일방적으로 강조함으로써 빠질 수 있는 오리엔탈리즘과 그 역상인 옥시덴탈리즘의 위험을 경고해 준다. 이제 한 발 더 나아가 민족주의에 견고하게 뿌리박고 있는 종족과 종족적 정체성에 대해 어떤 태도를 취할 것인가의 여부가 정치적 차이를 낳는다는 점을 이해하는 것이 중요하다. 종족에 대한 태도와 그로부터 비롯된 정치적 관점의 차이는 19세기 영국의 유명한 두 지식인 —— 액튼 경Lord Acton과 존 스튜어트 밀John Stuart Mill —— 에 의해 명료하게 예시된다. 그들의 말을 들어 보자. 먼저 밀에 따르면,

동료 의식이 없는 사람들 사이에서, 특히 그들이 서로 다른 언어를 읽고 말하는 경우에 대의 정부가 작동하기 위해 필요한 통일된 여론은 존재할 수 없다. …… 정부의 경계들이 주로 민족성의 경계들과 일치한다는 것은 일반적으로 볼 때 자유로운 제도들이 존립하기 위한 필수 조건이다.[8]

이번에는 "민족성을 국가 형태를 결정하는 데 본질적이기는 하나 최고

의 요소로 간주하지 않는 이론"을 선호하는 액튼의 말을 들어 보자. 액튼에 따르면, 그런 '탈민족주의적' 이론은

> 획일성이 아니라 다양성을, 통일이 아니라 조화를 강조하는 경향이 있다는 점에서, 자의적인 변화가 아니라 기성의 삶의 조건들을 주의 깊게 존중한다는 점에서, 이상적인 미래의 영감이 아니라 역사의 법칙들과 결과들을 준수한다는 점에서 다른 것들과 구별된다. 통일성의 이론은 민족을 압제와 혁명의 원천으로 만드는 반면에 자유의 이론은 민족을 자치 정부의 방파제로 만든다.[9]

밀이 기본적으로 언어를 중심으로 하는 종족적 단위를 대의 정부의 자연스런 토대로 인정함으로써 민족 자결의 원리를 지지하고 있음이 분명한 반면에 액튼은 종족성을 정치적 근간으로 삼는 것에 반대한다. 액튼에게 민족은 언어와 인종 등의 '자연적' 토대를 가지고 있는 실체인데, 이를 정치적 단위로 설정하는 것은 '자연에서 벗어난' 개인적 선택의 자유라는 계몽사상적 · 합리주의적 원칙을 침해할 수 있는 것으로 보였다. 그렇다면 액튼에게 정치적 대안은 무엇이었는가? 그에 따르면, "열등한 인종들은 지적으로 우수한 인종들과 같은 정치적 연합 속에 살면서 고양된다. 소모되고 퇴락하는 민족들은 더 젊은 생기와 접촉함으로써 재생될 수 있다." 결국 액튼은 다양한 인종들과 민족들이 공존하는 정치적 연합, 그러니까 팔티의 해석에 따르면, 다민족 정체를 유지하고 있던 대영 제국과 같은 정치적 모델을 이상화한 것이다.[10]

요컨대 밀과 액튼은 종족성에 대한 서로 다른 시각을 통해 각기 민족 국가와 제국의 정치적 논리를 대변했다. 밀의 논변이 전형적으로 근대적이라면, 액튼의 논변은 한편으로 전근대적이면서 다른 한편으로 탈

근대적인 것으로 보인다. 액튼의 제국론이 그렇게 보이는 이유는, 이미 우리가 민족을 기다리는 중세 유럽의 종족들의 경우에서 확인했듯이, 전근대 시대에는 종족적 정체성이 배타적이지 않았을 뿐만 아니라 그와 동시에 다양한 종족들 혹은 민족들의 공존과 공영이라는 이상에서 볼 때 민족 국가들 사이의 숱한 전쟁이라는 때에 절을 대로 절은 근대를 넘어서는 기획일 수 있기 때문이다. 그러나 역사에서 자주 확인되듯이, 제국은 어느 수준에서 소수 민족들의 존재를 허용하기는 하지만, 결국 제국 내 지배 종족과 소수 민족들, 제국 본국과 주변부 국가들 사이에 일정한 위계질서를 창출하여 소수 종족들과 주변부 국가들을 규제하는 권력이다. 그리하여 제국이 독립을 위한 '뜨거운' 민족적 반란의 무대가 되었음은 역사가 증명하는 바이다. 따라서 민족 국가들의 근대성을 넘어서기 위해서는 제국적 방식으로는 역부족이고, 제국을 넘어 공동체와 같은 '냉철한' 신질서를 적극적으로 모색해 나가야 한다.[11] 그러나 평화를 창조하고 번영을 희구하는 유럽공동체의 고단하고 모순적인 역사가 잘 보여 주듯이, 그런 '탈근대적인' 기획의 앞날을 장담하기란 어렵다. 그렇기에 종족에 토대를 둔 민족 국가의 원리를 섣불리 받아들이는 것도, 단순히 거부하는 것도 모두 정치적으로 위험할 수 있는 것이다. 바로 이것이 세 번째 논점이다.

마지막 논점이 남아 있다. 이렇게 민족주의를 당장 버릴 수도, 껴안을 수도 없다면 대안은 무엇인가? 이 질문에 답하려면, 일단 민족주의를 '질병'으로 보는 시각을 재고해야 한다. 확실히, 민족주의가 역사상 전쟁과 테러리즘과 인종 학살 등 숱한 폐해를 낳았음은 사실이다. 그런 점에서 민족주의를 '질병'으로 보는 것이 가당치 않은 것은 아니다. 그러나 우리가 그런 질병이 발생한, 근대 국가 및 국가 간 체제, 자본주의적 세계 경제와 같은 근대성의 환경에서 당장 벗어나는 것이 가능하지 않다면, 그 '질병'을 암과 같은 치명적 질병이라기보다는 당뇨병처럼 지속적으로 관리하면서 껴안고 갈 수밖에 없는 만성적 질병으로 볼 필요가 있다. 물론 당뇨병 '환자' —— 사실, '환자'라는 말을 굳이 쓰고 싶지는 않다. 모든 '정상인'도 잠재적인 '환자'이기에! —— 에게 브로콜리가 아니라 사탕을 계속 준다면, 만성적 질병은 죽음을 부르는 치명적 질병으로 돌변할 것이다. 그렇다면 만성적 질병을 어떻게 관리하고 통제할 것인가?

문제는 민족주의 길들이기이다. 헤치터는 민족주의를 길들이는 몇 가지 방법이 있다고 본다. 먼저 민족주의적인 집단 행동의 비용을 증가시키는 것이다. 이는 공산주의 정권 시절에 소련과 유고슬라비아가 채택한 방법이다. 확실히, 국가 권력이 강할 때는 민족주의적 요구들이 쉽게 분출하지 못한다. 그러나 민족적 반란을 억압하기 위해서는 국가 권력을 강하게 유지해야 하는데, 이를 위해 드는 비용 자체가 만만치 않다. 그 다음으로 민족주의의 온상이라고 할 수 있는 민족적 정체성을 감퇴시키는 방법이다. 가령 잉글랜드의 콘월 인들과 프리지아 인들의 민족적 정체성은 점차 이지러져 종내 자취를 감추었다. 그러나 두더지 잡기 놀이처럼 하나가 사라지면 다른 것이 등장한다. 오늘날 예전에는 없던 민족적 정체성들이 수줍기도 하고 뻔뻔하기도 한 모습으로 등장하고 있다. 독일의 구동독 지역 주민들인 '오씨Ossie'와 홍콩 인들이 그런 사례들이다. 그러므로 민족적 정체성을 감퇴시키자는 제안은 다분히 비현실적으로 들린다.

그렇기에 헤치터가 추천하는 방법은 한 국가 안의 여러 민족 집단들 사이에서 주권의 요구를 감퇴시키는 것이다. 실로 많은 민족 집단들이 자기들에 적합한 통치 구조를 수립하기 위해 주권을 요구한다. 그런 주권의 요구는 소수 민족들에 대한 중앙 국가의 태도와 조치가 부적합할 때 빈번하게, 그리고 격렬하게 발생하는 법이다. 그러므로 주권의 요구를 감퇴시키기 위해서는 소수자들에게 적합한 중앙 국가의 제도적 노력이 필요하다. 거꾸로 말한다면, 민족적 재화를 둘러싼 경쟁에서 한 민족에 속한 특정 성원들이 조금이라도 얻기는커녕 마냥 잃는 편에 있다면, 이 국가는 민족주의적 폭력에 무방비 상태로 노출된 격이다.[12] 그러므로 민족들의 공존과 공영을 위한 문화적 노력 외에도 국가 구조를 민주화하는 정치적 노력이 필요하다. 좀 더 많은 대표성과 민주주의 야말로 민족주의를 길들이는 가장 유력한 방식일 것이다. 역설은 그런 대표성과 민주주의를 증진시킨 것이 민족주의이기도 하다는 사실이다.

후주

* 출전은 저자, 출판 연도, 해당 쪽수만을 밝혔다. 출전에 대한 자세한 정보는 뒤의 〈참고 문헌〉에 나와 있다.

프롤로그

1) 기어리 2002, 23쪽.
2) 민족이란 용어는 《삼국사기》, 《고려사》, 《조선 왕조 실록》은 물론이요, 1896년에서 1899년까지 발행된 《독립 신문》에도 나오지 않는다. 그것이 처음 나오는 것은 1904 년 《대한 매일 신보》에서이며, 1910년까지 총 177회 나온다고 한다. 다만, '국민' 은 1890년대 후반 《독립 신문》에 쓰이고 있었다. "민족이란 용어 1904년 첫 등장," 《한 국 일보》 2004년 5월 27일자 기사를 참조하라.
3) 앤더슨 2002, 115쪽.
4) 이민호 1999, 4쪽.
5) Greenfeld 1992, 14쪽.
6) 강철구 2004, 34~37쪽, 조홍식 2006, 49쪽.
7) 벤야민의 글은 호미 바바Homi Bhabha의 인용문에서 재인용했다. 바바가 벤야민 의 글을 인용한 것은 하나의 국민 내부의 이질적인 문화적 파편들이 서로 "같지 않 다"는 점을, 그래서 그 파편들 자체를 같게 만들기보다는 서로 잘 어우러지게 짜 맞 춤으로써 좀 더 큰 국민적 의미의 암포라를 구성하도록 해야 한다는 취지에서이다. 이는 다민족 이민 사회인 미국에서 부각되는 소수자 문제에 대한 다문화주의적이 면서 '탈근대적인' 접근인 셈이다. 바바의 맥락이 아니라 우리의 맥락에서 벤야민 의 글은 각 민족의 파편들이 완전히 같을 수도, 완전히 다를 수도 없음을, 즉 총체적

동화와 극단적 분리/격리 모두 가능하지 않을뿐더러 바람직하지도 않다는 것으로 읽힐 수 있다. 오히려 서로 다른 민족의 파편들이 한데 모여 어울림으로써 좀 더 큰 세계적 의미의 암포라가 구성될 것이다. 이것이 우리의 맥락에서 바바의 방식을 채택하여 해석해 본 벤야민의 사상이다. 바바 2002, 331~332쪽.

8) 여기서 '유럽 민족주의' 라는 말은 오해를 불러일으킬 수 있다. 왜냐하면 유럽연합 EU의 시대에 '유럽 민족주의' 란 하나의 유럽을 지향하는 이념, 즉 'European nationalism'을 의미할 수 있기 때문이다. 그러나 이 책에서 말하는 '유럽 민족주의' 란 곧 유럽에서의 민족주의, 그러니까 'nationalism in Europe'을 뜻한다.

9) 김응종 2005, 20~22쪽.

10) 양병우 1988, 82쪽.

1장 민족주의의 미궁

1) 홉스봄 1994, 163쪽.

2) 여기서 "프랑크의 시민"이란 표현은 다소 생경하게 들린다. 프랑크란 시민으로보다는 종족으로 간주되니 말이다. 그러나 이 비문을 인용한 역사가에 따르면, "프랑크의 시민"이란 표현은 시민이라는 로마적 사고가 프랑크 종족 사회에 깊이 침투되어 있었음을 보여 주는 증거이다. 나아가 이 비문의 "나"는 프랑크 종족의 통일성이 지니는 법률적·정치적 성격을 분명하게 인식하고 있었다는 것이다. 기어리 2002, 123쪽.

3) Hutchinson and Smith 1994, 5쪽.

4) Breuilly 1982, 3쪽.

5) Gellner 1983, 1쪽.

6) Hechter 2000, 6~7쪽.

7) 콘 1974, 10쪽.

8) 필립 S. 고스키Philip S. Gorski는 대부분의 학자들이 민족주의가 18세기 말에 출현한, 전형적으로 근대적인 현상이라는 데 합의하고 있음을 인정한다. 그러나 문헌학적 증거는 그런 '합의' 와는 다른 것을 말하고 있다고 본다. 즉 "민족", "인민", "국가"와 같은 용어들이 이미 그리스 및 라틴 문헌들에 나온다는 것이다. 그런가 하면 역사적 증거도 다르다고 한다. 즉 수많은 중세 및 근대 초기의 저술가들이 민족들과 인민들에 대해 운위하고 있다는 것이다. 그러므로 고스키에게 민족주의가 18세

기 말에 출현했다는 '합의'는 의심쩍은 것이다. Gorski 2000, 1430쪽.

9) Calhoun 1993, 214~215쪽.

10) Hroch 2000b, 608~609쪽.

11) Gellner 1983, 55쪽, 홉스봄 1994, 26쪽.

12) Hutchinson and Smith 1994, 20쪽에서 재인용.

13) 르낭 2002, 81쪽.

14) Gellner 1983, 44쪽.

15) 홉스봄 1994, 21쪽.

16) Tasca 1938, 337쪽.

17) Smith 1998, x~xi쪽.

18) Smith 1998, 158쪽.

19) Connor 1994, 206쪽, Smith 1998, 162쪽에서 재인용.

20) Smith 1998, 168쪽.

21) Hastings 1997, 1~34쪽. 인용문은 31쪽. 헤이스팅스의 견해는 《민족성의 구성 : 종족, 종교, 민족주의》에 잘 요약되어 있다. 특히, 지방어로의 성경 번역이 민족 형성에서 가지는 중요성에 대한 그의 지적은 근대화 과정에서 기독교가 적지 않은 영향을 미친 우리나라의 경우에도 시사하는 바가 크다. 한편, 헤이스팅스의 책은 1996년의 벨파스트 퀸즈 대학교의 와일즈 강연Wiles Lectures의 원고이다. 그런데 흥미로운 것은 나중에 언급될, 근대론의 대표자 홉스봄의 저서 《1780년 이후의 민족과 민족주의》도 정확히 11년 전의 동일한 강연의 원고에서 비롯되었다는 사실이다. 공교롭게도 와일즈 강연이 민족주의에 대한 역사 연구를 대표하는 두 진영, 즉 중세론(헤이스팅스)과 근대론(홉스봄)의 트럼펫 역할을 한 셈이다. 그 각각의 입장을 자세히 알려면, Hastings 1997과 홉스봄 1994를 참조하라.

22) 기어리 2002, 25쪽.

23) 한편, 마르크스주의자들도 특유의 실천적인 관심으로 오래 전부터 민족 현상 —— 계급을 우위에 두는 그들의 이론에서 보자면, '민족 현상'이라기보다는 차라리 '민족 문제'라고 해야 할 —— 을 분석해 왔다. 초기 마르크스주의자들은 대체로 민족주의를 자본주의와 부르주아지의 발전이라는 특정한 역사적 맥락에 부수하는 현상으로 파악했으나, 그런 가운데에서도 오토 바우어Otto Bauer와 같은 일군의 오스트리아 마르크스주의자들은 "운명 공동체"로서의 민족의 자율성과 그 독특한 중요성을 강조하면서 마르크스주의에 고유한 경제 결정론과 계급 환원론을 극복하려고 노력했다. 아마도 이는 그들의 배경이 다민족 제국인 오스트리아였던 사실과 밀접

한 관련이 있을 것이다. 민족주의에 대한 마르크스주의적 분석에 관심이 있는 사람은 Nimni 1991을 참조하라.

24) Gellner 1983, 18쪽. 강조는 원문의 것.

25) Kitromilides 2000, 655쪽. 강조는 원문의 것.

26) 틸리의 견해를 알려면 틸리 2000, 1994, Tilly 1994, 1985, 1975를 참조하라.

27) 홉스봄 1994, 243쪽.

28) Gellner 1983, 139~140쪽.

29) 민족주의에 대한 바바의 견해를 알려면 그의 논문 〈국민의 산포〉 및 〈 '인종' 과 시간, 그리고 근대성의 수정〉을 참조하라. 바바 2002, 277~332, 447~483쪽.

30) 앤더슨 2002.

31) Palti 2001, 342쪽.

32) 상징론, 특히 스미스의 견해를 알려면 다음의 글들을 참조하라. Smith 2001, 2000, Hutchinson and Smith 2000.

33) Smith 1998, 192쪽.

34) Smith 1998, 146쪽.

35) 홉스봄 1994, 217~218쪽.

36) 하버마스의 논의에 대한 소개를 위해서는 Palti 2001을 보라. 하버마스의 말은 339쪽에서 재인용.

37) 진덕규는 민족주의가 전체주의의 기반이라는 관념이 기본적으로 앵글로-색슨 계열의 학자들에게서 나왔다고 본다. 그들은 후발 산업 사회의 민족주의적 열정이 앵글로-색슨 헤게모니가 관철되는 기성의 국제 질서에 대한 도전으로 받아들였고, 따라서 그러한 민족주의적 열정에 대해 극단적인 경계심을 품으면서 비서구 사회의 지식인들에게 민족주의가 바람직하지 않은 전체주의적 충동을 간직한 운동임을 깨닫게 하려고 노력했다는 것이다. 결국 진덕규에게 '민족주의=파시즘'이라는 암묵적 등식은 19세기에 유행한 "백인의 책무"나 "기독교도의 의무"와 같은 제국주의적 인식의 굴절된 표현일 따름이다. 진덕규 1983, 165~166쪽.

2장 민족을 기다리는 종족들, 중세 유럽

1) 기어리 2002, 20쪽.

2) 기어리 2002, 57쪽.

3) Zernatto 1994, 14쪽.

4) 안재원, 〈시민은 종족과 국가의 분리를 통해 탄생한다!〉, 《프로메테우스》, 2004년 10월 8일에서 재인용. http://www.prometheus.co.kr/articles/109/20041008/20041008161800.html.

5) 기어리 2002, 80~82쪽.

6) 기어리 2002, 175~176쪽.

7) 기어리 2002, 88쪽.

8) 양병우 1976, 78쪽.

9) 아테네 민주정은 다음의 다섯 가지 특징을 갖는다고 한다. 첫째, '인민의 지배'로서의 직접 민주주의, 둘째, 추첨제가 보여 주는 참여 민주주의, 셋째, 민회에서의 표현의 자유와 법 앞의 평등, 넷째, 정치적 조치를 통한 사회 경제적 불평등의 해소와 관련된 신념 체계, 다섯째, 민주주의를 정당화하는 논변의 부재와 그에 대한 엘리트주의적 비판, 즉 실천으로서의 민주주의와 이론으로서의 과두주의의 대립. 최갑수 2003a, 10~11쪽.

10) 앤더슨 1990, 42~44, 58~61쪽.

11) 기어리 2002, 150~152쪽, 앤더슨 1990, 108~109쪽.

12) 기어리 2002, 152, 172쪽. 강조는 원문의 것.

13) 민석홍 1984, 198쪽.

14) Thompson 1978, 163쪽. 강조는 원문의 것.

15) 기어리 2002, 22, 166쪽.

16) 가령 '자본주의 맹아론'과 관련하여 역사에서 기원과 기원의 기원, 즉 맹아와 배아를 구별해야 한다는 주장에 대해서는 양병우 1988, 86~87쪽를 참조하라. 본문의 인용문은 87쪽.

17) 기어리 2002, 166~167쪽. 강조는 원문의 것.

18) Kantorowicz 1951, 487쪽에서 재인용.

19) 홉스봄 외 2004, 19~43쪽.

20) Calhoun 1993, 222쪽.

21) 이민호 2003, 9, 22~24쪽.

22) 르낭 2002, 61쪽.

23) Breuilly 1982, 8쪽.

24) 르낭 2002, 80쪽.

25) 홉스봄 외 2004, 39쪽.

26) Calhoun 1993, 222쪽.

27) 최갑수 2005.

28) Kantorowicz 1951, 474~477쪽.

29) Kantorowicz 1951, 477~480쪽.

30) Kantorowicz 1951, 483쪽. 강조는 원문의 것.

31) 블로크 1986, 244~245쪽.

32) Billig 1995, 1, 4쪽.

33) 페브르 1996, xi쪽.

34) 블로크 1986, 247쪽.

3장 민족주의 이전의 민족들, 영국과 프랑스

1) 이광규 2006, 77, 228쪽. 물론 민족주의와 절대주의를 혼동해서는 안 될 것이다. 민
족주의는 대중 감정이지만, 절대주의는 소수 감정에 기초한 것이다. 절대 왕정에
대한 충성은 국가 구성원 전체의 충성은 아니고 일부의 충성이며, 그나마 왕 개인
을 향한 것이다. 그러므로 절대 왕정 아래에서는 민족적 이해관계보다는 왕조적 이
해관계가 우선한다. 절대 왕정의 중요한 정치 혁신이라 할 만한 관료제나 상비군도
본질적으로는 국가와 민족을 위한 것이라기보다는 절대 국왕을 위한 것이었다. 그
런 점에서 절대 왕정은 왕조 국가이며, 이 본질은 루이 14세가 (실제로 하지는 않았
지만) 했다고 전해지는 말, "국가, 그것은 바로 나다"라는 말에서 여실히 드러난다.
이런 맥락에서 민족주의는 절대 왕정과 같은 형태의 근대 국가와 밀접한 관련을 갖
기는 하지만, 더 정확히는 민족이 나라의 주인이 되는 근대 민족 국가의 산물인 것
이다. 민석홍 1984, 397쪽, 이광규 2006, 227~228쪽.

2) Breuilly 1982, 44~45쪽.

3) Breuilly 1982, 45~50쪽.

4) Finn 1989, 184쪽.

5) Gorski 2000, 1458~1462쪽.

6) Gorski 2000, 1436~1438쪽.

7) Pincus 1999, 203쪽.

8) Pincus 1999, Steinmetz 1999, 31~32쪽.

9) 김기순 1999, 101~102쪽에서 재인용.

10) Gorski 1999. 만의 말은 147쪽에서 재인용.

11) 해밀턴 외 1995, 316쪽.

12) Corrigan and Sayer 1985. 밀턴의 말은 14쪽에서 재인용.

13) Corrigan and Sayer 1985, 21쪽. 헌드레드hundred는 앵글로-색슨 후기에 샤이어 shire를 세분하여 만든 사법과 행정의 단위이다. 권리 근거Quo Warranto란 사적 사법권의 소유자들이 그런 권한을 얻게 된 근거를 말한다. 1278년에 에드워드 1세는 권리 근거법을 통해 그런 근거를 국왕 법정에 제시해야 한다고 선언했다. 《둠즈데이 북》은 정복왕 윌리엄이 자신과 대영주들의 부를 확실하게 파악하기 위해 실시한 조사의 결과이다. 조사가 어찌나 철저했는지 땅 한 조각, 돼지 한 마리도 누락되지 않았다고 한다. 나종일 외 2005, 71, 93~94, 138쪽.

14) 인용문은 "사회적 규율화"라는 말을 처음 사용한 오스트리아 역사가 게어하르트 외스트라이히Gerhard Oestreich의 말이다. Gorski 1999, 161쪽에서 재인용.

15) Corrigan and Sayer 1985, 55쪽에서 재인용. 번역은 《신역 셰익스피어 전집》(휘문출판사, 1986년) 중 제4권 《헨리 5세》의 1막 2장, 404쪽을 참고했다.

16) 마르크스 2000, 136~137쪽. 강조는 원문의 것.

17) 이를 수로 환산하면, 정치적 민족은 엘리자베스 시대를 기준으로 작위 귀족 60명과 젠트리 6,000명 정도였으며, 여기에 일부 상인과 부유한 요우먼을 합쳐도 7,000명 이상이 된다고는 도저히 말할 수 없다. 17세기 초 잉글랜드 전체 인구가 400만명 정도였으니, 정치적 민족은 아무리 많이 잡아도 0.2% 이상은 안 되는 셈이다. 통계는 나종일 외 2005, 258~259쪽를 참조했다.

18) 나종일 외 2005, 359쪽, 나종일 1992, 40~42쪽.

19) Corrigan and Sayer 1985, 78쪽.

20) Pincus 1999, 200쪽에서 재인용. 강조는 인용자의 것.

21) Pincus 1999.

22) Greenfeld 1992, 조승래 1999.

23) Gorski 1999, Pincus 1999.

24) 김기순 1999, 102쪽.

25) 조승래 1999, 52쪽.

26) 톰슨 2000.

27) Adams 1999, 106쪽에서 재인용.

28) Colley 1986, 100~103쪽.

29) Colley 1986, 108쪽에서 재인용. 강조는 인용자의 것.

30) Colley 1986, 109~115쪽에서 재인용.

31) 톰슨 2000, 6쪽.

32) 조승래 1999.

33) 안태형 2000, 68, 79~80쪽에서 재인용.

34) 박지향 2006, 94~95쪽.

35) 박지향 2006, 176~177쪽.

36) Brewer 1989.

37) Teschke 2005, 17~18쪽.

38) Teschke 2005, 7쪽.

39) 월러스틴 1999b, 152~155쪽.

40) Teschke 2005, 8쪽.

41) 브린튼 1988, 82쪽.

42) Brubaker 1992, 35~36쪽.

43) 시에예스 2003, 130쪽.

44) 시에예스 2003, 129, 133, 141쪽.

45) 시에예스 2003, 27쪽.

46) Breuilly 1982, 60쪽.

47) 최갑수 2001, 32쪽.

48) 알튀세 1992, 21~27, 107~108쪽. 인용문은 21쪽. 강조는 원문의 것.

49) Palti 2001, 강상중 2004.

50) Brubaker 1992, 36~39쪽. 설명 주의 내용은 Bendix 1964, 76쪽에서 재인용한 것.

51) 최갑수 1999, 135쪽.

52) 홉스봄 1994, 38쪽.

53) 니시카와 나가오 2002, 228~229쪽.

54) Andress 1999, 139쪽.

55) 혁명의 변질과 관련하여 의미심장한 것은 에베르와 당통의 측근 카미유 데물랭 Camille Desmoulins의 미망인들도 남편들의 비극적인 운명을 따랐다는 사실이다. 이런 민족주의의 남성화의 징후를 극적으로 보여 준 사례가 바로 올랭프 드 구주 Olympe de Gouges의 처형이다. 그녀는 인권선언의 'l'homme(인간=남성)'를 'la femme(여성)'로 바꿔 쓰려 했던 인물로서, 1793년 10월 16일의 "나쁜 어머니" 마리 앙투아네트Marie Antoinette의 처형 직후 "여성의 길을 잘못 들어 정치에 손을

댔다" 라는 똑같은 혐의로 11월 3일에 처형되었다. 드 구주의 처형을, 인권선언에서 'la nation(민족)'을 'le genre humain(인류)'으로 바꿔 쓰려 했던 클로츠의 처형과 포개 놓고 보면, 'l'homme(남성)＝la nation(민족)'이라는 기묘한 가부장적 민족주의의 등식을 발견하게 된다. '여성' 도 '외국인' 처럼 '민족' 으로부터 상징적으로 배제된 것이다. 그런데 현실적인 차원에서 보면, 여성은 '민족' 으로부터 배제되었다기보다는 '민족' 의 사적 영역 속에 수동적인 지위와 역할로 포섭되었다고 할 수 있다. 가령 자코뱅 의원 아마르Amar에 따르면, "남성은 굳고 힘세며 주체할 길 없는 정력과 대담함, 용기를 갖추고 태어났다." 그 반면에 여성은 오직 "사적인 기능들" 에 적합하다는 것이 그의 변함없는 판단이었다. Andress 1999, 139쪽, 니시카와 나가오 2002, 211~212, 221쪽, 헌트 1999, 130, 169쪽, Kates 1998, 14쪽.

56) Brubaker 1992, 7쪽.

57) 홉스봄 1994, 39쪽.

58) Brubaker 1992, 8쪽.

59) 앤더슨 2002, 27쪽.

60) Hastings 1997, 25쪽.

61) 로젠베르크 1990, 40, 44~45쪽.

62) Andress 1999, 138쪽.

63) 실제 혁명력 2년의 문화 혁명을 정식화한 연구로는 Bianchi 1982를 참조하라.

64) Cranston 1988, 103쪽에서 재인용. 강조는 인용자의 것.

65) Cranston 1988, 103쪽.

66) 최갑수 2003a, 47쪽.

67) 최갑수 2003a, 38쪽.

68) 최갑수 1999, 145쪽에서 재인용. 강조는 인용자의 것.

69) Weber 1976, 493쪽.

70) Brubaker 1992, 39쪽.

71) 베일린 1999, 201쪽에서 재인용. 강조는 원문의 것.

72) 이하의 논의는 주로 Baker 1987에 근거했다.

73) 최갑수 2003a, 24~31쪽.

4장 민족주의의 승리, 독일과 이탈리아

1) Cranston 1988, 103쪽.

2) Hayes 1927, 722~730쪽에서 재인용.

3) Hayes 1927, 731쪽에서 재인용.

4) 단 1996, 42쪽.

5) Palti 2001, 334~335쪽.

6) Hayes 1927, 720~721쪽.

7) 사이드 1991, 99, 120쪽.

8) 바루마 · 마갤릿 2007, 69~71쪽에서 재인용.

9) 니시카와 나가오 2006, 166~182쪽. 강조는 인용자의 것.

10) Gramsci 1977, 1739~1740쪽.

11) Hayes 1927, 735쪽에서 재인용. 인용문의 강조는 원문의 것.

12) Hayes 1927, 734~736쪽.

13) 케두리 1981, 75쪽.

14) 케두리 1981, 75쪽.

15) 단 1996, 66쪽.

16) 콘 1981, 23쪽에서 재인용.

17) 케두리 1981, 84~95쪽. 인용문은 94쪽. 보바리 부인이 죽음으로 치달았다는 것은 상징적이다. 낭만주의자 괴테가 《젊은 베르테르의 슬픔》에서 극중 화자의 입을 빌려 "나는 젊어서 죽는다. 나는 그것을 언제나 동경하여 왔다"라고 고백한 것도 심상치 않다. 과연 독일의 정치적 보바리주의, 즉 낭만주의적 민족주의는 죽음의 냄새를 물씬 풍긴다. 나폴레옹에 맞선 해방 전쟁에서 청년 시인 칼 테오도르 쾨르너 Karl Theodor Körner는 "행복은 오직 자신을 희생하는 죽음에 있다"고 썼다. 그리고 쾨르너 자신이 전설적인 의용대인 '뤼트초프자유군단'의 일원으로 싸우다 전사함으로써 독일 민족주의 운동의 순교자로 기억되었다. 그런가 하면 제1차 세계 대전 초기 플랑드르에서 무려 145,000명에 달하는 젊은이들이 안개와 진창 속에서 죽어 갔던 랑게마르크 전투는 독일 민족주의자들의 전설이 되었다. 주경철 1999, 57쪽, 단 1996, 66쪽, 바루마 · 마갤릿 2007, 66쪽.

18) Breuilly 1982, 67쪽.

19) 단 1996, 53, 64쪽.

20) Lyttelton 1993, 73쪽.

21) Lyttelton 1993, 75쪽.

22) 단 1996, 90쪽.

23) 플로베르 1995, 341쪽.

24) 이민호 1988, 19쪽.

25) 임지현 1994, 548쪽, 1999, 32쪽, 김응종 2005, 24~26쪽.

26) 홉스봄 1994, 49~50쪽.

27) 홉스봄 1994, 54쪽에서 재인용.

28) 유럽 내부의 서유럽과 동유럽의 편파적 구별(서유럽 중심주의)은 유럽과 아시아
   의 편파적 구별(유럽 중심주의) 혹은 서양과 동양의 편파적 구별(서양중심주의)
   의 축소판이다. 과연 동유럽은 유럽의 아시아였다. 여기에 재미있는 일화가 있다.
   서독 초대 수상이었던 콘라트 아데나우어Konrad Adenauer는 독일 서부 라인란
   트 출신이고 쾰른 시장을 오래 역임했는데, 기차를 타고 엘베 강을 넘어 프로이센
   지역으로 갈 때마다 "아시아"를 떠올렸다고 한다. 바루마 · 마갤릿 2007, 69쪽.

29) 마르크스 1992, 414~418쪽. 인용문 중 강조는 원문의 것.

30) 홉스봄 1983, 25~50쪽.

31) 로젠베르크 1990, 201쪽에서 재인용.

32) 마르크스 · 엥겔스 1998, 32쪽.

33) 로젠베르크 1990, 249쪽.

34) 로젠베르크 1990, 34쪽.

35) 단 1996, 91~93쪽.

36) Woolf 1979, 378쪽.

37) Breuilly 1992, 75~76쪽.

38) Breuilly 1992, 77쪽.

39) Clark 1998, 79쪽.

40) 슈튀르머 2003, 39쪽에서 재인용. 강조는 인용자의 것.

41) 슈튀르머 2003, 24~25쪽, 카 1988, 170쪽.

42) Clark 1984, 30쪽.

43) Brubaker 1992, 125~126, 219쪽.

44) Brubaker 1992, 128~132쪽.

45) Davis 1997, 207~208쪽.

46) 마르크스 1987, 851쪽.

47) Lyttelton 1993, 68~69쪽.

48) Brubaker 1992, 4쪽.

49) Calhoun 1993, 220쪽.

50) Brubaker 1992, 127~130쪽.

51) Brubaker 1992, 7쪽에서 재인용.

52) Calhoun 1993, 225쪽.

53) Braudel 1990, 208쪽.

54) Greenfeld 1992, 14, 180쪽.

55) Palti 2001, 333~334쪽.

56) 르낭 2002, 80쪽. 강조는 인용자의 것.

57) Palti 2001, 333~334쪽.

58) 르낭 2002, 69쪽.

59) Palti 2001, 336~337쪽.

60) Calhoun 1993, 223쪽.

61) Brubaker 1992, 2쪽.

5장 민족주의 이후의 민족들, 남동유럽

1) 홉스봄 외 2004, 495~577쪽.

2) 그런데 브로델은 이 말을 인용하면서 얄궂게도 다음과 같은 말을 덧붙이고 있다. "그러나 내가 브라질의 상파울루와 파리가 직통으로 연결된다는 사실을 알고 경이로움을 느낀 것은 그리 오래 전 일이 아니다. 그 소식을 듣고 나는 서둘러 1936년에 처음 만났던 옛 친구에게 전화를 걸었는데, 그 당시에 '배편으로' 유럽에서 브라질로 가려면 여전히 2주 이상이 소요되었던 것이다!" 과연 "장기 지속"의 역사가답게 브로델은 근대성의 혁명을 너무 과장하지는 말자고 우리에게 충고하고 있다. Braudel 1990, 496쪽.

3) Thompson 1993.

4) 홉스봄 외 2004, 20~25쪽.

5) 마조위 2006, 145~146쪽.

6) 오르테가 이 가세트 2005, 24쪽.

7) 안병직 2003, 168쪽.

8) "비지배적 문화 집단들"이란 표현은 다소 투박하기는 하지만 예전의 "비역사적 민족들" 혹은 "작은 민족들"과 같은 말보다는 훨씬 중립적이어서 그 대안적 용어가 될 만하다. 논자에 따라서는 "비지배적 문화 집단들"보다는 "비지배적 종족 집단들"이라는 표현을 선호하기도 한다. 분리 민족주의를 통해 "비지배적 종족 집단"이 "근대 민족"으로 발전하게 된다는 것이다. 확실히, "비지배적 문화 집단들"은 오늘날 동서양의 다종족·다민족 국가 안에 존재하는 다양한 소수 종족들 혹은 소수 민족들을 가리키는 말로 두루 통용될 수 있다. Breuilly 2000, 119, 131쪽, Hroch 2000a, xiii쪽.

9) 홉스봄 1994, 146쪽.

10) 1389년 6월 코소보 평야에서 술탄 무라트 1세가 이끄는 오스만 제국 대군과 라자르 공이 이끄는 세르비아 군대 사이에서 전설적인 전투가 벌어졌다. 이 전투에서 라자르 공 자신이 생포되어 처형되고 세르비아 군대가 궤멸했다. 물론 군사적인 관점에서는 무승부라고 할 수 있고 오스만 제국 군의 진격을 일시 저지하기는 했지만, 결국 세르비아는 오스만 제국의 속국으로 전락했다. 그러나 코소보 전투는 훗날 이슬람교도들에 대한 세르비아 인들의 영웅적 항쟁에 대한 민족적 기억의 원천이 되었다. 흥미로운 것은 민족주의에 자주 나타나는 죽음과 영원의 모티프가 이미 당대 저술들에서 발견된다는 점이다. 가령 다닐로 3세 총 대주교가 쓴 연대기 《라자르 공에 관하여》에는 전의를 불태우면서 영주들이 외쳤다는 구호가 나온다. "죽어서 영원히 살자!" 바타코비치 2001, 91~96쪽.

11) Breuilly 1982, 111~116쪽.

12) Hroch 2000a, 23쪽.

13) Hroch 2000a, xv, 189쪽.

14) Breuilly 1982, 98~99쪽.

15) Hroch 2000a, 190쪽.

16) Hroch 2000a, 60~61쪽, Pech 2000, 685, 700쪽.

17) Pech 2000, 686쪽. 그런 점에서 크로아티아는 폴란드와 마찬가지로 일종의 "귀족 민족náród szlachecki"의 대표적인 사례라 하겠다. 봉건 귀족만을 민족의 성원으로 인정하는 이 배타적인 "귀족 민족"의 개념은 모든 민족 성원을 아우르는 수직적·수평적 통합을 저해함으로써, 결국 1848년 혁명의 실패가 보여 주듯이, 효과적인 민족주의를 발전시키는 데 실패했다. 그러나 공정하게 말한다면, "귀족 민족"과 그 역사적 제도들이 최초에 민족을 각성시키는 현실적인 힘과 영향력을 제공한 것도 역시 사실이다. 임지현 1999, 42쪽.

18) Pech 2000, 700쪽.

19) Pech 2000, 687~688, 699쪽.

20) Hroch 2000a, 61쪽, Breuilly 1982, 100~101쪽, Pearson 1994, 82~83, 118쪽.

21) Breuilly 1982, 102~103쪽.

22) Breuilly 1982, 111~112쪽.

23) 마조위 2006, 136쪽, Breuilly 1982, 109쪽.

24) 마조위 2006, 92쪽.

25) Kitromilides 2000, 670, 676쪽.

26) Hutchinson and Smith 1996, 187쪽.

27) Kitromilides 2000, 676쪽. 강조는 인용자의 것.

28) 마조위 2006, 153쪽.

29) Breuilly 1982, 110쪽.

30) 확실히, 그리스와 마자르는 어느 모로 보거나 유사한 데가 많다. 양자 모두 오스만 제국과 오스트리아 제국에서 제2인자의 자리를 차지하고 있었다. 경제적으로 가장 부유하고 정치적으로도 가장 영향력이 컸던 "비지배적 문화 집단"이었다는 말이 다. 그리고 양자 모두 민족주의를 발전시키면서 상대적으로 더 작은 소수 종족들의 원성과 반발을 불러왔다. 그러나 차이가 있다. 그리스는 제국 '밖에서' 독립했으 되, 마자르는 이중 왕국의 한 축을 제국 '안에서' 담당했다. 이렇게 된 데는 국제 관계와 국가 체제의 차이 등 여러 요인들이 작용했을 것이다. 특히, 강조하고 싶은 요인은 언어적·문화적 차이이다. 아마도 오스트리아 제국이 그렇게도 오래 유지 되고 헝가리가 제국적 틀에서 완전히 벗어나지 못하게 된 데는 19세기 헝가리에서 라틴 어가 공식어로서 오랫동안 사용된 사정이 작용했을 것이다. 그 반면에 그리스 인들은 모국어인 그리스어를 쓰고 있었고, 이를 바탕으로 우월한 문화적 지위를 주 장할 수 있었다. 비록 그리스 어도 발칸에서 민족어라기보다는 보편어로서 기능한 측면이 강하기는 하지만 말이다. 오스트리아 제국의 수명과 라틴 어의 관계에 대해 서는 Hastings 1997, 7쪽을 보라.

31) 바타코비치 외 2001, 159~172쪽, Breuilly 1982, 105~106쪽, 마조위 2006, 148~149쪽.

32) Breuilly 1982, 105~106쪽, 마조위 2006, 157쪽.

33) 마조위 2006, 158~160, 165쪽.

34) 마조위 2006, 160~166쪽, Pearson 1994, 26쪽.

35) Pearson 1994, 14쪽.

36) 홉스봄 1994, 175~176쪽.

37) 마조워 2006, 187~188쪽에서 재인용.

38) Gross 1993, 271, 289쪽.

39) 마조워 2006, 171쪽.

40) Hroch 2000, xiii쪽.

41) 홉스봄 1994, 67쪽.

42) 마조워 2006, 170쪽.

43) 윌리엄스 2004, 59~60쪽.

44) 홉스봄 1994, 71~72쪽.

45) Gross 1993, 275쪽.

46) 홉스봄 1994, 166~171쪽. 강조는 원문의 것.

47) 홉스봄 1994, 171쪽. 강조는 인용자의 것.

48) 〈크로아티아, 세르비아, 몬테네그로가 남이 되기까지〉,《프로메테우스》, 2006년 6월 15일. http://www.prometheus.co.kr/articles/103/20060615/200606151 72300.html

49) Denitch 1994, 69~70쪽.

50) 바타코비치 2001, 407~408쪽.

51) Denitch 1994, 70~72쪽. 강조는 인용자의 것.

52) Denitch 1994, 71쪽. 강조는 원문의 것.

53) Hroch 2000b, 610~611쪽, Denitch 1994, 72~73쪽.

54) Denitch 1994, 51~52쪽.

55) Hroch 2000b, 613~614쪽.

56) 마조워 2006, 27, 35쪽에서 재인용.

57) Smith 1998, 158쪽.

58) Denitch 1994, 73쪽.

59) 김철민 2005, 244쪽.

6장 파시즘과 공동체 사이의 민족주의

1) Billig 1995, 46쪽에서 재인용.

2) 파시즘과 민족주의의 차이를 강조하면서 양자의 관계에 대해 심도 깊게 다루는 글

을 보고 싶다면 진덕규 1983, 168~197쪽을 참조하라. 본문의 인용문은 각각 179쪽
과 170쪽.

3) Mosse 1979, 1쪽.

4) Aquarone 1995, 27쪽.

5) Billig 1995, 57쪽에서 재인용.

6) Gorgolini 1925, 70~71쪽. 강조는 원문의 것.

7) Pugliese 2001, 83쪽에서 재인용.

8) 팩스턴 2005, 487쪽.

9) Griffin 1998, 14쪽.

10) Moss 1999, xi쪽.

11) Payne 1996.

12) '전체주의'라는 말이 처음 나온 것은 1923년 4월에 반파시스트 자유주의자 조반
니 아멘돌라Giovanni Amendola가 의회에서 파시스트 당의 다수파 지위를 보장
하려는 의도 아래 아체르보 법legge Acerbo이 통과되는 것을 지켜보면서 이 새로
운 선거법 개혁을 가리켜 "전체주의적 체제"로 지칭한 것에서 유래한다. 다시 1924
년 2월에 가톨릭인민당 당수 루이지 스투르초Luigi Sturzo는 파시즘에서 우세한
경향을 "일체의 도덕·문화·정치·종교 세력의 파시스트라는 새로운 개념으로의
전체주의적 변형"이라고 단정했다. 나아가 공산당 지도자 그람시는 1930년대 초반
옥중에서 "전체주의적 정치 체제의 경향"이 "특정 정당 구성원들이 예전에는 다양
한 범위의 조직을 통해 얻을 수 있던 만족을 오직 단일 정당 안에서만 발견"하고
"다른 형태의 모든 조직들을 파괴하거나, 혹은 단일 정당에 의해 배타적으로 통제
되는 하나의 체제 속으로 통합"하는 것을 보증하는 데 있다고 규정했다. 이상의 과
정을 통해 '전체주의'라는 말은 전간기 이탈리아 정치에서 사실상의 시민권을 획
득했다. Gentile 2002, 140~142, 2003, 11~12쪽.

13) Lupo 2005, 8~15쪽. 통상 급진주의는 정치적 좌파와 연관된 것으로 인식된다. 그
렇기에 파시즘을 다루면서 급진주의라는 표현을 사용하는 것은 다소 오해를 불러
일으킬 수 있다. 그러나 좌파에도 온건한 경향이 있는가 하면 급진적인 경향이 있
듯이, 우파도 마찬가지일 것이다. 레이먼드 윌리엄스Raymond Williams는 "급진
적Radical"이라는 어휘가 전통적으로 "자유주의 내부에서 좀 더 의욕적인 요소들
로 사용되어 왔고, 더 일반적으로는 상대적으로 의욕적이고 철저한 개혁들을 가리
키는 것"이었다고 본다. 그러나 동시에 그는 최근에 "급진적 우파Radical Right"라
는 말이 "극단적인 우익 정치를 가리키거나 혹은 좀 더 엄격한 의미에서 전통적인

보수주의와 구별되는, 우익적 변화를 추구하는 능동적인 정책들을 가리키는 것"으로 널리 사용되고 있다고 지적한다. Williams 1983, 251쪽.

14) Mosse 1979, 10쪽에서 재인용.

15) Mosse 1979, 10~16쪽, Herf 1984, 70~108쪽.

16) 벤야민 1983, 230쪽에서 재인용.

17) Hechter 2000, 186쪽.

18) Herf 1984, 1~17쪽.

19) Lanaro 1979, 17, 23, 28, 223쪽.

20) Palti 2001, 336쪽에서 재인용.

21) Ben-Ghiat 2001, 19쪽.

22) Schoenbaum 1980, 238, 273쪽.

23) De Grazia 1981.

24) Schoenbaum 1980, 285쪽.

25) Thompson 1991, 9~15쪽.

26) 포이커트 2003, 101쪽.

27) Mann 2004, 14쪽.

28) Zunino 1995, 15~20쪽.

29) De Felice 1974, 54~126쪽.

30) Painter, Jr. 1990, 405쪽.

31) De Grazia 1981.

32) Baranowski 2004.

33) Gribaudi 1987, 152쪽.

34) 포이커트 2003, 111~113쪽.

35) Passerini 1987, 111쪽.

36) 포이커트 2003, 103쪽.

37) Kershaw 1983, 376~377쪽.

38) Baranowski 2004, 118~119쪽.

39) 포이커트 2003, 111쪽.

40) 포이커트 2003, 89쪽.

41) 최갑수 2006b, 210~211쪽.

42) 19세기 이탈리아의 시칠리아를 무대로 한, 디 람페두자의 유명한 소설 《표범Il Gattopardo》에서 새로운 시대에 적응하려는 어느 젊은 시칠리아 귀족이 다른 완고

한 늙은 귀족에게 한 말. 이 말은 월러스틴에 의해서 부르주아가 귀족을 타도하고 등장한 것이 아니라 귀족이 부르주아로 변신한 역사적 과정을 일컫는 말로 사용되었다. 사회의 지배 엘리트층은 그 나물에 그 밥이듯이 잘 바뀌지 않는다는 말이다. 월러스틴 1999a, 122쪽.

43) Mosse 1979, 12~15쪽.

44) Delanty 1995, 120쪽.

45) Poggiolini 2002, 228~229쪽.

46) 조홍식 2006, 58쪽.

47) Adenauer 1966, 184~185쪽.

48) Stillemunkes 1988, 445쪽에서 재인용. 강조는 인용자의 것.

49) 홉스봄 1997, 336쪽.

50) Milward 1992.

51) Adenauer 1966, 331쪽.

52) Parsons 2003.

53) Muller 2002, 1쪽에서 재인용.

54) Eco 2003.

55) '유럽 만들기'의 경계와 범위에 대해서는 조홍식 2006, 170~176쪽을 참고하라.

56) 조홍식 2006, 56쪽.

57) Hechter 2000, 91, 187쪽.

58) 김세원 2004, 3쪽에서 재인용.

59) Eco 2003.

60) Delanty 1995, 128~129쪽.

61) 조홍식 2006, 70~71쪽.

62) Delanty 1995, 128쪽.

63) 최갑수 2006a, 14, 20쪽, 이광규 2006, 199쪽.

64) Delanty 1995, 128쪽.

65) 리드 2005, 114~125쪽.

66) 에코 2003, 48~49쪽.

67) 팩스턴 2005, 463쪽.

에필로그

1) 칼비노 1997.

2) Hechter 2000, 187~188쪽.

3) Chatterjee 1986, 4쪽에서 재인용.

4) Billig 1995, 1~12쪽.

5) Hechter 2000, 163~164쪽.

6) Hastings 1997, 16쪽.

7) Smith 1991, 25쪽. 강조는 인용자의 것.

8) Pulzer 2004, 13쪽에서 재인용.

9) Pulzer 2004, 23~24쪽에서 재인용.

10) Palti 2001, 331~332쪽.

11) 백영서 2005.

12) Hechter 2000, 133~136쪽.

참고 문헌

강상중. 2004.《내셔널리즘》, 임성모 옮김. 이산.

강철구. 2004.《역사와 이데올로기: 서양 역사학의 유럽 중심주의에 대한 비판적 검
　　토》. 용의숲.

기어리, 패트릭 J. 2002.《민족의 신화, 그 위험한 유산》, 이종경 옮김. 지식의풍경.

김기순. 1999. 〈메이누스 문제와 19세기 영국의 국민 정체성〉.《서양에서의 민족과 민
　　족주의》, 한국서양사학회 편, 79~105쪽. 까치.

김세원. 2004.《EU 경제학: 유럽 경제 통합의 이론과 현실》. 박영사.

김용우. 2005.《호모 파시스투스: 프랑스 파시즘과 반혁명의 문화 혁명》. 책세상.

김응종. 2005.《서양의 역사에는 초야권이 없다》. 푸른역사.

김철민. 2005.《보스니아 역사: 무슬림을 중심으로》. 한국외국어대학교출판부.

나종일·송규범. 2005.《영국의 역사》, 상·하. 한울아카데미.

나종일. 1992.《세계사를 보는 시각과 방법》. 창작과비평사.

니시카와 나가오. 2002.《국민이라는 괴물》, 윤대석 옮김. 소명출판.

니시카와 나가오. 2006.《국경을 넘는 방법》, 한경구·이목 옮김. 일조각.

단, 오토. 1996.《독일 국민과 민족주의의 역사》, 오인석 옮김. 한울아카데미.

로젠베르크, 아르투어. 1990.《프랑스 대혁명 이후의 유럽 정치사: 사회주의와 민주주
　　의》, 박호성 옮김. 역사비평사.

르낭, 에르네스트. 2002.《민족이란 무엇인가》, 신행선 옮김. 책세상.

리드, T. R. 2005.《새로운 세계 질서를 리드하는 유럽 합중국》, 김정혜 옮김. 한언.

마르크스, 카를. 1987.《자본》, I-3, 김영민 옮김. 이론과실천.

마르크스, 카를. 1992. 〈영국의 인도 지배〉.《칼 맑스 프리드리히 엥겔스 저작 선집》제
　　2권, 김태호 옮김. 박종철출판사.

마르크스, 카를. 2000.《정치 경제학 비판 요강》제2권, 김호균 옮김. 백의.

마르크스, 카를, 프리드리히 엥겔스. 1998. 《공산주의 선언》, 김태호 옮김. 박종철출판
　사.

마조워, 마크. 2006. 《발칸의 역사》, 이순호 옮김. 을유문화사.

민석홍. 1984. 《서양사 개론》. 삼영사.

바바, 호미. 2002. 〈국민의 산포〉. 《문화의 위치: 탈식민주의 문화 이론》, 나병철 옮김.
　소명출판.

바타코비치, 두샨 외. 2001. 《세르비아 역사》, 정근재 옮김. 선인.

박지향. 1997. 《영국사: 보수와 개혁의 드라마》. 까치.

박지향. 2000. 《제국주의: 신화와 현실》. 서울대학교출판부.

박지향. 2005. 〈다니엘 디포가 밟은 영국 땅과 통합 왕국의 이상〉. 《서양사 연구》 32,
　91~122쪽.

박지향. 2006. 《영국적인, 너무나 영국적인》. 기파랑.

백낙청 엮음. 1981. 《민족주의란 무엇인가》. 창작과비평사.

백영서. 2005. 〈제국을 넘어 동아시아 공동체로〉. 《동아시아의 지역 질서: 제국을 넘어
　공동체로》. 창비.

베일린, 버나드. 1999. 《미국 혁명의 이데올로기적 기원》, 배영수 옮김. 새물결.

벤야민, 발터. 1983. 《발터 벤야민의 문예 이론》, 반성완 편역. 민음사.

브린튼, 크레인. 1988. 《혁명의 해부》 제6판, 차기벽 옮김. 학민사.

블로크, 마르크. 1986. 《봉건 사회 II: 계급과 통치》, 한정숙 옮김. 한길사.

사이드, 에드워드 W. 1991. 《오리엔탈리즘》. 박홍규 옮김. 교보문고.

설혜심. 2005. 〈국가 정체성 만들기: 튜더 영국의 지도〉. 《역사학보》 186, 207~235쪽.

시에예스, E. J. 2003. 《제3신분이란 무엇인가》, 박인수 옮김. 책세상.

아귈롱, 모리스. 2001. 《마리안느의 투쟁》, 전수연 옮김. 한길사.

안병직. 2003. 〈독일 제국사 어떻게 이해할 것인가?〉. 《독일 제국》, 안병직 옮김. 을유
　문화사.

안태형. 2000. 〈영국 노동 계급의 애국주의: 보어 전쟁을 중심으로〉. 《서양사 연구》 25,
　67~102쪽.

알튀세, 루이. 1992. 《마키아벨리의 고독》, 김석민 옮김. 새길.

앤더슨, 베네딕트. 2002. 《상상의 공동체: 민족주의의 기원과 전파에 대한 성찰》, 윤형
　숙 옮김. 나남출판.

앤더슨, 페리. 1990. 《고대에서 봉건제로의 이행》, 유재건·한정숙 옮김. 창작과비평

사.

양병우. 1976.《아테네 민주 정치사》. 서울대학교출판부.

양병우. 1988.《역사의 방법》. 민음사.

어윈, 데렉 W. 1994.《유럽 통합사》. 노명환 편역. 대한교과서.

에릭소나스, 리나스. 2004. 〈동유럽의 역사적 변경과 종족-민족 논쟁: 제1차 세계 대전 이후의 국경들〉.《근대의 국경 역사의 변경: 변경에 서서 역사를 바라보다》, 임지현 편, 77~118쪽. 휴머니스트.

에코, 움베르토. 2003. 〈영원한 파시즘〉.《누구를 위해 좋은 울리나 묻지 맙시다》, 김운찬 옮김. 열린책들.

월러스틴, 이매뉴얼, 1999a.《유토피스틱스: 또는 21세기의 역사적 선택들》, 백영경 옮김. 창작과비평사.

월러스틴, 이매뉴얼. 1999b.《근대 세계 체제 III: 자본주의 세계 경제의 거대한 팽창의 두 번째 시대, 1730-1840년대》, 김인중 외 옮김. 까치.

윌리엄스, 크리스. 2004. 〈변경에서 바라보다: 근대 서유럽의 국경과 변경〉.《근대의 국경 역사의 변경: 변경에 서서 역사를 바라보다》, 임지현 편, 39~71쪽. 휴머니스트.

오르테가 이 가세트, 호세. 2005.《대중의 반역》, 황보영조 옮김. 역사비평사.

이광규. 2006.《신민족주의의 세기》. 서울대학교출판부.

이민호. 1988.《역사주의: 랑케에서 마이네케》. 민음사.

이민호. 1999.《20세기 끝에 서서》. 느티나무.

이민호. 2003.《새 독일사》. 까치.

임승휘. 2006. 〈근대 주권론의 역사적 함의: 왕권 신수설에서 국민 주권론까지〉.《근대의 경계에서 독재를 읽다: 대중 독재와 박정희 체제》, 장문석 · 이상록 편, 65~94쪽. 그린비.

임지현. 1994. 〈민족주의〉.《서양의 지적 운동》, 김영한 · 임지현 편. 지식산업사.

임지현. 1999.《민족주의는 반역이다: 신화와 허무의 민족주의 담론을 넘어서》. 소나무.

임지현. 2006. 〈독재와 민주주의의 '근대적' 기원〉.《근대의 경계에서 독재를 읽다: 대중 독재와 박정희 체제》, 장문석 · 이상록 편, 31~64쪽. 그린비.

임희완. 1998. 〈유럽 통합의 형성 과정〉.《역사 교육》65, 87~125쪽.

장문석. 2000. 〈이탈리아 만들기, 이탈리아인 만들기: 리소르지멘토와 미완의 국민 형성〉.《역사 비평》53 (겨울호).

장문석. 2004. 〈무솔리니: 두체 신화, 파시즘, 이탈리아의 정체성〉.《역사 비평》66(봄호).

장문석. 2006. 〈계급에서 국민으로: 파시즘의 전체주의 기획과 토리노 노동자들〉.《근대의 경계에서 독재를 읽다: 대중 독재와 박정희 체제》, 장문석 · 이상록 편, 95~124쪽. 그린비.

조승래. 1999. 〈18세기 영국의 애국주의 담론과 국민적 정체성의 형성〉.《서양에서의 민족과 민족주의》, 한국 서양사학회 편, 51~77쪽. 까치.

조홍식. 2006.《유럽 통합과 '민족' 의 미래》. 푸른길.

주경철. 1999.《역사의 기억, 역사의 상상》. 문학과지성사.

진덕규. 1983.《현대 민족주의의 이론 구조》. 지식산업사.

최갑수. 1999. 〈프랑스 혁명과 '국민' 의 탄생〉.《서양에서의 민족과 민족주의》, 한국서양사학회 편, 107~153쪽. 까치.

최갑수. 2001. 〈1789년의 '인권 선언' 과 혁명기의 담론〉.《프랑스사 연구》4, 5~43쪽.

최갑수. 2003a. 〈근대 시민혁명과 민주주의: 프랑스 대혁명의 사례를 중심으로〉.《민주주의와 인권》3, 2호, 5~65쪽.

최갑수. 2003b. 〈내셔널리즘의 기원과 특성〉.《서양사 연구》31, 1~25쪽.

최갑수. 2005. 〈제국에서 근대 국가로: 유럽사에 대한 하나의 역사적 조망〉.《세계 정치》26, 1호, 121~148쪽.

최갑수. 2006a. 〈서양에서의 중앙과 지방〉.《역사에서의 중앙과 지방》. 제49회 전국 역사학 대회 발표 논문집, 14~30쪽.

최갑수. 2006b. 〈주권, 파시즘, 독재, 민주주의〉.《근대의 경계에서 독재를 읽다: 대중 독재와 박정희 체제》, 장문석 · 이상록 편, 204~217쪽. 그린비.

카, 윌리엄. 1988.《독일 근대사》, 이민호 · 강철구 옮김. 탐구당.

칼비노, 이탈로. 1997.《반쪼가리 자작》, 이현경 옮김. 민음사.

케두리, 엘리. 1981. 〈민족 자결론의 연원과 문제점〉.《민족주의란 무엇인가》, 백낙청 편, 73~100쪽. 창작과비평사.

콘, 한스. 1974.《민족주의》, 차기벽 옮김. 삼성문화재단출판부.

콘, 한스. 1981. 〈민족주의의 개념〉.《민족주의란 무엇인가》, 백낙청 편, 15~45쪽. 창작과비평사.

톰슨, E. P. 2000.《영국 노동 계급의 형성》, 나종일 외 옮김. 창작과비평사.

틸리, 찰스. 1994. 《국민 국가의 형성과 계보: 강압, 자본과 유럽 국가의 발전》, 이향순 옮김. 학문과사상사.

틸리, 찰스. 2000. 《유럽 혁명 1492-1992: 지배와 정복의 역사》, 윤승준 옮김. 새물결.

팩스턴, 로버트 O. 2005. 《파시즘: 열정과 광기의 정치 혁명》, 손명희 · 최희영 옮김. 교양인.

페브르, 뤼시엥. 1996. 《16세기의 무신앙 문제: 라블레의 종교》, 김응종 옮김. 문학과 지성사.

포이커트, 데틀레프. 2003. 《나치 시대의 일상사: 순응, 저항, 인종주의》, 김학이 옮김. 개마고원.

한국 서양사학회 편. 1999. 《서양에서의 민족과 민족주의》. 까치.

해밀턴, 알렉산더, 제임스 매디슨, 존 제이. 1995. 《페더랄리스트 페이퍼》, 김동영 옮김. 한울아카데미.

헌트, 린. 1999. 《프랑스 혁명의 가족 로망스》, 조한욱 옮김. 새물결.

홉스봄, 에릭 J. 1983. 《자본의 시대》, 정도영 옮김. 한길사.

홉스봄, 에릭 J. 1994. 《1780년 이후의 민족과 민족주의》, 강명세 옮김. 창작과비평사.

홉스봄, 에릭 J. 1997. 《극단의 시대: 20세기 역사》, 이용우 옮김. 까치.

홉스봄, 에릭 J. 외. 2004. 《만들어진 전통》, 박지향 · 장문석 옮김. 휴머니스트.

Adams, Julia. 1999. "Culture in Rational-Choice Theories of State-Formation." In *State/Culture: State-Formation after the Cultural Turn*, edited by George Steinmetz, 98~122쪽. Ithaca and London: Cornell University Press.

Adenauer, Konrad. 1966. *Memoirs 1945-53*, translated by Beate Ruhm von Oppen. Chicago: Henry Regnery Company.

Andress, David. 1999. *French Society in Revolution, 1789-1799*. Manchester and New York: Manchester University Press.

Aquarone, Alberto. 1995. *L'organizzazione dello Stato totalitario*. seconda edizione. Torino: Einaudi.

Baker, Keith Michael. 1987. "Representation." In *The Political Culture of the Old Regime*, edited by Keith Michael Baker, 469~492쪽. *The French Revolution and the Creation of Modern Political Culture*. Oxford: Pergamon Press.

Baranowski, Shelley. 2004. *Strength through Joy: Consumerism and Mass Tourism in the Third Reich*. Cambridge, Eng.: Cambridge University Press.

368

Bendix, Reinhard. 1964. *Nation-Building and Citizenship: Studies of Our Changing Social Order.* New York: John Wiley & Sons, Inc.

Ben-Ghiat, Ruth. 2001. *Fascist Modernities: Italy, 1922-1945.* Berkeley, Los Angeles and London: University of California Press.

Berezin, Mabel. 1999. "Political Belonging: Emotion, Nation, and Identity in Fascist Italy." In *State/Culture: State-Formation after the Cultural Turn,* edited by George Steinmetz, 355~377쪽. Ithaca and London: Cornell University Press.

Bianchi, Serge. 1982. *La révolution culturelle de l'an II: élites et peuple, 1789-1799.* Paris: Aubier.

Billig, Michael. 1995. *Banal Nationalism.* London, Thousand Oaks and New Delhi: SAGE Publications.

Braudel, Fernand. 1990. *The Identity of France, vol. II,* translated by Siân Reynolds. New York: HarperCollins Publishers.

Breuilly, John. 1982. *Nationalism and the State.* Chicago: The University of Chicago Press.

Breuilly, John. 2000. "The Revolutions of 1848." In *Revolutions and the Revolutionary Tradition: In the West, 1560-1991,* edited by David Parker, 109~131쪽. London and New York: Routledge.

Brewer, John. 1989. *The Sinews of Power: War, Money, and the English State, 1688-1783.* London: Unwin Hyman.

Brubaker, Rogers. 1992. *Citizenship and Nationhood in France and Germany.* Cambridge, Mass.: Harvard University Press.

Buruma, Ian and Avishai Margalit. 2004. *Occidentalism: The West in the Eyes of Its Enemies.* New York: The Penguin Press.

Calhoun, Craig. 1993. "Nationalism and Ethnicity." *Annual Review of Sociology 19,* 211~239쪽.

Chatterjee, Partha. 1986. *National Thought and the Colonial World: A Derivative Discourse?* Minneapolis: University of Minnesota Press.

Clark, Martin. 1984. *Modern Italy, 1871-1982.* London and New York: Longman.

Clark, Martin. 1998. *The Italian Risorgimento.* London and New Yor: Longman.

Colley, Linda. 1986. "Whose Nation?: Class and National Consciousness in Britain

1750-1830." *Past and Present 113* (November), 97~117쪽.

Connor, Walker. 1994. *Ethno-Nationalism: The Quest for Understanding.* Princeton, NJ: Princeton University Press.

Corrigan, Philip, and Derek Sayer. 1985. *The Great Arch: English State Formation as Cultural Revolution.* Oxford: Basil Blackwell.

Cranston, Maurice. 1988. "The Sovereignty of the Nation." In *The Political Culture of the French Revolution,* edited by Colin Lucas, 97~104쪽. *The French Revolution and the Creation of Modern Political Culture.* Oxford: Pergamon Press.

Daniels, Robert. 2000. "The Anti-Communist Revolutions in the Soviet Union and Eastern Europe, 1989-1991." In *Revolutions and the Revolutionary Tradition: In the West, 1560-1991,* edited by David Parker, 202~224쪽. London and New York: Routledge.

Davis, John A. 1997. "Italy 1796-1870: The Age of the Risorgimento." In *The Oxford Illustrated History of Italy,* edited by George Holmes, 177~209쪽. Oxford: Oxford University Press.

De Felice, Renzo. 1974. *Mussolini il duce I: Gli anni del consenso, 1929-1936.* Torino: Einaudi.

De Grazia, Victoria. 1981. *The Culture of Consent: Mass Organization of Leisure in Fascist Italy.* Cambridge, Eng.: Cambridge University Press.

Delanty, Gerard. 1995. *Inventing Europe: Idea, Identity, Reality.* London: Macmillan Press.

Denitch, Bogdan. 1994. *Ethnic Nationalism: The Tragic Death of Yugoslavia.* Minneapolis: The University of Minnesota Press.

Dinan, Desmond. 2004. *Europe Recast: A History of European Union.* Boulder and London: Lynne Rienner Publishers.

Eco, Umberto. 2003. "Europa: Quel suo futuro cosi incerto tra rinascita e decadenza." *La Repubblica* (31 maggio).

Finn, Margot C. 1989. "An Elect Nation?: Nation, State, and Class in Modern British History." *The Journal of British Studies 28,* no. 2 (April), 181~191쪽.

Gellner, Ernst. 1983. *Nations and Nationalism.* Ithaca: Cornell University Press.

Gentile, Emilio. 2002. "Fascism in Power: The Totalitarian Experiment." In *Liberal and Fascist Italy*, edited by Adrian Lyttelton, 139~174쪽. Oxford: Oxford University Press.

Gentile, Emilio. 2003. "Totaliarismo al potere," *Millenovecento 10* (agosto), 10~14 쪽.

Gorgolini, Pietro. 1925. *Il fascismo spiegato al popolo*. Torino: Paravia.

Gorski, Philip S. 1999. "Calvinism and State-Formation in Early Modern Europe." In *State/Culture: State-Formation after the Cultural Turn*, edited by George Steinmetz, 147~181쪽. Ithaca and London: Cornell University Press.

Gorski, Philip S. 2000. "The Mosaic Movement: An Early Modernist Critique of Modernist Theories of Nationalism." *The American Journal of Sociology 105*, no. 5 (March), 1428~1468쪽.

Gramsci, Antonio. 1977. *Quaderni del Carcere, a cura di Valentino Gerratana*. Torino: Einaudi.

Greenfeld, Liah. 1992. *Nationalism: Five Roads to Modernity*. Cambridge, Mass.: Harvard University Press.

Gribaudi, Maurizio. 1987. *Mondo operaio e mito operaio: Spazi e percorsi sociali a Torino nel primo Novecento*. Torino: Einaudi.

Griffin, Roger. 1998. "Introduction." In *International Fascism: Theories, Causes and the New Consensus*, 1~20쪽. London: Arnold.

Gross, Mirjana. 1993. "The Union of Dalmatia with Northern Croatia: A Crucial Question of the Croatian National Integration in the Nineteenth Century." In *The National Question in Europe in Historical Context*, edited by Mikuláš Teich and Roy Porter, 270~292쪽. Cambridge, Eng.: Cambridge University Press.

Hastings, Adrian. 1997. *The Construction of Nationhood: Ethnicity, Religion and Nationalism*. Cambridge, Eng.: Cambridge University Press.

Hayes, Carlton J. H. 1927. "Contributions of Herder to the Doctrine of Nationalism." *The American Historical Review 32*, no. 4 (July), 719~736쪽.

Hechter, Michael. 2000. *Containing Nationalism*. Oxford: Oxford University Press.

Herf, Jeffrey. 1984. *Reactionary Modernism: Technology, Culture, and Politics in*

Weimar and the Third Reich. Cambridge, Eng.: Cambridge University Press.

Hroch, Miroslav. 2000a. *Social Preconditions of National Revival in Europe*. New York: Columbia University Press.

Hroch, Miroslav. 2000b. "Nationalism and National Movements: Comparing the Past and the Present of Central and Eastern Europe." In *Nationalism: Critical Concepts in Political Science, vol. II*, edited by John Hutchinson, and Anthony D. Smith, 607~617쪽. London and New York: Routledge.

Hutchinson, John, and Anthony D. Smith. 1994. "Introduction." In *Nationalism*, edited by John Hutchinson, and Anthony D. Smith, 3~13쪽. Oxford: Oxford Univ. Press.

Hutchinson, John, and Anthony D. Smith, edited by. 1996. *Ethnicity*. Oxford: Oxford University Press.

Hutchinson, John, and Anthony D. Smith. 2000. "General Introduction." In *Nationalism: Critical Concepts in Political Science, vol. I*, edited by John Hutchinson, and Anthony D. Smith, xxv~xlii쪽. London and New York: Routledge.

Johnson, Douglas. 1993. "The Making of the French Nation." In *The National Question in Europe in Historical Context*, edited by Mikuláš Teich and Roy Porter, 35~62쪽. Cambridge, Eng.: Cambridge University Press.

Kantorowicz, Ernst H. 1951. "Pro Patria Mori in Medieval Political Thought." *The American Historical Review 56*, no. 3 (April), 472~492쪽.

Kates, Gary. 1998. "Introduction." In *The French Revolution: Recent Debates and New Controversies*, edited by Gary Kates, 1~20쪽. London and New York: Routledge.

Kershaw, Ian. 1983. *Popular Opinion and Political Dissent in the Third Reich: Bavaria 1933-1945*. Oxford: Clarendon Press.

Kitromilides, Paschalis M. 2000. "'Imagined Community' and the Origins of the National Question in the Balkans." In *Nationalism: Critical Concepts in Political Science, vol. II*, edited by John Hutchinson, and Anthony D. Smith, 645~683쪽. London and New York: Routledge.

Lewis, Gwynne. 2000. "The French Revolution, 1789-99." In *Revolutions and the*

Revolutionary Tradition: In the West, 1560-1991, edited by David Parker, 88~108쪽. London and New York: Routledge.

Lyttelton, Adrian. 1993. "The National Question in Italy." In *The National Question in Europe in Historical Context*, edited by Mikuláš Teich and Roy Porter, 63~105쪽. Cambridge, Eng.: Cambridge University Press.

Mann, Michael. 2004. *Fascists*. Cambridge, Eng.: Cambridge University Press.

Milward, Alan S. 1992. *The European Rescue of the Nation-State*. London: Routledge.

Mosse, George L. 1999. *The Fascist Revolution: Toward a General Theory of Fascism*. New York: Howard Fertig.

Mosse, George L. 1979. "Introduction: Toward a General Theory of Fascism." In *International Fascism: New Thoughts and New Approaches*, 1~41쪽. London and Beverly Hills: SAGE Publications.

Müller, Jan-Werner. 2002. "Introduction: The Power of Memory, the Memory of Power and the Power over Memory." *Memory and Power in Post-War Europe: Studies in the Presence of the Past*, edited by Jan-Werner Müller, 1~35쪽. Cambridge, Eng.: Cambridge University Press.

Nimni, Ephraim. 1991. *Marxism and Nationalism: Theoretical Origins of a Political Crisis*. London: Pluto Press.

Painter, Jr., Borden W. 1990. "Renzo De Felice and the Historiography of Italian Fascism," *American Historical Review 95*: 2. (April), 391~405쪽.

Palti, Elias Jose. 2001. "The Nation as a Problem: Historians and the 'National Question'." *History and Theory 40*, no. 3 (October): 324~346쪽.

Parker, David. 2000. "Introduction: Approaches to Revolution." *Revolutions and the Revolutionary Tradition: In the West, 1560-1991*, edited by David Parker, 1~14쪽. London and New York: Routledge.

Parsons, Craig. 2003. *A Certain Idea of Europe*. Ithaca: Cornell University Press.

Passerini, Luisa. 1987. *Fascism in Popular memory: The Cultural Experience of the Turin Working Class*, translated by Robert Lumley and Jude Bloomfield. Cambridge, Eng.: Cambridge University Press.

Payne, Stanley, G. 1995. *A History of Fascism, 1914-1945*. Madison: The

University of Wisconsin Press.

Pearson, Raymond. 1994. *European Nationalism, 1789-1920*. London and New York: Longman.

Pech, Stanley Z. 2000. "The Nationalist Movements of the Austrian Slavs in 1848: A Comparative Sociological Profile." In *Nationalism: Critical Concepts in Political Science, vol. II*, edited by John Hutchinson, and Anthony D. Smith, 684~706쪽. London and New York: Routledge.

Pincus, Steven. 1999. "Nationalism, Universal Monarchy, and the Glorious Revolution." In *State/Culture: State-Formation after the Cultural Turn*, edited by George Steinmetz, 182~210쪽. Ithaca and London: Cornell University Press.

Poggiolini, Ilaria. 2002. "Translating Memories of War and Co-Belligerency into Politics: The Italian Post-War Experience." In *Memory and Power in Post-War Europe: Studies in the Presence of the Past*, edited by Jan-Werner Müller, 223~243쪽. Cambridge, Eng.: Cambridge University Press.

Pugliese, Stanislao, ed. 2001. *Italian Fascism and Antifascism: A Critical Anthology*. Manchester: Manchester University Press.

Pulzer, Peter. 2004. "Nationalism and Internationalism in European Christian Democracy." In *Christian Democracy in Europe since 1945*, edited by Michael Gehler and Wolfram Kaiser, 10~24쪽. London: Routledge.

Schoenbaum, David. 1980. *Hitler's Social Revolution: Class and Status in Nazi Germany 1933-1939*. New York and London: W. W. Norton & Company.

Smith, Anthony D. 1991. *National Identity*. Reno: University of Nevada Press.

Smith, Anthony D. 1998. *Nationalism and Modernism*. London: Routledge.

Smith, Anthony D. 2001. *Nationalism: Theory, Ideology, History*. Cambridge, Eng: Polity Press.

Steinmetz, George. 1999. "Introduction: Culture and the State." In *State/Culture: State-Formation after the Cultural Turn*, edited by George Steinmetz, 1~49쪽. Ithaca and London: Cornell University Press.

Stillemunkes, Christoph. 1988. "The Discussion on European Union in the German Occupation Zones." In *Documents on the History of European*

Integration, vol. 3, edited by Walter Lipgens and Wilfried Loth, 441~457쪽. Berlin and New York: Walter de Gruyter.

Tasca, Angelo [A. Rossi]. 1938. *The Rise of Italian Fascism 1918-1922*. London: Methuen & Co. Ltd.

Teschke, Benno. 2003. *The Myth of 1648: Class, Geopolitics and the Making of Modern International Relations*. London and New York: Verso.

Teschke, Benno. 2005. "Bourgeois Revolution, State Formation and the Absence of the International." *Historical Materialism 13*, no. 2, 3~26쪽.

Thompson, Doug. 1991. *State Control in Fascist Italy: Culture and Conformity, 1925-43*. Manchester: Manchester University Press.

Thompson, Edward P. 1978. *The Poverty of Theory & Other Essays*. New York and London: Monthly Review Press.

Thompson, Edward P. 1993. *Customs in Common*. London: Penguin Books.

Tilly, Charles. 1975. "Reflections on the History of European State-Making." In *The Formation of National States in Western Europe*, edited by Charles Tilly, 3~83 쪽. Princeton, N.J.: Princeton University Press.

Tilly, Charles. 1985. "War Making and State Making as Organized Crime." In *Bringing the State Back In*, edited by Peter B. Evans, Dietrich Rueschemeyer, and Theda Skocpol, 167~191쪽. New York: Cambridge University Press.

Tilly, Charles. 1994. "States and Nationalism in Europe 1492-1992." *Theory and Society 23*, no. 1 (February): 131~146쪽.

Togliatti, Palmiro. 1976. *Lectures on Fascism*. New York: International Publishers.

Weber, Eugen. 1976. *Peasants into Frenchmen: The Modernization of Rural France, 1870-1914*. Stanford: Stanford University Press.

Woolf, Stuart. 1979. *A History of Italy, 1700-1860: The Social Constraints of Political Change*. London: Methuen & Co. Ltd.

Zernatto, Guido. 1994. "Nation: The History of a Word." In *Nationalism, vol. I*, edited by John Hutchinson, and Anthony D. Smith, 13~25쪽. Oxford: Oxford University Press.

Zunino, Pier Giorgio. 1995. *L'ideologia del fascismo: Miti, credenze e valori nella stabilizzazione del regime*. Bologna: Mulino.

유럽 민족주의 연표

* 약어표
〔그〕그리스 〔네〕네덜란드 〔독〕독일 〔덴〕덴마크 〔러〕러시아 〔미〕미국 〔벨〕벨기에
〔세〕세르비아 〔스〕스위스 〔스웨〕스웨덴 〔에〕에스파냐 〔영〕영국 〔오〕오스트리아
〔유〕유럽 〔이〕이탈리아 〔체〕체코(슬로바키아) 〔터〕터키 〔포〕포르투갈 〔폴〕폴란드
〔프〕프랑스 〔헝〕헝가리

BC 58~50년	카이사르, 갈리아 전쟁
BC 55~54년	카이사르, 브리타니아 공략
9년	게르만 지도자 아르미니우스, 토이토부르크 전투에서 로마 군단 격멸
43년	클라우디우스 황제, 브리타니아 공략, 브리타니아의 속주화
122~128년	브리타니아에 '하드리아누스의 성벽' 축조
400~402년	스틸리코 장군, 브리타니아에서 로마 군단 철수
410년	서고트, 로마 약탈
432년	성 패트릭, 아일랜드에 기독교 포교
449년	헹기스트와 호르사, 새니트 섬에 상륙, 앵글로-색슨의 브리튼 침입 시작
476년	**서로마 제국 멸망**
477년	〔영〕엘러, 서식스 왕국 건설
486년	〔프〕클로비스, 프랑크 왕국 건설
493년	〔이〕테오도리크, 동고트 왕국 건설
495년	〔영〕체르디치, 웨스트 색슨(웨식스) 왕국 건설
527년	〔영〕에식스 왕국 성립
568년	〔이〕롬바르드 왕국 성립

575년	〔영〕이스트 앵글리어 왕국 성립
732년	〔프〕프랑크 왕국, 투르와 푸아티에에서 이슬람 군 격퇴
751년	〔프〕프랑크 왕국, 카롤링거 왕조 성립
800년	〔프〕교황 레오 3세, 성탄절에 프랑크의 카롤루스 대제(샤를마뉴)에게 로마 황제의 대관 수여
843년	베르됭 조약, 프랑크 제국이 서프랑크, 동프랑크, 로타링기아로 3분됨, 현대 프랑스, 독일, 이탈리아의 기원
882년	〔러〕노르만 족, 러시아에 키예프 공국 건설, 현대 러시아의 기원
870년	메르센 조약, 로타링기아가 서프랑크와 동프랑크에 분할됨
878년	〔영〕웨식스의 알프레드 대왕, 데인 족 공격, 이스트 앵글리어에 데인로Danelaw 성립
962년	〔독〕동프랑크 왕국의 오토 1세 로마 황제의 대관 받음, 신성 로마 제국 성립
987년	〔프〕위그 카페, 프랑스 왕 즉위, 카페 왕조 성립
1016년	〔영〕데인 족의 왕 크누트, 잉글랜드 왕 즉위, 북유럽 해상 제국 건설
1066년	〔영〕노르만의 기욤(윌리엄), 잉글랜드 정복
1077년	〔독〕카노사의 굴욕, 신성 로마 제국의 황제 하인리히 4세가 교황 그레고리우스 7세에 굴복함
1086년	〔영〕윌리엄 1세, 《둠즈데이 북》편찬
1096년	제1차 십자군 전쟁 시작
1098년	《롤랑의 노래》
1143년	〔포〕아폰수 엔리케시, 포르투갈 국왕 즉위
1154년	〔영〕헨리 2세 즉위, 플랜타지네트 왕조 성립
1171~1173년	〔영〕헨리 2세, 아일랜드/웨일스/스코틀랜드 경략
1176년	〔이〕롬바르디아 도시 동맹, 프리드리히 1세의 신성 로마 제국 군을 레냐노 전투에서 격퇴
1204년	《니벨룽엔의 노래》
1249년	〔포〕국토 회복 운동 종료
1254~1273년	〔독〕신성 로마 제국의 대공위 시대
1266년	〔이〕피렌체, 프랑스의 앙주 공 샤를의 도움으로 만프레트의 신성 로마 제국 군을 베네벤토 전투에서 격퇴

1282년	〔영〕 에드워드 1세, 웨일스의 귀네드 왕 루엘린 격퇴, 웨일스 왕국 소멸
	〔이〕 시칠리아 만종 사건, 프랑스 지배에 대한 시칠리아 인들의 반란
1303년	〔프〕 필리프 4세, 교황 보니파키우스 8세 납치
1305년	〔프〕 필리프 4세, 플랑드르 반란 진압
1306년	〔영〕 스코틀랜드의 로버트 브루스의 반란
	〔프〕 피에르 뒤부아, 프랑스 국왕을 중심으로 한 유럽 동맹안 제시
1309년	〔프〕 필리프 4세, 교황청을 아비뇽으로 옮김, 교황의 바빌론 유수
1314년	〔영〕 로버트 브루스의 스코틀랜드 군, 배녹번에서 잉글랜드 군 격퇴
1318년	〔이〕 단테 알리기에리, 《신곡》 출간
1328년	〔영〕 에드워드 3세, 스코틀랜드 독립 승인
	〔프〕 필리프 6세 즉위, 발루아 왕조 성립

1337~1453년 〔영/프〕 백년 전쟁

1358년	〔프〕 자크리의 반란
1378년	〔이〕 촘피의 반란

1378~1417년 교회의 대분열

1380년	〔영〕 위클리프, 성서의 영역 완성
1381년	〔영〕 와트 타일러의 반란
1389년	〔세〕 코소보 전투, 세르비아 군과 오스만 터키 군의 결전
1397년	〔덴〕 칼마르 동맹, 덴마크/노르웨이/스웨덴 통합
1400년	〔영〕 초서, 《캔터베리 이야기》 출간

1419~1434년 〔체〕 후스 전쟁

1429년	〔프〕 잔 다르크, 오를레앙 성 구출
1434년	〔스웨〕 덴마크 지배에 대한 엥겔브렉트손의 반란, 성직자/귀족/시민/농민으로 이루어진 신분제 의회(사부회) 성립

1453년 〔터〕 콘스탄티노플 함락, 비잔티움 제국 멸망

1455~1485년 〔영〕 장미 전쟁

1460년	〔독〕 《구텐베르크 성서》
1464년	〔체〕 보헤미아의 왕 게오르게 폰 포데브라트와 앙투안 마리니, 유럽 정치 동맹안 제시
1479년	〔에〕 아라곤의 페르디난도 2세와 카스티야의 이사벨라의 결혼, 에스파

냐 통합

1485년	〔영〕 헨리 7세, 잉글랜드 왕 즉위, 튜더 왕조 성립

1485년 〔영〕 헨리 7세, 잉글랜드 왕 즉위, 튜더 왕조 성립

1492년 〔에/이〕 크리스토퍼 콜럼버스, 아메리카 대륙 탐험

〔에〕 그라나다 점령, 에스파냐 국토 회복 운동(리콩키스타) 종료

1494년 〔에/포〕 토르데시야스 조약, 유럽 국가들에 의한 최초의 공식적 세계 분할

1517년 〔독〕 마르틴 루터, 뷔르템베르크 성벽에 95개조 반박문 게시, 프로테스탄트 종교 개혁 시작

1521년 〔에〕 에르난 코르테스, 아스텍 제국(멕시코) 정복

1523년 〔스웨〕 스웨덴, 덴마크로부터 독립, 칼마르 동맹 해체

1524~1525년 〔독〕 독일 농민 전쟁

1527년 〔이〕 신성 로마 제국의 프로테스탄트 독일 용병들의 로마 약탈

1533년 〔에〕 프란시스코 피사로, 잉카 제국(페루) 정복

1534년 〔영〕 헨리 8세, 수장법 발표, 영국 종교 개혁 시작

〔독〕 마르틴 루터, 독일어 성서 출간

1536년 〔영〕 잉글랜드, 웨일스 합병

1541년 〔스〕 장 칼뱅의 종교 개혁

1555년 아우크스부르크 종교 화의

1562~1598년 〔프〕 위그노 전쟁

1568~1648년 〔네〕 네덜란드 독립 전쟁

1572년 〔프〕 8월 24일의 성 바르톨로뮤의 학살

1581년 〔네〕 네덜란드 독립 선언

1588년 〔영〕 엘리자베스 1세, 에스파냐의 무적함대 격파

1589년 〔프〕 앙리 4세 즉위, 부르봉 왕조 성립

1590~1613년 〔영〕 윌리엄 셰익스피어, 총 37편의 영어 작품 발표

1598년 〔프〕 앙리 4세, 낭트 칙령 반포

1601년 〔영〕 에식스 백작의 반란

1603년 〔영〕 엘리자베스 1세 사망, 스코틀랜드의 왕 제임스 6세가 잉글랜드의 제임스 1세로 즉위, 스튜어트 왕조 성립

1605년 〔에〕 세르반테스, 《돈키호테》 출간

1611년 〔영〕 제임스 1세, 흠정판 성경 제작

1614년	〔프〕루이 13세, 성직자/귀족/시민으로 이루어진 신분제 의회(삼부회)의 마지막 소집
1618~1648년	30년 전쟁
1623년	〔프〕에메리크 크뤼세, 무역 자유화를 통한 유럽 통합안 제시
1640~1649년	〔영〕청교도 혁명(영국 내전)
1645년	〔영〕올리버 크롬웰의 신형군, 네이스비에서 왕당군 격파
1648년	**베스트팔렌 조약, 네덜란드와 스위스 독립**
1648~1653년	〔프〕프롱드의 반란
1649~1652년	〔영〕올리버 크롬웰, 아일랜드 정복 전쟁
1651년	〔영〕올리버 크롬웰, 항해법 선포
1652~1654년	〔영〕제1차 네덜란드 전쟁
1656~1659년	〔영〕에스파냐 전쟁
1665~1667년	〔영〕제2차 네덜란드 전쟁
1660년	〔영〕왕정 복고, 찰스 2세 즉위
1661년	〔프〕루이 14세의 친정親政 체제 출범
1667~1668년	〔프〕루이 14세, 플랑드르 전쟁
1672~1678년	〔프〕루이 14세, 네덜란드 전쟁
1678년	〔영〕타이터스 오우츠, '교황의 음모론' 유포
1687년	〔영〕제임스 2세, 관용 선언
1688년	**〔영〕명예 혁명**
1689년	〔영〕권리 장전 반포
1689~1697년	〔프〕루이 14세, 팔츠 계승 전쟁(아우크스부르크 동맹 전쟁)
1701~1713년	에스파냐 왕위 계승 전쟁
1701년	〔독〕프로이센 왕국 성립
1707년	〔영〕잉글랜드와 스코틀랜드 통합, '그레이트 브리튼' 출범
1713년	위트레흐트 조약
1714년	〔영〕조지 1세, 영국 왕 즉위, 하노버 왕조 성립
1719년	〔영〕다니엘 디포,《로빈슨 크루소》출간
1720년	〔영〕'남해 거품 사건'
1721~1742년	〔영〕로버트 월폴의 지배 체제
1726년	〔영〕조나단 스위프트,《걸리버 여행기》출간

1739년	〔영〕 '젱킨즈의 귀의 전쟁'
1740~1748년	오스트리아 왕위 계승 전쟁
1756~1763년	7년 전쟁
1772년	〔폴〕 제1차 폴란드 분할
1775~1783년	〔미〕 미국 독립 전쟁
1776년	〔미〕 미국 독립 선언
	〔영〕 애덤 스미스, 《국부론》 출간
1783년	〔미〕 파리 조약, 독립 승인
1789년	**〔프〕 5월 5일, 삼부회 소집, 프랑스 혁명 발발**
	〔프〕 8월 26일, 인권 선언
	〔미〕 조지 워싱턴, 미국 대통령 취임
1790년	〔영〕 에드먼드 버크, 《프랑스 혁명에 관한 고찰》 출간
1792년	〔프〕 7월, 의회가 "조국이 위기에 처해 있다"고 선언, 〈라 마르세예즈〉 등장
	〔프〕 8월 10일의 봉기, 제2의 프랑스 혁명
	〔프〕 9월 20일, 프랑스 군 발미에서 프로이센 군 격퇴
	〔프〕 9월 22일, 국민공회, 혁명력 1년 선언, 제1공화국 탄생
1793년	〔프〕 1월 21일, 루이 16세 처형
	〔프〕 30만 모병령 통과
	〔폴〕 제2차 폴란드 분할
1793~1794년	〔프〕 자코뱅의 공포 정치
1794년	〔프〕 테르미도르의 반동, 로베스피에르와 산악파 몰락
1795년	〔폴〕 제3차 폴란드 분할
1797년	〔프〕 나폴레옹, 이탈리아 원정
1798년	〔프〕 나폴레옹, 이집트 원정
1799년	〔프〕 11월 9일, 나폴레옹의 브뤼메르 18일의 쿠데타
	〔이〕 나폴리 혁명
1800년	〔프〕 나폴레옹, 북부 이탈리아 정복
1803~1815년	**나폴레옹 전쟁**
1804년	〔프〕 《나폴레옹 법전》
1804~1813년	〔세〕 제1차 세르비아 봉기

1806년	〔프〕 나폴레옹, 신성 로마 제국 해체
	〔독〕 예나 전투
1807~1808년	〔독〕 슈타인의 개혁, 피히테의 베를린 강연, 《독일 민족에게 고함》
1810년	〔독〕 베를린 대학 설립
1813~1814년	〔독〕 반反나폴레옹 해방 전쟁
1814년	빈 회의
1815년	〔독〕 독일 연방 성립
1815년	〔세〕 제2차 세르비아 봉기
1817년	〔독〕 바르트부르크 축제, 부르셴샤프트 운동
1820~1821년	〔이〕 카르보나리의 봉기들
1820~1823년	〔에〕 에스파냐 반란
1821~1829년	〔그〕 그리스 독립 전쟁
1824년	〔그〕 외젠 들라크루아, 〈키오스의 학살〉 발표, 바이런, 그리스에서 전사
1829년	〔그〕 그리스 독립
1830년	〔프〕 7월 혁명, 루이 필립, 프랑스 왕 즉위, 7월 왕정 수립
	〔세〕 세르비아 자치권 획득
1830~1831년	〔폴〕 제1차 폴란드 반란
1830~1833년	〔벨〕 벨기에 독립 전쟁
1831년	〔이〕 주제페 마찌니, '청년 이탈리아' 결성
1832년	〔영〕 제1차 선거법 개정
	〔그〕 바이에른 공 오토, 그리스 왕 즉위
1833년	〔독〕 관세 동맹 성립
1834년	〔이〕 주제페 마찌니, '청년 유럽' 결성
1836년	〔체〕 프란티셰크 팔라츠키, 《보헤미아의 역사》 출간
1837년	〔영〕 빅토리아 여왕 즉위
1839년	〔벨〕 벨기에 독립
1840~1842년	〔영〕 아편 전쟁
1841년	〔독〕 프리드리히 리스트, 《정치 경제학의 국민적 체계》 출간
1846년	〔영〕 곡물법 폐지
1848년	**유럽 혁명**

〔프〕 2월 혁명, 제2공화국 탄생, 루이 보나파르트, 대통령으로 당선

〔독〕 3월 혁명, 프랑크푸르트 국민의회 개회, 프로이센의 프리드리히 빌헬름 4세, 국민의회가 제안한 독일 황제위 거부

〔이〕 밀라노 임시 정부 수립, 베네치아 공화국 성립, 피에몬테의 카를로 알베르토, 오스트리아에 선전 포고, 쿠스토차 전투에서 패배

〔헝〕 러요스 코수트, 헝가리 독립 선언

〔폴〕 폴란드 반란 진압

1849년 〔이〕 로마 공화국 성립, 피에몬테 오스트리아에 대한 전쟁 재개, 노바라 전투에서 패배, 피에몬테의 카를로 알베르토 퇴위, 로마 공화국과 베네치아 공화국 붕괴

〔헝〕 헝가리 군 항복

1852년 〔이〕 카밀로 카부르, 피에몬테의 총리 취임

〔프〕 루이 보나파르트, 나폴레옹 3세 즉위

1853~1856년 크림 전쟁

1857년 〔이〕 주제페 마찌니, 12개국으로 이루어진 유럽 지도 작성

1858년 〔이〕 7월, 플롱비에르 밀약, 이탈리아(피에몬테)-프랑스 공수 동맹

1859년 〔이〕 이탈리아-프랑스, 오스트리아에 선전 포고, 마젠타/솔페리노/산 마르티노 전투

1860년 〔이〕 5월, 주제페 가리발디와 붉은 셔츠단, 시칠리아로 출항, 남부 원정 시작

〔이〕 9월, 피에몬테 군, 중부 이탈리아 접수

1861년 **〔이〕 3월 17일, 비토리오 에마누엘레 2세, 토리노에서 통일 이탈리아 왕국의 왕 즉위**

1861~1865년 〔미〕 남북 전쟁(내전)

1862년 〔독〕 오토 폰 비스마르크, 프로이센의 총리 취임

1863년 〔미〕 에이브러햄 링컨, 노예 해방령 선포

1863~1864년 〔폴〕 제2차 폴란드 반란

1864년 〔독/덴〕 프로이센-덴마크 전쟁

1866년 〔독/오〕 프로이센-오스트리아 전쟁

〔이〕 베네토와 베네치아 수복

1867년 〔오〕 오스트리아-헝가리 이중 왕국 성립

	〔독〕 북독일 연방 성립
1868년	〔헝〕 트란실바니아 병합
1870년	〔독/프〕 프로이센-프랑스 전쟁
	〔이〕 로마 수복, 로마로 천도
1871년	**〔독〕 1월 18일, 빌헬름 1세, 베르사유에서 독일 제국의 황제 즉위**
1872년	〔독〕 오토 폰 비스마르크, 가톨릭에 대한 '문화 투쟁' 개시
1877~1878년	〔러/터〕 러시아-터키 전쟁
1878년	〔독〕 오토 폰 비스마르크, 사회주의자 진압법 제정
1878년	산스테파노 조약, 베를린 회의, 세르비아, 루마니아, 불가리아 독립
1882년	독일, 오스트리아, 이탈리아의 삼국 동맹 체결
1883년	〔독〕 오토 폰 비스마르크, 질병 보험 도입
1884년	〔독〕 오토 폰 비스마르크, 재해 보험 도입
1885~1886년	〔세〕 세르비아-불가리아 전쟁
1888년	〔독〕 빌헬름 2세 즉위, 세계 정책 추구
1889년	〔독〕 오토 폰 비스마르크, 노령 보험 도입
1891년	〔터〕 '청년 터키' 형성
1894년	**〔프〕 드레퓌스 사건**
1896~1898년	〔그/터〕 그리스-터키 전쟁
1898년	〔영/프〕 파쇼다 사건
	〔체〕 보헤미아가 체코/독일/혼합 지대로 분할
1899~1902년	〔영〕 보어 전쟁
1904~1905년	〔러〕 러시아-일본 전쟁
1905년	〔스웨〕 노르웨이 독립
	〔영〕 아일랜드의 신페인당 창립
1907년	영국, 프랑스, 러시아의 삼국 협상 체결
1908년	〔오〕 보스니아와 헤르체고비나 병합
1911~1912년	〔이/터〕 이탈리아-터키 전쟁
1912~1913년	제1차 발칸 전쟁
1913년	제2차 발칸 전쟁
1913년	알바니아 독립

1914~1918년	**제1차 세계 대전**
1914년	〔헝〕 헝가리, 세르비아 인 학살
1915~1916년	〔터〕 터키, 아르메니아 인 학살
1917년	〔러〕 러시아 혁명
1918년	〔미〕 우드로 윌슨, **'14개조 평화 원칙'을 통해 민족 자결주의 제창**
	세르비아-크로아티아-슬로베니아 왕국 성립, 폴란드 독립, 발트 3국(라트비야, 리투아니아, 에스토니아) 독립
1919년	〔독〕 바이마르 공화국 성립
	〔이〕 이탈리아전투단 창설, 파시즘 등장
	〔영〕 아일랜드의 신페인당, 아일랜드 공화국 선언, 아일랜드 공화국군 IRA 편성
1920년	〔유〕 국제연맹 성립
	〔체〕 체코슬로바키아 성립
1922년	〔이〕 파시스트들의 로마 진군, 베니토 무솔리니, 정권 장악
	〔영〕 아일랜드 자유국 성립
1923년	〔터〕 터키 공화국 출범, 그리스-터키, 주민 강제 송환
	〔유〕 리하르트 쿠덴호베-칼레르기 백작, '범유럽' 운동 제창
1925년	로카르노 조약
1929년	세계 대공황
	〔세〕 세르비아-크로아티아-슬로베니아 왕국, 유고슬라비아로 개칭
1933년	〔독〕 아돌프 히틀러, 정권 장악
1936년	〔이〕 에티오피아 병합, 이탈리아 제국 선포
1936~1939년	〔에〕 에스파냐 내전
1938년	〔영/프/독/이〕 뮌헨 회담
1938년	〔독〕 오스트리아와 체코슬로바키아의 주데텐란트 병합
1939~1945년	**제2차 세계 대전**
1940년	〔독〕 아우슈비츠 강제 수용소 건립
1941년	〔독/이〕 크로아티아 독립국 창설
	〔독/러〕 독소전 개전
	〔이〕 벤토테네 선언, "자유롭고 통일된 유럽을 위한 선언"

1942~1943년 〔독/러〕 스탈린그라드 전투

1943년 〔이〕 무솔리니 실각, 휴전, 독일군의 이탈리아 점령, 무솔리니 이탈리아사회공화국(살로공화국) 선포, 사실상의 내전 돌입

1945년 〔독〕 베를린 전투, 무조건 항복, 포츠담 협정, 독일 분단

〔유〕 국제연합UN 성립

〔세〕 유고슬라비아 사회주의연방공화국 성립

〔영〕 총선에서 노동당 승리, 클레멘트 리처드 애틀리, 수상 취임

1946년 〔영〕 3월 5일, 윈스턴 처칠, 풀턴 연설, "철의 장막" 언급

〔이〕 6월 2일, 이탈리아 공화국 출범

〔영〕 9월 19일, 윈스턴 처칠, 취리히 연설, "일종의 유럽 합중국" 제안

1947년 〔미〕 트루먼 독트린 발표, 마샬 플랜 선언

1948년 〔유〕 브뤼셀 협약, 유럽경제협력기구 OEEC 출범, 유럽회의

1949년 〔유〕 대서양 협정, 북대서양조약기구NATO 출범, 유럽각의

〔독〕 9월 7일, 독일연방공화국(서독) 출범

1950년 **〔유〕 5월 9일, 슈만 플랜 선언**

1951년 〔유〕 유럽석탄철강공동체ECSC 발족

1958년 〔유〕 유럽경제공동체EEC와 유럽원자력공동체Euratom 발족

1960년 〔영〕 키프로스 독립

1967년 〔유〕 유럽공동체EC 발족

1968~1969년 '68 혁명

1973년 석유 위기

1982년 〔영〕 포클랜드 전쟁

1989년 〔독〕 베를린 장벽 개방

〔체〕 "벨벳 혁명", 불가리아와 루마니아에서도 공산주의 정권 붕괴

1990년 **〔독〕 독일 재통일**

〔폴〕 자유노조연대 지도자 레프 바웬사, 최초의 민선 대통령 당선

1991년 〔미〕 걸프 전쟁

〔세〕 크라이나의 세르비아 인들, 크로아티아에서 탈퇴, 크로아티아와 슬로베니아 독립 선언, 제1차 유고 전쟁 발발, 코소보 공화국 선포, 마케도니아 독립 선언, 보스니아-헤르체고비나 독립 선언

〔독〕 크로아티아와 슬로베니아 독립 승인

1992년	〔러〕 소련 해체, 독립국가연합 출범
	〔유〕 유럽 공동체EC, 크로아티아와 슬로베니아 독립 승인
	〔체〕 체코슬로바키아, 체코와 슬로바키아로 분리
	〔세〕 유고슬라비아 연방공화국 출범
1993년	**〔유〕 유럽 연합 EU 발족**
1994년	〔러〕 제1차 체첸 사태
1998년	〔세〕 코소보 사태, 제2차 유고 전쟁 발발
1999년	〔유〕 북대서양조약기구, 세르비아에 대한 공습
	〔러〕 제2차 체첸 사태
2001년	〔미〕 뉴욕 세계무역센터에 대한 테러
2003년	〔미〕 이라크 전쟁
	〔세〕 유고슬라비아 연방공화국, 세르비아-몬테네그로로 개칭
2006년	〔세〕 세르비아-몬테네그로, 세르비아와 몬테네그로로 분리
2007년	〔유〕 루마니아와 불가리아의 유럽연합 가입, 유럽연합 가맹국 총 27개 국으로 확대

찾아보기